4차산업혁명과 미디어의 진화

황근

도서출판 온샘

차 례

여는 글   008

제1장   **커뮤니케이션 기술과 인간 그리고 사회**   013

커뮤니케이션 기술에 대한 이론적 접근   017

커뮤니케이션 기술과 정치 · 사회구조   023

커뮤니케이션 기술과 특성   028

기술결정론과 사회결정론   030

기술낙관론과 기술비관론   033

제2장   **커뮤니케이션 기술의 이해**   043

정보이론(Information theory)   045

커뮤니케이션 기술과 지식독점 : 해롤드 이니스   049

시간 편향성과 공간 편향성   052

지식독점의 종말 : 언론의 붕괴   055

인간의 확장(Extension of Man) : 마샬 맥루한   057

핫미디어와 쿨미디어   062

통제혁명 : 제임스 베니거(James Beniger)   063

통제혁명에서 정보혁명 그리고 4차산업혁명으로   069

제3장   정보혁명과 정보사회 075

기본 전제 076

정보사회의 등장 078

지식경제와 정보경제 082

정보사회의 개념 085

정보사회의 특성 088

정보산업(information industry) 093

정보사회를 보는 상반된 시각 096

제4장   4차산업혁명 107

4차산업혁명 담론의 등장 110

4차산업혁명의 정의 116

4차산업혁명의 특성 120

4차산업혁명의 명암 124

제5장 **4차산업혁명 기술 I : 인터넷, 무선이동통신,** 133
인공지능, 빅 데이터

거시발명과 미시발명 135

무선이동통신기술과 스마트 폰 139

인공지능 144

인공지능 전망과 정책들 150

인공지능의 활용과 전망 152

빅데이터의 등장 155

빅데이터의 특성 160

빅데이터의 정보처리과정 163

빅데이터와 미디어 활용 168

제6장 **4차산업혁명의 기술 II : 사물인터넷, 클라우드 컴퓨팅** 179
블록 체인, 가상·증강현실

사물인터넷의 개념과 정의 181

사물인터넷의 기술 구조 183

사물인터넷의 활용 187

사물인터넷의 과제 192

클라우드 컴퓨팅 196

클라우드 컴퓨팅의 유형 및 현황 198

클라우드 컴퓨팅의 주요 기술 201

클라우드 컴퓨팅과 미디어 패러다임 변화 204

블록체인 208

블록체인 기술과 특성 210

블록체인과 미디어 산업 213

가상현실·증강현실 217

실감형 미디어 219

가상·증강현실 기술의 특징 220

제7장   **미디어 플랫폼** 227

미디어 플랫폼의 성장 229

미디어 플랫폼과 미디어산업 구조 변화 231

네트워크 효과 235

양면시장 238

차 례

플랫폼 사업자 유형 243

방송 매체와 편성 248

미디어플랫폼의 편성 개념 253

사물인터넷과 알고리즘의 접합 : 스마트 미디어 258

제 8 장 **4차산업혁명과 미디어 콘텐츠** 269

방송 패러다임의 변화 271

미디어 생태계 변화 273

미디어 콘텐츠의 속성과 4차산업혁명 279

4차산업혁명과 콘텐츠 성격 변화 289

넷플릭스의 오리지널 콘텐츠 제작 293

콘텐츠 제공방식의 변화 295

미디어 콘텐츠 이용행태 변화 298

콘텐츠 이용 전망 301

콘텐츠 스모그 시대(content smog era) 304

제9장　　**알고리즘 미디어**　313

　알고리즘 시대의 명·암　315

　알고리즘(algorithm)이란?　318

　알고리즘의 핵심은 가중치　319

　알고리즘과 미디어　325

　넷플릭스의 코드커팅과 추천 알고리즘　328

　플렉스파일(flexfile)과 알트장르(alt-genre)　332

　인공지능 스피커　335

　로봇 저널리즘, 알고리즘 저널리즘　338

　알고리즘 뉴스 생성　342

　알고리즘 저널리즘에 대한 비판　345

　알고리즘 저널리즘의 미래　348

　알고리즘에 대한 커뮤니케이션학적 의미　350

마치는 글　357

클라우스 슈밥(Klaus Schwab)이
'4차산업혁명'이라는 말을 처음 사용한지 채 5년도 지나지 않았지만, 이 용어
는 이미 소수 전문가들만의 전문용어가 아니다. '정보사회'라는 용어가 보통
명사처럼 쓰이는데 걸린 시간이 10년이 훨씬 넘은 것에 비하면 엄청나게 빠
른 속도다. 질주하고 있는 기술발달속도를 감안해도 경이적이라 하지 않을
수 없다. 특히 주목되는 것은 '4차산업혁명'이라는 용어가 모든 영역들을 조
건 짓는 마치 접두사처럼 쓰이고 있다는 것이다. 아마 4차산업혁명 기술의 확
산속도나 영향력이 엄청나 어떤 영역도 이 커다란 흐름에서 벗어날 수 없다
는 인식 때문 아닌가 싶다. 그렇지만 인공지능이나 빅데이터(Big Data), 사물인
터넷(IoT, Internet of Thing)이 야기하고 있는 거센 변화를 '혁명'이라 부르는 것에
대해서는 아직도 논쟁이 지속되고 있다. 인공지능 같은 최근 기술들은 20세
기 중 · 후반부터 시작된 정보기술들의 연장선상이고, 정보사회가 심화되고
있는 것뿐이라는 주장도 적지 않다. 더구나 인공지능이나 빅데이터, 사물인터
넷은 분명히 소수 글로벌 인터넷 · IT 사업자들이 주도하고 있는 것이 사실이
다. 도리어 4차산업혁명은 COVID-19 바이러스 하나 예방할 수 없는, 나와는
무관한 기술이라고 생각하는 사람들이 훨씬 많을 수도 있다.
　분명 4차산업혁명은 최근에 가장 많이 사용되는 용어임에 틀림없다. 특히
대학에서는 '4차산업혁명'이라는 용어를 붙이지 않으면, 마치 발전이 멈춰지

거나 낙후된 학문 혹은 교수라는 낙인이 찍힐 수 있는 분위기다. 이를 반영하듯 '4차산업혁명'을 수식어로 붙인 학교나 학과, 과목들이 유행하고 있다. 물론 그 배경에는 '4차산업혁명'이라는 명칭이나 수식어를 붙인 무수히 많은 정부정책이나 프로젝트들이 있다. 정부정책이나 지원 의존도가 매우 높은 대한민국의 특수성이 반영되고 있는 것이다. 실제로 우리나라처럼 '4차산업혁명'이라는 용어를 공식적 · 비공식적으로 이렇게 많이 쓰는 나라는 거의 없다. 이처럼 4차산업혁명이나 기술을 무조건 수용하는 분위기가 한국사회에 무비판적인 기술만능주의를 만연시키고 있는 것이다. 그나마 1970~1980년대 정보사회 초기에 있었던 기술결정론자들과 사회결정론자들 간의 논쟁도, 정보사회 낙관론과 비관론 사이의 갈등도 완전히 실종된 느낌이다. 오직 기술 원리에 충실하게 따르고 기술이 만들어주는 혜택을 감사히 받아들이는 마르쿠제(Herbert Marcuse)가 말한 '1차원적 인간 혹은 사회'가 되어가고 있는 느낌이다.

실제 4차산업혁명 기술들은 사회진출을 위한 일종의 필수 스펙이 되어버렸다. 특히 정규교과에서 4차산업혁명 기술들을 배울 수 없는 인문 · 사회계열 학생들은 이 · 공계열 학과에서 개설한 과목을 수강하거나 비정규교과 프로그램들을 찾아야 한다. 하지만 그들은 강의 초반 복잡한 도식과 전문용어들로 채워진 기술 개념들로 절망감에 빠져 포기해버리는 경우가 허다하다. 그러면서 인문 · 사회계열 전공자들은 4차산업혁명은 이 · 공계열 전용무대라는 패배의식에 젖게된다. 인공지능 알고리즘이 무슨 원리로 돌아가는지 모르기 때문에 위력적인 것처럼, 인문 · 사회과학 학생들에게는 4차산업혁명은 기술을 모르기 때문에 더 무섭고 두려운 존재가 되고 있는 것이다.

저자는 2016년부터 '4차산업혁명과 미디어'라는 전공과목을 개설 · 강의해오고 있다. 어떻게 하면 미디어 전공 학생들에게 4차산업혁명은 기술의 문제가 아니라 결국은 인간과 사회의 문제라는 인식을 쉽게 이해시키고 싶었다. 이를 위해 많은 국·내외 자료들과 논문, 서적들을 찾아보면서 강의 자료와 내용을 지속적으로 수정·보완해 왔다. 그러면서 생각하게 된 세 가지 문제의식이 이 책을 쓰게 된 동기다. 첫째, 4차산업혁명을 이해하기 위해서는 거시적인 인간의 역사 커뮤니케이션 기술의 역사를 개괄적으로 정리해 줄 필요가 있다. 모든 역사적 현상은 이전 사회와 연계되어있다는 점을 고려해, 20세기 중·후반 정보혁명과 4차산업혁명과의 연관성과 차이점 등을 명확히 이해시킬 필요가 있다. 둘째, 과거 어느 때보다 4차산업혁명에 대한 기술결정론이 지배하고 있는 것은 인문·사회계열 전공자들의 기술에 대한 이해부족 때문이다. 개략적이기는 하지만 4차산업혁명 기술들에 대한 기초적인 작동원리들을 쉽게 정리해볼 필요가 있다. 이는 미디어전공자인 저자가 이 책을 쓰는데 많은 시간이 걸린 이유이기도 하다. 셋째, 4차산업혁명이 가장 많이 응용되는 분야는 경제영역이지만, 일반인들이 실제 체감할 수 있는 영역은 인터넷 미디어라는 것이다. 구글(Google), 네이버(Naver), 유튜브(Youtube), 넷플릭스(Netflix), OTT(Over The Top), 로봇저널리즘, 맞춤형 광고, VR(Virtual Reality) 콘텐츠 등등 이미 우리 주위에서 쉽게 볼 수 있는 현상들이 4차산업혁명 기술들을 응용한 미디어 서비스들이다. 그럼에도 콘텐츠를 기획·제작하고 공급하는 미디어에 대해 학습하는 전공자들은 여전히 정작 4차산업혁명과 무관한 존재로 인식되고 있다는 것이다. 미디어 전공 학생들이 자신감을 갖고 4차산업혁명을 주도해나갔으면 하는 희망이다.

이 책은 전문적인 이론이나 저자의 주장을 서술한 것이 아니라 미디어 전공 학생들에게 4차산업혁명과 관련된 미디어 현상들을 가르치기 위한 일종의 교육용 자료집 같은 것이다. 그래서 가급적이면 필자의 주관적 생각들을 빼고 강의하듯 서술하려했는데, 아직 부족한 부분이 많다. 앞으로도 '4차산업혁명과 미디어' 수업을 계속 진행하면서 지속적으로 수정·보완해 나갈 것을 약속드린다. 원천적으로 부족한 내용들은 공부를 더해나가면서 수정할 생각이다. 특히 하루가 다르게 변화하고 있는 4차산업혁명 기술들과 신규 미디어 현상들 또한 부지런히 보완해나갈 것이다.

언제나 그렇듯이 책을 쓴다는 것은 인내와 체력을 요하는 일이다. 서둘러 집필한다고 했지만 세 차례 방학이 지나서야 책이 완성되었다. COVID-19로 매우 좋지 않은 출판환경에도 불구하고, 이 책을 출판해 주신 도서출판 온샘 신학태 대표, 제자이면서 이제는 같은 학문의 길을 걸으며 교정·교열에 많은 도움을 준 김군주 선생, 그리고 쉽지 않은 도안 작업을 기꺼이 해 준 김세희 학생에게 감사드린다. 특히 마지막으로 꼼꼼하게 문장을 손질해주신 김대중 박사님께도 깊이 감사드린다. 솔직히 책을 완성했다는 기쁨보다 부족한 내용을 향후에 어떻게 보완해 나가야하나 하는 걱정이 앞선다.

2020. 9.

커뮤니케이션 기술과 인간
그리고 사회

제1장

커뮤니케이션 기술과 인간
그리고 사회

　　　　　　　　　인간의 커뮤니케이션 현상에 대한 관심은
오래전부터 있어왔다. '태초에 말씀이 있었으니 ~'라는 성경구절을 언급하
기도 하고, 아리스토텔레스(Aristotle)의 수사학(rhetoric)을 최초의 커뮤니케이션
현상에 대한 이론적 접근이라고 보는 시각도 있다. 실제로 인간이 언어를 만
들지 못했다면 다른 동물들과 차이가 없었을 것이다. 언어와 문자를 사용했
다는 것은 인간이 환경에 순응하지 않고 통제하는 주체로 변화되었다는 것
을 의미하는 것이기 때문이다. 인간이 선천적으로 물려받은 신체적·감각적
능력은 지구에 존재하는 모든 동물들 중에 가장 열등하다고 할 수 있다. 옷
을 입지 않으면 추위에 견딜 수 없고, 먹어서 소화시킬 수 있는 것도 다른 동
물들에 비해 크게 제한되어 있다. 신체적으로 가장 열악한 동물이라고 생각
되는 바퀴벌레조차도 별도의 수단 없이 현존하는 동물 중에 가장 오래 생존
해왔다고 한다.

　　이처럼 인간의 신체적 능력은 다른 생명체들보다 크게 취약하지만 지금
지구라는 행성을 지배하고 있다. 가장 열등한 신체적 조건을 가진 인간이 모
든 생명체를 지배하는 '만물(萬物)의 영장(靈長)'이 된 것이다. 그 이유는 '만물의
영장'이라는 말 자체에서 찾을 수 있다. 지구에 현존하는 생명체 중에 지능

적으로 가장 우월하다는 뜻이다. 그러면 다른 동물들과 달리 인간의 지능이 더 많이 진화했을까하는 의문을 가질 수 있다. 창조론적 관점에서 보면, 인간은 종(種)적으로 다른 생물들과 다른 영(靈)적 존재로 탄생한 것이다. 반면 진화론적 관점에서 인간의 지능은 선천적으로 주어진 것이 아니라 환경에 적응하기 위하여 후천적으로 진화해왔다고 본다. 여기서 주목할 점은 직접 경험을 통한 인간의 지능 발달은 한계가 있을 수밖에 없다는 것이다. 이러한 한계를 극복하기 위해 인간은 다른 생명체들과 달리 상호간 커뮤니케이션을 통해 지식을 축적해왔고, 이를 통해 물리적 한계를 극복해 왔다는 것이다. 다른 동물과 달리 급속한 인간의 진화는 바로 '사회적 동물'이라는 바탕위에 가능했다. 조셉 헨릭(Joseph Henrick)은 100만 년 전 인간이 서로에게서 뭔가를 배우기 시작한 문화가 인간의 뇌를 자연스럽게 확장시켜 진화를 이끌어왔다고 주장한다. 문화와 유전자가 함께 진화해왔다는 것이다.

이처럼 인간이 사회를 형성하고 문명을 축척시킬 수 있었던 것은 다른 동물들보다 월등하게 우월한 의사소통수단을 가지고 있었기 때문이다. 선천적으로 주어진 생물학적 도구가 아닌 후천적으로 만든 약속된 상징들을 통해 의사소통이 가능했기 때문이라는 것이다. 이렇게 약속된 상징체계가 바로 언어와 문자다. 언어는 인간의 의사소통 능력을 급신장시켰다. 언어의 사용은 인간으로 하여금 형이상학적 사고를 가능케 했다. 특히 문자는 인간이 문명생활을 시작하는 전환점이 되었다. 문자는 인간의 부족한 기억능력을 대신해 '지식의 축적'을 가능케 했다. 인간의 뇌는 사회적 교류와 모방·복제를 통해 전이된다는 리처드 도킨스(Richard Dawkins)의 'MEME이론'에 따르면, 언어와 문자같은 커뮤니케이션 수단은 인류 문명의 형성과 발달을 가능하게 만든 결정적 도구였던 것이다.

[그림 1]의 커뮤니케이션 발달 시계는 커뮤니케이션 도구들이 인류문명의 진화속도와 얼마나 밀접히 관련되어 있는가를 보여주고 있다. 영장류로서 인간(Homo Sapience)이 등장한 10만 년 전을 0시라고 한다면, 구두 언어가

[그림 1] 커뮤니케이션 기술발달과 지식축적

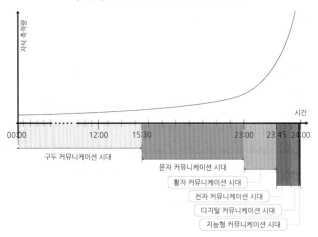

발생했다고 하는 BC 35,000년은 오후 3시 30분 정도가 된다. 구두 언어 발생 이전까지 인간의 삶은 사회학적으로 동물과 별 차이 없는 단발적(우연적)이고 비선형적이었다. 하지만 언어를 사용하면서 인류문명은 비약적으로 진화하기 시작하였다. 특히 문자가 등장한 BC 4,000년 무렵 이후에는 지식의 교환과 축적이 급증하면서 본격적인 문명시대에 들어서게 되었다. 이후 AD 1456년 구텐베르크(Gutenberg)의 인쇄활자 발명은 근대사회로 전환하는 기점이 되었고, 19세기 발명된 유·무선통신기술, 20세기 중반에 등장한 컴퓨터, 인공위성 같은 정보기술은 지식의 확산을 가져다주었다. 그리고 21세기 지금 경험하고 있는 인공지능, 빅데이터(Big Data), 사물인터넷(IoT, Internet of Things) 같은 4차산업혁명기술들은 지식 축적과 확장을 넘어 기계가 인간의 지능을 위협하는 단계까지 와있는 것이다.

커뮤니케이션 기술 발달사에서 주목할 점은 하나의 커뮤니케이션 기술이 지배한 기간이 점점 짧아지고 있다는 것이다. 구두 언어 시대는 6만년 이상 지속되었지만, 문자시대는 활자가 등장할 때까지 약 4만년 정도 이어졌다. 이후 구텐베르크 인쇄활자는 500년, 전자시대는 100년 정도 지속되었을 뿐이다. 더 나아가 1960~1970년대 시작된 정보사회는 반세기도 지나지 않아 빅데이터, 인공지능, 사물인터넷 같은 4차산업혁명 기술들에게 자리를 내어주고 있다. [그림 2]에서 보듯이, 20세기 이후 등장한 주요 미디어들의 사용자가 1억 명 도달하는데 걸린 기간이 기하급수적으로 줄어들고 있음을 알수 있다. 20세기 초 최초 등장한 라디오가 38년 걸렸던 반면 트위터는 단지 9개월 남짓 걸렸을 뿐이다. 이처럼 커뮤니케이션 기술발달의 주기는 급속히 짧아지고 있는 반면 그 기술이 생산·교환·축적하는 지식의 양을 반대로 기하학적으로 급증하고 있다.

[그림 2] 주요 미디어의 1억 사용자 확산기간

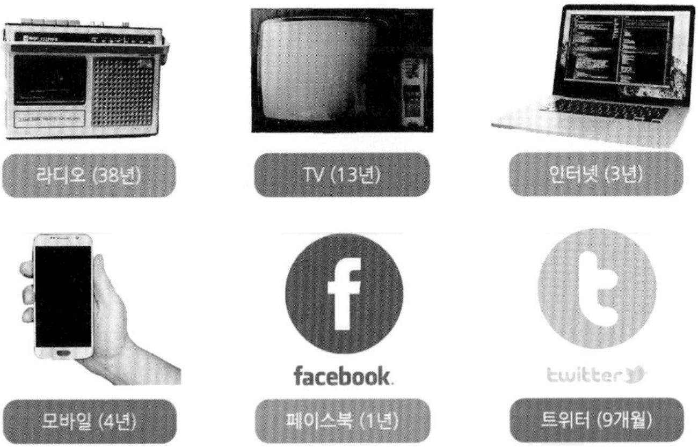

라디오 (38년) TV (13년) 인터넷 (3년)

모바일 (4년) 페이스북 (1년) 트위터 (9개월)

커뮤니케이션 기술에 대한 이론적 접근

한 시기를 주도했던 커뮤니케이션 기술들은 그 시대를 살던 인간들의 의사소통방식은 물론이고 정치제도, 문화양식, 의식구조 등에 결정적인 영향을 미쳤다. 이 같은 커뮤니케이션 기술결정론을 주장하는 대표적인 학자는 해롤드 이니스(Harold Innis)다. 그는 모든 커뮤니케이션 기술들은 기술이 가지고 있는 물리적 속성에 따라 메시지 성격이 결정된다는 '커뮤니케이션 편향성(bias of communication) 이론'을 제기하고 있다(이 부분에 대해서는 2장에서 자세히 다루게 된다). 그의 주장을 바탕으로 커뮤니케이션 기술발달에 따른 시기별 커뮤니케이션 특징과 양식들을 [표 1]처럼 정리할 수 있다.

[표 1] 각 시기별 커뮤니케이션 특징 및 양식

시대 구분	시기	커뮤니케이션 양식	사회 구조 변화
구두 커뮤니케이션 시대	B.C.35,000 ~	복수 감각형 / 비논리적, 비선형적	• 일회성 / 단발성 커뮤니케이션 • 순환론적 세계관
문자 커뮤니케이션 시대	B.C.4,000 ~	시각 단일형 / 논리적, 선형적	• 메세지 저장 / 축적 • 문명이 시작
활자 커뮤니케이션 시대	A.D.1456 ~	시각 단일형 / 고도의 논리적, 선형적	• 지식의 분산 / 대중의 등장 • 이데올로기 / 민족주의 탄생 • 자유주의 / 개인주의 확산
전자 커뮤니케이션 시대	1833 ~	복수 감각형 / 논리·비논리적 선형·비선형적	• 신속성 / 확산성 • 글로벌화 시작
디지털 커뮤니케이션 시대	1946 ~	복수감각형 / 비선형적	• 시·공간적 확대 / 사회분화 • 글로벌화 확대
지능형 커뮤니케이션 시대	2010 ~	고도의 비선형적 (고도의 선형적)	• 고도의 지식 생산·확산·지배 • 개인화 • 글로벌화 심화

한편 마샬 맥루한(Marshall McLuhan)은 '미디어의 이해(Understanding Media)'라는 책에서 커뮤니케이션 기술은 인간 오감(五感)의 확장이며, 각각의 기술들이 가진 속성에 따라 커뮤니케이션 양식이 변화된다고 주장한다. 먼저 구두 커뮤니케이션 시대에 인간은 오감을 모두 사용하지만, 감각기관들이 지닌 특성상 비논리적이고 비선형적일 수밖에 없다는 것이다. 이 때문에 구두커뮤니케이션 시대는 일회적이고 단발적인 커뮤니케이션 양식이 주를 이루게 된다. 그러므로 지식의 축적과 이동성을 제한하고 순응하는 '순환론적 세계관'이 지배하게 된다. 하지만 문자의 등장으로 시각 중심의 메시지가 주도하게 되면서, 시계열적으로 배열된 문자메시지의 특성상 선형적이고 논리적인 커뮤니케이션 양식이 지배하게 된다는 것이다. 특히 문자를 통한 지식의 저장과 축적이 가능해지면서 문명의 발달이 가속화되었다고 주장한다.

물론 문자 등장 초기부터 지식 확산이 활발했던 것은 아니다. 문자 시대 초기에 사용했던 돌이나 석고, 청동기 등은 원거리 이동에 어려움이 있었다. 때문에 양피지, 밀랍, 파피루스 등이 사용되었고, 중국에서는 대나무를 쪼개 만든 죽편(竹片)도 있었다. 이후 비교적 오래 저장할 수도 있고 멀리 전달할 수도 있는 종이가 발명되었다. 하지만 종이 발명 이후에도 한참동안 많은 사람들에게 메시지를 전달하는 것은 여전히 쉽지 않았는데, 그 이유는 대량 복제의 어려움과 낮은 문자 해독률 때문이었다.

낮은 문자 해독률과 필사에 의존하는 문자매체의 한계는 소수 계급이나 계층들의 지식 독점을 통한 정치적·종교적 지배체제를 유지하는 토대가 되었다. 고대 왕조국가나 중세의 종교 권력은 바로 이러한 지식독점의 토대위에서 가능했다. 이러한 지식독점을 붕괴시킨 것이 1456년 구텐베르크의 인쇄활자 발명이다. 인쇄활자는 짧은 시간에 대량의 인쇄물을 제작·배포할 수 있다는 점에서 많은 사람들이 지식을 공유할 수 있게 만들었다. 목판인쇄로 하루에 한권도 만들어내기 힘들었던 것이 구텐베르크 인쇄공장에서는 인쇄공 한 명이 하루에 300쪽 분량을 인쇄할 수 있었다. 이후 1,700년에는 두 명의 인쇄공이 하루에 3,000장을 인쇄할 수 있게 된다.

우연인지 모르겠지만 구텐베르크가 인쇄활자로 처음 제작한 책은 1,000년 가까이 중세 유럽사회를 지배해온 성서였다. 소수 성직자들만 소유하고 있던 필사본 성서들은 중세 지식독점의 중심이었고, 구텐베르크에서 시작된 성서의 대중화는 지식독점을 붕괴시켜 중세를 붕괴시키는 시발점이 된다. 종교개혁의 상징적 인물 마르틴 루터(Martin Luther)는 교회와의 논쟁에서 적극적으로 인쇄활자를 활용하였다. 1520년 한 해 동안에만 총 900쪽에 달하는 27편의 논문을 발표했고, 전체 인쇄부수도 50만 권이나 되었다. 실제로 마르틴 루터가 쓴 신약성서는 발간 두 달 만에 3,000부가 판매되었고, 총 8만 6천부가 판매된 것으로 기록되고 있다. 이 뿐 아니라 활자 인쇄는 대중들에게 민족주의·자유주의 같은 이데올로기를 확산시키는데 결정적 역할을 하였다. 인쇄활자를 이용한 서적, 잡지, 신문 등이 18~19세기 자유민주주의 혁명을 가능하게 한 토대가 되었던 것이다. 또한 문자로 만들어진 인쇄물들은 선형화된 커뮤니케이션 양식 즉, 논리적 사고를 대중화시켜 이성주의를 확산시키고 과학기술혁명을 이끌었다. 이는 궁극적으로 산업혁명의 지적 토대가 되었다고 할 수 있다.

인쇄매체의 등장으로 시작된 대중시대(mass society)는 19세기 초·중반에 집중적으로 발명된 전기·전자기술, 유·무선 통신기술들로 인해 또 한걸음 진화하게 된다. 여러 전신기술들이 영국·독일·미국 등에서 우후죽순처럼 발명되고 실용화되면서 대중매체 시대를 열게 된 것이다. 1835년 세계 최초의 통신사 '아바스(Havas)'를 시작으로 통신사들의 등장이 그 신호탄이었다. 이후 20세기 초에 전자 커뮤니케이션 시대를 상징하는 라디오와 텔레비전이 등장하게 된다. 라디오는 20세기 중·후반에 발명되었던 무선통신 기술이 제1차 세계대전 이후 상용화된 것으로, 무엇보다 문자매체의 결정적 약점인 문자해독율의 단점을 극복했다는 점에서 본격적인 대중매체 시대를 열게 해 주었다. 여기에 음성매체의 친근하다는 장점도 크게 한 몫 하였다. 텔레비전은 시·청각매체로서 복합적 감각을 사용한다는 점에서 실재감(presence)을 극대화시키게 된다. 이 때문에 텔레비전은 20세기를 상징하는 대표적 기술이 되었던 것이다. 이 같은 전자매체들은 논리적 메시지보다는 감성적 메시지를 전송하는 매체로서, 대중사회는 선형적·비선형적 커뮤니케이션이 공존하게 된다.

이러한 성향은 20세기 중반에 상용화된 컬러TV와 위성방송, 케이블TV 같은 다채널미디어들과 20세기 후반에 등장한 컴퓨터, 인터넷에 의해 더욱 심화되었다. 매체의 세분화, 양방향화, 개인화 현상이 가속화되면서 인간의 커뮤니케이션활동 반경이 시·공간적으로 크게 확장되고, 개인취향에 따라 매체 혹은 콘텐츠에 접근하는 비선형적 커뮤니케이션이 점점 더 늘어나게 된다. 특히 전자매체들은 미디어 글로벌화를 촉진시켜 '문화적 특수성'이나 '문화적 주권'과 관련해 논쟁을 야기하였다. '문화 제국주의(cultural imperialism)', '미디어 제국주의(media imperialism)', '국가 간 정보 흐름(trans-border data flow)' 같은 국가 간 커뮤니케이션을 둘러싼 갈등과 논란이 제기되었다.

전자커뮤니케이션 시대는 컴퓨터와 커뮤니케이션 기술이 이끌었던 '정보화사회'와 깊이 연관되어 있다. 정보화 사회란 '정치 · 경제 · 사회 · 문화 등 모든 영역들이 컴퓨터와 디지털 커뮤니케이션 기술에 의해 주도되면서 정보가 유력한 자원이 되는 사회'를 의미한다. 특히 정보의 가치가 부각되면서 이와 연관된 정보통신기술(ICT)들이 인간의 정신적 노동을 대체하고 사회의 핵심으로 부각된다는 것이다(정보화사회의 기원과 특성, 다양한 시각 등은 3장에서 자세히 다룬다).

'4차산업혁명'이란 정보화사회 성숙기인 21세기 초에 고도화된 디지털기술들로 사회가 또다시 급변하는 현상을 말한다. 인공지능, 로봇, 사물인터넷, 빅 데이터, 클라우딩 컴퓨팅 같은 지능형 디지털 기술들이 사회양식 전반은 물론이고 커뮤니케이션 시스템도 변화시키고 있는 것이다. 이른바 FANG이라고 하는 페이스북(Facebook), 아마존(Amazon), 넷플릭스(Netflix), 구글(Google) 같이 인터넷을 기반으로 하는 플랫폼사업자들은 전통적인 매스미디어 체계를 소멸시킬 '코드커터(cord-cutter)' 혹은 '창조적 파괴자(creative destructor)'라고 일컬어지고 있다. 네트워크와 공유를 기반으로 하는 커뮤니케이션 양식은 일방향으로 다수를 상대로 했던 매스커뮤니케이션 체제를 근본적으로 붕괴시키고 있다. 특히 유튜브(Youtube)를 중심으로 확산되고 있는 1인미디어들은 오랜 기간 유지되었던 엘리트 위주의 미디어 패러다임을 근본적으로 부정하고 있다. 더구나 이들은 빅 데이터와 인공지능을 활용해 개개인에게 적합한 맞춤형 콘텐츠를 제공하면서 거의 모든 커뮤니케이션 양식을 급속히 비선형화시키고 있다. 볼터와 그루신(Bloter & Grusin)은 '재매개 : 뉴미디어의 이해 (Remediation : Understanding New Media, 1999)'라는 책에서 디지털문화의 특징으로 '참여(participation)', '재매개(remediation)' 그리고 '브리콜라쥬(bricolage)'를 들고 있다. 사전적으로 '브리콜라쥬'란 손에 닿는 대로 아무것이나 이용하는

[그림 3] 허핑턴포스트의 브리콜라쥬 뉴스

일 또는 그렇게 해서 만든 작품을 의미한다. 디지털 공간에서는 다양한 정보들을 복합적으로 융합해 의미를 창출해내는 콘텐츠를 말한다. [그림 3]의 '허핑턴포스트(Huffington Post)' 뉴스기사는 브리콜라쥬 콘텐츠의 대표적 사례라 할 수 있다.

　하지만 인공지능이나 로봇이 개개인의 커뮤니케이션 이력과 취향을 분석해, 이에 맞추어 콘텐츠를 제공하는 것이 오히려 고도로 선형화된 커뮤니케이션이라는 비판도 받고 있다. 최근 인터넷 공간에서 급성장하고 있는 각종 온라인 미디어들에 대해서는 긍정·부정 평가가 상존하고 있다. 또 네트워크가 특정 성향의 사람들 간에 유대감만 결속시켜 사회를 분화시키고 갈등을 증폭시킨다는 지적도 많다. 실제로 인터넷 포털이나 SNS들이 알고리즘을 통해 자기 생각과 유사한 성향의 뉴스와 정보들을 맞춤형으로 제공하면서 '필터 버블(filter bubble)'현상을 심화시키고 있는 것이 사실이다. 또 유사한 정보들이 반복 확대되는 동종유대(homophily)현상은 '반향실효과(echo chamber)' 같은 반사회적 현상을 야기하고 있는 것도 사실이다. 더구나 기사 노출빈도를 높이기 위해 이미 보도된 기사 제목이나 내용을 일부 수정해 반복 전송하는 '뉴스 어뷰징(news abusing)'은 '가짜뉴스(fake news)'와 함께 민주주의 근간을 해치는 중대한 위험요소로 지적되고 있다.

커뮤니케이션 기술과 정치·사회구조

한 시대를 주도하고 있는 지배적 커뮤니케이션 기술들은 의사소통양식 뿐아니라 거시적으로 사회구조에도 영향을 미친다. 물론 모든 커뮤니케이션 기술들이 사회를 변화시키는 것도 아니고 같은 기술이라 하더라도 사회마다 미치는 영향이 다를 수 있다. 일례로 세계 최초의 금속활자는 1456년에 만들어진 구텐베르크 인쇄활자가 아니라 고려시대인 1377년에 청주 흥덕사에서 금속활자로 인쇄된 '직지심체요절(直指心體要節)'이다. 그렇지만 역사적으로는 구텐베르크 인쇄활자를 더 의미 있게 기록하고 있다. 그 이유는 고려의 금속활자는 소수 지배층들이 독점하고 대중화되지 못하면서 역사적 의미를 갖지 못했기 때문이다. 반면에 구텐베르크가 처음 인쇄한 '42행성서(42-line Bible)'는 대량생산과 배포로 성직자들의 지식독점을 붕괴시키고 지식혁명과 자본주의 발전에 결정적인 역할을 한 것으로 평가되고 있다. 이러한 차이는 한자로 작성된 직지심체요절이 20만개 이상의 활자가 필요했던 반면 구텐베르크의 인쇄활자는 영어 알파벳으로 많은 활자를 필요로 하지 않았기 때문이라는 평가도 있다.

[그림 4] 직지심체요절과 구텐베르크의 42행 성서

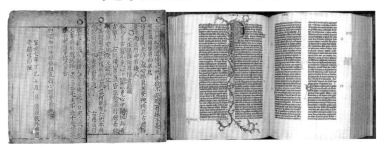

결국 커뮤니케이션 기술은 '지식독점과 권력구조'의 문제와 밀접히 연관되어 있다고 할 수 있다. 모든 커뮤니케이션 기술은 권력을 창출·유지하면서 동시에 변화시키는 양면성을 지니고 있다. 다시 말해 지식을 독점 혹은 확산시킬 수 있는 도구도 될 수 있고, 권력을 유지 혹은 변화시킬 수 있는 것이 커뮤니케이션 기술이다. 따라서 커뮤니케이션 기술 발달은 곧 인류의 역사발전과 궤를 같이 한다고 할 수 있다.

[그림 5]는 역사발전 단계별로 지배적 매체와 권력 간의 관계를 설명하고 있다. 종이와 인쇄활자가 등장하기 전까지는 돌·동판·석고 같은 이동이 용이하기 않은 해롤드 이니스가 말한 '시간 지향적 매체(time-biased medium)'가 지배적 매체였다. 때문에 지식을 독점하고 있는 소수 지배층이 권력도 독점하고 있었다. 하지만 인쇄활자 등장이후인 산업사회 이후에는 신문·방송 같은 많은 사람들에게 지식을 전파할 수 있는 '공간 지향적 매체(space-biased medium)'들이 등장하게 된다. 이들 매체들은 권력과 지식을 대중들에게 분산시켜 자유와 평등을 지향하는 정치체제 등장을 가능하게 하였다. 특히 20세기 중·후반 정보혁명과 21세기 4차산업혁명은 다양한 사람들의 참여와 공유를 가능케 하는 네트워크형 매체들을 통해 지식과 권력의 분산을 넘어 다원화를 추동하고 있다. 디지털융합시대에 들어서면서 지식은 이제 더 이상 소수의 전유물이 아니라 네트워크를 통해 다수가 공유하고 창출하는 형태로 변화되고 있다. 300년 넘게 근대 과학혁명의 상징처럼 여겨져 왔던 브리태니커(Britannica) 사전이 폐지되고, 대신 위키피디아(Wikipedia)가 그 자리를 차지한 것은 이 같은 지식·권력의 변화를 상징적으로 보여주는 것이다.

[그림 5] 시대별 주요 매체와 지식 권력독점 변화

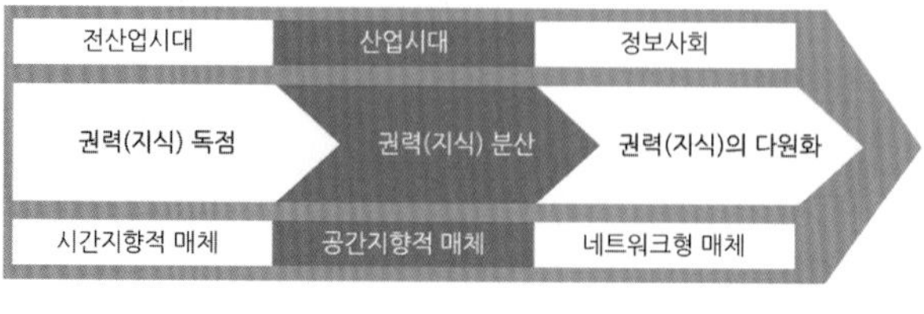

전산업시대	산업시대	정보사회
권력(지식) 독점	권력(지식) 분산	권력(지식)의 다원화
시간지향적 매체	공간지향적 매체	네트워크형 매체

커뮤니케이션 기술 발달과 정치권력의 관계를 역사적으로 분석 · 서술한 해롤드 이니스는 '제국과 커뮤니케이션(Empire and Communications, 1972)'이라는 책에서 모든 매체는 시간적, 공간적 편향성을 가지고 있고, 어떤 편향성을 지닌 매체가 지배하느냐에 따라 다른 정치 · 사회구조가 형성된다고 보고 있다. '시간 지향적 매체'가 지배하게 되면 특정지역을 기반으로 전통을 강조하는 정치체제가 형성되고, '공간 지향적 매체'가 주도하게 되면 공간적으로 확장된 거대 제국들이 등장하게 된다는 주장이다. [표 2]는 그가 주장한 역사단계별 커뮤니케이션 매체와 정치체제 연관성을 필자가 보완해 작성한 것이다. 우선 특징적인 것은 각 매체발달 시기별로 국가와 정치형태가 다르다는 점이다. 점토 철필 같은 '시간 지향적 매체'들이 지배하던 고대국가는 역사와 전통을 중시하는 신정국가형태가 오래 지속되었고, 제한적이지만 상대적으로 물리적 이동이 수월했던 그리스-로마와 중세시대에는 공간적으로 팽창된 왕정국가가 등장하게 된다. 하지만 로마제국처럼 점차 영토가 확장

[표 2] 시기별 주요 커뮤니케이션 매체와 정치형태

시기	주요 커뮤니케이션 매체	정치 형태
메소포타미아 문명	점토, 철필, 설형문자	신정국가
그리스 → 로마시대 이전	파피루스, 모필, 상형문자	
로마제국 시대	양피지, 펜	왕정국가
중세 → 구텐베르크 이전	양피지, 종이	
인쇄술 발명 → 르네상스 이전	종이, 펜, 인쇄	근대 민주주의 혁명
종교개혁 → 프랑스 혁명기	수공업 형태의 종이, 인쇄	
19세기 중반 → 20세기 초	펄프종이, 인쇄	
20세기	영화, 라디오, TV	자유민주주의 전체주의 공산주의
20세기 후반 → 현재	컴퓨터, 인터넷, 멀티미디어	참여정치 거대 글로벌 제국

되게 되면 '시간 지향적 매체'만으로 유지하기 힘들게 되고 결국 제국은 통치력의 한계를 드러내면서 붕괴된다는 것이다.

하지만 인쇄술 발명이후 20세기 초까지는 신문·잡지 같은 인쇄매체시대로서 엘리트 지식층들이 이를 통한 지식의 전파로 자유민주주의 혁명이 가능했던 것으로 보고 있다. 이후 라디오·TV가 지배한 20세기는 본격적인 대중매체시대로서 대중정치가 꽃을 피운 시기라고 할 수 있다. 공간적 확장성이 뛰어난 매스미디어를 이용해 민주정치가 활성화되기도 하고, 반대로 대중을 통제하는 수단으로 사용되어 나치나 공산주의 정치체제도 등장하게 된다. 실제로 소비에트 정권이나 나치는 신문·라디오·영화 등을 정치이데올로기 수단으로 적극적이고 또 효율적으로 활용하였다. 이처럼 매스미디어는 국민들의 생각을 정치에 반영하고 권력을 견제하는 민주적 도구로 사용될 수도 있지만, 국민을 통제하고 감시하는 수단이 될 수도 있다. 그래서 윌리엄 콘하우저(William Kornhauser)는 미디어는 다원적 민주정치와 권위적 통제 정치 모두를 가능하게 할 수 있다고 지적한 바 있고, 마지드 테라니언(Majid Terranian)은 커뮤니케이션 기술은 민주적 활용과 전체주의적 통제라는 이중성을 띠고 있다고 주장한 바 있다.

한편 컴퓨터와 인터넷이 주도하고 있는 20세기 후반의 정치양식은 권력 분산과 참여를 중시하는 형태로 변화되었다. 물론 아직까지는 전통적 권력을 유지하려는 세력과 권력구조를 변화시키려는 세력 간의 충돌이 곳곳에서 벌어지고 있다. 인터넷을 규제하려는 시도를 둘러싼 갈등도 그 중에 하나라 할 수 있다. 마찬가지로 빅데이터, 인공지능이 주도하는 4차산업혁명 기술 역시 참여와 공유의 정치를 가능하게 할 수도 있지만, 반대로 네트워크를 통해 개개인을 철저하게 감시하고 통제하는 '대형(大兄, Big Brother)'이 등장할 수도 있다. 더구나 네트워크에 연계됨으로써 얻어지는 편익이 필수적인 상황에서 자발적으로 통제시스템에 편입되는 현상도 발생할 수 있다. 영국의 철학자 벤담(Bentham)이 상상했던 상호감시체제에 의한 감옥 '파놉티콘(Panopticon)'이 될 수도 있는 것이다. 특히 4차산업혁명 기술들은 시간적·공간적으로 인간의 능력을 초월하는 힘을 가지고 있어 한번 구축되면 붕괴시킬 수 없는 매우 견고한 권력이 될 수도 있다. 해롤드 이니스의 관점에서 해석해 보면, 시·공간적으로 영원한 제국이 만들어질 수 있다. 글로벌 네트워크를 지배하고 있는 미국의 위력이 점점 막강해질 수도 있다. 어쩌면 영원한 제국이 국가가 아니라 구글, 아마존, 페이스북 같은 플랫폼사업자들이 제국이 될 수도 있다. 온라인 공간은 물론이고 오프라인 영역까지 마구 삼켜버리고 있는 구글이나 네이버 같은 플랫폼사업자들은 시·공간을 완전히 지배한 제국 같은 모습이다.

커뮤니케이션 기술은 정치체제 뿐 아니라 사회전체에도 영향을 미친다. 즉, 커뮤니케이션 기술의 변화는 사회구조와 지배 패러다임에도 영향을 미친다. 조금 오래 전 주장이기는 하지만, 시기별로 주요매체와 사회구조 전반에 걸친 변화를 전망한 마지드 테라니언(Majid Terranian)의 설명은 이러한 측면에서 의미가 있다 할 것이다. 그는 군집사회부터 정보사회에 이르기까지 커뮤니케이션 기술과 사회와의 관계를 [표 3]으로 설명하고 있다.

[표 3] 커뮤니케이션 기술발달과 사회변화

정보사회	커뮤니케이션 테크놀로지	패러다임	커뮤니케이션 엘리트	커뮤니케이션 기관
군집	전(前) 구어(口語)	마법 : 초자연적	무당	사냥집단
부족	구어(口語)	신화 : 마법	시인, 예언자	부족
농경	문자(文字)	종교 : 게시(啓示)	성직자	사원
도시, 상업	인쇄	과학 : 이성	지식인	대학
산업	영화, 방송	이데올로기 : 행동	이데올로그 설득자	매스미디어와 운동단체
정보	컴퓨터, 위성	테크놀로지 : 강령	테크놀로그 (trchnologues)	국가 / 국제 테크노크라시
커뮤니케이션 커뮤니테리언	정보과학 : ISDN	생태공학체 : 자유	커뮤놀로그 (communologues)	국제 / 지역 네트워크

* 출처 : Majid Terranian, "The Age of Information: The Dialetical of Technology and Mythology" in The Third Channel, IBS, 1985, p.16

구어(口語)시대 이전까지는 군집 혹은 부족사회 시대로 초자연적 마법과 신화가 사회를 지배하였고, 무당이나 예언자들이 지배엘리트였다. 물론 이 같은 종교적 지배는 문자 등장 이후인 농경사회에서도 지속되었고, 사원이 오랜 기간 핵심적 지배역할을 해왔다. 동 · 서양을 막론하고 근세 이전 국가들은 탄생과 성장, 유지과정에서 종교가 중요한 역할을 하였고 또 지배패러다임으로 작동해온 것이다. 인쇄매체 등장이후에는 과학적 지식과 이성적 논리를 독점하고 있던 지식인과 대학이 그 역할을 대체하게 되었고, 산업사회는 각종 단체들과 매스미디어가 주도하는 이데올로기가 그 자리를 차지하게 되었다는 것이다. 이후 정보기술이 등장하면서 사회는 기술 이데올로기를 점유하고 있던 '테크놀로그(technologues)'들이 지배하고 있다. 본인은 그렇게 말하지 않았지만 4차산업혁명 기술들을 의미할 수 있는 커뮤니케이션 능력을 보유한 '커뮤놀로그(communologue)'들이 지배하게 될 것이라고 전망하였다. 유추 해석하자면, 커뮤놀로그는 인공지능과 알고리즘 그리고 이를 주도하고 있는 거대 플랫폼사업자들이 될 수도 있을 것이다. 물론 테라니언이 말한 생태공학체(자유)라는 패러다임이 지배할 수 있을 것인지는 더 두고 보아야 할 것 같다.

커뮤니케이션 기술과 특성

커뮤니케이션 기술의 영향력을 논의하기 위해서는 커뮤니케이션 기술에 대한 개념정의를 먼저 살펴 볼 필요가 있다. 사전적으로 정의하면, '커뮤니케이션과 관련된 혹은 커뮤니케이션을 하기 위한 기술'이라고 정의할 수 있을 것이다. 브리태니커 사전에는 "기술(technology)이라는 용어가 처음 사용된 것은 17세기이고, 20세기 들어서야 도구(tools)나 기계(machine)라는 개념과는 별도로 이를 작동하는 수단이나 과정, 생각 등을 포괄하는 개념으로 발전하였다"고 기술되어 있다. 그렇다면 기술이란 "어떤 목적을 성취하기 위하여 이용 가능한 자원을 활용하는 수단이나 계획"이라고 정의할 수 있다. 이에 따라 커뮤니케이션 기술이란 "어떤 목적을 성취하기 위하여 이용 가능한 자원을 활용하는 커뮤니케이션 수단이나 계획"이라고 정의할 수 있다. 물리적 수단의 의미뿐 아니라 사회적 속성이 내포되어 있는 개념인 것이다.

지난 100년간 적지 않은 커뮤니케이션에 대한 연구들이 축적되어왔음에도 불구하고, 커뮤니케이션 기술 자체에 대한 학술적 정의들이 별로 없다는 것은 의외다. 그 가운데 몇 가지 커뮤니케이션 기술에 대한 정의들을 살펴보자. 루빈(B. D. Rubin)은 커뮤니케이션 기술이란 "자료의 생산, 배포, 저장, 수용에 있어 도움이 되는 어떤 도구나 장치 혹은 미디어"라고 정의하고 있다. 또 로저스(E. M. Rogers)는 "개인이 정보를 수집·처리하여 다른 사람과 교환하는 사회적 가치(social value)와 하드웨어설비(hardware equipment) 그리고 조직구조(organizational structure)"라고 정의하였다. 물리적 수단과 의미 뿐만 아니라 기술에 내재되어 있는 사회적 가치까지도 정의에 포함시키고 있다. 한편, 티체너와 도너휴(P. J. Tichenor & G. A. Donohue)는 커뮤니케이션 기술을 새로 개발된 정보전달 기술 즉, '채널증가기술(channel increasing technology)'과 기존 기술의 전달용량을 확대한 '채널확대기술(channel redundant technology)'로 구분하고 있다. 새로 개발된 위성이나 인터넷 등은 채널증가기술이고, IPTV(Internet Protocol TV)나 스마트TV(smart TV) 등은 채널확대기술이라고 할 수 있다.

커뮤니케이션 기술들 중에는 새롭게 개발된 것이 아니라 기존의 기술을 다른 목적으로 사용하는 기술이 더 많은 편이다. 라디오는 무선통신기술을 응용한 것이고, 텔레비전은 19세기 중반에 발명된 전기·전자·사진·영화·무선통신 기술들을 융합해서 만든 기술이다. IPTV나 유튜브 같은 OTT(Over the Top)서비스들도 인터넷 전송기술을 이용해 방송서비스를 제공하는 것으로 채널확대기술이라 할 수 있다. 특히 커뮤니케이션 기술들은 이미 개발된 전송기술들을 사회적 필요에 의해 응용된 것들이 많아 사회적 성격을 강하게 내포하고 있는 경우가 많다. 같은 텔레비전 기술이지만 미국에서는 상업적 목적으로 개발·활용되었지만, 공산주의국가에서는 정치적 통제 목적으로 활용된 것이 대표적인 사례다.

기술결정론과 사회결정론

앞에서 설명한 것처럼 '기술'이라는 용어에 초점을 설명하다 보면, 마치 커뮤니케이션 기술이 일방적으로 사회에 영향을 끼쳤다고 생각하기 쉽다. 그러나 모든 기술이 그렇듯이 커뮤니케이션 기술 역시 사회와 서로 영향을 미치면서 함께 진화해왔다고 할 수 있다. 물론 어느 측면을 더 강조하느냐에 따라 시각은 다를 수 있다. 기술이 독립변수로서 사회구조에 영향을 미친다는 시각과 다양한 사회 요인들이 기술의 개발과 활용에 영향을 미친다는 상반된 주장이 있을 수 있다. 전자를 기술결정론(technological determinism), 후자를 사회결정론(social determinism)이라 한다. 물론 완벽하게 일방적으로 영향을 미치는 경우는 없기 때문에 '상호의존적(interdependence)'이라는 주장도 있다. 물론 서로 아무런 영향도 미치지 않고 독립적이라고 보는 자율론(autonomy)도 있지만 그런 경우는 거의 없다. [그림 5]는 이러한 커뮤니케이션 기술과 사회의 관계에 대한 다양한 시각들을 보여준다.

[그림 5] 사회결정론과 미디어결정론

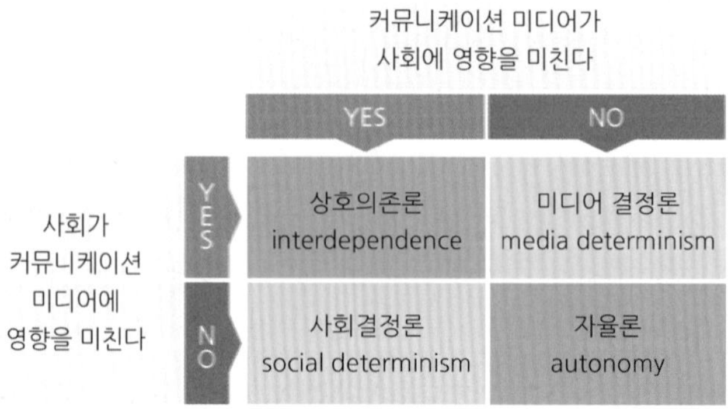

커뮤니케이션 미디어가
사회에 영향을 미친다

		YES	NO
사회가 커뮤니케이션 미디어에 영향을 미친다	YES	상호의존론 interdependence	미디어 결정론 media determinism
	NO	사회결정론 social determinism	자율론 autonomy

기술결정론과 사회결정론을 커뮤니케이션 기술에 적용해, 데니스 맥퀘일(Dennis McQuail)은 '미디어결정론'과 '사회결정론'이라는 용어를 사용하고 있다. 커뮤니케이션 기술이 사회에 영향을 미친다는 '미디어결정론'은 새로운 미디어 기술이나 전달하는 내용들이 사회에 영향을 미치고 또 변화시킬 수 있다는 시각이다. 기술결정론을 주장하는 사람들은 인류역사가 불·농사법·청동기·철기·기계·전기 같은 새로운 기술들이 등장하면서 변화되어 왔다는 것을 강조한다. '후기산업사회론(post-industrial society)'을 제기한 다니엘 벨(Daniel Bell)이나 '제3의 물결(The Third Wave)'를 저술한 앨빈 토플러(Alvin Toffler), 그리고 최근 각광받고 있는 '4차산업혁명론'들도 기술결정론적 시각에서 접근하고 있다고 볼 수 있다. 커뮤니케이션학에서 대표적인 기술결정론적 입장을 취하고 있는 학자는 '캐나다 학파(Canadian Connection)'라고 지칭되는 마샬 맥루한과 해롤드 이니스다. 맥루한은 모든 기술은 인간의 확장(the extension of human)수단으로 보고 있고, 그 중에서도 미디어는 인간의 오감을 확장시키는 역할을 한다고 주장한다. 그러므로 새로운 미디어기술은 세상을 보는 사람들의 시각과 행동양식을 변화시킨다는 것이다.

반면 이니스는 미시적으로 접근한 맥루한과 달리, 커뮤니케이션 미디어들이 내재하고 있는 속성들에 의해 정치·사회구조가 변화한다는 입장을 취하고 있다. 물론 이니스의 주장이 일방적인 미디어결정론이 아니라는 지적도 적지 않다. 순수한 미디어결정론적 시각은 그렇게 많지 않지만 20세기 후반 정보사회, 21세기 4차산업혁명 같은 첨단정보통신기술에 기반을 둔 급격한 사회변화가 가속화되면서 다시 위력이 커지고 있는 것도 사실이다. 이처럼 미디어결정론적 시각들은 새로운 정보기술들로 과거와 단절된 새로운 사회가 등장하게 된다는 것을 강조하고 있다. 새로운 커뮤니케이션 미디어의 등장은 한 사회 내의 지배구조나 지배 엘리트를 변화시켜 새로운 사회를 도래할 수 있게 한다는 것이다.

한편 모든 미디어들은 사회 구성원들의 필요에 의해 만들어진 것으로 활용방향도 그에 따라 결정된다는 '사회결정론'이 있다. 사회결정론은 모든 미디어 기술들은 한 사회내의 여러 이해관계를 반영하기 때문에 존재하고 있는 지배구조나 세력관계를 변화시키기보다는 유지·강화하는 역할을 한다고 본다. 특히 개개인의 기능보다 사회 구조적 요인들을 강조하는 '구조주의(structuralism)' 시각에서 보면, 모든 미디기술은 '사회구성체(social formation)'에 의해 결정된 결과다. 이 같은 '사회결정론'에서 보면, 산업혁명이나 정보혁명 그리고 4차산업혁명은 모두 당대의 기득권을 가진 집단들이 정치적·경제적 이익을 유지·확대하기 위한 새로운 기술개발에 의한 결과가 된다.

2장에서 상세히 기술하겠지만, 1970~80년대 정보화 사회의 등장은 산업 사회를 주도했던 기업들이 생산력 증대와 이윤확대를 위해 주력산업을 제조업에서 정보산업으로 전환한 것일 뿐이라는 주장도 사회결정론적 시각에서 나온 것이다. 실제로 정보사회의 주축 기업들은 산업사회를 주도했던 기업들인 경우가 많다. 또 정보사회에서 자본주의나 민주주의의 기본 틀도 본질적으로 변화되지 않았다. 같은 맥락에서 4차산업혁명 이후의 사회가 현재와 완전히 다른 새로운 사회인가에 대해서도 사회결정론자들은 부정적이다. 정보혁명을 이끌었던 기술들과 마찬가지로 4차산업혁명을 이끌고 있는 기술들도 시장을 주도하고 있는 기업이나 정부가 엄청난 재원을 투입한 체계적 연구를 통해 만들어진 것들이다. 때문에 이들 입장에서 '기술 중립성'이라는 용어 자체를 받아들이지 않는다. 사회결정론자들 입장에서 보면, 4차산업혁명 역시 1970~1980년대 정보화 사회와 마찬가지로 '과장된 장밋빛 미래'를 상상하게 만드는 이데올로기일 뿐일 수 있다.

이렇게 상반된 두 입장에 대한 절충적 입장들도 있다. 대표적으로 레이몬드 윌리암스(Raymond Williams)의 '기술징후군론(symptomatic technology)'이다. 그에 따르면 처음 기술은 사회적 이해득실과는 무관하게 자유로운 상태에서 개발되지만, 활용단계에서는 여러 사회적 요인들에 의해 방향성이 결정된다는 것이다. 특히 그는 텔레비전의 등장을 '기술징후군적 시각'으로 설명하고 있다. 전기·무선통신·전자·사진·영화 같은 텔레비전에 필요한 기술들은 대부분 1800년대 중·후반을 거치면서 발명되었다. 그 기술들은 상업적 이익을 노린 것이 아니라 발명가 혹은 과학자들의 순수한 의도에서 발명되는 경우가 많았다. 물론 전화기를 발명한 벨(Alexander Bell) 같은 경우는 예외다.

텔레비전 기술 역시 초기에는 여러 발명가 혹은 과학자들의 개인적 호기심에서 개발된 것이다. 그렇지만 활용단계에 들어서면 경제적·정치적 필요에 의해 텔레비전이라는 기술이 사회화되었다는 것이다. 영국이나 미국의 텔레비전은 무선기기 제조업자들이 상업적 이익을 목적으로 상용화했다면, 나치 독일이나 소비에트 러시아아에서는 국민을 통제하고 동원하기 위한 선전수단으로 활용되었다. 기술징후군적 시각은 본질적으로는 기술결정론에서 시작하지만, 상용화단계에서 기술에 대한 사회적 영향력을 배제하지 않는다는 점에서 절충적 입장이라고 할 수 있다.

[그림 6] 1920년대 라디오 수신기 판매광고

기술낙관론과 기술비관론

커뮤니케이션 기술과 사회 간에 일방적인 인과관계 즉, 극단적인 기술결정론이나 사회결정론은 비현실적이다. 기술과 사회는 상호작용을 통해 기술이 개발되기도 하고 또 사회를 변화시키기도 한다. 또 기대했던 결과가 나타나기도 하지만, 기대했던 것과는 다른 결과를 가져올 수도 있다. 하지만 최근에 첨단 ICT기술들은 거대 기업들이 장기간에 걸쳐 막대한 자본을 투입해 체계적으로 개발된 것들이어서 '기술결정론'과는 거리가 있는 것이 사실이다. 4차산업혁명의 도화선이 되었던 애플(Apple)의 '아이폰(iPhone)'이나 구글의 '알파고(AlphaGo)'가 대표적 사례다. 물론 과거에도 기업이나 국가가 정치적·경제적 목적을 가지고 조직적으로 커뮤니케이션 기술을 개발하는 경우는 있었다. 대표적인 기술이 HDTV(High Definition Television)다. 지금은 우리나라가 첨단 고화질TV 최강국이지만, 원래 HDTV는 1960년대 초 일본이 국가적 차원에서 개발한 기술이었다. 컬러TV보다 화소수가 훨씬 많은 고품질TV를 개발해 차세대 TV시장을 주도하겠다는 경제적 목적을 가지고 추진된 것이다. 비록 미국과 유럽 국가들의 반대로 국제표준화 되지는 못하였지만, 처음부터 일본정부와 기업이 경제적 이익을 목적으로 개발한 것이다. 이러한 시각에서 본다면, 4차산업혁명을 주도하고 있는 인공지능, 빅데이터 같은 기술들 역시 개발 단계에서부터 사회결정론적 성격을 강하게 내재하고 있다고 할 수 있다.

[그림 7] 구글의 군사지도

20세기 정보사회와 21세기 4차산업혁명을 주도하는 기술들이 처음에는 군사적 목적에서 개발된 것이라는 점도 사회결정론적 시각을 뒷받침해주고 있다. 컴퓨터는 제2차 세계대전 중에 장거리포 탄도를 정확하게 계산하기 위해 미군이 IBM에 위탁해 개발한 기술이고, 인공위성과 광섬유(fibre optics), HDTV는 냉전시기 미·소우주경쟁에서 개발된 기술들이 민간영역에 활용된 것이다. 군에서 개발된 기술을 민간영역에서 활용하는 것을 '스핀오프(spin-off) 전략'이라고 하고, 군과 정부 그리고 민간기업, 연구기관이 연대해 전쟁기술을 개발하고 또 이 기술을 상업적으로 활용하는 체제를 '군산복합체(military industrial complex)'라고 한다. 특히 4차산업혁명 기술들은 군사적 목적과 상업적 목적을 동시에 가지고 개발되는 '민군겸용기술패러다임(dual use paradigm)'의 산물이다. 클라우드 컴퓨터와 빅데이터는 1990년대부터 미 국방부의 전폭적 지원 아래 기업과 공동으로 개발되었다. 특히 시뮬레이션 게임 기술은 군 훈련용 프로그램과 민간용 워 게임(war game)으로 동시에 활용하기 위한 목적을 가지고 개발된 것이다. 이 때문에 엄청난 규모로 성장한 게임기술과 관련된 '군-게임산업체-할리우드영상산업'을 통합해 군산복합체라는 용어 대신 '군-엔터테인먼트 산업체(military entertainment complex)'라는 용어가 사용되고 있다.

　특히 가상현실(Virtual Realty)과 증강현실(Augmentation Reality) 기술을 이용한 워 게임 기술은 공군조종사 훈련용으로 사용되는 동시에 상업용 게임으로 막대한 이윤을 창출하고 있다. 이같은 워 게임 확산은 미국 청소년들에게 적성국에 대한 적대감 조성, 애국심 고취, 군과 전쟁에 대한 우호적 감정을 조성해 '국수주의'나 '보수화' 성향을 강화시키는 역할을 했다는 연구결과도 있다. 대표적으로 '아메리카즈 아미(America's Army)'라는 워 게임은 미군이 시뮬레이션 훈련용으로 개발한 것이다. 2002년에서 2008년 사이에 4천만 명 이상이 다운로드하였고 미국병사 40%이상이 사용하였다. 이 게임은 미국 청소년들에게 대외전쟁에 대한 우호적 태도, 영웅주의 같은 심리상태를 조

[그림 8] America's Army

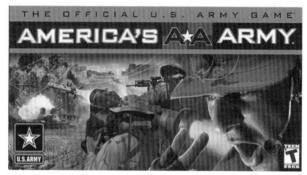

Amreica's Army는 미군이 시뮬레이션 훈련용으로 개발한 전쟁 게임으로 2002년에서 2008년 사이에 4천 만명 이상이 다운로드하였고 미국병사 40%이상이 사용한 적이 있다. 이 게임은 미국 청소년들에게 대외전쟁에 대한 우호적 태도, 영웅주의 같은 선전효과로 미국인들의 보수화에 영향을 미친 것으로 평가되고 있다.

성해 미국인들을 보수화하는데 큰 영향을 미친 것으로 평가되고 있다. 기술결정론자에 가깝다고 볼 수 있는 다니엘 벨도 그런 비판을 의식해서인지 정보사회는 컴퓨터와 커뮤니케이션 기술이라는 '큰 바퀴(big wheel)와 이데올로기라는 '작은 바퀴(small wheel)'에 의해 이끌려간다고 주장하기도 했다. 그렇지만 그는 본질적으로 기술결정론에 에 더 큰 비중을 두고 있는 것이 사실이다.

기술이 사회에 미치는 효과에 대해서도 상반된 시각이 존재한다. 먼저 '기술낙관론적 시각(utopian view)'에 의하면 기술은 사회가 당면하고 있는 문제들을 해결해주고 나아가 사회적 진보를 촉진한다고 보고 있다. 20세기 중·후반 정보사회 도래를 예견했던 다니엘 벨이나 앨빈 토플러 같은 미래학자들이 여기에 포함된다. 정보통신기술개발을 주도하고 있는 많은 기술공학자들도 이 같은 기술낙관론적 시각을 가지고 있는 경우가 많다. 반대로 기술은 사회가 처하고 있는 문제를 해결해주기 보다 더 큰 문제를 야기할 수 있다는 '기술비관적 시각(dystopian view)'이 있다. 기술로 인해 사람들의 일자리가 줄어들 수 있고 공해물질을 배출해 자연을 파괴할 수 있다는 주장들이 여기에 속한다. 19세기 중반 새로운 기술로 일자리를 잃게 된 농민들이 벌였던 '기계파괴운동'이 대표적이다. 이를 주도했던 루디트(Gekeral Ludd 혹은 Ned Ludd)라는 사람의 이름에서 '기계파괴주의(luddism)' 혹은 '러다이트 운동(luddite movement)'이라고도 한다. 넓게는 그린피스 같은 환경단체나 반핵 운동들도 여기에 포함될 수 있다. 특히 20세기 중·후반 정보사회 전환과 마찬가지로 4차산업혁명 기술들이 인간의 일자리를 급속히 빼앗아 갈 것이라는 전망은 이러한 기술비관적 기술관을 더욱 확산시킬 수 있다. 실제로 많은 전문가들은 4차산업혁명이 본격화되면, [그림 9]과 같이 많은 직업들이 사라지거나 로봇 같은 기계가 대신하게 될 것이라고 전망하고 있다. 특히 인적 자원 의존도가 높은 미디어산업은 새로운 기술 도입으로 가장 크게 타격을 입을 수도 있다. 20세기 중반 신문사의 정보화는 다른 분야에 비해 매우 늦었고 종사자들의 반발도 심했다. 마찬가지로 빅데이터와 인공지능으로 기사를 생산해내는 로봇저널리즘은 언론 종사자들에게는 불안감을 주고 있는 것이 사실이다.

[그림 9] 4차산업혁명과 직업

자동화 대체가 높은 직업 상위 15개	VS	자동화 대체가 낮은 직업 상위 15개
콘크리트공	1	화가 및 조각가
정육원 및 도축원	2	사진작가 및 사진사
고무 및 플라스틱 제품조립원	3	작가 및 관련 전문가
청원경찰	4	지휘자 작곡가 및 연주가
조세행정사무원	5	애니메이터 및 만화가
물품이동장비조작원	6	무용가 및 안무가
경리사무원	7	가수 및 성악가
환경미화원 및 재활용품수거원	8	메이크업아티스트 및 분장사
세탁관련 기계조작원	9	공예원
택배원	10	예능강사
과수작물재배원	11	패션디자이너
행정 및 경영지원 관련서비스 관리자	12	국악 및 전통 예능인
주유원	13	감독 및 기술감독
부동산 컨설턴트 및 중개인	14	배우 및 모델
건축도장공	15	제품디자이너

* 자료 : 한국고용정보원

극단적 낙관론과 비관론은 새로운 커뮤니케이션 기술을 이해하는데 도움은 될 수 있을지 모르지만 바람직한 것은 아니다. 이 때문에 최근에는 '기술은 그 자체에 효과가 결정되어 있는 것이 아니고 사회가 어떻게 활용하는가에 따라 결정된다'는 '중립적 시각(neutral view)'의 설득력이 더 높다. 예를 들면, 핵기술을 활용해 무기를 만드느냐, 발전소를 만드느냐는 어떤 결정을 하느냐에 따라 정반대의 결과를 가져올 수 있다. 그러므로 기술이 미치는 긍정적·부정적 효과에 대한 엄격한 평가를 통해 효율적으로 사용할 필요성이 있다. 기술이 미칠 효과를 미리 예측해 긍정적 결과는 극대화하고 부정적 효과들은 최소화하는 '기술평가(technology assessment)'가 중요해지고 있다. 이외에도 기술의 효과는 누가 그 기술을 통제하느냐에 의해 결정된다는 '우발적 시각(contingent view)'도 있다. 기술개발이나 활용을 특정 집단이나 개인이 독점적으로 결정하는 것은 위험할 수 있으므로 충분한 사회적 합의가 중요하다는 것을 역설적으로 강조하는 시각이라 할 수 있다.

[참고문헌]

Nicole Howard, The Book : The Life Story of a Technology, 2005, Greenwood Publishing. 송대범(역), 책, 문명과 지식의 진화사, 2007. 플래닛 미디어.

콜린 하워드 교수는 인류의 문명은 지식의 축적에서 비롯되었고, 그 기록의 역사를 책의 역사로 보고 있다. 그는 15세기 구텐베르크의 인쇄활자 등장 이전의 두루마기, 양피지 형태를 '책의 조상'으로 보고, 인쇄활자 등장을 유아기, 16세기 종교개혁과 인쇄산업 등장을 청년기, 17세기 저작권과 인기작가 등장 시기를 성인기, 산업혁명이후 대량생산시기를 성숙기로 보고 있다. 그 다음으로 20세기 후반 전자출판과 개인출판 시대를 전망하고 있다. 이 책에서 관심 있게 볼 부분은 지식의 기록과 축적 수단으로서 책의 발달사와 구텐베르크 이후 대량생산 시스템에 의한 지식 확산과 대중화와 관련된 내용이다.

J. D. Bolter & R. Grushin, Remediation : Understanding New Media, 1998, MIT Press. 이재현(역), 재매개 : 뉴미디어의 계보학, 2006, 커뮤니케이션 북스.

디지털미디어 시대의 메시지 형태 변화와 효과에 대하여 서술한 책이다. 저자들은 컴퓨터 게임, 디지털 사진, 가상현실, 웹사이트들은 '비매개(immediacy)'와 '하이퍼매개(hypermediacy)'라는 두 방식으로 메시지와 사실을 재매개한다고 주장한다. '비매개'란 가상·증강현실처럼 실감 있는 디지털 메시지들이 사람들을 현실로 착각하게 만드는 것이고, '하이퍼매개'란 기존의 메시지들을 새로운 의미로 재구성하는 것이다. 그 중의 한 양식이 서로 관련 없는 이미지나 콘텐츠를 재구성하여 다른 의미를 창출하는 '브리콜라쥬(bricolage)'인 것이다.

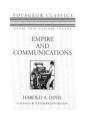

Harold Innis, Empire and Communication, 1950, Dundurn Press. 김문정(역), 제국과 커뮤니케이션, 2008, 커뮤니케이션북스.

인류 역사를 한 시기를 지배하는 커뮤니케이션 기술(매체)들을 가지고 해석한 책이다. 커뮤니케이션 기술은 본인의 '시간지향적 매체(time-biased media)'와 '공간지향적 매체(space-biased media)' 개념을 바탕에 두고 있다. 한 시기를 지배하는 모든 제국들은 통치를 가능하게 하는 지배적 커뮤니케이션 기술을 가지고 있었다는 주장이다. 좁은 지역에서 전통을 중시하던 제국들은 시간지향적 매체, 넓은 영토를 통치했던 제국들은 공간지향적 매체가 있었기 때문에 가능했다는 것이다. 하지만 시간지향적 매체가 지배하던 국가가 지리적으로 확장되면 공간지향적 매체 부재로 한계에 부딪치고, 공간지향적 매체가 지배하는 국가는 전통을 강조하는 시간지향적 매체 부족으로 분열될 수밖에 없다는 것이다. 이 때문에 모든 제국들의 흥망이 지속되었다고 본다. 그렇다면 시간과 공간의 모두 지배할 수 있는 인터넷과 인공지능, 빅데이터를 지배하고 있는 제국은 영원할 수 있을까 생각해 볼 일이다.

Irving Feng, A History of Mass Communication : Six Information Revolution, 1997, Taylor & Francis, 심길중(역), 매스커뮤니케이션의 역사 : 6단계 정보혁명, 2002, 한울 아카데미.

저자는 선사시대부터 인간이 무언가를 기록하기 위해 만들었던 모든 커뮤니케이션 기술들을 정보혁명이라고 규정한다. 정보혁명은 6단계에 걸쳐 발생했다는 것이다. 첫째, 문자의 발명에서 시작된 '쓰기혁명', 둘째, 구텐베르크 '인쇄혁명', 셋째, 19세기 중반에 등장한 다양한 전신·영상기술들에 의한 '대중매체혁명', 넷째, 영화, 라디오 등에서 유발된 '오락혁명', 다섯째, 방송, 음반, 인쇄물, 같은 커뮤니케이션 도구들의 창고로서 '가정혁명', 여섯 번째, 컴퓨터, 인공위성 같은 정보기기들에 의한 '정보고속도로혁명'으로 나누고 있다. 이 같은 정보혁명은 각각의 시기에 있었던 커뮤니케이션 기술들을 이용해 정보를 주어 담고 사회에 영향을 미치는 '정보넝마주의'들이 있다고 주장한다. 그렇다면 20세기 후반 정보사회 도래를 주장했던 앨빈 토플러나 다니엘 벨 같은 사람들과 지금 4차산업혁명을 전파하고 있는 사람들도 '정보넝마주의'인지 모르겠다.

Denis McQuail, Mass Communication Theory(5th ed.), 2005, SAGE, 양승찬·이강형(역), 매스 커뮤니케이션이론, 2008, 나남출판.

데니스 맥퀘일은 가장 저명한 언론학자 중에 한명이다. 하지만 그는 자신만의 독특한 이론을 가지고 있지 않다. 대신에 언론현상과 관련된 다양한 관점들, 특히 상호 대립된 유럽식 비판이론들과 미국식 실증주의 연구를 균형 있게 재구성하고 체계화하는데 기여하였다. 이 책은 맥퀘일을 대표하는 저작으로, 세계에서 가장 많이 쓰이는 교재 중에 하나라 할 수 있다. 1983년에 초판 발행 이후, 2010년 6판까지 나왔다. 한국어 번역본은 5판을 번역한 것이다. 본문에 나오는 커뮤니케이션 기술과 사회와의 관계를 분류하는 도식은 이 책 4장에 자세히 기술되어 있다.

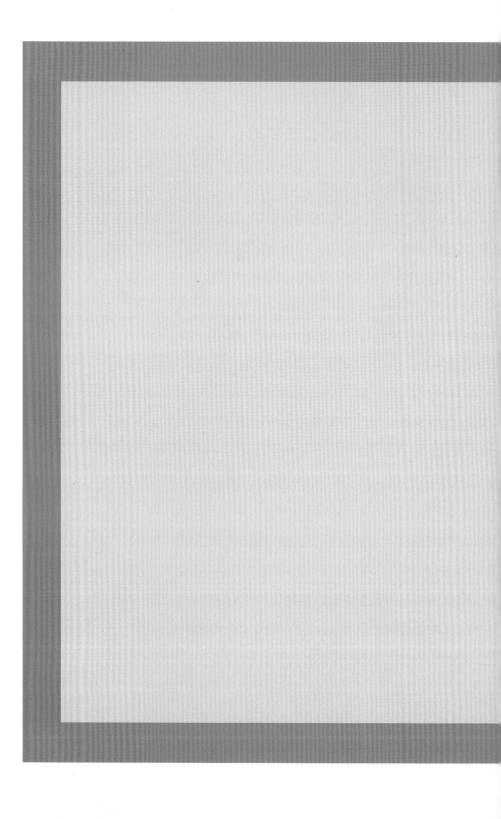

커뮤니케이션 기술의 이해

제2장

커뮤니케이션 기술의 이해

군이 고대 그리스부터는 아니더라도 체계적인 커뮤니케이션 연구가 시작된 지 100년이 넘었고 적지 않은 학과와 학자들이 있는데도 불구하고, 커뮤니케이션 기술에 대한 연구가 많지 않다는 것은 이례적이다. 아마 많은 커뮤니케이션 연구들이 매스커뮤니케이션이라는 사회적 현상에 주로 초점을 맞추어왔기 때문이 아닌가 생각된다. 이때문인지 커뮤니케이션 기술은 공학자들의 관심이라는 보이지 않은 선입견도 있어왔던 것 같다. 대표적으로 'S-M-C-R-E' 모델에 대한 수많은 비판들도 그것을 만든 사람들이 수학자와 공학자들이라는 편견이 작용한 부분도 있다고 생각된다. 물론 종이시대 심지어 활자 시대까지도 커뮤니케이션 기술은 그렇게 전문적이지도 않았고 기술발달 속도도 매우 느렸다. 하지만 19세기에 다양한 전기 · 유 · 무선통신기술, 사진, 영상기술들이 등장하고, 20세기 들어 라디오를 필두로 전자매체 시대에 들어서면서 커뮤니케이션 기술의 특성들은 미디어의 존재근거와 영향력, 규제양식에까지 영향을 미치게 된다. 특히 정보처리기술과 커뮤니케이션 기술의 획기적 발달로 시작된 정보사회, 디지털혁명 그리고 4차산업혁명에 이르기까지 이제 커뮤니케이션은 기술문제를 도외시하고 이해할 수 없게 되었다.

하지만 커뮤니케이션 전송수단 즉, 기술문제가 전혀 도외시되었던 것은 아니다. 커뮤니케이션학을 접하면서 가장 먼저 보게 되는'S-M-C-R-E 모델' 은 새넌과 위버(Shannon & Weaver)의 수학적 모델(Mathematical Model)에서 나온 것이다. 수학자였던 이들은 커뮤니케이션 현상을 통신시스템과 기본적으로 동일하다고 보고, 전달하는 내용의 의미보다 어떻게 하면 제한된 커뮤니케이션 전송용량을 가지고 최대한 많은 정보를 전달할 수 있을까에 초점을 맞추었다. 물론 이보다 조금 먼저 인간과 의사소통할 수 있는 기계, 지금 보면 인공지능이나 로봇을 구상했던 앨런 튜링(Allan Turing)의 연구도 넓게 보면 커뮤니케이션 기술에 대한 관심이었다고 할 수 있다. 이들의 선도적 접근은 오늘날 엄청난 저장·전송 능력과 고도의 판단능력을 지닌 커뮤니케이션 기술들을 개발하는데 토대가 되었다고 할 수도 있다. 그렇지만 전체적으로 보면 커뮤니케이션 기술에 대한 인문학적 관심은 그렇게 많지 않은 것이 사실이다. 4차산업혁명을 선도하는 첨단 지능형 커뮤니케이션 기술들이 쏟아져 나오고 상상을 초월할 정도로 엄청난 속도로 진화하고 있는 것을 감안하면 다소 의외라는 생각도 든다. 하지만 앞서 언급했던 해롤드 이니스나 마셜 맥루한 같은 학자들은 1940년대부터 커뮤니케이션 기술이 인간, 사회, 문명에 미치는 영향력에 관심을 기울이기도 했다. 이들의 이론이 다분히 주관적이고 추상적 측면이 있는 것은 사실이지만, 4차산업혁명과 새로운 기술들의 의미를 이해하는데 이정표가 될 수 있다는 점은 무시할 수 없다.

정보이론(Information theory)

정보이론은 MIT공대 수학과 교수였던 새넌과 위버가 1949년에 '수학적 모델' 이라는 이름으로 발표한 이론이다. 정보이론은 당시로서는 파격적인 '비트(bit)' 같은 디지털개념을 가지고 커뮤니케이션 현상을 설명했다는 점에서 선구적이라 할 수 있다. 이 이론은 '되먹임' 혹은 '환류(feedback)'라는 용어에서 보듯이, 로버트 위너(R. Wiener)의 '인공지능(Cybernetics)'이나 앨런 튜링의 인간과 대화할 수 있는 로봇처럼 인공지능(artificial intelligence) 개념을 전제로 했던 것은 분명하다. 물론 이 모델은 전달 내용에 대해서는 관심이 없고 채널 용량 확대나 전송효율성 같은 커뮤니케이션 시스템을 유지하는데 초점을 맞추고 있어, 미국식 구조기능주의 이론이나 체계이론과 연관지어 비판받기도 한다.

정보이론에서 커뮤니케이션은 "하나의 정신이 다른 정신에 영향을 미치는 모든 과정"이고, 커뮤니케이션의 목적은 "수신자의 행위에 영향을 미치려는 시도"라고 정의하고 있다. 그렇지만 내용을 살펴보면, 이 모델에서 이 같은 영향력이나 설득 같은 특성을 찾아보기는 쉽지 않다. 엄격하게 말하면, 정보이론에서 커뮤니케이션 목적은 "제한된 시간과 용량 안에서 최대한 많은 정보를 제공하는 것"이라고 하는 것이 맞다. [그림 1]에서와 같이, 커뮤니케이션 과정에서 중복되지 않고 가급적 많은 정보를 수용자에게 전송하는데 목적이 있는 것이다.

그들은 열역학이론에서 나오는 이동과정에서 열에너지로 소모되지 않고 다른 형태의 에너지로 전환되는 엔트로피(entropy) 개념을 차용하고 있다. 정보를 중복시키지 않고 채널을 최대한 활용할 수 있는 '불확실성(uncertainty)'이 높은 상태를 엔트로피가 높은 상태로 보고 있다. 반대로 같은 메시지의 중복적 사용이나 정보사용에 있어 규칙에 의해 정해져있는 부분(예를 들면, 영문에서 q라는 알파벳 다음에는 고유명사나 약자가 아니라면 반드시 u라는 알파벳이 나오는 것 같은)은 엔트로피 효율성을 저해하는 '잡음(noise)'으로 보고 있다(흔히 컴퓨터에서 사용하는 축약키를 생각하면 된다). 이들 관점에서 보면 사사로운 이야기들이 중복되어 표현되는 흥밋거리 방송프로그램들은 매우 비효율적이다. 또 방송시간이나 신문지면처럼 제한된 채널 수용능력을 가진 매스미디어는 중복을 줄이는 게이트키핑(gatekeeping)을 강화할 수밖에 없다. 이러한 역할이 미디어 조직과 언론인들의 역할이라고 할 수 있다.

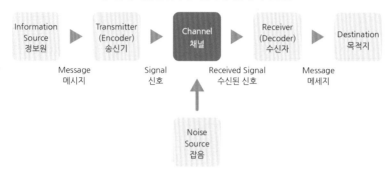

[그림 1] 섀넌 & 위버의 커뮤니케이션 수학적 모델

이처럼 정보이론은 '무엇을 말하는가'가 아니라 '무엇을 얼마나 효율적으로 말할 수 있는가'하는 커뮤니케이션 효율성을 강조하고 있다. 하지만 매스미디어 콘텐츠에는 뉴스나 다큐멘터리처럼 엔트로피가 높은 것들도 있지만, 정보와 흥미성 즉 중복성이 중요한 것들도 있다. 후자의 프로그램들의 경우, 지나친 전달 효율성 '엔트로피'를 강조하게 되면 전달하는 정보량은 많을 수 있지만 재미가 없을 수 있다. 그러므로 적당한 수준의 '중복'이 요구된다. 특히 오락성이 강한 텔레비전 같은 미디어들은 많은 중복성이나 잡음이 들어가야만 하는 경우도 많다. 흔히 유익하면서 재미있는 프로그램이나 인기 강연 그리고 예능프로그램들은 엔트로피와 중복이 적절하게 섞인 경우가 많다. 정보이론에서 보면 매우 비효율적인 커뮤니케이션이다. 기계적 커뮤니케이션과 인간 커뮤니케이션 간의 차이가 여기에 있다. 숙련된 게이트키퍼(gatekeeper)들에 의해 정보를 선택해 전달한다고 해도 인간의 커뮤니케이션은 인간이 가지고 있는 체계적 편견, 부주의, 비의도적 왜곡으로부터 원천적으로 자유로울 수 없다.

이러한 비효율성을 해결하는 가장 좋은 방법은 결국 채널 용량을 획기적으로 증가시키는 것이다. 전송효율성을 높이기 위한 노력은 1970년대 이후 대용량 정보처리와 전송기술 개발로 이어졌고, 결국 '디지털화'를 통해 획기적인 성과를 거둔다. 1990년대 정보화와 관련된 바이블처럼 읽혀졌던 네그

로폰테(Nicholas Negroponte)교수의 '디지털이다(Being Digital)'라는 책은 정보이론의 연속선상에서 나온 것으로 볼 수 있다. 그 책에서 예견했던 '나만을 위한 신문(The Daily Me)'은 디지털화로 매스미디어의 전송능력문제를 해결할 수 있다는 대표적 예시가 될 것이다. 하지만 정보의 저장 · 처리 · 전송 능력이 고도화된 디지털 네트워크 사회가 개인화 · 다양화를 가능하게 해 주었지만, 반대로 정보과잉 문제에 봉착하고 있는 것도 사실이다. 인터넷 공간에서 오물처럼 떠다니는 스팸메시지나 불량정보들은 적정 수준의 채널용량규제와 전문적인 게이트키핑이 필요하다는 것을 보여주고 있다. 이는 인터넷미디어와 전통 미디어들 간의 미디어 공생(media symbiosis)과 균형이 필요하다는 것을 의미하는 것일 수도 있다.

1950년대 등장한 정보이론은 정보사회와 현재 진행되고 있는 4차산업혁명 기술들의 등장배경을 이해하는데 도움이 될 수 있다. 전송능력을 극대화한 대용량 커뮤니케이션 기술들이 미디어의 성격과 전송내용을 어떻게 변화시킬 것인지를 암시하고 있기 때문이다. 비록 정보이론이 지나치게 공학적이고 인간커뮤니케이션을 기계적으로 설명하려 한다는 비판을 받고 있지만, 이들이 제시한 S-M-C-R-E 모델은 다양한 형태도 변형 · 응용되면서 많은

[그림 2] 멜빈 드플러의 커뮤니케이션 모델

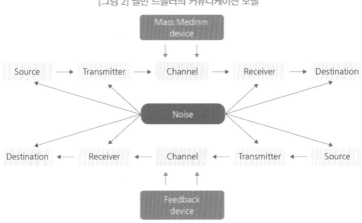

커뮤니케이션학자들에 의해 사용되고 있다. 여러 단점에도 불구하고 커뮤니케이션 현상을 가장 간결하게 설명할 수 있는 모델이라는 점에 대해서는 이견이 별로 없다. [그림 2] 멜빈 드플러(Melvin DeFleur)의 커뮤니케이션 모델을 보면 S-M-C-R-E 모델이 커뮤니케이션학에서 얼마나 많이 변형되어 활용되고 있는지를 알 수 있다.

커뮤니케이션 기술과 지식독점 : 해롤드 이니스

1장에서 커뮤니케이션 기술과 문명발달간의 관계를 설명하면서 해롤드 이니스의 커뮤니케이션 이론에 대해 언급한 바 있다. 그는 기술문명사와 커뮤니케이션 기술이라는 두 가지 현상을 접목시키는 독창성을 보여주었지만, 업적에 비해 역사학계나 언론학계 양쪽 어디서도 주류의 위치를 차지하지 못하고 있는 것이 사실이다. 역사학계에서는 커뮤니케이션 기술변화라는 독립변수를 가지고 역사발전 단계를 새롭게 설명한다는 것을 별로 달갑게 생각하지 않는 것 같다. 주로 정치제도나 경제구조의 변화를 독립변수로 역사발전을 서술해왔던 정통 역사학자들 입장에서는 수많은 사회변동요인들 가운데 하나에 불과한 커뮤니케이션 미디어를 가지고 역사를 재구성한다는 것 자체가 어불성설이라고 생각할 가능성이 높다. 반면 커뮤니케이션학에서 볼 때, 최근까지도 크게 관심을 기울이지 않았던 커뮤니케이션의 기술 문제를 다루었다는 점에서 주목을 끌지 못하는 것 같다. 더구나 이니스의 학문적 배경이 정치경제학이나 경제사 분야에 있다는 선입견도 작용했을 것으로 보인다. 무엇보다 커뮤니케이션 편향성 이론이 기술결정론적 시각이 강해 인문ㆍ사회학적 배경을 지닌 커뮤니케이션 학자들에게 높은 평가를 받지 못한 것 같다. 최근에 그의 연구결과를 재평가해야 한다는 주장들이 나오고는 있지만, 아직까지도 이니스의 이론은 커뮤니케이션학의 중심으로 진입하지 못하고 있다. 그렇지만 정보사회 출현이후 이니스의 연구결과를 재조명하는

[그림 3] 해롤드 이니스

"Fifty years after his death, Harold Innis remains one of the most widely cited but least understood of communication theorists" (Comor, E. 2001).

연구들이 늘어나고 있다. 제임스 캐리(James Carey)교수는 정보사회 진입이 활발해지고 있던 1989년에 "위성, 케이블TV, 화상전화, 컴퓨터 정보기기, 직접위성방송, 다국적기업, 글로벌 시장 같은 현상들은 이니스가 제기했던 문제들을 새롭게 다시 부각시키고 있다"라고 말한 바 있다. 실제로 새로운 커뮤니케이션 기술이 사회적으로 중요한 위치를 차지하면서 이니스 주장들이 새롭게 주목받고 있다.

그 이유는 이니스가 커뮤니케이션 기술은 정보의 생산·분배구조만 변화시키는 것이 아니고 사회구조를 재형성시킨다고 보았기 때문이다. 1951년 저술한 '제국과 커뮤니케이션'에서 역사상에 존재했던 모든 제국의 권력주체들은 다른 행위자 혹은 주변 환경과 상호작용을 통해 형성되었고, 무엇보다 각각의 제국들은 자신들이 보유한 정보나 지식을 저장·활용할 수 있는 능력을 가지고 있을 때 융성할 수 있었다는 것이다. 정보 저장·활용 능력은 그것을 가능케 하는 커뮤니케이션 기술 즉, 미디어 통제를 필요로 한다. 어느 시대든지 권력자들이 커뮤니케이션 수단을 통제하기 위해 노력하는 것도 이 때문이다. 커뮤니케이션 수단은 지식을 독점해 '영토(territory)'와 '지속성

(duration)'을 확보가능하게 해준다. 그런데 모든 미디어는 시간 개념을 과대하게 강조하거나 공간 개념을 확대 해석하는 것과 같은 편향성(bias)을 가지고 있다는 것이다. 그 편향성이 제국의 지배형태를 결정하게 된다.

지배적 매체가 시간적 지식통제에 용이한 것인지 공간적 지식을 통제 가능한 것인지는 제국의 성격과 통치체제를 결정짓는 핵심 요소가 된다. 역사적으로 안정된 문명을 구축했던 제국들은 시간과 공간을 균형 있게 통제 가능할 때 나타났다. 지배적 매체의 능력을 넘어선 과도한 지식과 정보를 보유하게 되면 제국은 균형이 붕괴되어 소멸된다는 것이다. 1장 [표 2]에서 보았듯이, 이집트는 돌, 바빌로니아는 점토·흙, 초기 도시국가 로마는 파피루스(papyrus), 로마제국은 양피지 코덱스(parchment codex), 비잔틴제국은 파피루스와 양피지 코덱스, 구텐베르크 이후 민주주의 맹아기에는 서적과 종이신문 그리고 전자미디어 시대로 주도 매체를 통해 시기를 구분하고 있다. 제국은 새로운 지배적 미디어에 의해 기존 통치계급의 지식독점이 약화되면서 붕괴되고, 새로운 제국이 다른 지배적 미디어를 통해 다시 지식독점이 발생하는 '분산화(decentralization)'와 '재집중화(re-centralization)' 간의 변증법적 순환이 이어지게 된다는 것이다. 그리스와 초기 로마시대에 공중들의 민주적 담론을 가능하게 했던 대면적(face to face) 커뮤니케이션은 문자와 파피루스를 기반으로 한 로마제국시대에 와서 사라지고, 대신 문자매체를 이용한 법과 규칙으로 통치 권력을 집중할 수 있게 된다. 흔히 '로마법'이라는 말에서 보듯이, 로마제국은 문자로 작성된 법을 가지고 광대한 지역을 통치할 수 있었던 것이다. 그러므로 문자와 파피루스는 인류역사상 처음으로 공간적 팽창을 가능케 하여 제국을 형성하는데 결정적 역할을 했다.

이후 구텐베르크 인쇄활자는 1,000년 가까이 유럽사회를 지배해왔던 종교와 성직자의 권력을 붕괴시키게 된다. 소수 성직자들만이 소유하고 있던 필사본 성서지식이 보편화되면서 통치 기반이 되었던 지식독점이 무너트린 것이다. 성직자의 지식독점 붕괴로 신흥 부르주아 계급과 지식인 계급이 부상하게 되고, 이는 결국 자본주의 성장과 근대국가 성립으로 이어지게 된다. 이러한 이니스의 주장은 구조주의 철학자인 미셀 푸코(Michael Foucault)의 지식권력 개념과 매우 유사하다. 푸코는 18세기 프랑스대혁명이후 자본주의를 정당화하는데 '지식의 권력화'가 중요한 기제로 작동했음을 지적하고 있다. 신체적으로나 정신적으로 정상적인 사람을 판정하는 지식 즉, 의학적 지식과 법률적 지식을 독점하고 있던 엘리트들이 권력화되었고, 그것은 자본주의를 정당화하는 기제가 되었다는 것이다. 오늘날 자본주의국가에서 법조인과 의사가 부와 권력을 모두 누릴 수 있는 가장 선호하는 직업이 된 것과도 무관하지 않은 것 같다. 마지드 테라니언(Majid Terranian)의 주장처럼, 역사발전 단계별로 각 시기를 지배하는 엘리트들이 존재하였고, 그들은 당시 통치를 정당화하는 지식을 독점하고 있는 사람들이었다고 할 수 있다.

이니스의 지식독점과 권력에 대한 설명은 20세기 중반이후 전자시대와 관련해서는 상대적으로 빈곤해 보인다. 전자민주주의가 등장하면서 시·공간을 초월한 글로벌 권력이 등장할 것이라는 전망에 가까운 서술에 그치고 있다. 아마 전자미디어시대 등장 이전인 1952년에 사망한 이니스에게 전자시대는 충분한 논의의 대상이 될 수 없었을 것이다. 다만 전자미디어가 공간 편향적 매체라는 점을 감안하면 광범위한 글로벌 통제에 초점을 맞추었을 가능성이 높다. 그렇지만 인터넷처럼 시간과 공간을 초월한 인터넷, 인공지능, 빅데이터 같은 시·공간 매체의 등장은 시·공간을 모두 통제할 수 있는 '영원한 제국'의 등장을 생각했을지도 모른다.

시간 편향성과 공간 편향성

역시 이니스의 주장의 핵심은 모든 매체는 '시간적' 혹은 '공간적' 편향성 즉, 편견을 내재하고 있다는 주장이다. "다양한 물질들을 이용하는 다양한 미디어들은 시간과 공간을 통제하는데 있어 다른 결과를 야기할 수 있다"

라는 것이다. 이를 그는 '커뮤니케이션의 편향성'이라고 규정하고 있다. 그는 사망하기 직전에 '제국과 커뮤니케이션(Empire and Communications)'과 '커뮤니케이션의 편향성(The Bias of Communication)' 두 권의 저술을 발표하였다. 그러므로 역사상 존재했던 모든 제국들의 주도적 미디어들은 시 · 공간적 편향성을 지니고 있었고, 이에 따라 제국의 성격이 다르다는 주장이 나올 수 있었을 것이다. 이니스는 커뮤니케이션 미디어를 '시간 편향적 매체(time biased media)'와 '공간 지향적 매체(space biased media)'로 구분하고 있다. 모든 미디어들은 정보를 조직화하고 통제하는데 있어 '시간적 지속성(duration over time)'과 '공간적 확장(extension in space)'이라는 편향성이 발생한다고 주장한다. 하지만 편향성은 인간의 삶에 깊게 뿌리박고 있어 일시적으로 바뀌는 것이 아니라 오랜 역사를 거치면서 결정된다. 미디어들이 내재하고 있는 편향성도 좀처럼 변화되지 않는 요소들이라고 보고 있다.

'시간 지향적 매체'란 오랫동안 변형되지 않고 무거워 이동하기 어려워 지리적으로 확장되기 어려운 매체들을 말한다. 여기에는 고인돌 · 비석 · 양피지 · 진흙 · 돌 같은 것들이 포함되며, 이들 매체들은 공간적으로 수축되는 성향을 지니게 있다. 때문에 이 매체들이 지배하는 사회는 시간의 영속성 즉, 역사와 전통성을 강조하는 성향이 강하다. 그러므로 시간 지향적 매체가 주도하는 사회는 과거 지향적이고 위계질서(hierarchy)가 강조되는 사회가 될 가능성이 높다. 또 종교와 같은 비세속적 권위와 영원한 삶, 윤리와 형이상학이 중시되게 된다. 대체로 고대 왕정국가나 신정국가들이 이들 매체가 지배하는 국가형태들이다. 반면 '공간 지향적 매체'란 가볍고 휴대하기 쉬워 먼 거리까지 이동 가능한 매체를 말한다. 대표적으로 종이와 전파를 들 수 있다. 종이와 인쇄활자가 지배하던 제국주의시대는 모든 나라들이 전쟁을 통해 영토를 확장하고 탈종교화된 세속적 권력이 강화되었던 시기다. 전파가 등장한 20세기는 세계를 통제하는 미국이나 소련, 중국 같은 글로벌 제국들이 주도하는 시기라고 할 수 있다. 그 기반은 전파매체와 인터넷 같은 공간 지향적 매체에 있다고 볼 수 있다.

이니스의 커뮤니케이션 편향성 이론은 역사적 사실에 대한 평가에만 그치는 것이 아니다. 지금 우리가 살고 있는 현재에 대해서도 충분히 적용·해석 가능하기 때문이다. 예를 들면, 전체주의 혹은 공산주의 국가들의 경우에 동상이나 비석, 사진 등을 유난히 강조하고 있다. 그 이유는 이 시간 지향적 매체들이 절대 권력의 권위적 위계질서를 강화하는데 유용하기 때문일 것이다. 흔히 북한 도처에 세워져있는 김일성·김정일 동상과 혁명유적지들 그리고 곳곳에 걸려있는 초상화는 북한정권이 역사적 정통성을 강조하는 시간 지향적 사회라는 것을 보여주는 것이기도 하다. 단군릉 같은 극단적인 시간 지향적 매체들은 시간적 영속성과 무관하지 않음을 보여준다.

북한과 전혀 상반된 나라지만 미국 역시 수많은 박물관, 기념관, 동상 그리고 참전용사 위령비들이 즐비한 나라다. 그렇지만 최첨단 기술과 막강한 군사력을 바탕으로 초강대국으로 글로벌 패권을 유지하고 있는 미국이 축소 지향적 나라라고 하기는 어렵다. 하지만 시간적 매체에 집착하는 이유는 현재 미국은 토착 인디언을 밀어내고 구대륙에서 들어온 백인들이 나라를 세운지 300년밖에 되지 않는 일천한 역사를 가진 나라라는 점이다. 그러므로 인터넷, 최첨단 통신기술 같은 공간 지향적 매체 주도권만 가지고는 미국은 불안정한 상태가 지속될 수밖에 없다. 인위적으로라도 시간 지향적 매체들을 통해 역사와 정통성을 확보해야 하는 절박성을 보여주는 것이라 생각된다. 실제로 미국은 세계에서 가장 많은 퍼레이드와 축제를 가진 나라이고 애국심을 유난히 강조하는 나라다. 초·중·고등학교 미국사 교과서만 보더라도 엄청나게 많은 세세한 내용들로 구성되어 있다. 공간뿐만 아니라 시간적으로도 균형을 유지해 안정된 글로벌 패권을 유지하고자 하는 노력으로 해석될 수밖에 없다.

이니스 관점에서 보면 시·공간을 모두 통제할 수 있는 인터넷과 인공지능, 글로벌 정보·통신시스템을 장악하고 있는 미국 아니 미국의 글로벌 네

[표 1] 시간지향적 매체와 공간지향적 매체

	시간편향적 매체 (Time-biased Media)	공간편향적 매체 (Space - biased Media)
미디어 기술	• 양피지, 진흙, 돌, 비석, 동상	• 종이, 파피루스 • 인쇄술, 매스미디어, 전자매체
미디어 편향성	• 위계질서 (hierarchy) • 수축 (contraction) • 과거 지향적	• 분권 (decentralization) • 팽창 (expansion) • 현재·미래지향
사회에 미치는 영향	• 구어적 전통 (oral tradition) • 역사 및 전통에 대한 신봉 • 비세속적 권위 (종교) • 윤리와 형이상학 • 시간을 강조하는 진리	• 문어 문화 (written culture) • 제국적 성장 • 세속적 정치권력 • 과학과 기술 • 공간을 강조하는 진리

트워크기업들이 영속적일 수 있다고 생각될 수도 있다. 특히 지식 통제력과 독점력이 엄청나게 강화된 4차산업혁명 기술들은 '영원한 제국'을 구축할 수도 있다. 하지만 이니스는 공간 확장성이 강한 기계적 커뮤니케이션에 대해 매우 비판적 인식을 가지고 있었다. '인쇄와 라디오는 개인보다 세상의 모든 사람을 상대하기 때문에 문제의 원인보다 해결책을 강조하게 된다. 반면 "구두 커뮤니케이션은 새로운 진리를 발견하는데 중요하다. 사람을 자유롭게 하는 것은 진리가 아니라 진리를 추구하는 행위다"라는 표현에서 볼 수 있듯이 어쩌면 그리스 구두커뮤니케이션 시대에 강한 향수를 가지고 있었던 것 같다. 그렇다면 이니스는 모든 정보를 수집·처리하여 개인의 취향과 필요에 맞는 결과물을 제시해주는 빅데이터·인공지능이 지배하는 4차산업혁명 시대 커뮤니케이션은 시·공간적으로 완벽한 사회가 될 수 있을지는 몰라도 진정한 인간적 삶이 될 수 있을 것인가에 대해 의문을 제기했을 가능성이 높다.

지식독점의 종말 : 언론의 붕괴

해롤드 이니스의 커뮤니케이션 기술관과 문명론은 인간의 역사는 지식독점의 역사이며 이를 견인하는 것이 주도적 커뮤니케이션 기술이라는 주장이다. 그렇다면 정보혁명을 거쳐 4차산업혁명 시대에 돌입하고 있는 첨단 미디어들은 어떤 편향성을 가지고 있으며, 우리 사회에 어떤 영향을 미치는가에 대한 의문을 갖게 된다. 20세기 산업사회를 주도했던 매스미디어는 언론사라는 특정 집단에 의해 통제된 '전문가 시스템(expert system)'다. 이러한 정보 통제 양식은 매스미디어의 지식독점 구조를 구축해왔다. 이는 매스미디어가 권력기구로서 존재할 수 있었던 이유다.

그렇지만 인터넷 미디어들이 우후죽순처럼 생겨나면서 매스미디어에 의한 지식독점이 붕괴되고 있다. 인터넷 공간에서는 누구나 기사를 만들어 배포할 수도 있고, 사람들에게 의제(agenda)를 설정할 수도 있다. 더구나 인터넷과 SNS를 통해 더 많은 사실들이 더 빠른 속도로 순식간에 큰 파장을 일으키고 있다. 1990년대 MBC 뉴스의 '카메라 출동'이 했던 역할을 전문 언론인이 아닌 SNS 이용자들이 이제 대신하고 있다. 그러므로 4차산업혁명 시대 언론인이란 '사실들을 발견하는(find the facts)' 사람들 중에 하나이거나 '글 잘 쓰는' 사람들 중에 하나, 아니면 '진실을 말하는' 사람들 중에 하나일 뿐일 수 있다. 여기에 알고리즘이 기사를 작성하는 로봇저널리즘이 확산되면서 언론인의 위상이나 권력은 심각하게 도전받고 있다. 언론이 사람들에게 어떤 사실을 깨우쳐주는 '발견적 도구(heuristic tool)'인지, 전통적 언론처럼 '개념적 틀(conceptual framework)'을 제공하는 역할을 하는지에 대해서 논란이 있을 수 있다.

문제는 여기에 그치지 않을 수 있다. 언론인의 위상변화는 지난 수백 년간 전문지식을 독점해왔던 법률, 의학, 대학 같은 전문영역의 권력을 급격히 무너뜨릴지도 모른다. 이러한 현상에 대해 이니스는 "망치를 들고 있는 사람에게는 모든 것이 못으로 보인다"라든지 "왜 우리는 항상 주목하는 것에만 주목하는가" 같은 말로서 지식 독점 권력의 붕괴를 긍정적 시각으로 보고 있다. 그렇지만 4차산업혁명이 그렇게 바람직한 모습을 할지는 아직은 미지수다.

[그림 4] 2019년 SNS에서 화제가 되었던 베트남 여성 폭행관련 동영상

2019년 7월 SNS에 올린 베트남여성 폭행 동영상은 다문화가정 여성들에 대한 폭행문제가 사회문제로 비화되면서 법제도 현황 및 문제점들이 쟁점으로 부각되고, 한국·베트남 간의 외교문제로 비화되기도 하였다.

인간의 확장(Extension of Man) : 마샬 맥루한

미디어는 메시지다(Medium is Message). 커뮤니케이션학을 전공하는 사람들이 아니더라도 누구나 한번쯤은 들어 봤던 말이다. 각종 광고문구나 디자인으로도 사용되는 경우도 많다. 이 말을 한 사람은 마샬 맥루한이다. 마샬 맥루한도 해롤드 이니스와 함께 캐나다 출신의 커뮤니케이션학자다. 더구나 두 사람은 토론토대학 재직 중에 커뮤니케이션 현상을 연구했다는 점에서 토론토학파(Toronto School)라고 지칭하기도 한다. 두 사람 모두 텔레비전 등장 초기에 미디어가 사회에 미치는 영향에 대해 관심을 가지고 있었다. 하지만 이니스와 마찬가지로 맥루한도 커뮤니케이션 학계에서는 변방 아닌 이단에 가까운 취급을 받고 있다. 아니 어쩌면 미디어 전공자라기보다 문화비평가에 가깝다는 평가를 받았다. 이니스가 커뮤니케이션 기술이 인간문명과 사회에 미치는 영향을 거시적 관점에서 접근했다면, 맥루한은 커뮤니케이션 기술이 개인의 감각활동에 미치는 영향에 초점을 맞추었다. 이를 바탕으로

[그림 5] 마샬 맥루한(1911~1980)

"McLuhan, the maelstrom observer"

The Medium
is the Message

맥루한을 거대한 소용돌이의 관찰자라고 한 이유는, 그가 미래 전자미디어사회
에 대해 독자적이고 총체적인 메타포어를 가지고 이해하려 했기 때문이다.

전자미디어 같은 새로운 미디어 기술들이 향후 인간의 생활을 어떻게 변화
시킬 것인가에 대한 전망까지 내놓고 있다.

미디어에 대한 맥루한의 기본 인식은 1964년 발간된 '미디어의 이해 : 인
간의 확장(Understanding of Media : The Extensions of Man)'에서 출발한다. 이 책에
서 맥루한이 생각하는 미디어는 우리가 생각하는 미디어보다 매우 광범위
하다. 문자·인쇄술·라디오·텔레비전 같은 매스미디어들뿐만 아니라 바
퀴·자동차·비행기 같은 기술들도 미디어기술에 포함시키고 있다. 그는 미
디어는 인간 신체의 연장으로 인간과 인간, 인간과 자연을 매개하는 수단이
라고 보고 있다. 바퀴는 인간의 발, 책은 눈, 옷은 피부, 전기장은 신경체계의
연장이라고 주장한다. 이 때문에 각각의 미디어 기술들은 그 기술이 가진 속
성에 적합한 대상들만 인지하게 된다. 그래서 '미디어가 곧 메시지가' 되는
것이다. 맥루한의 미디어 기술관은 여기에서 출발한다. 특정 미디어기술은
인간의 신체 중에 거기에 부합되는 특정 감각기관의 활용정도만 증가시켜,
감각적으로 편향 또는 불균형상태를 야기한다는 것이다. 아무런 미디어기술
도 없던 원시상태의 인간은 매우 감각적으로 균형된 비율을 가진 인간이었
다고 그는 보고 있다. 아주 일상적으로 사용되는 용어지만 그가 처음 만들었
던 '지구촌(global village)'라는 단어도 균형된 감각을 가진 원시 부족사회에 대
한 로망에서 나온 것이다.

그렇지만 '미디어가 메시지'라는 주장은 흔히 생각하는 피상적 수준의 명제가 아니다. 사회는 미디어에 포함된 내용이 아니라 미디어에 내재된 기술적 속성에 의해 형성되기 때문이다. 앞서 설명한 것처럼 모든 미디어 기술은 인간 감각기관의 연장이다. 새로운 기술은 감각기능의 균형성을 변화시키고, 그것은 결국 '사실'에 대한 감각 자체를 변화시키게 된다. 예를 들어, 라디오는 청각의 확장이고 사진기술은 시각의 확장이다. 하지만 두 기술은 인간의 특정 감각기관만 사용한다. 그것은 역설적으로 라디오 효과는 시각적인데 발생하고, 사진의 효과는 청각적인 데서 나타날 수 있다는 것이다. [그림 6]에서와 같이, 하나의 미디어 기술은 증강(enhance), 퇴화(obsolete) · 전환(reverse) · 회복(retrieve) 네 가지 효과를 복합적으로 유발할 수 있다. 그의 아들 에릭 맥루한(Eric McLuhan)이 아버지의 미발표자료를 정리해 1988년 발간한 책에서, 미디어기술의 4가지 효과를 '테트라드 효과(tetrad of media effects)'라는 도식으로 설명하고 있다. '증강'이란 새로운 미디어 기술이 이미 존재하고 있던 현상을 더 강화시키는 효과를 말하고, '퇴화'는 소멸 혹은 약화시키는 것을 의미한다. '전환'은 기존에 있었던 현상이 다른 현상으로 변화되는 것이고, '회복'이란 사라졌던 현상들이 다시 부활되는 것을 말한다. 이러한 주장은 맥루

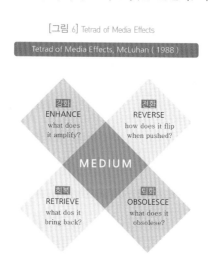

[그림 6] Tetrad of Media Effects

Tetrad of Media Effects, McLuhan (1988)

강화
ENHANCE
what does
it amplify?

전환
REVERSE
how does it flip
when pushed?

MEDIUM

회복
RETRIEVE
what dos it
bring back?

퇴화
OBSOLESCE
what does it
obsolese?

한의 기술결정론 시각에서 벗어나고 있지는 않지만, 미디어기술의 효과가 단선적(linear)이지 않고 복합적이라는 사실을 강조하고 있는 것으로 보인다.

이러한 유형을 토대로 인터넷 등장이 인간 사회에 미치는 효과를 설명하고 있다. 이러한 효과들의 정확성은 의문이지만 지나치게 단정적이었던 맥루한의 당초 이론과는 약간 차이가 있다. 하지만 [표 2]에서 보는 것처럼, 열거된 효과들이 너무 보편적이어서 초기 '미디어의 이해'에서 제기되었던 것보다 계발적(heuristic)이라고 생각되지는 않는다. 여기서 주목을 끄는 것은 회복효과다. 기술결정론적 시각을 가진 학자들 대다수가 기술이 미치는 효과는 현재 당면한 문제를 해결하고 새로운 사회가 등장하는데 초점이 맞추어져 있다. 하지만 '회복' 효과는 새로운 기술이 과거에 사라졌던 것이 다시 부활할 수 있다는 것이다. 앞서 언급한 것처럼 인간의 감각능력을 확장시켜왔던 미디어기술들이 도리어 감각기관 능력을 약화시키고, 특정 감각에만 의존해 균형돼지 못한 지각능력을 가지고 있다는 문제의식에서 나온 것이다. 예를 들면, 시각과 청각을 동시에 사용하는 전자매체의 등장은 인쇄매체 등

[표 2] 인터넷 기술 효과

강화 (ENHANCE)	회복 (REVERSE)
탈중심화 (decentralization) 협력적 연구 (associative research) 접근 속도 (speed of access) 전자 커뮤니케이션 (electronic communications) 정보 접근 (access to information) 개인출판 (self-publishing) 미디어 융합 (media convergence) 네트워크화 (networking) 즉시성 (immediacy) 가상 공동체 (virtual community) 전자 상거래 (e-trade)	쓰기와 서신 (writing and correspondence) 부족과 마을 (tribes and villages) 무정부상태 (anrchy) 혼돈 (chaos) 조우 (rendezvous) 직접민주주의 (direcrt representation) 지역주의 (local activism)
전환 (RETRIEVE)	퇴화 (OBSOLESCE)
데이터 강박관념 (obsession with data) 고립 (isolation) 감성 실종 (loss of affect) 정보과잉 (information overload) 사적 시간의 소멸 (loss of private time) 신경 쇠약 (nervous disorder)	여행 (travel) 거리 (distance) 국경 (national border) 면대면 커뮤니케이션 (face-to-face communication) 1:다수 선전 (single-source propaganda) 중앙집중화된 검열 (centralized censorship) 출판 독점 (print monopolies) 오프라인 매장 (retail outlet)

장으로 소멸되었던 구어(oral)문화를 회복시켜 새로운 부족공동체 사회를 만들 수 있을 것이라는 기대감이다. 뛰어난 전파력을 가진 전자매체들은 시ㆍ공간 장벽을 넘어 전 세계인들이 마치 마주앉아 있는 것처럼 커뮤니케이션할 수 있어 '지구촌'이 만들어질 것이라고 전망하고 있다. 근대이전에 인간들은 지역단위로 같은 언어와 윤리관을 가진 문화를 공유한 부족(tribal)을 형성하고 살았지만, 인쇄술, 산업화, 기계화, 도시화로 인해 형성된 근대사회에서는 '근대성(modernity)'과 '민족국가' 같은 탈 부족화(de-tribalization) 현상이 가속화되었다는 것이다. 하지만 전자통신기술들은 근대성을 탈피하여, 전 세계가 하나의 부락을 형성하는 지구촌이 될 것이라는 주장이다. 하지만 20세기 후반 인터넷 공간이 근대성을 탈피해 인간성을 회복해줄 것이라 생각했던 포스트더니즘(post-modernism)적 기대가 근대성에 바탕을 둔 전자기술의 기술적 합리성에 의해 좌절된 것을 보면, 이 같은 전망은 비판받을 소지도 많다. 더구나 정보혁명기술들도 그랬지만 4차산업혁명 기술들 역시 경제적ㆍ군사적ㆍ정치적 목적에 의해 조직적이고 체계적으로 개발된 기술들이라는 점을 감안하면 첨단 정보통신기술이 인간적인 삶을 재건해 줄 것이라는 전망 아니 희망은 빗나갈 가능성도 높다.

[그림 7] Global Village

The Global Village

Electronic mass media collapse space and time barriers
in human communication,
enabling people to interact and live on a global scale.

핫미디어와 쿨미디어

맥루한 미디어 기술관의 중심개념 중에 하나가 '핫미디어(hot media)'와 '쿨미디어(cool media)' 개념이다. 이 개념은 지나치게 주관적이고 비과학적이라는 지적을 받고 있는 것이 사실이다. 그렇지만 '핫 미디어'와 '쿨 미디어'는 '미디어가 곧 메시지'라는 명제의 바탕이 되는 개념이다. 핫미디어는 미디어가 제공하는 메시지에 수용자가 어떤 관여도 할 수 없는 그야말로 뇌를 뜨겁게 만드는 것이고, 쿨미디어는 수용자가 자신의 생각이나 상상력을 개입시킬 수 있는 메시지를 제공하는 것을 말한다. 선뜻 받아들이기 힘들지만, 그에 따르면 사진을 연속적으로 보여주는 영화는 핫미디어이고, 여러 개의 점으로 만들어진 주사선으로 이미지를 형상화시키는 텔레비전은 쿨미디어다. 인간의 생각을 마비시켰던 인쇄매체들과 달리 텔레비전 같은 쿨미디어가 지배하는 전자미디어시대는 인간다운 사회가 될 것이라고 기대하고 있다. 맥루한은 TV시대에 들어서면 예배문화의 부활, 추리소설 유행, 참여형 예술발달 같은 행위들이 다시 활발해질 것이라고 주장하기도 하였다. 그렇지만 디지털시대에 동영상이나 TV 프로그램은 수백만·수천만 화소를 가지고 사실상 공백이 거의 없는 이미지를 형성하고 있다는 점을 감안하면, 맥루한의 주장이 맞지 않는 것도 사실이다. 더구나 소파에 비스듬히 기대 아무 생각 없이 시청하는 대표적인 '린 백 미디어(lean back media)'로 흔히 '바보상자'라고 하는 텔레비전을 쿨미디어로 규정하는 것은 매우 비현실적이라는 생각도 든다. 조나단 밀러(Jonathan Miller)같은 사람은 그의 주장은 텔레비전의 외형적 속성만 보고 내뱉은 궤변에 불과하므로 당장 폐기되어야 한다고 비판하기도 하였다.

마샬 맥루한의 핫미디어, 쿨미디어 주장은 과학적이라기보다 다분히 직관적 판단에 가깝다. 해롤드 이니스가 정치경제학적 입장에서 미디어 기술의 사회권력관계에 미치는 영향에 초점을 맞춘 반면 맥루한은 인간성 회복이라는 인문학적 지향성에 초점을 맞추고 있는 것으로 보인다. 또한 둘 다 기술결정론적 시각에서 출발했음에도 커뮤니케이션 기술발달과 미래사회를 보는 시각은 대조적이다. 이니스가 명확히 언급하지 않았지만 미래사회에 대해 다분히 부정적이었다면, 맥루한은 매우 낙관론적 전망을 하고 있다. 그렇지만 두 사람 모두 커뮤니케이션 기술을 어떻게 통제하고 운영해야 하는가에 대해서는 확실한 답을 내놓지 못했다는 점은 공통적이다.

통제혁명 : 제임스 베니거(James Beniger)

해롤드 이니스나 마샬 맥루한과 달리 제임스 베니거는 정보사회의 등장 원인과 기술발달 문제를 구체적인 사례들을 통해 분석적으로 연구한 사람이다. 제임스 베니거의 정보사회와 기술에 대한 접근은 1986년 발간된 '통제혁명 : 정보사회의 기술적, 경제적 기원(The Control Revolution : Technological and Economic Origins of the Information Society)'이라는 책을 통해 발표되었다. 그가 말하는 '통제혁명(control revolution)'의 핵심요지는 "한 사회의 통제유지 능력은 정보기술 발달과 직접 비례한다"는 것이다. 위기를 통제하기 위한 정보기술 발달이 20세기 중·후반 정보사회로 진입하게 되는 원인이 되었다는 주장이다. 컴퓨터와 커뮤니케이션 기술 같은 정보기술들은 19세기 산업혁명으로 발생한 여러 통제위기를 극복하는 노력으로 나타난 통제기술들이 사회 전반으로 확산·활용되면서 정보사회가 시작되었다는 것이다.

베니거는 통제혁명을 설명하기 위해 생물 진화론과 관련된 전문적인 어쩌면 사회과학도들에게는 다소 어렵고 지루할 수도 있는 내용들을 매우 자세히 서술하고 있다. 가장 작은 단위의 생물학적 수준에서부터 개개 인간 그리고 사회는 모두 환경에 적응해 생존하기 위하여 진화해왔다는 것이다. 모든 생명체들은 더 우수한 복제자를 출현시키기 위한 진화를 거듭해왔고, 인간은 생존에 유리한 프로그래밍 즉, 두뇌혁명과 신경체계진화로 위기대응능력

[그림 8] 통제 혁명

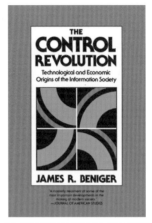

이 책은 1986년 미국 출판인협회로부터 사회·행동과학분야의 최우수 저술상을 수상했으며, 1989년에는 '뉴욕 타임즈(NewYork Times)'가 선정한 가장 주목할 만한 보급판 서적으로 뽑히기도 했다.

을 증가시켜 왔다. 사회체계 역시 다양한 형태의 위기들을 의사결정 프로그램과 문화적 프로그램 같은 통제수단을 통해 대응해왔다는 것이다. 한 사회체계가 정한 목표에 부합되는 합리적 의사결정을 가능하게 해주는 문화, 종교, 법·제도, 의례적 교환이나 사회적 네트워크 등이 일종의 통제기제인 것이다. 하지만 사회가 점점 커지고 복잡해지면서 생득적이거나 전근대적인 통제수단으로는 환경변화로 인해 발생하는 새로운 위기들을 제어하기 힘든 상황에 부딪치게 된다. 그러면서 산업혁명 이후 통제위기를 설명하고 있다. 산업혁명은 대량생산기계들이 개발되면서 물질과 에너지 활용능력을 순식간에 급성장시켰다. 하지만 크게 늘어난 생산량을 통제할 수 있는 기제가 부족해 여러 영역에서 통제위기 현상이 발생하게 된다. 이에 대응하기 위한 새로운 기술적 혁신들이 19세기 중·후반에 출현하게 되었다는 것이다. 전신, 전화, 유·무선통신 기술들이 19세기 중반에 등장하게 된 것도 바로 통제위기를 극복하기 위한 노력의 결과로 보고 있다.

제임스 베니거는 크게 늘어난 생산물들의 저장·수송·소비에서 발생한 위기를 극복하기 위한 새로운 통제기술 즉, 정보수집과 처리 그리고 전달에 필요한 기술들을 '통제의 통제기술(control technology of control)'이라고 규정하고 있다. 통제의 통제기술은 대부분 오늘날 개념으로 하면 정보통신기술들이고, 이는 20세기 중반에 정보사회 진입의 기원이 되었다는 것이다. 베니거가 생각하는 통제기술에는 물리적 통제기술들 뿐만 아니라 제도나 기구, 전략 같은 사회적 기술들도 포함된다. 막스 베버(Max Weber)의 '관료제(bureaucracy)'를 가장 대표적인 인간 통제기술이라고 보고 있고, 현대 정보처리기술의 기원이라고 생각하고 있다. 막스 베버에게 많은 영향을 받았던 다니엘 벨은 후기 산업사회를 이끈 정보기술들을 증기기관 같은 '자연통제기술'과 비교해 '인간통제기술'이라고 하고 있다. 20세기 정보사회를 이끌었던 대부분의 기술들이 19세기 중반~20세기 중반 사이에 등장하였고, 4차산업혁명 기술들도 그 기원을 따져보면 인간통제기술들과 연관되어 있다.

[표 3] 시기별 통제위기와 기술혁신

시기		기술 혁신 특징	핵심 기술
생산 위기	~ 1650	에너지 통제 기술	풍력, 수력공급용 운하
	1650 ~ 1800	생산 통제 기술 (작업할당, 데이터 축적기술)	제철소, 벽돌공장, 제분소, 방직공장, 황동 및 철 주조소 (지리적 중요성)
유통 위기	1800 ~ 1840	유통 통제 기술 (대형 도매상, 창고업)	기계특허, 주식회사, 주식자본매매, 화재보험
	1840 ~ 1880	수송·정보 통제 기술 (통신, 우편, 전화)	고속도로, 교량, 해운, 우편시스템, 선박, 화물보험, 금융, 보험, 부동산 사업
소비 위기	1880 ~ 1910	소비 통제 기술 (슈퍼마켓, 미디어, 광고, 여론조사)	우편, 특허, 저작권, 법 교육, 도서관 언론, 대중출판, 광고, 브랜드, 패키징

　　제임스 베니거는 산업혁명 이후에 발생한 통제위기를 3단계로 나누어 설명하고 있다. 1차는 생산위기로 산업혁명 시작 후 1800년 초까지 주로 대량생산 체제를 유지하는데 필요한 원료, 에너지 등을 공급하고 생산된 상품들을 수송하는 과정에서 발생했던 위기다. 2차 통제위기는 1800~1880년대 사이에 봉착했던 유통위기로 대량생산된 상품들을 시장에 유통하는데 발생한

위기를 말한다. 3차 통제위기는 1880~1910년 사이에 생산된 제품을 판매·소비하는데 발생하는 위기다. 베니거는 각각의 위기에 봉착할 때 먼저 '전처리(preprocessing)'와 '조정(coordination)' 기술들이 사용된다고 주장한다. '전처리'란 기존의 통제기술의 처리 가능한 수준으로 생산량을 조절하는 방법이다. 디지털 압축(digital compression)에서 필요 없는 데이터를 사전에 제거하는 전처리와 동일한 방식이다. 문서처리표준양식을 만들어 처리해야 할 정보량을 줄이는 것이나 열차시간표를 정해 일일이 열차이동상황을 체크할 필요가 없도록 하는 것이다. 전처리 방식은 기존의 규칙이나 관행, 절차를 강화하는 것으로 환경변화에 탄력적이지 못한 소극적 방법이다. '조정'은 정보처리과정을 재배치 혹은 재조정해 효율성을 높이는 것을 말한다. 예를 들면, 에너지와 원료 공급을 위해 공급지 근처에 생산시설을 설치하거나 통신사가 제공하는 뉴스를 이용해 취재·기사작성의 효율성과 신속성을 높이는 것 등이 여기에 속한다.

제임스 베니거의 통제혁명을 시기적으로 나누어 살펴보면, 먼저 산업혁명 초기부터 1800년대 초까지 테일러리즘(Taylorism)에 의해 급속히 생산능력이 상승하면서 기존 노동양식과 수송능력의 한계를 노출한 '생산위기' 시기였다. 이를 극복하기 위해 사업자들은 철도기관사나 기계공들에게 사전에 작업량을 지정하는 방식으로 과잉생산과 재료공급 문제를 해결하는 전처리 방법을 사용하였다. 그리고 원료와 생산된 상품이동이 용이하도록 바닷가나 강 하구 등에 제조공장을 위치시키는 조정 방법이 사용되었다. 또한 전처리 방법의 효율성을 높이기 위해 낮은 수준이지만 화물기록에 대한 정보축적과 자료분석기법들도 등장하게 된다.

1800~1880년 사이는 '유통위기'의 시기다. 높아진 생산력으로 늘어난 생산물을 신속하고 효율적으로 판매해야 하는 위기에 봉착한 것이다. 때문에 생산된 상품들의 시장거래를 촉진시킬 수 있는 기술들이 필요하게 되었다. 유통위기 역시 초기에는 창고업이나 대형 도매상 같은 대량저장·대량판매

같은 전처리 방식들이 사용되었다. 이 같은 전처리 방식의 효율성을 더욱 높일 수 있는 제품분류, 검사방식의 표준화, 등급화, 고정가격제, 용기 규격화 등의 통제기술들도 개발되었다. 또한 생산과 소비가 일치하지 못한 유통의 한계를 보완하기 위해 주식회사, 주식시장(stock market) 같은 다양한 신용거래제도들이 등장하게 된다. 그렇지만 유통위기를 근본적으로 해결하기 위해서는 시장과 관련된 정보를 신속하게 교환할 수 있는 기술들이 필요하였다. 1830~1880년 사이에 등장한 전신기술 · 윤전기 · 타자기 · 대서양횡단케이블 · 전화 같은 통신 및 정보처리기술들이 여기에 포함된다. 이 기술들은 정보처리용량과 전송시간 문제를 획기적으로 개선해 유통위기를 해결한 통제기술들이다. 물리적으로 분산되어 있던 생산과 시장을 연계시켜주어 경제적 효율성을 배가시킨 것이다

유통위기가 극복되었지만 생산과 소비가 시기적으로 항상 일치할 수 없다는 자본주의의 근본적 문제가 해결되지는 않는다. 경제학적으로 생산자와 소비자가 가진 정보 비대칭문제를 해결하기 위해 생산자들은 인위적으로 소비를 통제하려고 할 수 밖에 없다. 바로 '소비위기'인 것이다. 1880년 이후 소비위기를 극복하게 위해 많은 기술들이 등장하게 된다. 가장 먼저 도입된 기술이 대형슈퍼마켓이다. 대형슈퍼마켓의 구조는 필요한 물건만 구매하는 것이 아니라 이동하면서 자연스럽게 더 많은 상품들을 과잉 구매하도록 고안 설계된 통제기술이다. 요즘에도 사용되는 패키지 상품판매 방식도 이 시기에 등장한 기술이다. 하지만 이 같은 전처리 혹은 조정방식의 기술로는 소비 위기를 근본적으로 해결할 수 없었다.

인위적으로 소비를 창출할 수 있는 기술들이 필요하였다. 저작권과 특허, 상품브랜드 같은 것들이 도입되고, 본격적으로 매스미디어를 통한 상품광고가 활성화된다. 특히 생산시기와 소비시기가 극단적으로 불일치하고, 보관이 용이하지 않은 상품들은 더 적극적으로 브랜드화와 광고기술을 사용하였다. 1880년대 가장 먼저 상품브랜화를 시도한 사업자들이 코닥(KODAK), 켈로그

[그림 9] 초기 농산물회사들의 광고물

(Kellogg), 하인즈(Heinz) 같은 농산물업자들이라는 점이 이를 증명해준다. 1920년대 매스미디어의 등장과 함께 광고 산업이 급성장하고, 특허와 상표등록이 급증했다는 것도 이러한 베니거의 주장을 뒷받침해준다.

이 같은 소비 통제 기술들은 19세기 말에 등장한 영화, 유 · 무선통신, 그리고 라디오와 텔레비전 같은 매스미디어 기술로 발전하게 된다. 하지만 베니거가 강조하는 기술은 매스미디어가 아니라 정보처리와 관련된 기술들이다. 특히 소비행태와 관련된 정보를 수집 · 처리하는 기술에 초점을 맞추고 있다. 그는 '인구조사(census)'를 위해 개발된 기술개발에 큰 의미를 부여하고 있다. 1880년 미국 인구조사에서 허먼 홀레리스(Herman Hollerith)가 개발한 40열 종이천공카드(tabulation)는 분석기간을 10년에서 3개월로 단축해(3년을 6개월로 단축했다는 주장도 있다), 당시 기준으로 약 5백만 달러를 절약했다는 것이다. 이후 홀레리스는 '태뷸레이팅 머신(Tabulating Machine)'이라는 회사를 설립했고, 이후 몇 번의 인수 · 합병을 거쳐 1924년에 아이비엠(IBM)이 되었다. IBM은 1964년에 컴퓨터용 천공카드를 개발해 본격적인 디지털 컴퓨터 시대를 열게 된다. 잘 알려진 것처럼, 아이비엠은 제2차세계대전 중에 미국

국방부 요청으로 전쟁수행목적으로 컴퓨터를 개발한 이후 1970~80년대 정보사회 진입에 중추적 역할을 했고, 지금도 4차산업혁명을 주도하는 빅 플레이어 중에 하나다.

통제혁명에서 정보혁명 그리고 4차산업혁명으로

제임스 베니거 이론의 핵심은 산업혁명기에 발생한 생산, 유통, 소비의 통제위기를 극복하는 과정에서 출현한 각종 통제기술들이 통제혁명을 가능하게 했다는 것이다. 특히 정보처리 기술과 커뮤니케이션 기술은 통제위기를 극복하면서 획기적으로 발달했다는 주장이다. 산업혁명으로 자급자족 경제에서 이탈된 분산된 경제주체들의 정보수집과 축적 그리고 커뮤니케이션에 대한 수요가 커졌기 때문이다. 1830년대 만들어진 전신기술과 사진, 1860~80년대 타자기 · 전화 · 영화, 그리고 1920~30년대 라디오, 텔레비전이 연쇄적으로 발명되었다. 정보처리 · 커뮤니케이션 기술혁신이 연속적으로 이루어지게 된 것은 효능이 입증된 통제기술은 더 나은 기술개발과 활용에 대한 경제적 유인을 형성하기 때문이다. 또 당면한 통제위기를 극복하게 되면 그 통제기술의 능력을 넘어서는 또 다른 위기에 당면하는 것도 다른 원인이다. 이 같은 시각에서 보면, 산업혁명과 정보혁명 그리고 경험하고 있는 4차산업혁명 모두 통제혁명 선상에서 이해될 수 있다.

앞에서도 언급했지만, 베니거는 통제혁명과 관련된 기술들을 막스베버의 '관료제'에서 그 기원을 찾고 있다. 통제 개념을 '기계나 환경이 아니라 다른 사람의 행동에 의도적으로 영향을 주는 것'으로 보고 있기 때문이다. 통제혁명에서 말하는 통제기술들은 자연을 통제하는 기술이 아니라 사람들의 의식과 행동을 통제하는 기술들이 주로 언급되고 있다. 이 맥락에서 보면 19세기 중 · 후반에서 20세기 초에 만들어진 통제기술들은 1940~50년대 컴퓨터 · 커뮤니케이션 기술발달로 이어진 것이다. 마찬가지로 4차산업혁명은 19세기 통제기술에서부터 진화해온 것이라 할 수 있다. 베니거는 정보사회의 기원을 정보수집·처리·전송할 수 있는 컴퓨터의 등장에서 찾고 있다. 하지만 컴퓨터, 커뮤니케이션 기술들은 물리적으로 데이터를 수집해야 한다는 한계를 지니고 있다. 이 같은 물리적 수집방식은 많은 비용과 시간을 필요로 하고, 분석결과의 정확성 역시 완벽할 수 없다. 빅데이터, 인공지능 그리고 사물인터넷, 5G네트워크 같은 4차산업혁명 기술들은 네트워크를 통한 정보수집과 처리능력과 속도를 획기적으로 배가시키는 기술들이라 할 수 있다.

'특이점이 온다(The Singularity Is Near : When Humans Transcend Biology)'라는 책에서 레이 커즈와일(Ray Kurzweil)이 주장한 것처럼, 산업혁명 이후 통제위기를 통제혁명으로 극복한 후 더 많고 더 정확한 정보를 처리할 수 있는 더 높은 수준의 통제기술이 요구되었고, 그러한 현상이 4차산업혁명으로 이어졌다고 볼 수 있다. 특히 정보통제 수준을 넘어 '통제의 통제'가 가능한 인공지능과 빅데이터, 사물인터넷처럼 방대한 데이터를 실시간으로 광범위하게 수집할 수 있는 기술들이 연계되면서 언젠가는 인간의 역량을 뛰어넘는 순간 즉, 특이점(singularity)이 올 가능성도 있다. 제임스 베니거 이론은 4차산업혁명이 전혀 예상치 못했던 돌출적 기술들에 의한 사회변혁이 아니라 100년 넘게 지속되어 온 진화의 연속선상에 있다는 점을 밝힌 것이라 하겠다.

[참고문헌]

Claude Shannon & Warren Weaver, The Mathematical Theory of Communication, 1949, Urbana: Univ. of Illinois Press, 백영민 (역), 수학적 커뮤니케이션이론, 2016, 커뮤니케이션북스.

새논과 위버의 수학적 커뮤니케이션 모델은 'S-M-C-R-E 모델'이라는 용어로 더 많이 알려져 있다. 언론학을 전공하는 사람이라면 누구나 쉽게 기억하고 있는 일종의 전문용어(jargon)'인 셈이다. 그 이유는 커뮤니케이션 구성요소와 과정을 간단하고 쉽게 요약한 이른바 '좋은 모형 (model)'이기 때문이다. 하지만 이 모델은 인간의 커뮤니케이션을 물리적 전송과정으로 치환시켜버려, 의미전달이나 경험공유 같은 인간만이 가지고 있는 고유한 특성들을 무시했다는 비판을 받고 있다. 아마 그들이 공학자였다는 것도 함께 작용했다고 생각된다. 이들이 강조했던 중복성 (redundancy)이나 엔트로피(entropy) 같은 개념들은 메시지를 전송하는 채널용량 한계로 인한 전달효율성 문제에서 나온 것이다. 이러한 문제의식은 채널용량을 극대화한 디지털 전송기술의 발달로 이어졌다고 생각된다. 오늘날 거의 무한한 능력을 가진 전송수단들은 전통적인 언론이나 게이트키핑(gatekeeping), 언론인의 존립 근거들을 크게 위협하고 있다. 이는 역설적으로 S-M-C-R-E 이론의 종말을 의미하는 것처럼 보이기도 한다.

Harold Innis, The Bias of Communication, 1951, Univ. of Toronto Press, 윤주옥 (역), 커뮤니케이션의 편향, 2016, 한국문화사.

해롤드 이니스는 사망하기 직전인 1950년부터 1952년 사이에 3권의 저서를 연이어 출판하였다. 1950년 '제국과 커뮤니케이션(1950)'에 이어 1951년 '커뮤니케이션 편향'이 출간되었다. 세 번째 저서는 '변화하는 시간개념(1952)'이다. 하지만 세 번째 저서는 미국사회가 위기에 빠져있다는 위기의식을 호소하는 내용으로 정치적 성향이 강하다. '커뮤니케이션의 편향'은 바로 직전 출간한 '제국과 커뮤니케이션' 내용을 보완하는 저서로 보인다. 각 시대의 주요 커뮤니케이션 매체들의 물리적 속성이 사회 시스템에 미치는 영향을 미시적으로 서술하고 있기 때문이다. 이 책의 핵심개념인 '시간편향적 매체'와 '공간편향적 매체'는 선사시대 이래 인류가 사용 혹은 발명해온 커뮤니케이션 도구들 뿐 아니라 컴퓨터, 인터넷, 인공지능, 빅데이터 같은 첨단 미디어들의 의미를 생각해보는 '계발적 개념(heuristic concept)'가 될 수 있을 것이다.

Marshall McLuhan, Understanding Media: The Extensions of Man, 1964, McGraw-Hill, 김상호(역), 미디어의 이해 : 인간의 확장, 2011, 커뮤니케이션북스.

본문에서도 서술했던 것처럼, 맥루한은 커뮤니케이션학자라기 보다는 문화비평가 혹은 미래학자에 더 가깝다 할 수 있다. 맥루한은 인간이 만든 모두 도구들은 신체기능의 확장이고, 커뮤니케이션 기술은 인간의 오감을 확장시키는 기술이라고 주장한다. 하지만 오감 중에 하나의 감각기관만 확장시키는 문자매체나 라디오 같은 매체들은 인간의 균형감각을 퇴화시킨다고 보고 있다. 도리어 기능적으로는 취약했지만 오감을 모두 사용하던 원시인간들이 훨씬 균형적 사고를 가지고 있었다고 생각한다. 이는 텔레비전처럼 시각과 청각을 동시에 사용하는 글로벌 매체들이 인간사회를 '재부족화(re-tribalization)'시킬 수 있다는 낭만적 복고주의 성향으로 이어지고 있다. 구두문자시대를 선호했던 이니스의 생각과 일치하는 부분이기도 하다. 맥루한의 주장은 지나치게 주관적이고, 단편적 형태로 서술되어 있어 체계적으로 이해하는데 조금 어려운 것이 사실이다.

James R. Beniger, The Control Revolution : Technological and economic Origins of the Information Society, Harvard University Press, 1986, 윤원화 (역), 컨트롤 레볼루션 : 현대자본주의의 또 다른 기원, 2009, 현실문화.

저자인 제임스 베니거는 커뮤니케이션 학자가 아니다. 그는 하버드대학에서 경제학을 전공하였다. 당연히 이 책도 경제학적 관점에서 정보기술 발달을 설명하고 있다. 그는 18세기 말에 시작된 산업혁명 이후 자본주

의 성장과정을 '통제(control)' 개념을 가지고 설명한다. 산업혁명이후 순차적으로 나타났던 생산·유통·소비 단계에서의 통제위기들을 극복하기 위한 통제혁명 즉 통제기술들이 개발되었다는 것이다. 특히 19세기 후반~20세기 초반에 있었던 소비통제기술과 관료적 통제기술들이 20세기 중반 정보혁명의 기원이 되었다고 주장한다. 그의 생산·유통·소비단계 별 통제위기론은 4차산업혁명론자들이 주장하는 1·2·3차산업혁명과 내용적으로 거의 유사하다.

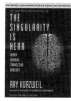

Ray Kurzweil, The Singularity Is Near: When Humans Transcend Biology, 2005, Tantor Media, 2005, 김명남 (역), 특이점이 온다 : 기술이 인간을 초월하는 순간, 2007, 김영사.

레이 커즈웨일은 기술적으로 매우 해박한 지식과 OMR카드, 전자미디어 같은 30여개의 발명품을 개발한 사람이다. 1990년 'The Age of Intelligent Machines', 1999년 'The Age of Spiritual Machines' 같은 책에서 20세기 후반 이후 나올 기술들을 구체적으로 예측해왔고, 그중에는 맞아떨어진 것들도 많다. 심지어 2099년에는 "인간의 지능은 완전히 컴퓨터에 의해 대체될 것이고, 생득적 인간의 지능이 컴퓨터 지능보다 나을 것이 없다"고 전망하고 있다. 이 책은 앞의 두 책의 연장선상에서 나온 것이다. 특히 2029년 강인공지능이 인간의 지능수준을 넘어서는 '특이점(singularity)'이 온다고 단정적으로 주장하고 있어 높은 관심을 받았다. 더 나아가 특이점 이후에 인간은 영생불멸의 삶을 누리게 될 것이라는 예측처럼 낙관적으로 전망하고 있다. 4차산업혁명의 진행속도와 미래 모습에 대해 누구도 자신하지 못하고 있는 상황에서 이 책의 영향력은 매우 큰 것이 사실이다. 그렇지만 그가 2010년 스마트폰 등장, 알파고 승리처럼 예측의 86%가 적중했다는 점에서 그냥 듣고 넘길 수만은 없는 것이 사실이다.

정보혁명과 정보사회

제**3**장

정보혁명과 정보사회

4차산업혁명을 이해하기 위해서는 선사시대부터 지금까지의 역사발전 과정을 이해할 필요가 있다. 특히 4차산업혁명을 이끄는 기술들은 1980~90년대 정보사회를 주도했던 기술들과 밀접히 관련되어 있다는 점에서 4차산업혁명만 분리해서 생각하는 것은 바람직하지 않다. 모든 기술은 사회적 필요와 구성원들의 이해득실에 따라 개발되고 활용된다는 것을 감안하면, 이전 사회와 완전히 단절된 새로운 사회는 있을 수 없다. 실제로 '4차산업혁명'이라고 하는 용어가 적절한 것인지, '4차산업혁명'이라고 구분할 수 있는 것인지에 대해서도 논란이 있다. 심지어 일부에서는 정보사회와 마찬가지로 '4차산업혁명'도 장밋빛 미래를 상상하게 만드는 이데올로기에 불과하다고 비판하기도 한다.

기본 전제

1장, 2장에서 살펴 본 것처럼, 커뮤니케이션기술과 사회의 관계는 상호작용적이다. 어떤 측면을 강조하느냐에 따라 시각의 차이는 있을 수 있지만, 극단적인 기술결정론이나 사회결정론에 경도되는 것은 바람직하지 않다. 그러므로 4차산업혁명을 이해가기 전에 이전 사회 즉, 지금 우리가 살고 있던 정보사회에 대한 이해가 선행되어야 할 것이다. 이런 전제아래 필자는 다음과 같이 4차산업혁명을 이해하고자 한다.

첫째, 인류 역사나 사회는 단절적으로 변화되어 온 것이 아니고 연속적으로 발전해왔다는 것이다. 물론 역사학자들이 분류해 놓은 시대구분이나 역사발전단계를 부정하는 것은 아니다. 다만 기술발전에 따른 사회변화는 정치권력 변화처럼 단절적이지 않고 서서히 진행된다는 사실에 충실하고자 한다. 통상 역사적 시대구분은 당대에 아니라 후대 학자들의 평가에 의해 이루어진다. 엄청난 변화의 소용돌이 중심에 있었다 하더라도 대부분의 사람들은 그 변화를 느끼지 못하는 경우가 많다. 마찬가지로 현재 우리는 4차산업혁명의 소용돌이에 있을 수 있지만, 여전히 삶의 양식들은 이전사회인 정보사회에 살고 있다고 할 수 있다.

둘째, 기술에 의한 사회변화는 기술적 중립성과는 거리가 멀다는 것이다. 역사적으로 볼 때, 커다란 사회변혁을 가져왔던 어떤 기술들도 사회의 필요나 사회구성원들의 이해와 무관하게 만들어지고 사용된 적은 없다고 생각된다. 더구나 지금 우리는 근세 이전의 연금술이나 19세기 발명가 시대에 살고 있지 않다. 사전에 정해진 목적에 따라 엄청난 자본과 인력을 투입해 조직적으로 기술이 개발되는 시대에 살고 있다. 4차산업혁명을 제대로 이해하기 위해서는 그 기술들을 만들어내는 현재의 사회구조와 구성원들의 이해관계를 알아야만 한다.

셋째, 기술이 사회변화에 결정적이지는 않더라도 주요 요인 중에 하나라는 것은 분명하다. 그렇다 하더라도 커뮤니케이션 기술이 사회를 변화시키는 가장 중요한 요인이라는 오류에 빠져서는 안 된다. 2장에서 서술한 맥루한이나 이니스처럼 커뮤니케이션 기술이 사회시스템을 변화시킬 수 있다는 주장은 설득력이 없는 것은 아니지만 과도한 해석이라는 생각도 드는 것도 사실이다. 마찬가지로 4차산업혁명을 커뮤니케이션 기술 관점에 경도되어 이해하는 것은 현상 자체를 잘 못 이해할 위험이 있다. 더구나 4차산업혁명을 주도하는 모든 기술들이 커뮤니케이션 미디어에 응용될 수 있는 기술들도 아니다. 최근 여러 분야에서 연구·발표되고 있는 4차산업혁명 논의들을 보면, 마치 4차산업혁명이 자기 분야를 위한 것이라는 환상에 빠져있는 느낌이다. 때문에 이 책에서는 4차산업혁명 기술들이나 그 기술들이 활용될 수 있는 분야 중에 하나가 커뮤니케이션 미디어 분야라는 것을 전제로 접근한다. 이런 맥락에서 4차산업혁명을 제대로 이해하기 위해서 지금 우리가 살아왔고 또 살고 있는 정보사회에 대한 이해부터 시작하고자 한다.

정보사회의 등장

'정보사회(information society)'라는 용어가 일반 대중들에게 알려지게 된 것은 1980년 앨빈 토플러(Alvin Toffler)의 '제3의 물결(The Third Wave)'라는 책이 발표되면서 부터일 것이다. 이 책에서 토플러는 인류는 세 차례 커다란 물결을 거쳐 진화해왔는데, 첫 번째 물결은 농업혁명(agriculture revolution)이고 두 번째 물결은 산업혁명(industry revolution) 그리고 20세기 후반 세 번째 정보혁명(information revolution)의 물결을 경험하고 있다고 주장했다. 물론 이 책은 대중서로서 학술적 깊이를 느낄 수는 없지만, 이 책이 미친 영향은 대단해 1980년대 이후 정보사회라는 용어가 일반화되는 계기가 된 것이 사실이다. 학계에서도 이전까지 인용부호를 붙여 사용하던 「정보화사회」라는 용어가 일반 보통명사로 쓰게 되었다는 점에서 이 책이 기여한 바는 적지 않다. 그는 8,000년 전에 있었던 농업혁명은 인간이 채집경제를 벗어나 정착생활을 하게 되었고, 18~19세기 증기기관에서 시작된 산업혁명은 대량생산, 대량분배, 대량소비라는 자본주의 경제체제와 민주주의, 대중문화 같은 대중사회로 전환시켰다는 것이다. 그리고 20세기 중·후반에 시작된 정보혁명으로 탈대중화, 다양화, 정보경제 같은 새로운 사회로 전환이 이루어졌다고 본다. 이후에도 토플러는 '권력이동(Power Shift: Knowledge, Wealth and Violence at the Edge of the 21st Century)' '전쟁과 반전쟁(War and Anti-War)' '미래의 충격(Future shock)' 같은 책들을 연이어 발표해 일종의 '셀럽(celebrity)' 같은 미래학자로 인식되고 있다. 특히 2008년 애플의 아이폰이 출시되었을 때는 '제4의 물결'의 시작되었다고 말하기도 했다.

정보사회라는 용어가 처음 등장한 것은 '제3의 물결'이 나오기 10년 전부터 할 수 있다. 처음 정보사회라는 용어를 사용한 것은 일본의 경제학자들이다. '4차 중동전쟁' 직후 있었던 '1차 오일쇼크' 이후 서구의 많은 학자들은 석유 같은 천연에너지에 의존하는 산업사회 경제시스템의 위기를 우려하기 시작하였다. 특히 경제대국이면서 화석에너지 대부분을 수입에 의존하는 일본의 우려가 가장 컸다. 대안은 물질에너지 소모를 줄일 수 있는 경제체제로 전환하는 것이었다. 정확한 미래 수요예측을 통해 생산효율성을 높이고, 물리적 이동을 줄여 에너지 의존도를 낮추는 '정보경제' 패러다임으로 전환하는 것이다. 특히 1962년에 프릿츠 맥클럽(Fritz Machlup)이 발표했던 '정보경제(information economy)' 개념에 천착하게 된다. 그 결과 경제학자

[그림 1] 앨빈 토플러의 '제3의 물결'

마쓰다 요네지(增田米二)가 '후기산업사회로서의 정보사회(The Information Society as Post-Industrial Society)'라는 책에서 처음으로 '정보사회'라는 용어를 사용한다. 흥미로운 것은 당시 우리나라에서는 '정보사회'라는 용어가 중앙정보부, 정보정치, 감시 같은 부정적 인식을 줄 수 있어 '정보화사회'라는 용어로 번역되었고 지금까지도 사용되고 있다. 또 정부가 정보사회로 가는 과정에 있고, 관련 정책을 강조하기 위해 정보화라는 용어를 사용한 측면도 있다. 정보(information)라는 용어가 'in(만들다) + formation(형태)'라는 점에서 '정보화'라는 번역이 맞는다고 하는 사람들도 있다.

마쓰다 요네지의 책이름처럼 정보사회의 개념은 다양한 용어들로 등장하였다. 대표적으로 많이 사용되는 '후기산업사회'라는 용어는 비슷한 시기에 미국의 사회학자 다니엘 벨(Daniel Bell)이 사용하였다. '후기산업사회의 도래(The Coming of Post-Industrial Society, 1973)'라는 책에서 새로운 정보처리기술과 커뮤니케이션 기술에 의해 정치·경제·사회·문화적으로 큰 변화가 일어나고 있는데, 완전히 산업사회의 틀에서 벗어날 수 있는가에 대해서 확신할 수 없었는지 '후기산업사회'라는 용어를 쓰고 있다. 벨은 1960년 '이데올로기의 종언(The End of Ideology)'이라는 책에서 공산주의의 몰락을 예견했다고 해서 유명해진 학자다. 1976년에는 '자본주의의 문화적 모순(The Cultural Contradictions of Capitalism)'이라는 책에서 자본주의사회에서 나타나고 있는 갈등은 칼 맑스(Karl Marx)가 주장했던 것처럼 경제적 모순 때문이 아니라 상부구조인 문화적 모순 때문이라고 발생하는 것이라고 주장하고 있다. 후기자본주의 사회에서 경제적 불평등은 여전히 그대로이거나 심화되었음에도 불구하고, 사람들은 문화적 평등을 기대하면서 많은 갈등이 발생한다는 것이다. 여기서 우리는 벨이 생각하는 후기산업사회의 모습을 엿볼 수 있다. 자본주의 사회에서 물질적 평등은 원천적으로 불가능하지만, 정보기술을 통해 정치·사회·문화적 평등이나 다양성은 충분히 실현될 수 있다는 생각이다. 이 같은 주장 때문에 벨은 '우익의 사고를 가진 사회주의자'라는 평가를 받

[그림 2] 다니엘 벨

다니엘 벨은 '우익의 사고를 가진 사회주의자'라는 평을 받았다. 그는 '기술은 예술과 마찬가지로 인간 상상력이 분출된 결과'라고 말하기도 하였다. 그의 책 '후기산업사회의 도래'는 20세기 후반 정보사회는 물론이고 4차산업혁명을 이해하는데도 유용한 가이드가 될 수 있다.

기도 한다.

다니엘 벨은 후기산업사회는 '기술적 정명성(technological imperatives)'이라는 큰 바퀴와 '이데올로기(ideology)' 라는 작은 바퀴에 의해 추동되는 사회라고 규정하고 있다. '기술적 정명성'이란 모든 기술은 그 자체 내에 어떤 규칙성과 방향성을 지니고 있는데, 그것은 미래사회를 예측할 수 있는 커다란 개념이라는 뜻이다. 토크빌(Toquevill)의 평등(equity), 막스 베버의 합리성(rationalization), 칼 맑스의 계급갈등(class conflict)처럼, 개별적 사건이나 사례들이 아닌 일련의 사회현상들안에 내재하는 핵심개념을 말한다. 벨은 이를 '기축 원리(axial principle)'라고 정의하고, 후기산업사회의 기축원리는 '이론적 지식(theoretical knowledge)'라고 말한다. 매우 추상적이기는 하지만 그의 주장들을 종합해 보면, 이론적 지식이란 "인간을 통제하는 지식, 이를 통해 미래를 예측·통제하는 기술"을 의미하는 것 같다. 시뮬레이션기술이나 모델 수립 같은 이론들이다. 어쩌면 4차산업혁명을 이끌고 있는 빅데이터나 인공지능 같은 기술들을 예견한 것으로도 생각된다. 벨의 후기산업사회 개념은 마쓰다 요네지의 정보사회 개념과 큰 차이가 없다. 다만 마쓰다 요네지보다 인문학적이면서도 또 기술결정적론적 성격이 짙다. 이외에도 정보사회를 지칭하는 용어들은 매우 많다. 후기포디즘(post-fordism), 후기근대사회(post-modern society), 지식사회(knowledge society)' '네트워크 사회(network society)' 같은 수많은 용어들이 있다.

지식경제와 정보경제

1970년대 초반에 정보사회라는 용어가 처음 등장하지만, 정보의 중요성이 커질 것이라고 주장한 학자들은 오래전부터 있었다. 대표적으로 1921년 '위험, 불확실성 그리고 이윤(Risk, Uncertainty and Profit)'이라는 책을 저술한 프릿츠 나잇츠(Fritz Knight)를 들 수 있다. 그는 '정보'라는 말 대신에 '지식(knowledge)'이라는 용어를 사용하고 있다. 이 책에서 그는 지식은 기본적으로 경제적 재화로서 '지식을 위한 지식에 의한 기업의 막대한 투자와 고도의 조직체계'가 필요하다고 주장한다. 시장에서의 불확실성을 줄이는 수단으로 지식의 효율적 선택과 활용, 배분과 관련된 경제 활동들이 높은 부가가치를 갖는 '지식경제(knowledge economy)' 개념을 제시하고 있다. 프릿츠의 지식경제론은 1962년 맥클럽의 '미국에서의 지식의 생산과 분배(The Production and Distribution of Knowledge)'라는 책에 다시 등장한다. 맥클럽은 미국경제에서 지식경제가 차지하는 비중이 커지고 있다면서, 지식산업에 ①교육 ②연구개발 ③ 미디어 ④정보기기 ⑤정보서비스를 포함시키고 있다. 이 5개 분야 종사자가 전체 경제인력의 50%를 넘으면 탈산업화(deindustrialization)되고 지식사회(knowledge society)에 돌입했다고 주장한다. 이 논리에 따르면, 미국에서의 지식사회는 3차산업 종사자가 1차산업 종사자를 처음 추월한 1922년에 시작되었고, 5개 영역 종사자들이 2차산업 종사자 숫자를 추월한 1930년대부터 성장해왔다는 것이다.

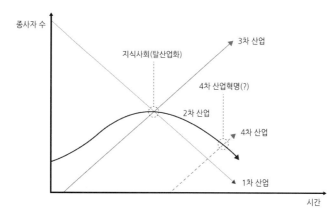

[그림 3] 종사자 비중으로 본 지식사회 돌입 시기

이 같은 정보경제론은 본격적으로 정보사회에 진입하면서 더욱 부각되게 된다. 대표적으로 '지식경제'라는 용어대신 '정보경제(information economy)'라는 말을 사용한 마크 포랏(Mark Porat)이다. 그는 '정보경제 : 정의와 측정(Information Economy : Definition and Measurement)'이라는 책에서 미국 경제의 중심을 정보경제가 차지하고 있고, 그 비중이 점점 더 커지고 있다고 주장한다. 더 나아가 정보경제를 '1차 정보부문'과 '2차 정보부문'으로 나누고 있다. '1차 정보부문'이란 정보재와 정보서비스를 직접 생산·공급하는 산업으로, 정보의 생산·처리·판매 및 정보기기 제작에 관련된 산업 활동들이다. '2차 정보부문'은 정보와 무관한 산업이지만 생산 활동의 일환으로 여러 가지 정보서비스를 내부에서 생산하고 자체적으로 소비하는 산업들을 말한다. 사무관리, 마케팅, 연구개발, 조직 전산화, 법률, 특허권, 도서장비처럼 생산성 증가를 목적으로 조직내부의 필요에 의해 창출되는 정보서비스들이다. 포랏은 2차 정보부문의 비중이 1차 정보부문보다 점점 높아지는데, 그 이유는 관료조직 확대나 민간기업 성장으로 정보관리 수요가 커지기 때문이라고 말한다.

이는 정보화가 '산업의 정보화(information of industry)'에서 시작해서 '정보의 산업화(industrialization of information)' 단계로 이행한다는 주장들과 맥락을 같이

한다. 산업체가 생산효율성을 제고하고, 관료조직의 통제효율성을 높이기 위해 정보기술에 대한 수요가 증가하면서 다양한 정보기기나 정보처리서비스 관련 산업들이 정보화를 주도한다는 것이다. 우리나라에서도 초기에는 국가, 정부, 군 그리고 민간 기업들이 정보화를 추진하면서 정보산업이 성장했고, 점차 민간영역으로 확산되면서 사회전반에 걸친 정보화가 추진되었다. 우리나라에서 처음 사용된 컴퓨터는 1967년 4월 경제기획원 조사통계국에서 도입한 IBM의 '1401'과 같은 해 5월 생산성본부에서 도입한 일본 후지스사가 제작한 '파콤222'다. 이 컴퓨터들은 인구센서스 같은 통계전산 작업을 위해 도입한 것이다. 우연인지 모르지만 2장에서 살펴본 제임스 베니거의 통제혁명이론에서 컴퓨터가 미국의 인구통계조사 목적에서 처음 개발되었다는 것과 무관해보이지 않는다.

특히 1980년대 제5공화국 정부가 의욕을 가지고 추진한 '5대 전산망사업'은 한국의 정보화를 촉진시킨 결정적 계기가 되었다. '5대 전산망사업'이란

[그림 4] 우리나라에서 최초로 사용된 IBM1401 컴퓨터

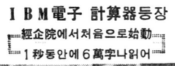

아이비엠 1401은 1967년 경제기획원이 인구조사통계분석을 위해 수입해 사용한 최초의 컴퓨터다. 이 컴퓨터는 교실 1칸 정도의 공간의 차지했고 설치하는데 3개월이나 걸렸다. 그럼에도 기억용량은 14kB 정도였던 것으로 알려지고 있다. 하지만 우리나라에서 개발된 최초의 컴퓨터는 1962년 한양대 이만영교수가 청계천 등에서 구입한 진공관 등을 통해 개발한 아날로그형 컴퓨터 1,2호기다. 불행히도 이 컴퓨터는 화재로 소실되고. 이만영 교수는 미국으로 떠나 우리나라의 컴퓨터 개발은 훨씬 뒤로 미루어지게 된다.

'행정전산망' '금융전산망' '공안전산망' '국방전산망' 그리고 가장 늦게 완성된 '교육전산망'을 말한다. 세계 최고의 첨단 IT강국이라고 자부하는 우리나라의 정보화가 국가발전이라는 목표아래 국가주도아래 추진된 것이다. 당시 정부가 내걸었던 구호 '산업화에는 뒤졌지만 정보화는 앞서가자'가 이를 상징적으로 보여준다.

정보사회의 개념

그렇다면 정보사회란 어떤 사회일까? 개념적으로는 "정보의 창출·분배·이용·통합 및 변형이 경제적·정치적·문화적 활동에서 중요한 역할을 하는 사회"라고 정의할 수 있을 것이다. 컴퓨터와 커뮤니케이션 기술의 결합으로 정보의 축적, 전달 능력이 획기적으로 증대하면서 정보의 경제적·사회적 가치가 물질적 재화나 화석 에너지만큼 중요해지는 사회라 할 수 있다. 이처럼 정보의 가치가 높아진 이유는 대량생산과 대량소비를 축으로 하는 산업사회 경제시스템에 대한 근본적 문제의식에서 나왔다. 대량생산·대량소비 시스템은 원천적으로 생산과 소비행위 간에 불일치를 야기할 수밖에 없다. 인플레이션(inflation)과 디플레이션(deflation)이 반복되는 경제순환곡선은 경제적 비효율성을 야기하게 되고, 이는 곧 자원의 비효율성으로 이어지게 된다. 그러므로 시간적 혹은 공간적으로 수요를 정확히 예측하고 이에 맞추어 생산하는 이른바 '다품종 소량생산' 혹은 '맞춤형 경제체제'로 전환되어야할 필요성이 커지게 된다. 정확한 예측을 위해서는 최대한 많은 정보를 빠른 시간에 수집·분석·처리할 수 있어야 한다. 많은 정보를 신속하게 수집·분배하는 커뮤니케이션 기술과 수집된 정보를 빠른 시간에 그리고 정확하게 처리·분석할 수 있는 정보처리기술이 중요해지게 된다. 정보경제체제로 전환이 가속화될 수밖에 없는 이유다. 그래서 정보사회를 '컴퓨터'와 '커뮤니케이션'이라는 단어를 합성해 '컴퓨니케이션 사회(compunication society)'

라고도 한다.

　정보의 가치와 역할을 이해하기 위해 먼저 정보의 정의에 대해 알아 볼 필요가 있다. 사전적 의미에서 정보란 '어떤 목적에 맞게 정리된 자료(data) 즉, 조직화된 자료'를 말한다. 수없이 산재되어 있는 낱개의 사실들은 확실한 목적을 가지고 접근하지 않는 한 '혼돈(chaos)'일 뿐이다. 하지만 특정 목적이나 분류 틀에 의해 모아진 사실들은 자료가 된다. 이처럼 특정 목적에서 수집된 자료들의 묶음이 정보(information)다. 때문에 정보는 100% 정확하거나 진리일 수 없고 개연성 즉, 추세만 확인할 수 있을 뿐이다. 정보에 바탕을 둔 예측이나 판단의 정확성을 높이기 위해서는 가급적 많은 데이터들을 수집·저장·처리할 수 있어야 한다. 성능이 뛰어난 정보통신기술들이 부각되는 이유가 여기에 있다. 이렇게 만들어진 정보들 중에 보편적 타당성이 인정된 것들이 지식(knowledge)이 된다. 지식은 유사한 목적이나 대상에 대해 일관성 있는 판단을 가능하게 한다. 더 나아가 지식들이 모아져 불변의 진리가 되고 고도의 판단력을 지니게 된 것을 지혜(wisdom)라고 할 수 있다. [그림 5]는 데이터, 정보, 지식 순으로 조직화되어 있는 정도와 처리할 수 있는 능력의 정도를 그래프로 나타낸 것이다. 여기서 우리는 4차산업혁명이 정보사회의 연장선상에 있음을 유추해 볼 수 있다. 정보사회가 정보수집·처리 능력을 배가시킨 사회였다면, 4차산업혁명은 고도의 정보수집·처리능력을 바탕으로 기술이 지식을 창출하고 궁극적으로 인간의 지혜 수준까지 도달할 것으로 예상되는 사회라고 할 수 있다. 빅데이터와 사물인터넷, 클라우딩 컴퓨팅 기술로 정보의 수집·저장능력을 고도화시키고, 인공지능 알고리즘을 통해 지식과 지혜에 근접하는 분석결과를 도출해내는 사회인 것이다. 물론 언젠가는 지능 수준에 도달한 로봇이 인간의 창의력을 넘어서는 특이점이 올 수도 있다.

　실제로 사회전반에 걸쳐 정보의 중요성이 커지면서 정보의 경제적 가치도 높아지고 있는 것이 사실이다. 하지만 무형의 정보는 유형의 일반 재화들과는 그 속성에서 본질적으로 차이가 있다. 우선 정보는 '비소모적

[그림 5] 데이터, 정보, 지식, 지혜

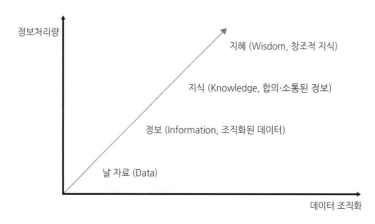

정보처리량

지혜 (Wisdom, 창조적 지식)

지식 (Knowledge, 합의·소통된 정보)

정보 (Information, 조직화된 데이터)

날 자료 (Data)

데이터 조직화

(inconsumerable)'이다. 일반 재화들은 한번 사용하면 소멸되지만 정보는 여러 번 사용해도 소멸되지 않는다. 사용될 때마다 경제적 가치는 떨어질 수 있지만 정보 그 자체는 사라지지 않는다. 또한 '비소모적'이라면 '비이전적 (untransferable)'이게 된다. 다른 사람에게 정보를 제공했다 하더라도 원 정보는 남아있어 반복사용이 가능하다. 공부 잘하는 학생의 노트를 여러 사람이 복사해서 사용하더라도, 원래 노트에 작성되어 있던 내용들은 사라지지 않는 것과 같은 이치다. 이 때문에 정보는 지속적으로 '누적(accumulative)'될 수 있다. '누적적'이라는 것은 추가의 데이터나 다른 정보들과 결합해서 더 큰 가치를 갖는 정보가 될 수 있다는 것을 의미한다. 반대로 정보를 나누게 되면 정보의 가치가 상실되거나 낮아질 수 있어 '비분할적(indivisible)'이다. 많은 정보를 소유하고 있는 사람이 점점 더 가치 있는 정보를 소유하면서, 적은 정보를 소유하고 있는 사람들간에 '정보 격차(information gap)'가 발생하는 이유다. 실제로 디지털 시대에 들어서면서 경제적으로 부유한 사람과 가난한 사람들 간에 디지털 정보에 접근할 수 있는 능력에 차이가 발생하고, 그 결과 다시 또 경제적 격차가 벌어진다는 '디지털 격차(digital divide)'가 심각한 문제로 부각되고 있다.

정보사회의 특성

정보사회의 특성에 대해서는 학문 영역이나 접근방법에 따라 약간의 차이가 있기는 하지만 대체로 [표 1]과 같이 정리할 수 있다. 먼저 생산양식이 전산업사회의 채집·추출에서 산업사회의 가공·제조업으로 그리고 정보사회에서는 정보처리와 재활용(recycling)양식으로 변화된다. 전산업사회의 생산양식이 '생존을 위한 자연과의 투쟁'이었다면, 산업사회는 '자연의 통제', 정보사회는 '인간의 통제'라고 정의할 수 있다. 이 같은 생산양식은 경제시스템을 '1차산업 → 2차산업 → 3 차산업'으로 변화시키게 된다. 하지만 클라크(Colin Clark)의 3차산업 개념은 1·2차 산업이 아닌 서비스·기타산업으로 정의하고 있어 정보경제에서 말하는 3차산업과는 차이가 있다. 실제 경제학자들은 물류·운송·판매 같은 전통적 서비스업만 3차산업으로 분류하고, 무역·금융·보험 비물질적 서비스업들은 4차산업으로 재분류하고 있다. 또

[표 1] 전산업사회, 산업사회, 정보사회 특성 비교

	전산업사회(Preindustrial)	산업사회(Industrial)	정보사회(Information)
생산양식	채집·추출(자연과의 투쟁)	가공·제조(자연의 통제)	정보처리 & 재활용 (인간의 통제)
경제 시스템	1차산업 (농업, 광업, 수산업, 임업)	2차산업 (상품 생산, 중공업)	3차산업(운송, 기반사업) 4차산업(무역, 금융, 보험, 부동산) 5차산업 (건강, 연구개발, 여가, 교육, 정부)
에너지 원	자연력 (수력, 풍력, 동물, 육체노동)	전기, 석유, 가스, 석탄, 핵에너지	정보 (컴퓨터 & 데이터전송 시스템)
전략적 자원	토지	자본	지식
기술(주체)	수공업 (숙련공, 농업인, 육체노동자)	기계 (엔지니어, 준전문노동자)	지적 기술 (과학자, 전문가)
지배계급	토지소유자, 군인	기업인, 정치인, 전문관료	네트워크 소유·운영, 온라인 영향력자
통제수단	물리력에 대한 직접 통제	정치에 대한 간접적 영향	네트워크를 통한 정치·사회·문화적 연대
지식관	상식, 시행착오, 경험	실증주의, 과학적 발견, 실험	추상적 이론, 시뮬레이션, 시스템분석
시간관	과거지향적, 순환론적	실용적 시간관, 진화론적 시간관	미래지향적
사회관	전통주의	국가발전, 사회진화	공유·참여

정보서비스산업을 별도로 분리해 건강, 연구개발, 교육, 미디어, 정부 같은 지식과 정보를 생산·분석·공급하는 산업들을 5차산업으로 다시 분류하기도 한다.

각 단계별로 주요 에너지원에서도 차이가 있다. 전 산업사회가 수력·풍력 같은 자연력이나 인간이나 동물의 육체 노동력에 의존했다면, 산업사회는 석유·석탄·가스 같은 화석에너지와 전기·핵에너지 같은 가공에너지들을 사용하였다. 이 같은 화석에너지들은 언젠가는 고갈될 것이고, 핵 같은 가공에너지는 환경·공해 위험성을 내포하고 있다. 반면 정보사회는 고갈되지도 않고 환경파괴도 없는 정보를 에너지원으로 하는 사회다. 흔히 정보사회를 '종이 없는 사회(paperless society)', '친환경사회(echo society)'라고 하는 이유도 여기에 있다. 또한 각 시기별로 부가가치를 창출해내는 전략적 자원도 변화하게 된다. 전 산업사회는 토지, 산업사회는 자본, 정보사회는 지식 특히 사물의 작동원리를 통합적으로 이해할 수 있는 '체계적 지식(theoretical knowledge)'이 핵심 전략자원이다. 이에 따라 사회를 끌어가는 주체도 변화되었다. 전 산업사회에서는 육체노동자, 산업사회는 엔지니어나 숙련노동자들이 주도했다면, 정보사회는 지적 기술을 가진 과학자나 전문가들이 지배하는 사회라 할 수 있다.

생산양식, 에너지원, 전략적 자원 등이 변화하게 되면 각 시기의 정치·사회적 구조도 따라서 변화하게 된다. 전산업사회에서 지배계급이 토지소유자 혹은 물리력을 소유한 군인이었지만, 산업사회는 자본가와 정치인, 관료가 사회를 주도했다. 한편 정보사회 초기에는 분야별로 전문지식을 가진 테크노크라트를 지배계층으로 생각하였다. 하지만 사회 통제라는 관점에서 보면, 네트워크나 플랫폼사업자의 지배력이 더 클 수 있다. 그렇지만 징보통신기술이 국가와 자본가, 전문지식인 등이 공동으로 개발·운영된다는 점을 감안하면 정보사회의 지배계층을 특정 짓기는 어려워 보인다. 다만 파워블로거나 파워트위터처럼 분야별로 네트워크상의 영향력자들의 지배력이 강해진 것은 분명하다. 전 산업사회의 사회통제는 물리적 힘에 의한 직접통제, 산업사회는 정치와 자본에 대한 간접적 통제, 정보사회는 네트워크를 통한 정치·사회·문화적 연대에 의한 통제형태라고 규정할 수 있을 것이다.

각 사회별로 사람들의 지식개념과 인식도 큰 차이가 있다. 전 산업사회에서의 지식이 상식과 시행착오, 경험의 축적에서 나오는 것이라면, 산업사회의 지식은 실증적, 과학적 검증에 의해 타당성과 보편성을 인정받은 것들이다. 정보사회의 지식은 추상적 이론, 시뮬레이션, 시스템 분석처럼 개별 현상에 대한 지식이 아니고 시스템 차원에서 정보를 처리하고 예측할 수 있는 지식들이 각광받고 있다. 이러한 지식관의 차이는 시간관념이나 사회관의 차이로 이어진다. 전 산업사회의 시간관념이 과거 지향적이고 순환론적이라면, 산업사회 인간들은 실용적이고 진화론적 시간관을 가지고 있었다. 전통사회에서 사람들은 시간은 순환되는 것이고, 현재나 미래는 과거로부터 기인한다고 생각했다. 따라서 살아있는 동안 더 나은 삶을 살아야겠다는 세속적 진화관을 가질 수 없었다. 시간이나 미래는 당연한 것(in nature)이거나 주어진 것(inherent)이란 인식이 강했다.

결과적으로 미래보다는 전통을 강조하는 사회관이 지배하였다. 전 산업사회에서 내세를 중시하는 종교가 사회 전반에 걸쳐 막강한 지배력을 행사할 수 있었던 것도 이 때문이다. 반면에 산업사회에서는 인간들이 살아있는 동안 더 나은 미래를 개척할 수 있다는 실용적 시간관념을 가지고 있었다. 동물과 마찬가지로 사람들도 노력에 의해 더 낳은 삶을 영위할 수 있다는 '사회진화론'이 각광받았던 것도 이 때문이다. 이러한 사회관은 20세기 중반에 '국가발전론' 같은 정치이론으로 발전하게 된다. 하지만 정보사회에 들어서면서 사람들은 네트워크에서 공유와 참여를 통해 지식이 만들어질 수 있다는 집단지성 인식을 가지게 되고, 시간관 역시 시·공간 차원이 복합된 형태로 다변화된다.

이처럼 시기별로 특성을 비교·분석하는 것에 대해서 의문을 제기하는 사람들도 적지 않다. 각 시기별 특성이 배타적으로 구분가능한가에 대해서도 이견이 있을 수 있고, 전 산업사회나 산업사회에 비해 정보사회의 특성들은 다분히 추상적이고 관념적이기 때문이다. 일부 학자들은 정보사회를 의식주라는 물질적 조건들로부터 완전히 해방되어 온라인 공간에서 상징적 행위만 해도 생존 가능한 유토피아로 생각하는 것 아닌가하는 비판도 제기하고 있다. 실제 비판이론가들은 경제적 조건으로부터 해방된 완벽한 사회가 존재할 수 없다는 점을 강조하고 있다. 이는 정보경제가 물질 경제를 완전히 대체할 수 없다는 지적과도 연관되어 있다. 최근 들어 인공지능이나 빅데이터 등을 활용해 농업생산력을 높이는 '디지털 팜(digital farm)' 같은 기술들이 등장하고 있지만 본질적으로 1차산업을 원천적으로 대체할 수 있는 기술은 아직까지는 없다.

그렇지만 인간의 노동력과 부분적으로 노동력을 대체하는 정보처리기술과 커뮤니케이션 기술의 등장이 산업사회의 구조를 크게 변화시킨 것만은 분명하다. 물질 에너지나 기계, 노동력 등에 크게 의존해왔던 산업구조를 정보를 축으로 하는 구조로 바뀐 것은 사실이다. 교육·법률·행정·미디어 같은 4,5차 정보산업이 전체 산업종사자나 총생산량(GDP)에서 차지하는 비중이 50%를 훨씬 넘는다. 여기에 컴퓨터·디스플레이·모바일 폰·반도체 같은 정보기기제조업까지 포함한다면 그 비중을 훨씬 더 높아질 것이다. [그림 6]에서와 같이, 2차산업 종사자가 1차산업 종사자 숫자를 넘어 30% 정도를 차지한 시기부터 산업사회라고 하고, 3차산업종사자가 2차산업 종사자 숫자를 초월해 전체 종사자의 50%를 넘는 시점부터 후기산업사회 혹은 정보사회에 들어선다는 주장은 타당성이 있어 보인다. 이 기준에 따라 맥클럽은 미국은 1958년에 정보사회에 진입하였다고 보고 있다. 같은 기준을 적용하면 일본은 그보다 10년 정도 늦은 1960년대 후반~70년대 초, 우리나라는 80년대 후반에 정보사회에 들어섰다고 할 수 있다.

정보사회의 구조적 변화는 경제영역 뿐 아니라 정치·경제·사회·문화

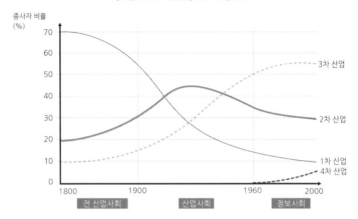

[그림 6] 미국 산업종사자 비중 변화

등 모든 영역에 영향을 미치게 된다. 특히 정보통신기술에 기반을 둔 인터넷의 등장은 인간의 삶을 획기적으로 변화시켰다. 물질적 조건들로부터 완전히 해방될 수는 없지만, 온라인 공간에서의 활동은 급속히 증가하고 있다. 산업사회 이전에는 삶의 목표가 물질적 필요를 충족하는 것이었다면, 산업사회에서는 물질적 평등, 정보사회에서는 개인의 자아만족으로 변화되었다. 온라인을 기반으로 정치적 분권화, 참여확대 등이 신장되고, 사회적 분화와 문화적 다양성이 촉진되었다. 그러면서 사회가 전문화·세분화되고, 참여와 공유가 기본 가치로 자리 잡게 되었다는 것이 정보사회 낙관론자들의 핵심요지다. 이같은 낙관적 주장들이 현실화된 것도 있고 그 방향으로 사회가 변화하고 있는 것이 사실이다. 그렇지만 정보통신기술들이 발달하면서 긍정적인 결과와 함께 부정적 효과도 적지 않다. 실제 인터넷공간에서 개인의 프라이버시 침해, 명예훼손, 폭력적 언행, 집단따돌림, 집단 간 갈등심화, 인터넷 중독 같은 부정적 효과들이 적지 않게 유발되고 있다. 기술변화는 항상 유토피아적(utopian) 결과만 낳는 것이 아니라 반유토피아적(dystopian) 결과가 당연히 수반되기 마련이다.

정보산업(information industry)

정보사회가 심화되면서 정보는 자본처럼 필수 자원(resource)인 동시에 재화(commodity)로서 가치가 점점 커지고 있다. 정보의 가치가 높아지고 있다는 것은 그 만큼 정보관련 산업의 중요성이 커지고 있다는 것을 의미한다. 그러므로 정보산업 개념을 별도로 살펴 볼 필요가 있다. 사전적 의미로 정보산업이란 "정보기술이 다루는 모든 정보유통분야에 자본과 경영, 전문인력, 연구개발 등을 개입하여 이윤추구를 목적으로 활동하는 산업"이다. 정보산업에서 정보의 경제적 가치를 높여 수익을 극대화하기 위해 '정보의 상품화'가 지속적으로 이루어진다. 정보산업은 크게 정보를 저장·전달하는 정보기기와 부품들을 제조하는 '정보기기 제조업', 정보를 처리하는 소프트웨어를 생산하는 '정보처리 제공업, 가공된 최종 정보상품을 제공·판매하는 '정보통신 서비스업'으로 나눌 수 있다. '정보기기 제조업'에는 삼성전자나 LG전자, 하이닉스 같은 반도체·디스플레이·모바일 디바이스 등을 생산하는 기업들이 포함된다. 미국의 애플이나 퀄컴(Qualcomm), 중국의 화웨이(Huawei) 같은 기업들도 여기에 포함된다. '정보처리제공업'에는 대표적으로 '마이크로소프트(Microsoft)'를 들 수 있고, 각종 컴퓨터소프트웨어를 생산하는 기업들이 여기에 포함된다. 최근에 인터넷이나 모바일에서 각종 애플리케이션을 통해 서비스를 제공하는 업체들도 '정보처리제공업'으로 분류될 수 있을 것이다. '정보통신 서비스업'에는 케이티(kt), 에스케이티(SKT), 엘지유플러스(LGU+) 같은 통신사업자와 이동통신사업자들이 대표적이다. 미국의 에이티엔티(At&T)나 영국의 브리티시텔레콤(British Telecom)처럼 거의 모든 나라들에서 통신시장은 독점 혹은 2~3개 사업자가 과점하고 있는 경우가 많다. 가입자가 늘어날수록 비용은 낮아지고 혜택은 기하급수적으로 증가하는 네트워크효과(network effect) 때문이다.

최근 급성장하고 있는 '정보통신서비스업'은 인터넷 플랫폼사업이다. 인터넷 플랫폼 사업은 자체 네트워크는 가지고 있지 않지만 인터넷을 통해 검색 · 메일 · 소셜네트워크서비스 등의 서비스들을 제공하는 사업을 말한다. 더구나 네이버(Naver)를 비롯한 한국의 인터넷 포털사업자들은 검색서비스만 제공하는 다른 나라의 포털사업과 달리 기존 언론사들의 뉴스를 포함해 자체 제작 혹은 구입한 콘텐츠를 패키지로 제공하는 '폐쇄적 사업구조(walled garden)' 형태를 지니고 있다. 현재 인터넷 플랫폼시장은 한국과 중국 정도를 제외한 전 세계 대부분 국가에서 구글이 지배하고 있다. 중국은 인터넷을 개방하지 않는 사회주의국가라는 점을 감안하면, 한국의 네이버 독점은 매우 이례적이다.

[그림 7] 네트워크 효과

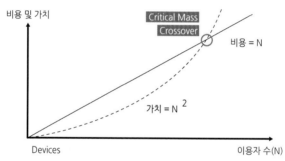

이용자가 늘어나면서 네트워크에서 제공할 수 있는 서비스 혜택은 기하급수적으로 늘어나지만, 각각의 이용자가 지불해야 하는 비용은 그대로이거나 도리어 적어지면서 이용자가 많은 플랫폼으로 쏠림현상이 발생하게 된다. 그렇지만 비용과 혜택이 교차되면서 이용자가 급증하는 결정적 다수(critical mass)지점까지 도달하는 플랫폼이나 미디어는 그렇게 많지 않다. 그 결과 플랫폼·미디어시장에서 독점 혹은 독과점 구조가 형성될 가능성이 높다.

점차 정보처리제공사업의 중심이 통신사업자에서 플랫폼사업자로 이동하고 있는 추세다. 더욱이 최근에 플랫폼사업자들은 여러 오프라인 사업에 진출해 'O&O(online & offline)' 전략을 추진하면서 점점 더 규모를 확대해 나가고 있다. 이 때문에 페이스북, 아마존, 넷플릭스, 구글을 합쳐 'FANG'이라고 지칭하고 있다. 플랫폼사업자들이 급성장하면서 통신사업자들과 네트워크 이용과 관련된 '망 중립성(network neutrality)' 갈등이 커지고 있다. 일종의 정보처리제공 시장에서 통신사업자들과 인터넷 플랫폼사업자들 간의 주도권 경쟁이라고 할 수 있다. 비슷한 갈등은 방송사업자들과 급성장하고 있는 OTT 사업자들 간에도 벌어지고 있다. 한국방송시장에서도 최근 가입자를 급속히 끌어 모으고 있는 넷플릭스에 대해 기존 방송사업자들이 규제형평성을 명분으로 규제를 요구하고 있다.

[표 2] FANG

		facebook.	amazon	NETFLIX	Google
설립 초기	설립자	마크 저커버그	제프 베조스	마크 랜돌프, 리드 헤이스팅스	래리 페이지, 세르게이 브린
	설립년도	2004	1994	1997	1998
	초기형태	하버드생 대상 인맥형성 웹사이트	온라인 서점	비디오·DVD우편· 택배 대여 서비스	인터넷 검색 서비스
현재	주요 사업· 수익원	모바일 광고 VR·AR 동영상콘텐츠	온라인 커머스AI, 클라우드 서비스	유료 동영상 스트리밍 서비스 TV 드라마 등	인터넷 광고, 안드로이드 AI, VR, 클라우드 서비스
	누적 가입자	23억명 이상	유료회원 1억명 이상	1억 8천만명	약 25억명 이상

정보산업은 'C-P-N-D(content-platform-network-device)'라는 가치사슬로 구성되어 있다. 가장 바람직한 것은 가치사슬에 위치한 각각의 사업자들이 균형을 이루는 것이다. 하지만 모든 구성 요소들을 균형 있게 갖추고 있는 나라는 거의 없다. 최강의 정보산업국가라고 하는 미국의 경우에도, 콘텐츠(C)와 플랫폼(P)은 크게 발달되어 있지만 정보기기(D) 산업은 매우 취약하다. 실제 미국은 텔레비전 수상기를 제조하는 기업이 전혀 없다. 반면 우리나라는 네드워크(W)와 정보기기(D) 산업은 세계 최깅이지만 콘덴츠는 크게 부족한 실정이다. 사업자들 간에 인수·합병을 통한 기업결합이 활발히 벌어지고 있는 이유도 여기에 있다. 2019년 미국 대법원에서 승인된 최대 통

신사업자 에이티앤티(AT&T)와 케이블TV사업자 타임워너(Time-Warner)간 병합은 '네트워크 + 플랫폼' 사업이 수직적으로 결합된 큰 사건이다. 우리나라 역시 엘지유플러스(LGU+)의 씨제이헬로비전(CJHello) 인수합병, 에스케이티(SK Telecom)의 티브로드(tbroad) 인수도 같은 맥락이라 할 수 있다. 하지만 우리나라의 인수·합병은 플랫폼사업자간 결합이라는 측면에서 그 성격이 다르다.

특히 글로벌 플랫폼사업자들은 콘텐츠·네트워크·디바이스 같은 상·하류 정보산업 뿐 아니라 오프라인 영역으로 사업을 확장하고 있다. 정보산업의 융합(convergence)현상이 가속화되고 있는 것이다. 특히 최근에는 스마트 TV와 스마트 홈, 인공지능 스피커 같은 사물인터넷 사업에서 정보관련 모든 사업자들이 치열하게 경쟁하고 있다. 비록 우리나라가 모바일 폰·스마트 TV·디스플레이·반도체 같은 정보기기제조업에서 선두를 지키고 있지만, 디바이스 산업에 크게 의존하고 있다는 점은 우려되는 것이 사실이다.

정보사회를 보는 상반된 시각

정보사회에 대해서는 다양한 의견들이 있었지만, '장밋빛 미래'를 전망하는 낙관론들이 더 많았던 것이 사실이다. 실제로 20세기 후반 정보화사회에 본격적으로 진입하면서 낙관적 전망들이 실현된 것이 많았다. 첨단 정보통신기술들이 정치·경제·사회·문화 모든 분야에서의 활동양식들을 획기적으로 변화시켰고 의식구조도 크게 바뀌었다. 특히 오랫동안 인류가 부딪쳐왔던 많은 물리적 난제들을 해결해주면서 편리함이 증가된 사회가 된 것은 분명하다. 그렇다고 정보사회가 이전의 산업사회와 본질적으로 다른 사회인가에 대해서는 의문을 가진 사람들이 적지 않다. 무엇보다 산업사회를 이끌어왔던 자본주의 시스템이 근본적으로 바뀌지 않았다는 것이다. 도리어 20세기 후반부터 개방과 경쟁을 강조하는 신자유주의 기조는 산업혁명 초기 자본주의로 회귀했다는 비판을 받고 있으며, 정보사회는 자본주의가 새로운 가면을 쓴 허상의 이데올로기일 뿐이라고 규정하기도 한다.

정보사회를 긍정적으로 보는 시각은 앞에서 설명했던 '후기산업사회론'이나 '정보경제론' 입장에 서있는 학자들이 주도하고 있다. 물론 '불연속성의 시대(The Age of Discontinuity)'를 저술한 피터 드러커(Peter Drucker)나 '정보시대의 도래(The Coming of Information)'를 쓴 윌슨 디자드(Wilson Dizard) 같은 사회학자들도 낙관적 의견을 가지고 있었다. 그들은 정보사회는 산업사회와 분리된 비연속사회로서 산업사회의 동력원과 운송능력을 정보통신기술이 대체하면서, 사회를 획기적으로 변화시킬 것이라고 전망하였다. 무엇보다 온라인 네트워크와 정보통신기술들은 오랜 기간 유지되어온 정치 · 경제 · 사회 · 문화적 독점 구조를 붕괴시켜, 평등과 자유, 참여를 신장시켜 줄 것이라는 것이다. 온라인공간에서 참여정치를 통한 대의민주주의 보완, 권력에 대한 감시 강화 등으로 정치권력 독점구조가 붕괴되고, 온라인 경제를 통해 생산자와 소비자가 직접 연결되어 경제효율성이 제고될 것이라고 기대하였다. 사회 · 문화적으로도 대중사회를 지배했던 표준화와 획일성을 탈피해 개인의 창의력과 다양성이 크게 신장되어 다원주의가 구현되게 될 것이라는 생각했다. 이같은 기대들이 완전히 근거 없다고 할 수 없고 실제 실현된 것도 적지 않다. 하지만 긍정적 결과만큼 적지 않은 부작용과 역효과가 발생한 것도 사실이다.

정보사회에 대한 낙관론적 시각은 다음 두 가지 전망에 근거하고 있다. 첫째, 산업사회를 지배했던 정치 · 경제 · 사회 시스템이 정보통신기술에 크게 의존하게 될 것이라는 전망이다. 전자정부, 온라인경제, 디지털 문화 같은 현상들은 낙관적 예측들이 크게 빗나가지 않았다고 할 수 있다. 특히 문화적 다양성과 정치적 참여, 정보경제, 온라인 커뮤니티 같은 현상은 일상이 되었다. 둘째, 사회 모든 영역에서 정보와 정보관련 활동이 중심에 위치하게 된다는 전망이다. 지난 30여 년간 많은 통계지표들이 정보의 양적 팽창을 보여주고 있고 그 성장속도는 점점 가속화되고 있다. 때문에 정보의 경제적 · 정치적·문화적 가치도 예측할 수 없을 정도로 상승하고 있다. 또한 정보와 관련된 행위들이 모든 분야에서 중추적 위치를 차지하고 있다.

하지만 정보기술이 기존의 정치·경제적 사회구조를 근본적으로 변화시킬 것이라는 예측에 대해서는 부정적 평가가 더 많다. 물론 정보통신기술과 온라인 네트워크가 산업사회를 주도해왔던 권력구조를 약화시키고, 권력의 분산을 통해 일반 국민들의 참여정도와 힘이 커진 것은 사실이다. 그렇다고 이 같은 권력분산이 자본주의나 대의민주주의의 근본 틀을 변화시켰다고 보기는 어렵다. 실제로 산업사회를 이끌었던 기업들이 정보산업을 주도하고 있고, 전자민주주의 같은 직접 민주주의 형태도 실현되지 못했다. 도리어 자본주의와 대의민주주의를 보완하는 수준이라고 하는 것이 더 정확하다. 이러한 한계는 낙관론 안에 이미 내재되어 있었다. 1970년대 초 정보사회에 대한 어떤 낙관적 주장들도 자본주의 쇠퇴를 언급한 적이 없었기 때문이다. 정보사회가 산업사회와 다른 것은 맞지만, 어찌 보면 '변형된 혹은 수정된 자본주의'라고 하는 표현이 더 정확할 것이다.

이처럼 정보사회가 산업사회와 단절된 사회가 아니라고 하는 점이 정보사회 낙관론자들이 가장 비판받는 부분이다. 정보사회에 대한 비판들은 정보사회가 불평등이나 권력독점 같은 자본주의의 근본적 문제점들을 그대로 내재하고 있거나 아니면 더 교묘히 은폐하고 있을 뿐이라는 것이다. 한마디로 '변형되지 않은 자본주의(unmodified capitalism)'라고 비판한다. 비판적 시각들은 대부분 미디어 정치경제학(political economy)적 시각에 바탕을 두고 있다. 더글러스와 구백(Douglas & Guback)은 정보는 이미 농경사회에서도 중요한 역할해왔다고 지적하면서, 정보사회는 새로운 사회가 아니라 자본주의체제를 유지하기 위한 정보활동의 결과일 뿐이라고 주장하였다. 허버트 쉴러(Herbert Schiller)는 정보사회는 미국정부와 기업이 자본주의 경제 위기를 극복한 전략적 선택으로 보고 있다. 1960~70년대 미국은 독일, 일본 그리고 한국을 비롯한 동아시아 국가들에게 빼앗긴 경제 주도권을 회복하기 위해, 세계경제 패러다임을 2차 제조업이 아닌 3차 서비스·정보산업으로 전환하기 위한 전략으로 정보사회론을 제기했다는 것이다. 즉, 미국이 절대 우위에 있는 3차서비스나 지식·정보산업의 부가가치를 높여 글로벌 경제주도권을 다시 잡겠다는 의도라고 주장한다.

이러한 미국의 전략변화는 세 가지 형태로 나타났다. 첫째, 무형의 정보상품 가치를 극대화하는 것이다. 많은 나라들에서 제대로 보호되지 않고 있던 저작권·지적 재산권·특허권·상표권 같은 무형의 정보서비스들의 경제적 가치를 보호하는 전략이다. 특히 미국이 압도적인 경쟁력을 지닌 정보처리와 관련된 소프트웨어와 영화·방송 같은 미디어 콘텐츠 가치를 높이는 데 전력하게 된다. 둘째, 1980년대 중반이후 세계 모든 국가들에게 시장개방을 강하게 요구하는 것이다. 1986년 우루과이 라운드(Uruguay Round Table) 협상을 시작으로 1993년 WTO(World Trade Organization) 협상, 2000년대 FTA(Free Trade Agreement) 개별협상이 지속적으로 이어져왔다. 우리나라도 1986년 외국 영화배급사 직접 배급을 허용하고, 1991년 광고시장 개방에 이어 2006년 한미FTA 협정에서 방송시장을 포함한 모든 미디어시장이 개방되었다. 여기서 주목할 것은 미국이 가장 강력하게 시장개방을 요구한 분야는 미국이 절대 경쟁력을 확보하고 있는 정보·의료·노동·지적재산권, 미디어 분야였다는 점이다. 비록 1993년 WTO 협상에서 프랑스를 비롯한 유럽 국가들의 강력한 반대로 영화·문화·미디어 분야 시장개방에 대한 다자간 합의는 실패하였지만, 이후 개별 국가 간 협상으로 전환되면서 모든 나라들이 전면적인 시장개방에 돌입하게 된다. 셋째, '규제완화(deregulation)' 패러다임을 글로벌 경제 기조로 정착시켜 미국 기업들의 글로벌 진출을 용이하게 하는 것이다. 미국 상무부가 1991년에 발간한 '매스미디어의 세계화(The Globalization of Mass Media)'라는 보고서는 이러한 미국의 전략을 잘 볼 수 있다. 이 보고서에서는 세계화(globalization)를 "미국의 미디어 기업들이 국내에서의 경쟁력을 바탕으로 다른 나라에서 추가 이익을 획득하는 것"이라고 정의하고, 이를 위해 국내 미디어기업들의 규모의 경제를 촉진해 글로벌 경쟁력을 높여야 한다고 제안하고 있다. 미디어 분야에서 대표적인 규제완화 정책이 1995년 방송과 통신의 상호 소유 · 겸영을 허용한 '통신법(Communication Act) 개정'이다. 이를 통해 미국 내에서 미디어기업과 통신기업들 간 인수 · 합병이 활발히 벌어졌고, 이렇게 탄생한 글로벌 미디어기업들이 세계 미디어시장의 주도권을 쥐고 있다고 할 수 있다. 어쩌면 지금 글로벌 미디어시장을 장악하고 있는 구글이나 페이스북, 넷플릭스의 토대가 이때부터 구축되었다고 해도 아주 틀린 말은 아닐 것이다.

한편 정보사회 비판론자들은 정보사회 기원의 순수성에 대해서도 의구심을 가지고 있다. 정보사회를 이끌었던 대부분의 정보통신기술들이 제2차 세계대전과 동서냉전기 미 · 소우주경쟁의 산물이라는 것이다. 세계 최초의 민간 컴퓨터 ENIAC(Electronic Numerical Integrator and Computer)은 제2차 세계대전 중에 미군 장거리포 탄도를 계산하기 위해 국방성이 위탁한 기술이고, 인공위성, HDTV는 미소우주경쟁의 산물들이다. 인터넷 또한 미국국방고등연구계획국(DARPA, Defense Advanced Research Projects Agency)이 C_3I(command, control & communication) 방어 분산체계를 구축하기 위해 개발한 것이다. 특히 1980년대에 레이건 정부가 추진했던 '별들의 전쟁(Star Wars)'이라 불리는 '전략적 방어계획(SDI, Strategic Defense Initiative)'은 오늘날 우리가 사용하는 첨단 정보통신기술 발달에 크게 기여한 것으로 평가된다. 실제로 4차산업혁명 기반 기술 대다수가 이 프로젝트와 연관되어있다고 해도 지나치지 않다.

빈센트 모스코(Vincent Mosco)는 그의 책 '환상을 누르는 단추(Pushbutton Fantasies)에서 1970~80년대 개발된 정보기술들은 대부분 미국 국방부예산에 의한 것이라고 구체적인 통계치를 근거로 주장하고 있다. 한마디로 정보사회를 주도하는 기업들은 군과 연계된 이른바 '군산복합체'들이라는 것이다. 아이비엠(IBM), 제너럴 일렉트릭(General Electric), 알씨에이(RCA) 같은 전자 · 통신 기업들이 대표적인 군산복합기업들이고, 매사추세츠공과대학(MIT)

[그림 8] SDI 계획 조감도

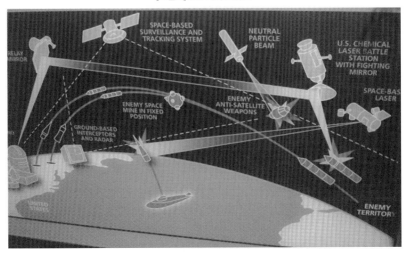

의 '링컨 연구소(Lincoln Laboratory)' 같은 대학연구소들은 미군의 전폭적인 지원아래 관련기술들을 개발한 연구기관들이다. 최근 위성항법장치(GPS, Global Positioning System)나 네트워크 및 시뮬레이션게임들 역시 군사적 목적과 밀접하게 연관되어 개발된 후 민간에서 활용된 기술들이다.

비판적 시각들은 공통적으로 '정보사회'라는 용어는 불순한 목적을 감추고, 자본주의 체제에 대한 사람들의 불만을 무마하기 위해 만들어진 이데올로기일 뿐이라고 비판한다. 더욱이 '정보사회'라는 용어가 등장한 시기가 공교롭게도 석유파동, 경제위기, 전쟁위협 같은 매우 불안정한 시기였다는 점에 주목한다. 사람들의 현실 불만을 장밋빛 미래를 제시해 은폐하기 위한 것이라는 주장이다. 그래서 정보사회나 정보기기 광고들이 대부분 '유토피아'나 '인간' 같은 매우 인간적이고 이상적인 측면을 강조하고 있다는 것이다. 실제로 1980~90년대 등장한 정보통신기술 관련 광고문구들을 보면, '휴먼테크(human tech)', '테크노피아(technopia)'처럼 인간적이고 이상적인 신조어들이 많다. 이는 정보기계가 만드는 미래세상은 인간적이고 아름다운 세상이

라는 이미지를 조성하는 일종의 '신화(myth)'라는 것이다. 또한 정보기기를 더 빨리 구매해서 이용하는 것이 바람직한 행동이라는 이데올로기 행동유발도 기대할 수도 있다는 것이다.

이 처럼 정보사회에 대해서는 극단적인 낙관론과 비관론이 지금까지도 대립하고 있다. 두 입장 모두 나름대로 근거와 논리를 가지고 있다. 정보사회가 자본주의 경제체제나 대의민주주의 정치구조를 근본적으로 변화시키고, 사회 내 권력구조를 새롭게 형성하고 있다고는 보기 어렵다. 하지만 모든 영역에서 정보가 핵심적 지위를 차지하고 있고, 정보관련 산업이나 일자리가 엄청나게 비중이 늘어나고 있다. 조금 과장하면 정치·경제·사회·문화 등 모든 행위들이 온라인에서 이루어지고 있고, 정보기기 없이는 일상 생활자체가 불가능할 정도다.

반면에 존 레이나 쉬먼트(John Reina Schement)는 제3의 시각으로의 정보사회 접근을 주장하고 있다. 그녀는 정보사회론 혹은 후기산업사회론은 정보활동의 증가가 사회구조를 변화시키는 것에 대한 설명이 부족한 반면, 비판론은 정보활동이 점점 자본주의체제를 벗어나 독자영역화되고 있다는 사실을 도외시하고 있다고 지적한다. 정보시스템에 의한 생산과정 변화와 정보의 상품화라는 현실과 정보화가 기대와 달리 비인간화 혹은 획일적 통제수단으로 사용될 수 있음을 모두 인정해야한다는 것이다. 또 정보기기 발달로 점점 합리적 의사결정이 많아지고 정보기술을 이해하는 전문 관료(technocrat)의 성장은 바람직할 수 있지만, 이것이 근본적으로 자본주의 체제 변화를 가져오지는 않을 것으로 보인다. 한마디로 정보기기가 주도하는 정보사회는 산업화와 함께 진화한 '정보의존 사회'라는 것이다. 정보활동이 주요 모든 정치·경제. 문화 영역에서 차지하는 비중이 커지고 있지만, 산업화사회의 낡은 요소들이 여전히 존속하는 '자본주의 형태로서의 정보사회'라는 주장이다.

　어쩌면 '정보자본주의(information capitalism)'개념이 쉬먼트 주장과 일맥상통한다. [그림 10]에서 보는 것처럼, '정보자본주의'는 정보가 지닌 엄청난 가치 위에 변형된 민주정치와 자본주의를 상정하고 있다. 자본주의 기본 틀 아래 정보관련 플랫폼이나 네트워크 산업들이 등장하고, 대의민주주의 틀을 유지하면서 온라인을 통한 다양한 참여와 공유가 신장될 수 있는 사회가 될 수 있다는 것이다. 다만 특정 계층이나 소수권력이 정보권력을 독점하지 않고 공유하는 시스템을 강조하고 있다. 정보자본주의론은 기존의 낙관적 정보사회론에 대한 비판에서 나왔지만, 내용적으로 낙관론과 크게 다르지 않아 보이기도 한다.

[그림 10] 정보자본주의

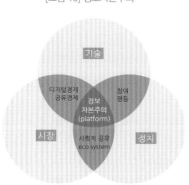

[참고문헌]

Alvin Toffler, The Third Wave: The Classic Study of Tomorrow, 1984, Bantham, 이규행(역), 제3의 물결, 2002, 한국경제신문사.

제3의 물결은 '정보사회'라는 용어를 대중적으로 인식하게 만든 책이다. 이전에 다니엘 벨의 '후기산업사회'나 '지식사회'라는 명칭은 학술적으로 제한된 사람들에게만 공유되었던 용어였다. '농업혁명 → 산업혁명 → 정보혁명'으로 이어지는 시기별 특성들을 지배적 기술들이 가져온 정치·경제·사회적 변화들을 중심으로 서술하였다. 또한 20세기 후반 정보기기들이 후기자본주의, 대의민주주의, 대중문화가 가지고 있던 많은 문제들을 해결해 줄 것이라고 전망해 정보사회 긍정론의 대표주자가 된다. 화석에너지 대신 소모되지 않는 정보자원에 의존하는 효율적 경제, 정보기기를 이용한 참여민주주의 확대, 탈 획일화된 문화적 다원주의 실현 등이 가능진다는 것이다. 지나치게 낙관적이라는 비판을 받기도 했지만, 이후 '미래의 충격(Future Shock)', '권력이동(Power Shift)' 같은 책을 연이어 발표해 자기 생각을 더욱 발전시키게 된다. 비교적 읽기 쉬운 대중서적으로 전문지식이 없더라도 충분히 이해가 가능하다.

Daniel Bell, The Coming of Post-Industrial Society : A Venture in Social Forecasting, 1973, Basic Books, 김원동·박형신 (역), 탈산업사회의 도래, 2007, 아카넷.

20세기 전체에 걸쳐 전 세계에 가장 많은 영향을 미친 책 중에 하나다. 그럼에도 우리나라에서는 35년이 지나서 번역되었다는 것은 놀랍다. 이 책은 이론적 지식과 정보기술에 의한 탈 산업화 현상을 정치·경제·사회 측면에서 포괄적으로 다루고 있다. 그렇지만 벨이 일방적인 기술낙관론자가 아님을 여러 곳에서 발견할 수 있다. 맑스주의자에서 베버리안(Weberian)으로 인식론적 전환을 겪은 학자라는 흔적도 볼 수도 있다. 후기산업사회의 기축원리(axial principle)를 '정보기술'과 '이데올로기'라는 두 개념으로 접근하고 있는 것에서 두 가지 인식론을 복합적으로 가지고 있음을 알 수 있다. 정보경제가 주도하는 사회가 되더라도 2차산업과 정보산업이 공존하면서 서서히 전환될 것이라는 논리로 '후기산업사회'라는 용어를 쓴 것도 점진적 사회변동을 강조하는 베버의 사회변동 시각과 맥락을 같이하는 것으로 보인다. 이 책에서 벨이 주장한 내용들은 1980년대 정보사회론의 핵심논리로 인용되게 된다.

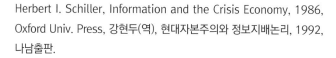

허버트 쉴러는 빈센트 모스코(Vincent Mosco)와 함께 미국을 대표하는 미디어정치경제학자다. 그는 미디어는 자본주의 경제시스템을 유지하는 산업의 하나라는 시각을 가지고 있다. 이 책에서는 한발 더 나아가 후기자본주의 경제적 불안정성과 불평등 그리고 비효율성을 극복하기 위해 정보산업이 부각되었다고 본다. 정보사회는 산업사회 주력 기업들이 정보·통신영역으로 상품을 변화시킨 '기업자본주의'일 뿐이라는 것이다. 기업자본주의는 이익 극대화를 위해 글로벌화를 통한 시장 확대가 필요하고, 국가는 이를 지원하기 위해 정보사회 이데올로기를 확산시키고 국가 간 경계를 허물려고 한다는 것이다. 그 결과 초국적 정보·미디어 기업들이 등장하게 되고, '정보부자(information rich)'와 '정보빈자(information poor)' 간 격차가 더욱 커지게 된다는 논리다. 더 나아가 정보격차는 빈부격차로 이어져 불평등사회를 심화될 것이라고 주장한다. 이 부분에 대해서는 H. I. Schiller, Information Inequality, Routledge, 2013, 김동춘(역), 정보불평등, 2001, 민음사를 보면 자세히 알 수 있다.

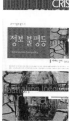

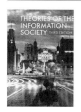
Frank Webster(ed.), Theories of the Information Society, 1995, Routledge, 조동기(역), 정보 사회이론, 2007, 나남출판.

이 책에서 프랭크 웹스터는 여러 학문분야 관점에서 정보사회를 보는 시각들을 서술하고 있다. 그는 정보사회에 관한 논의들을 접근방법에 따라 기술(technology)·경제(economy)·직업(occupation)·공간(space)·문화(culture) 5개 개념으로 나누어 설명하고 있다. 그리고 각각의 개념별로

대표적인 학자들의 이론들을 소개하고 있다. 다니엘 벨(Daniel Bell)의 탈산업사회론, 탈포드주의와 유연전문화와 관련된 조절학파이론, 마뉴엘 카스텔(Manuel Castells)의 네트워크 사회론, 허버트 쉴러(Herbert Schilller)의 비판적 정보경제론, 하버마스(Habermas)의 공공영역론, 앤서니 기든스(Anthony Giddens)의 근대화, 관료주의, 감시이론 등을 설명하고 있다. 그렇지만 필자는 정보사회이론을 가장 체계적으로 정리한 책은 'Jerry L. Salvaggio(ed.), The Information Society: Economic, Social, and Structural Issues, Lawrence Earlbaum Associates Inc.'라고 생각한다. 물론 이 책에도 벨과 쉴러의 글이 포함되어 있지만, 에버릿 로저스(Everett M. Rogers)나 존 레이나 쉬먼트(J. R. Schement), 윌리엄 듀튼(W. H. Dutton)과 제이 블루머(J. G. Blumler)처럼 다양한 시각을 가진 미디어학자들이 정보사회를 정의하고 있다는 점에서 정보사회에 대한 균형된 시각을 제시하고 있다고 생각된다.

제 4 장

4차산업혁명

제**4**장

4차산업혁명

인터넷에서 4차산업혁명이라는 용어를 검색해 보면, 가장 많이 나오는 그림 중에 '장님 코끼리 만지기'라는 것이 있다. 커다란 코끼리를 두고 앞이 보이지 않는 사람들 몇몇이 각자 만진 부위만 가지고 부채, 창, 칼, 나무, 벽, 로프라고 생각한다는 그림이다. 4차산업혁명에 대한 사람들의 생각이 그럴 수 있다는 것이다. 누구는 전기자동차라고 하고, 누구는 인공지능이나 사물인터넷이라고 한다. 아마 게임을 좋아하는 사람이라면, 가상·증강현실(virtual & augmentation reality)라고 할 가능성이 높다. 또 어떤 사람은 빅데이터를 빼고 4차산업혁명을 이야기하는 것은 "팥 없는 찐빵"이라고 주장할 수도 있다. 심지어 4차산업혁명은 나와 아무 상관없는 딴 세상 이야기라고 생각할지도 모른다. 도처에서 4차산업혁명을 말하고, 정부도 내놓는 정책마다 무슨 관용어 처럼 4차산업혁명이라는 단어를 갖다 붙이지만, 솔직히 그게 무엇인지는 딱히 명확한 정의조차 없어 보인다. 인터넷에서 IT정보 사전을 찾아보니, "인공 지능, 사물 인터넷, 빅데이터, 모바일 등 첨단 정보통신기술이 경제·사회 전반에 융합되어 혁신적인 변화가 나타나는 차세대 산업혁명"이라고 나와 있다. 이 정의를 보니 왜 그런 현상이 벌어지는지 조금 알 것 같다. 새로운 첨단 정보통신기술에 의해 사회전반에 걸쳐 혁명적 변화가 나타난다는 것이다. 어찌 보면 3장에서 살펴보았던 낙관적인 정보사회론보다 훨씬 더 강한 기술결정론에 경도되어있다. 그냥 새로운 기술들이 사회를 지배할 것이라는 주장만 있지 사회가 어떻게 변화될 것이라는 체계적 논의는 거의 찾아볼 수 없다. 솔직히 1970~80년대 정보사회 전도사였던 앨빈 토플러 주장보다 훨씬 척박하다는 생각까지 든다. 4차산업혁명에 대비해야 한다고 하면서도, 다른 한쪽에서는 이게 혁명인가를 놓고 논쟁을 벌이는 우스꽝스러운 일도 벌어지고 있다.

4차산업에 대한 정의를 조금 더 살펴보자. 이런 표현도 나온다. "4차산업혁명이란 용어는 2016년 세계경제포럼(WEF: World Economic Forum)에서 처음 언급되었으며, 정보통신기술(ICT) 기반의 새로운 산업 시대를 대표하는 용어가 되었다. 컴퓨터, 인터넷으로 대표되는 3차산업혁명(정보혁명)보다 한 단계 더 진화한 혁명으로도 일컬어진다." 그런데 진화와 혁명은 사회변화를 바라보는 시각에서 전혀 다른 개념이다. 혁명이란 한 사회가 가진 기존 구조나 질서체계가 완전히 폐기되고, 새로운 사회체계를 형성하는 것이다. 반면에 진화는 기존에 있던 물리적 · 생물학적 · 사회적 체계들이 그대로 유지되면서, 기능적으로 발전한다는 의미다. 그렇다면 앞에서 언급한 '한 단계 더 진

[그림 1] 장님 코끼리 만지기

* 출처 : 이민화, "인공지능과 4차산업 혁명"

화한 혁명'이라는 표현은 그 자체로 모순이다. 뒤에 설명하겠지만 산업혁명을 네 단계로 나누어 1~4차 산업혁명이라고 구분한 것 역시 지나치게 자의적이라고 생각되는 이유도, 새롭게 등장한 기술들에 따라 사회변화를 설명하다보니 생긴 것 같다. 이 책이 4차산업혁명을 논하기 전에 정보혁명을 먼저 설명한 것도, 어쩌면 4차산업혁명이 20세기 중후반에 있었던 정보혁명과 완전히 단절된 현상이 아닐 수 있다는 생각 때문이다.

4차산업혁명 담론의 등장

'4차산업혁명'이라는 용어가 처음 등장한 것은, 2016년 다보스 세계경제포럼(World Economic Forum Annual Meeting)에서 클라우스 슈밥(Klaus Schwab) 회장이 '4차산업혁명(The Fourth Industrial Revolution)'이라는 책자를 선보이면서부터다. 그는 이 책에서 4차산업혁명의 정의, 4차산업혁명을 이끄는 기술, 4차산업혁명의 영향력 등에 대해 서술하고 있다. 이후 세계는 4차산업혁명이라는 커다란 소용돌이에 돌입한 것 같은 느낌이다. 특히 우리나라에서는 4차산업혁명이 거스를 수 없는 거대한 담론이 되어 버린 듯하다. 이를 두고 주경철 교수는 '4차산업혁명이라는 유령이 한국사회에 배회하고 있다'라고 비판하고 있다. 슈밥의 책은 마치 1980년 앨빈 토플러의 '제3의 물결'이 정보사회 신드롬을 일으켰던 것과 유사하다. 그렇지만 그 내용이 앨빈 토플러만큼 대중적인가 하는 것은 의문이다.

아직까지 4차산업혁명이라는 용어는 정치적 수사에 가깝다는 생각이 드는 것도 사실이다. 전 세계 아니 우리나라 사람들에게 4차산업혁명이 확실히 각인된 것은 슈밥이나 다보스포럼이 아니라 그로부터 석 달 뒤에 벌어졌던 이세돌과 알파고의 바둑대결이라 할 수 있다. 대국 시작 전까지만 해도 경우의 수가 매우 많고 고도의 판단을 요구하는 바둑의 특성 상, 구글이 야심차게 개발한 인공지능 로봇 '알파고(Alpha Go)'보다 이세돌이 유리할 것이라는

[그림 2] Klaus Schwab

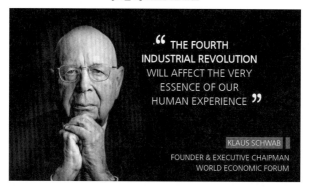

[그림 3] 이세돌과 알파고 바둑대결

우리나라 사람들에게 4차산업혁명이 각인된 것은 이세돌과 알파고의 바둑대결이라고 할 수 있다. 당초 예상은 바둑의 특성 상 인공지능 로봇 알파고보다는 이세돌이 유리할 것이라는 전망이 압도적이었다. 하지만 결과는 알파고의 압승이었다. 이로써 로봇의 인공지능이 인간의 지능수준을 넘어서고 있다는 우려와 함께 멀지 않아 로봇이 지배하는 세상이 올지도 모른다는 우려가 나오기 시작하였다.

전망이 훨씬 많았다. 하지만 결과는 이세돌이 한번 이기기는 했지만 알파고의 압승이었다. 이후 연이어 벌어진 로봇과의 바둑대결에서 인간은 거의 이기지 못하고 있다. 인공지능의 진화속도로 보아 아마 영원히 못 이길지도 모른다. 이로써 인공지능이 인간의 지능을 넘어설 수 있다는 것을 인지하기 시작하였고, 멀지 않아 로봇이 지배하는 세상이 올지도 모른다는 우려가 나오기 시작하였다. 뿐만 아니라 얼마 안가 많은 직업들이 로봇에게 점령당할지 모른다는 위기의식도 커지고 있다.

그런데 '4차산업혁명'이라는 용어는 공식적으로 결정된 용어가 아니다. 독일은 2012년에 4차산업혁명과 유사한 '산업 4.0(industrial 4.0)'이라는 명칭의 프로젝트를 추진했고, 일본은 여러 산업에 로봇을 활용하는 '로봇혁명'이라는 용어를 사용하고 있다. 슈밥의 4차산업혁명론은 독일의 '산업 4.0'에서 영향을 받았다는 것이 정설이다. 독일인공지능연구소(DFKI)가 2011년에 발표한 '1,2,3차 산업혁명'과 내용이 거의 유사하기 때문이다. 미국은 산업체와 인터넷 플랫폼을 연결하는 '산업인터넷(industrial internet)'개념으로 R&D투자, 인프라 확충, 제조업 플레이어 간의 협력을 토대로 제조업 전반의 활성화를 도모한다는 '첨단제조업 파트너십(AMP, Advanced Manufacturing Partnership)'이라는 이름의 프로그램을 추진하고 있다. 중국 역시 2015년에 모든 제조업분야의 혁신역량제고, 품질제고, IT · 제조업의 융합, 녹색성장을 내용으로 하는 '중국 제조 2025(Made in China 2025)계획을 발표하였는데, 4차산업혁명과 같은 내용으로 볼 수 있다.

다양한 명칭만큼 접근방식도 차이가 있다. 독일과 일본이 오프라인 산업의 생산성향상과 효율성을 높이기 위해 네트워크화된 융합기술들을 접목하는 데 초점을 두고 있는 반면, 중국이나 우리나라는 오프라인과 온라인을 연결하는 O2O(online to offline) 플랫폼 육성에 초점을 맞추고 있다. 미국은 이 두 가지 목표를 모두 포괄하고 있지만, 미국이 강점을 가지고 있는 글로벌 플랫폼산업 확장에 더 초점을 맞추고 있는 것으로 보인다.

하지만 그동안 농업혁명, 산업혁명, 정보혁명이라는 3단계 발달단계에 익숙해져있던 우리에게 '1 · 2 · 3 · 4차 산업혁명'을 다시 분류하는 것은 낯설다. 산업혁명을 다시 세분류하는 논리는 산업혁명도 시기별로 새롭게 등장하는 기술에 따라 성격이 변화해왔다는 것이다. '1차산업혁명'은 1776년 제임스 와트(James Watt) 증기기관이 보급되면서 시작된 기계혁명으로 대표적인 산업은 섬유산업이었다. 1차산업혁명은 '산업혁명'이라는 말을 처음 사용한 아놀드 토인비(Arnold Toynbee) 개념대로 농업사회가 산업사회로 바뀌는 것을 의미한다. 이 시기에 공장제(factory system)를 기반으로 한 대량생산으로 인류 탄생이래 지속되어 왔던 '맬서스의 덫(Malthus Trap)'에서 벗어났다는 것이다. 생산증가가 인구증가로 이어지면서 빈곤이 반복되었던 고질적 문제가 해결되면서, 처음으로 실질소득이 발생하기 시작하였다는 것이다. 하지만 1차산업혁명은 여러 기술 간에 상호연결성이 낮고, 과학과 기술의 연계성도 약해 '과학적 지식'이라는 관점에서 보면 초기수준이라고 보고 있다.

'2차산업혁명'이라는 용어는 1910년 영국의 생물학자이자 사회학자인 패트릭 게데스(Patrick Geddes)가 '진화속의 도시(Cities in Evolution)이라는 책에 처음 등장한다. 이후 1969년 경제사학자인 데이빗 랜디스(David Landes)가 '자유의 몸이 된 프로메테우스(The Unbound Prometheus)'라는 저서에서 학술적 용어로 다시 등장한다. 2차산업혁명 시기에 대해서는 여러 주장들이 있지만, 1879년 에디슨의 전기발명을 기점으로 보는 시각이 가장 많다. 물론 헨리 베세머(Henry Bessemer)가 '전로법 철강제조법'을 발명한 1856년이라는 주장도 있다. 2차산업혁명을 '철강의 시대'라고도 하고 '전기의 시대'라고도 하는 이유다. 그렇지만 이 시기에 가장 큰 변화는 내연기관의 발명이 아닌가 싶다. 이는 가솔린·디젤엔진 등으로 자동차·비행기 같은 획기적 이동수단 발명을 가능하게 했기 때문이다. 1886년 벤츠(Benz)가 최초로 가솔린자동차 특허를 취득했고, 다임러(Daimler)가 네 바퀴 자동차를 출시하게 된다. 그렇지만 커뮤니케이션학 입장에서 보면, 2차산업혁명은 '통신의 시대'라고도 볼 수 있다. 1837년 모스(Samuel Morse)의 무선전신기술이 처음 발명된 이후, 벨의 전화(1876), 마르코니(Guglielmo Marconi)의 무선전신(1896), 에드윈 암스트롱(Edwin Amstrong)의 라디오(radio)(1918) 등이 연이어 발명되었기 때문이다. 이 같은 전기·철강·통신기술의 획기적 발전은 대량생산과 대량소비를 축으로 하는 본격적인 산업사회 돌입을 촉진시키게 된다. 대량생산을 가능하게 하는 테일러의 '과학적 관리기법', 체계적 분업시스템인 '포디즘(Fordism)'이 일반화되면서, 21세기까지 남아있는 GM, 바이엘, 포드자동차 같은 거대기업들이 탄생하게 된다. 2차산업혁명은 1차산업혁명과 달리 과학적 지식과 기술이 접목되어 기술지식이 체계화되는 시점이기도 하다. 과학과 기술이 결합된 기술들은 대량살상이 가능한 무기제작을 가능하게 해주었고, 이는 제1·2차 세계대전을 일으키는 원인이 되기도 하였다. 크라젠베르크(Crazenberg)는 이 시기에 있었던 기술과 과학의 결합을 '불순한 계약동거'라고 규정하고 있다. 2차산업혁명은 1차산업혁명을 주도했던 영국을 추격하는 독일과 미국을 중심으로 진행되었다. 그것은 선발산업국가들과 후발산업국가들 간의 패권 및 자원경쟁을 유발했고, 그 결과는 전쟁이었다는 주장이 나름 설득력이 있다. 실제로 20세기 초까지 2차산업혁명이 이어지고, 그 결과 1·2차 세계대전이라는 큰 사건을 치르게 된다. 이는 2차산업혁명기에 발명된 대량생산 기술들이 대량살상 무기로 활용될 수 있음을 보여준 것이다. 전쟁양상도 자연히 군과 민간이 분리되지 않는 '총력전(total war)' 개념으로 변화되게 된다.

이러한 상황에서 무기 정확성과 효율적 방어를 위해 컴퓨터와 커뮤니케이션 기술에 대한 수요가 발생하게 된다. 이런 목적으로 개발된 정보통신기술들이 제2차 세계대전 이후 민간영역에서 활용되면서 이른바 정보사회로 진입하게 된다. 이것이 바로 '3차산업혁명' 즉, 정보혁명인 것이다. 제3차산업혁명 돌입시기에 대해서도 컴퓨터가 대중화되기 시작한 1960년대 후반에서 1983년 인터넷 등장 때까지 여러 주장들이 있다. 그러므로 '정보혁명'을 '3차산업혁명'이라고 다시 규정한 것은 4차산업혁명을 주장하는 사람들이다. 2011년 경제학자이자 문명비평가인 제레미 리프킨(Jeremy Rifkin)이 출판한 '3차산업혁명(The Third Industrial Revolution)'이라는 책에서는 3차산업혁명기술에 인터넷과 재생에너지 융합도 포함시키고 있어 정보혁명과 4차산업혁명이 많이 중첩될 수밖에 없다.

앞에서도 언급한 것처럼, 4차산업혁명은 2015년 슈밥에 의해 시작되었다. 그는 사물인터넷·인공지능·빅데이터·사이버 물리 시스템(CPS, Cyber-Physical Systems)을 기반으로 하는 '만물초지능혁명'이라고 지칭하고 있다. 하지만 1·2·3차 산업혁명도 그랬지만 4차산업혁명 시작점을 명확히 정하기는 쉽지 않다. 4차산업혁명론 자체가 특정 기술의 등장으로 인한 획기적 변화를 강조하고 있기 때문에, 어떤 기술을 중시하느냐에 따라 그 시기가 달라질 수 있다. 도리어 사회 전반에 걸친 구조적 변화에 초점을 맞추면 시기를 더 용이하게 판단할 수 있을 것 같다. 이 역시 기술결정론에 경도된 4차산업혁명론의 취약점을 엿볼 수 있는 부분이다. 실제로 사물인터넷이나 인공지능 같은 기술들은 오랜 전부터 개발되어왔다. 네트워크 고도화 역시 지난 수십 년간 지속적으로 진화를 거듭해왔다. 어쩌면 특정시기를 정한다는 것 자체가 자의적일 수 있다. 하지만 필자의 생각으로는 스마트 폰 시대를 연 2007년 애플의 아이폰 등장이 전환점이라고 생각된다. 아이폰의 등장을 시작으로 '매체의 개인화', '정보의 고도화', '시·공간 초월성' 등 정보기기의 일상화와 고도화가 본격화되었기 때문이다. 인터넷으로 연결된 개인휴대폰이 인공지능과 빅데이터, 사물인터넷의 기반과 성능 그리고 활용을 획기적으로 변화시켰다고 볼 수 있다.

4차산업혁명은 시작된 지 얼마 되지 않았고 아직은 예측 수준의 주장들이 많아 그 결과는 미지수다. 다만 정보사회론에서도 일부 등장했던 '생비자(prosumer : producer + consumer)', '모디슈머(modisumer : modifier + consumer)', '크리슈머(cresumer : creater + consumer)' 같은 개개인의 능동적 행위들이 일상화될 것이고, 공유경제나 '긱 경제(gig economy)' 같은 새로운 형태의 경제양식이 부각될 것으로 전망된다. 특히 온라인과 오프라인이 연결된 'O2O 활동'이 크게 활성화될 것이다. 최근 인터넷·모바일 애플리케이션·소셜네트워크서비스 등에서 급성장하고 있는 'D2C(Direct to Consumer)'광고가 대표적인 경우다. 또 지능화·초연결성·이동성 등이 강화된 융합형 기술들과 오프라인의 분야별 지식들이 연계되면서 새로운 지식들이 단기간에 창출되고 활용될 것이다. 그렇지만 4차산업혁명의 성격과 사회에 미치는 영향 등에 대해서는 70~80년대 정보혁명 때보다 더 불분명한 것이 사실이다.

[표 1] 제1·2·3·4차 산업혁명 특성 비교

	시작 연도	주력 기술	용어 탄생	경제	변화	과학·기술	주요 국가
1차 산업혁명	1784	증기기관 방직, 제철	Toynbee(1884) Mantoux(1906)	농업사회→ 산업사회	근면혁명→ 산업혁명	기술 간 상호연관 과학/기술 연계성 약함	영국
2차 산업혁명	1879	강철, 전기 내연기관 통신기술 대량생산	Geddes(1910) Landes(1969) Chandler(1990)	강철의 시대 색깔의 시대 전기의 시대 통신의 시대 대기업 등장	과학적 관리 (Taylor) Fordism 대량생산 대량소비	산업적 연구 과학·기술의 결합 기술지식을 체계화한 공학	독일 미국
3차 산업혁명	1969	전기·전자 정보, 인터넷	D.Bell(1973) A. Toffler(1980)	지식경제 정보경제 벤처기업 글로벌경제	정보화 사회	디지털 융합 과학기술 혁명	미국 일본
4차 산업혁명	2010 전후	CPS (Cyber-physical Systems)	DFKI (2012) Schwab(2015)	Industrial 4.0 gig economy 공유경제 prosumer modisumer cresumer	AI Big Data Cloud IOT IOB VR/AR 5G	O2O 지능화 초연결성 이동성 연계 과학	독일 일본 미국

4차산업혁명의 정의

앞에서도 지적했지만 4차산업혁명에 관한 명확한 정의는 아직 없어 보인다. 4차산업혁명이라는 용어가 등장한 것도 지극히 최근의 일이며, 시작단계에서 혁명이라는 용어를 붙이는 것이 타당한가를 놓고도 논란이 있다. 물론 슈밥이 말한 것처럼 "디지털·물리적·생물학적 영역의 경계가 허물어지고 기술이 융합되며 모든 것이 연결되는 시대"로 변화되고 있는 것은 분명하다. 슈밥의 말대로 그 시대가 지금과는 전혀 다른 새로운 시대인가에 대해서는 더 두고 보아야 할 것 같다. 하지만 그 동안 제시되었던 몇 가지 정의들을 살펴보면, 4차산업혁명을 이해하는데 도움이 될 수 있을 것이다. 4차산업혁명의 정의와 관련된 논문들과 자료들은 면밀히 검토해 봤지만, 분명하게 서술된 정의를 찾기는 쉽지 않았다. 정의라고 제시된 것들도 주로 4차산업혁명을 "새로운 기술들에 의해 급격하게 변화된 사회"라는 매우 포괄적으로 정의하거나 인공지능이나 빅데이터 같은 기술들의 특성들과 그 기대효과를 나열한 것들이 많았다. 그나마 박지은 등의 연구에서 4차산업혁명에 대한 몇 가지 정의들을 비교해 놓고 있었다. [표 2]에 제시된 정의들을 살펴보면, '융합'과 '연계'라는 두 단어가 공통적으로 포함되어 있는 것을 볼 수 있다. 즉, '디지털융합기술과 물리적 영역의 연계성'과 '사이버 물리 시스템에 기반 한 혁신'을 공통적으로 언급하고 있다. 간단히 요약하면, "모든 만물이 연결되어 지능적인 사회로 진화하는 것"이 4차산업혁명이라 할 수 있을 것이다. 어쩌면 하원규의 정의처럼, "생각하는 만물 혁명"이 도리어 가장 명확한 정의라는 생각도 든다.

이 같은 정의들에서 찾을 수 있는 또 다른 특징은 4차산업혁명의 '주체와 객체에 대한 혼돈'이 아닌가 싶다. 새로운 융합형 · 연결형 · 지능형 기술들은 그 자체가 주체가 아니라 기존에 존재하고 있던 물질영역 혹은 산업들의 생산성과 효율성을 극대화하기 위한 도구적 객체라고 생각된다. '물리적 공간이 데이터화되고 네트워크로 연결되면서 물리적 세계와 사이버 세계가 결합되고, 이를 분석하고 활용하고 제어하는 시대'라는 장필성의 정의는 4차산업혁명의 특징을 분명하게 보여주고 있다. 4차산업혁명은 1 · 2 · 3차산업혁명을 거치면서 형성되었던 경제적 · 사회적 구조를 그대로 유지하거나 강화하는 것이지, 이 체제를 본질적으로 변화시키는 것은 아니라는 것이다. 기술변화가 혁명이 되기 위해서는 그 기술도입으로 인간관, 세계관, 정치 · 사회 구조의 획기적 변화가 수반되어야 한다. 하지만 4차산업혁명과 관련된 정의들을 보면, 기존 구조의 효율성이 개선 · 발전되거나 최소한 유지되는 것에 초점이 맞추어져 있다. 4차산업혁명이 진정 혁명이 되기 위해서는 사회구조 변화에 대한 분명한 설명이 필요해 보인다.

이 때문에 '혁명'이라는 용어를 붙이는 것이 바람직한 것인가에 대한 의문이 제기될 수밖에 없다. 4차산업혁명의 중심개념 중에 하나인 '연계성'은 이미 정보혁명 때부터 제기되어왔던 것이다. 물론 4차산업혁명에서 말하는 연계성이란 네트워크와 사물이 직접 연계되는 것을 의미한다. 하지만 연계성

[표 2] 4차산업혁명의 정의들

정의	출처
디지털, 물리적, 생물학적 영역의 경계가 없어지면서, 기술이 융합되는 인류가 한번도 경험하지 못한 새로운 시대	클라우스 슈밥 (2016)
자동화와 연결성이 극대화되는 변화	UBS(2016)
산업혁명을 기반으로 한 디지털과 바이오산업, 물리학 등의 경계를 융합하는 기술 혁명	World Economic Forum(2016)
생각하는 만물 혁명	하원규 외 (2015)
물리적 공간이 데이터화되고 네트워크로 연결되면서 물리적 세계와 사이버 세계가 결합되고, 이들을 분석하고 활용하고, 제어하는 시대	장필성 (2016)
세상의 모든 것이 인터넷으로 연결되고, 인간과 사물의 모든 데이터가 수집·축적 활용되는 만물 초지능 통신혁명	하원규·최남희 (2016)

* 출처 : 박지은 외(2016). "국내통신사업자의 제4차 산업혁명 대응전략 : 시나리오분석을 중심으로 "방송통신연구. 2016년 겨울호. 37~59에서 제시된 표를 수정 보완

과 관련된 기술들은 오래전부터 지속적으로 진화해왔다. 인공지능이나 빅데이터 같은 지능형 기술들도 그 뿌리는 적어도 50~60년 이상 거슬러 올라갈 수 있다. 더구나 4차산업혁명 관련기술 개발을 누가 주도하고 있는가를 살펴보면, 4차산업혁명이라는 용어는 조금 어색할 수밖에 없다. 송성수 교수는 4차산업혁명은 자본주의가 약 50년을 주기로 겪어왔던 호황·침체·불황·회복과 같은 파동을 극복하기 위해 신기술을 개발하고 경제패러다임을 변화시켜온 '장기파동이론(long wave theory)'의 한 단면일 뿐이라고 지적한다. 1760/70년~1820/30년에 발생한 장기파동은 1차산업혁명인 섬유산업과 철도기술을 통해 해결하였고, 1870/80년~1920/30년대 있었던 장기파동은 전기·자동차 같은 2차산업혁명으로 돌파구를 찾았다는 것이다. 현재 겪고 있는 4차산업혁명은 1970/80년대부터 이어져오고 있는 장기파동 위기를 해결하는 정보혁명 즉, 3차산업혁명의 연장에 있다고 보고 있다.

이처럼 4차산업혁명 기술들이 정보사회를 추동했던 기술들의 연속성이 높다는 점에서 4차산업혁명을 별도의 또 다른 혁명으로 규정할 수 있는가에

대해서는 반론들이 적지 않다. 이를 의식해서인지 슈밥은 4차산업혁명을 별도의 산업혁명으로 간주해야하는 근거로 속도와 범위 그리고 시스템에 미치는 충격을 들고 있다. 첫째, 속도 측면에서 이전 혁명들이 산술급수적이었다면, 4차산업혁명은 기하급수적으로 전개되고 있다는 것이다. 기술진보 속도가 획기적으로 빨라지면서 사회변화속도 역시 과거에는 상상도 할 수 없을 정도로 가속화되고 있다는 주장이다. 둘째, 과거 혁명들이 일부 산업, 일부 국가로 영향을 미치는 범위가 한정되어 있었다면, 4차산업혁명 기술들은 모든 국가, 모든 산업에 영향을 미친다는 주장이다. 셋째, 변화의 깊이와 폭이 전체 생산·관리 통제시스템 전반에 걸쳐 근본적인 변화를 야기하고 있다는 것이다. 이 같은 근거들이 거시적 관점에서 수긍 되는 측면도 있지만 허점도 적지 않다. 우선 변화의 속도가 빠르고 범위가 넓다는 것만 가지고 혁명이라고 할 수 있는가 하는 점이다. 또 사회전반에 걸친 근본적 변화가 특징이라고 하는데, 이전의 농업혁명, 산업혁명 그리고 정보혁명에서처럼 사회전반에 걸친 획기적 변화가 일어날 것인지는 아직 판단하기 이르다. 엄격하게 보면, 4차산업혁명이 말하는 변화가 주로 산업·경제체제의 기능적 향상·효율성 제고에 맞추어져 있지, 사회전반에 걸친 변화에 대해서는 전망 자체가 상대적으로 취약하다. 어쩌면 4차산업혁명은 '기술적 가능성(technological

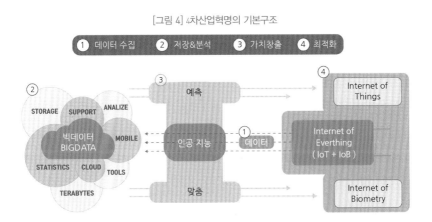

[그림 4] 4차산업혁명의 기본구조

possibility)'에 바탕을 둔 다양한 산업체의 생산 · 유통 · 소비과정에서의 획기적 변화 정도라고 생각할 수도 있다. [그림 4]에서처럼, '사물과 연계된 다양한 사물인터넷나 생체인터넷(Internet of Bio)기술과 고도화된 네트워크를 통해 자동으로 수집된 광범위한 데이터들이 저장되고(빅 데이터), 인공지능 같은 초지능 기술들이 이 데이터들을 분석해, 다양한 오프라인 영역에서 필요한 체계적 지식이나 예측들을 맞춤형으로 제공하는 시스템 고도화'라고 4차산업혁명을 정의할 수 있을 것이다.

4차산업혁명의 특성

4차산업혁명의 기술적 가능성만 놓고 본다면, 나름 4차산업혁명의 특성들도 도출해 볼 수 있을 것이다. 대체로 4차산업혁명의 특성으로 '초연결성(hyper-connectivity)', '초지능성(hyper-intelligence)', '자동화(automation)' 세 가지가 언급되고 있다.

첫째, 가장 대표적인 특성이라 할 수 있는 '초연결성'은 4차산업혁명 모든 기술들의 바탕이 되는 가장 중요한 특성이다. '연결성'은 모든 정보기술의 기본 속성이자 효용성을 결정짓는 핵심 속성이다. 네트워크의 가치는 네트워크에 연결된 개체 수와 강도에 의해서 결정된다. 물론 정보사회에서도 네트워크 연결은 정보의 가치를 결정하는 핵심요소였다. 그렇지만 4차산업혁명은 네트워크 연결대상이 사람 뿐 아니라 사람 · 사물 · 공간이 모두 연결된 형태다. 고도화된 네트워크를 통해 모든 사물들이 사물인터넷 · 빅데이터 · 인공지능 · 클라우딩 컴퓨팅(cloud computing) 등과 연결된 '초연결(hyper-connected)'이다. 지구상에 모든 사물들이 마치 블랙홀처럼 네트워크에 연결되어, 향후 100억의 사람, 1,000억 개의 디바이스, 100조개의 센서들이 연결될 것이라고 전망하고 있다. 우리나라 역시 2015년을 '만물초지능 통신혁명' 원년으로 정하고, '5대 메가트렌드' 중에 하나로 초연결망 구축을 추진하고 있다. 상용화된 5세대이동통신(5G)은 초연결망 구축을 상징적으로 대표하는 것이다. 이 계획에 따르면, 2030년 이후에는 약 1조 이상의 사물들이 연결될 것으로 예측된다. 이에 부합하듯이 최근에는 기간통신사업자들이 6세대 이동통신 6G개발을 발표하였다.

초연결성이 가져올 효과로 존 프레딧(John Fredette)은 '상시연결성(always on)', '접근 가능성(ready accessible)', '정보다양성(information rich)', '상호작용성(interactive)', '사물상호성(not just about people)', '상시기록성(always recording)' 같은 속성들을 들고 있다. 초연결성이란 모든 사물과 인간을 연결하는 플랫폼을 통해 구현되는 것이며, 인간의 모든 행위들이 플랫폼을 통해 이루어진다는 것을 의미한다. 실제로 인터넷 플랫폼을 통해 맞춤형 경제패러다임이 보편화되고 있고, 공유경제, 긱 경제(gig economy), DIY 같은 경제행위들이 확산되고 있다. 백화점과 대형마트가 급속히 위축되고 있는 반면, 인터넷 · 모바일을 통한 디지털유통이 급성장하고 있는 것이 이를 잘 보여준다. 하지만 공유택시나 원격진료처럼 오프라인 사업자들과의 갈등이 늘어나는 것도 초연결성의 위력을 보여주는 것이다. 이러한 전망에도 불구하고 네트워크 연결성이 반드시 바람직한 결과를 야기하는 것은 아니라는 비판은 정보사회 진입 초기부터 제기되어왔다. 또 이 같은 효과가 경제영역에만 한정되지 않고 정치참여, 사회관계, 문화 활동 등 모든 영역으로 확장될 것이라는 확신도 할 수도 없다. 그럼에도 불구하고, 정보사회 진입 때와 달리 4차산업혁명에 대한 비판적 주장들이 크게 줄어든 것은 우려되는 부분이다.

둘째, 초지능성(hyper-intelligence)은 '초연결된 다양한 사물들에 대한 데이터를 축적 · 분석하여 일정한 패턴을 파악하는 능력'을 말한다. 사이버 물리 시스템을 통해 연결된 데이터들을 분석해 다양한 영역에서의 인간행동이나 사물현상을 예측할 수 있게 되는 것이다. 이러한 초지능성을 가능하게 해주는 기술은 빅데이터와 인공지능이다. 사물인터넷이나 생체인터넷을 통해 모아진 방대한 빅데이터를 기반으로, 인공지능이 적절한 판단과 자율제어를 통해 미래를 예측하고 판단하는 것이다. 빅데이터는 심층학습(deep learning)이라는 알고리즘 방식으로 자율판단능력을 배가시키면서 다양한 영역으로 활용범위를 넓혀가고 있다. 1980년대 단순한 사실들을 인지하는 수준에서 시작되었던 빅데이터는 규모와 다양성에 있어 진화에 진화를 거듭하고 있다. 지금은 향후 무슨 일이 일어날 것인가까지 예측·판별할 수 있는 인공지능으로 발전한 것이다.

인공지능은 특정 과제나 영역 내에서 인간의 판단을 도와줄 수 있는 약인공지능(ANI, Artificial Narrow Intelligence)에서 경험적 학습능력을 통해 문제를 해결할 수 있는 추상적 사고가 가능한 즉, 인간과 유사한 정도의 지능수준을 지닌 강인공지능(AGI, Artificial General Intelligence)의 초기단계로 진입한 상태다. 이세돌을 이긴 알파고는 강인공지능의 초기 형태라 할 수 있다. 하지만 인공지능은 향후에 과학기술 창조, 일반 지식, 사회적 능력을 포함한 거의 모든 영역에서 인간의 두뇌를 뛰어넘는 총명한 초인공지능(ASI, Artificial Super Intelligence)으로 진화할 것으로 전망되고 있다. 초인공지능이 언젠가는 인간의 지능보다 훨씬 뛰어날 것이라는 이견이 없다. 다만 초인공지능이 인간을

[그림 5] 빅데이터의 진화 추이

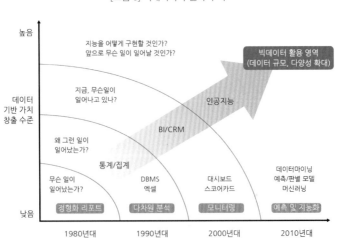

초월하게 되는 '특이점'이 언제쯤일까에 대해서는 의견이 엇갈린다. 그렇지만 늦어도 2045년에서 2050년에는 가능할 것으로 예측되고 있다. 이때가 되면 인간이 영생불멸하게 될지 멸종할지에 대해서도 기대와 우려도 상존하고 있다. 그렇지만 분명한 것은 인공지능이 인간의 모든 활동영역에서 보조적 역할이 아니라 상당한 수준의 주도적 역할을 하게 될 것이라는 점이다.

[그림 6] 로봇 저널리즘

* 출처 : 한겨레 2016.5.30. 기사

4차산업혁명의 마지막 특성은 '자동화(automation)'이다. 자동화는 산업혁명 초기 증기기관처럼 인간의 육체적 노동력을 대체하는 기계의 등장에서부터 시작되었다. 그래서 자동화라는 용어는 이미 너무도 익숙하게 들어왔다. 하지만 4차산업혁명에서 말하는 자동화개념은 내용적으로 차이가 있다. 앞서 설명한 초연결성과 초지능성이 내재된 개념이기 때문이다. 이제까지의 자동화가 단순한 프로그래밍 수준이었다면, 4차산업혁명에서의 자동화는 인간과 소통하면서 가치를 창출해내는 수준의 자동화라 할 수 있다. 또 이전의 자동화가 비용절감과 대량생산을 위한 기계적 자동화였다면, 향후에는 생산과정 지능화를 통해 소비자들의 수요를 실시간으로 인지, 맞춤형으로 생산·제공되는 지능형 자동화인 것이다. 4차산업혁명을 로봇혁명이라고 하는 이유도 여기에 있다. 즉, 자율적 판단능력을 가지지 못한 전통적인 로봇(robot)개념과는 차이가 있다.

하지만 자동화에 대해서는 두 가지 우려가 있다. 가장 크게 우려되는 것은 인간의 적지 않은 직업이 소멸될 것이라는 것이다. 기술변화가 일자리에 미칠 영향을 연구한 칼 프레이(Carl Frey)교수는 미국 직업 중 47%가 자동화로 사라질 것이라고 예측했다. 물론 공유경제 기업들이 새로운 일자리를 만들 것이기도 할 것이다. 2009년에서 2015년 사이 우버택시가 영업을 시작한 샌프란시스코, 뉴욕, 로스앤젤레스 등 미국 주요 도시의 택시운전사 숫자는 10% 정도, 우버 같은 자영업 택시운전사는 50% 정도 증가한 것으로 조사되었다. 하지만 자동화·로봇으로 대체되는 직업은 유형별로 차이가 있을 것이다. 지난 50년간 정보기기들이 중간관리자 직종의 일자리를 크게 줄여왔다면, 4차산업혁명 기술들은 고도의 판단력과 결정을 요하는 고위관리자·전문직종은 물론이고 하위직 일자리까지도 모두 대체하게 될 가능성이 높다는 점에서 단순한 기우가 아닐 수 있다. 물론 신규 기술에 의한 대체일자리가 늘어날 수 있다는 낙관적 전망도 있지만 그 결과는 아직까지 미지수다. 언론분야에서도 알고리즘을 활용한 로봇저널리즘(robot Journalism)으로 만들어진 기사들이 점점 많아지고 있어 위기감이 커지고 있는 것이 사실이다.

4차산업혁명의 명암

초연결된 초지능의 4차산업혁명이 가져올 긍정적인 측면이 많은 것이 사실이다. 특히 경제적으로는 생산과 소비를 적시에 연결함으로써 효율성을 크게 높여줄 것으로 기대된다. 물론 이 같은 경제적 효과는 정치·사회·문화 등 모든 영역으로 확산될 수도 있을 것이다. 하지만 4차산업혁명에 대한 낙관적 전망들이 1970~80년대 정보사회 초기에 나왔던 낙관론들과 큰 차이가 없다. 앨빈 토플러나 다니엘 벨 같은 낙관적 정보사회론자들의 주장에서 기술명칭들만 바꾸면, 4차산업혁명 특성과 거의 같다고 해도 지나치지 않다. 슈밥의 주장처럼 과거보다 그 변화속도가 더 빠르고 광범위하다는 차이는 있을 수 있다. 그렇지만 정보혁명과 본질적 차이를 확신하기는 힘들어 보인다. 앞에서 설명한 것처럼, 1970년대부터 시작된 장기파동을 극복하는 2단계 기술개발이 4차산업혁명이라고 하는 것이 더 설득력이 있을 수도 있다. 혁명이라고 지칭하려면 혁명을 선도하는 핵심기술과 그로 인해 이전과는 다른 생산양식의 변화가 수반되어야 한다. 물론 정치 · 사회 · 문화 같은 다양한 영역에서의 질적 변화도 있어야 한다. 4차산업혁명은 인공지능 · 빅데이터 · 사물인터넷 같은 핵심기술들을 기반으로 응용기술들로 파생적인 연쇄효과가 발생하고 있다는 점에서 기본적 조건을 갖추고 있다. 하지만 생산양식의 기본적 변화와 경제적 · 사회적 변화는 아직 판단하기에 이른 감이 있다.

또 다른 문제는 지금까지 제기된 4차산업혁명 관련 주장들이 거의 대부분 긍정적인 전망이라고 하는 것이다. 1970~80년대 정보사회 도래를 놓고 학문적으로 격렬한 논쟁이 벌어졌던 것과 크게 대비된다. 그 이유가 엄청난 첨단 신기술에 압도당해서 그런 것인지, 기술발달을 수용 · 적용할 수밖에 없는 '기술적 정명성'에 매몰되어 있는 것인지는 알 수 없다. 그렇지만 정보사회 도입 때와 달리 4차산업혁명은 기술비판론 조차 실종된 상태에서 기술개발과 국가정책이 추진되고 있는 느낌이다. 모든 기술은 긍정적 · 부정적 효과를 함께 유발하게 마련이다. 한 예로 4차산업혁명 특성 중에 하나인 '초연

[표 3] 멀티미디어기술의 긍정적 · 부정적 전망

속성		utopia적 전망	dystopia적 전망
수용자 개인	상호 작용성	• 온라인 network사회 구축 • 양방향 서비스 활성화 • 능동적 수용자	• 대인커뮤니케이션 소멸 • 오프라인 1차집단 소멸 • '인간:기계'간 허위의 상호작용 • 게임중독, 맞춤형 콘텐츠 • 온라인 집단 갈등 현상(여론 극단화)
	접근성	• 적재적소의 정보 제공 (ubiquitous 환경) • 인간의 시간·공간 통제 능력 확장 • 경제적·사회적 효율성 증대	• 매체 의존도 증가로 인한 중독현상 • 자발적 감시사회 도래 • 기술문명의 paradox현상 • 상시 가동, 상시 제도화 • 디지털 격차(digital divide)
	다양성	• 사회·문화·콘텐츠 산업 활성화 • 맞춤형서비스 • 취향문화 실현 • 문화적 다양성 구현	• 다양성의 허구 • 수동적 문화소비 증가 • 과잉소비 현상 • 상업화

결성'만 하더라도 양면성을 지니고 있다. [표 3]은 맥나이어(McNair)가 새롭게 등장하는 멀티미디어들이 가지고 있던 상호작용성·접근성·다양성 같은 속성들이 야기할 수 있는 긍정적·부정적 전망들을 정리한 것이다.

이 표를 정보사회 대신 4차산업혁명이라는 용어만 바꾸어도 전혀 내용적으로 어색하지 않다. 주목할 것은 긍정적 전망 뿐 아니라 부정적 전망들이 더 많은 것을 볼 수 있다. 어쩌면 4차산업혁명은 정보사회보다 부정적 효과들이 더 클 가능성도 있다. '초연결성에 의해 오프라인에서의 인간관계가 더욱 위축되고, 지능형 알고리즘 기술들이 제공하는 콘텐츠에 매몰될 수도 있다. 실제로 알고리즘 플랫폼과 알고리즘 뉴스 때문에 여론의 집단극화(group polarization) 현상은 정보사회 때보다 심해지고 있다. '매체접근성' 역시 정보사회에기 제기되었던 자발적 감시체계 편입이나 상시가동, 디지털 격차를 더욱 심화시킬 수 있다. 그럼에도 불구하고, 부정적 전망에 대한 비판들이 도리어 크게 줄었다는 것은 4차산업혁명 사회가 인간이 제어할 수 없는 훨씬 위험한 사회가 될 수도 있다는 우려를 갖게 만든다.

지금까지 제기된 4차산업혁명의 개념과 특성 그리고 다양한 전망들을 종합해보면, 몇 가지 근본적인 의문이 제기된다. 무엇보다 오래전부터 논란이 되어왔던 과학기술의 변화가 향후에도 사회를 변화시키는 독립변수가 될 수 있는가하는 것이다. 4차산업혁명론자들의 기본개념은 초연결되고 초지능화된 새로운 기술들이 사회를 혁명적으로 변화시킬 것이라는 논리다. 그렇지만 이 기술들도 사회의 필요나 이해관계와 무관하게 등장한 것은 아닐 것이다. 그러므로 4차산업혁명론자들의 주장처럼 전적으로 기술에 의한 변화라고 단정해도 되는 것인지는 의문이다. 또 다른 의문은 그 변화의 정도가 인간들의 삶을 총체적으로 뒤엎을 수 있을 정도인가 하는 의문이다. 첨단기술들이 어느 정도 인간의 행동양식이나 생활패턴을 변화시킬 수는 있겠지만, 산업혁명과 정보혁명을 거쳐 200년 넘게 구축된 사회구조와 지배양식들을 변화시키기는 쉽지 않을 것이라는 점이다. 향후 4차산업혁명이 가속화되면서 구조적 변화도 가능하겠지만, 그것이 인간의 삶의 양식과 의식구조를 획기적으로 바꿀 수 있을지는 의문이다. 실제로 산업혁명이후 구축된 자본주의 경제체제는 정보혁명을 통해서도 굳건히 유지되어왔고, 4차산업혁명에서 예견하는 공유경제나 긱(gig) 경제 같은 새로운 경제양식도 본질적으로 자본주의 경제체제를 완전히 부정하지는 못한다. 그보다는 현존하는 자본주의 경제체제의 생산성과 효율성을 강화하는 보완적 혹은 변형된 형태에 가까워보인다.

마지막 의문은 이제 막 시작하고 있는 초기에 그것을 혁명이라는 확신하는 것이 올바른가 하는 점이다. 농업혁명이나 산업혁명은 현상이 발생하고 일정시간이 경과한 후, 역사학자나 경제학자들에 의해 명칭이 붙여진 것들이다. 하지만 4차산업혁명은 현재 진행 중인 어쩌면 초기 시작단계에 있다고 할 수 있다. 그러므로 혁명이라는 용어를 붙이는 것은 적합하지 않다는 비판은 당연하다. 성급하게 혁명이라고 이름 붙이는 것은 정보혁명이 그랬던 것처럼, 4차산업혁명 주장들이 미래학자들에 의해 만들어진 청사진 아니면 누구나 당연히 따라야 한다고 강요하는 이데올로기가 될 위험성이 있다. 그래도 정보혁명은 반세기 이상 진행되면서 나름 혁명이라고 할 수 있는 결과들을 보여주었다. 또 많은 학자들이 지적하는 것처럼, 4차산업혁명은 정보혁명 패러다임 아래 기술적 진화가 이루어진 것이라는 평가가 더 설득력이 있을 수 있다. 실제로 슈밥을 제외하고는 4차산업혁명이라는 용어를 특정해 사용하는 경우는 그렇게 많지 않다. 또 우리나라처럼 4차산업혁명이라는 용어를 일종의 패션처럼 과잉 남용하는 나라도 없다. 유행이나 흐름에 민감한 대한민국 국민들의 기질 때문이기도 하겠지만, 정치권을 중심으로 일종의 슬로건처럼 이용하게 있는 데 더 큰 원인이 있는 것은 아닌지 자성해 볼 일이다.

[참고문헌]

Klaus Schwab, The Fourth Industrial Revolution, 2017, Crown Pub, 송경진(역), 클라우스 슈밥의 제4차 산업혁명, 2017, 새로운현재.

'4차산업혁명'이란 용어를 대중들에게 각인시켜준 마일스톤 같은 책이다. '4차산업혁명'과 유사한 용어들이 여러 나라에서 사용되고 있었지만, 이 책을 계기로 일반명사처럼 사용되게 된 것이다. 1970년대 여러 용어 또는 인용부호를 붙여 사용하던 '정보사회'라는 개념이 일반명사화와 되는데 10년 이상 걸렸던 것을 생각하면 매우 빠른 속도다. 책의 내용은 1부에서 4차산업혁명이 등장하게 된 '물리학', '디지털', '생물학' 기술들을 소개하고, 2부에는 경제, 기업, 국가-세계, 사회, 개인에게 가져다 줄 변화들을 설명하고 있다. 특히 현재 각 영역에서 당면하고 있는 문제들과 4차산업혁명 기술을 통한 해결가능성을 제시하고 있다. 3부에는 구체적인 4차산업혁명 기술들이 소개되어 있다. 전체적인 논리구성은 현재의 문제들을 해결하기 위해서는 새로운 기술개발과 기술논리에 충실해야 한다는 '기술결정론'적 시각이 강하게 드러난다. 이 책 이후 쏟아져 나온 많은 4차산업혁명 관련 서적들이 이 내용을 그대로 인용·반복하고 있는 느낌이다. 어쩌면 4차산업혁명은 아직 '기술적 상상력'에 의존하는 '사회학적 상상력'이 부족한 것 아닌가 싶기도 하다.

Jeremy Rifkin, The Third Industrial Revolution; How Lateral Power is Transforming Energy, the Economy, and the World, 2011, Palgrave MacMillan, 안진환(역), 3차 산업 혁명 : 수평적 권력은 에너지, 경제, 그리고 세계를 어떻게 바꾸는가, 2012, 민음사.

제레미 리프킨이라는 학자가 처음 사람들에게 알려진 것은 1985년 'entropy'라는 책을 통해서다. 정보사회 진입 초기 아직 산업사회에 안주하고 있던 당시 사람들에게, 산업사회의 에너지 위기와 고갈되지 않는 에너지 중요성을 대중에게 인식시킨 책이다. 이후에도 그는 '노동의 종말(The End of Work,1995)', '소유의 종말(The Age of Access,2000)' 같은 저서들을 통해 미래사회를 예측하고 진단해왔다. '노동의 종말'이 비관적 정보기술론에 가깝다면, '소유의 종말'은 이를 극복할 수 있는 기술적 가능성을 제시한 것으로 보인다. '3차산업혁명'은 이 두 책의 연속선상에 나온 것이라 할 수 있다. 에너지효율성을 높이기 위해 재생에너지 기술과 물리적 에너지 수요를 최소화할 수 있는 인터넷, 인공지능 같은 공유경제 시스템을 제시하고 있는 것이다. 책 제목은 '3차산업혁명'으로 되어 있지만, 내용적으로는 슈밥을 비롯한 4차산업혁명론자들의 주장과 별반 차이가 없어 보인다.

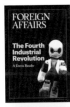

Klaus Schwab et al., The Fourth Industrial Revolution : A Davos Reader, 2016, Council on Foreign Relations, 김진희, 손용수, 최시영 (역), 4차산업혁명의 충격, 2016, 흐름출판.

4차산업혁명이라는 주제로 다보스 포럼이 개최되기 1년 전부터 'Foreign Affairs'지가 게재했던 27명의 각 분야 전문가들의 글을 모아 만든 책이다. 책은 4차산업혁명 기술과 파급효과 그리고 전망 및 정책과제 세 부분으로 구성되어있다. 1부가 사물인터넷, 합성생물학, 로봇 같은 4차산업혁명 관련 기술들의 '기술적 가능성'에 초점이 맞추어져 있다면, 2부와 3부는 그 기술들의 효과에 대한 여러 전망들과 우려 그리고 정책적 대응과제들을 제시하고 있다. 읽다보면 핀테크에 기반을 둔 모바일 금융이 반드시 긍정적일까 또는 로봇혁명이 새로운 직업을 창출하기보다 빼앗아가는 것이 더 많지 않을까하는 의문이 들지 않을 수 없다. 전체 기조는 기술결정론적 배경이 깔려 있지만, 일부 사회·구조적 대응과 관련해 문제의식들도 보여주고 있다. 도리어 다소 피상적이고 선언적인 것처럼 보이는 슈밥의 '4차산업혁명' 보다 26명의 전문가들이 서술한 내용이 전문성은 물론이고 비교적 균형 잡힌 시각을 보이고 있다. 실제로 학계에서는 슈밥의 책보다 더 많이 읽히고 또 인용되고 있는 것 같은 느낌이다.

Mary Chaiko, Superconnected : The Internet, Digital Media, and Techno-social Life, 2017, SAGE Publications, 배현석(역), 초연결사회 : 인터넷, 디지털미디어, 그리고 기술-사회생활, 2018.한울아카데미

4차산업혁명의 3대 특성 '초연결성(hyper-connected)', '초지능성(hyper-intelligence)', '자동화(automation)' 중에 가장 중심이 되는 특성은 '초연결성'이다. 초연결성은 인공지능의 초지능 능력을 결정짓는 빅데이터를 구축하는 기반이 되고, 이는 결국 오프라인과 연결되면서 자동화로 이어지기 때문이다. 그런데 4차산업혁명론자들은 초연결성의 긍정적 역할만 강조하지, 초연결성이 야기할 수 있는 부정적 측면에 대해서는 외면하는 경향이 있다. 이 책은 초연결성의 사회적 효과를 분석한 책이다. 특히 사회학자이고 성적 평등과 디지털 병리현상에 관심이 높은 저자는 초연결성이 가져다줄 개인의 심리와 사회적 행태에 미치는 부정적 효과들에 초점을 맞추고 있다. 디지털 네트워크가 형성한 초연결성은 개인들이 상호 공존·공유할 수 있는 공간이 되기도 하지만, 반대로 감시와 통제의 공간이 될 수 있다는 것이다. 또 초연결된 네트워크 공간은 오프라인보다 더한 불평등과 정보중독, 과잉정보, 상시 가동 같은 개인을 압박하는 많은 병리현상들을 발생시킬 수 있음을 강조하고 있다. 4차산업혁명의 낙관적 기술결정론에 경도되지 않기 위해서는 한번쯤 봐야할 책으로 생각된다.

송성수(2017), "산업혁명의 역사적 전개와 4차 산업혁명론 위상", 과학기술연구, 제7권 제2호, 5~40쪽.
주경철(2017), "'제4차 산업혁명', 혁명인가 진화인가," 지식과 지평, 통권 23, 1~14쪽.

저서는 아니지만 4차산업혁명의 인류 역사적 관점에서의 위상과 이전의 농업혁명, 산업혁명, 정보혁명과의 연관성과 차이점을 이해하는 데, 이 두 논문이 도움이 될 것으로 생각되어 소개한다. 물리학자인 송성수 교수의 논문은 1·2·3차산업혁명의 전개과정과 특징, 주요 기술들을 매우 구체적으로 정리하고 있다. 이를 바탕으로 비교·검토한 결과, 4차산업혁명은 혁명이라고 할 수 있는 조건들을 충족시키지 못한다고 결론내리고 있다. 일종의 '작업가설'일 뿐이라는 것이다. 한편 역사학자인 주경철 교수는 농업혁명과 산업혁명의 발생원인과 사회에 미친 영향들을 살펴본 결과, 과학기술은 혁명의 핵심요소가 아니라고 지적한다. 과학기술을 형성하고 사용하는 것은 사회·경제·문화라는 것이다. 지금처럼 기술결정론에 경도된 4차산업혁명 논리들은 토마스 모어가 '유토피아'에서 걱정했던 '양이 사람을 잡아먹는 시대'가 아니라 '기계인간이 사람을 잡아먹는 시대'가 올지도 모른다는 걱정을 하게 만든다는 것이다.

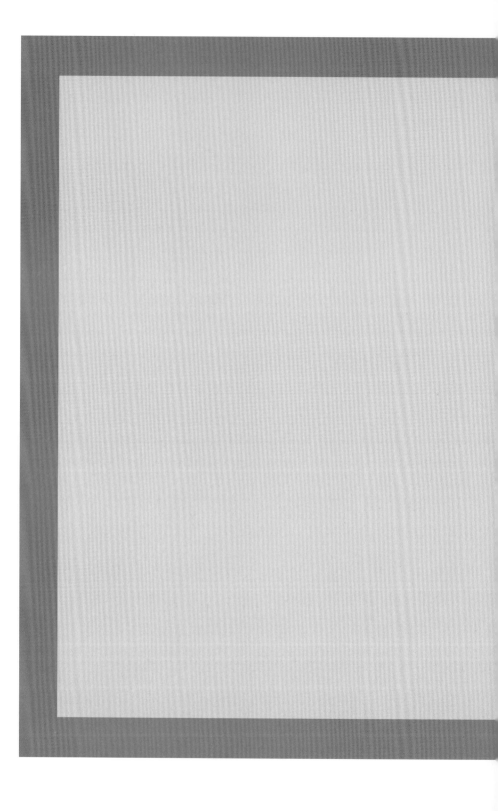

4차산업혁명 기술 I :
인터넷, 무선이동통신,
인공지능, 빅 데이터

제**5**장

4차산업혁명 기술 I :
인터넷, 무선이동통신, 인공지능, 빅 데이터

기술과 사회의 관계는 '닭과 달걀의 논쟁'처럼 영원히 답을 찾을 수 없는 숙제다. 분명한 것은 기술이 어느 날 하늘에서 뚝 떨어지는 - 학문적 용어로는 외생적인 - 것은 아니지만, 그렇다고 모든 기술들이 사전에 분명히 정해진 목적과 방향을 가지고 발명되지도 않는다. "당시 사회구성원들의 선호(structure of preference)가 기술진보의 방향(focusing device)을 결정짓는다"는 로젠그렌(Rosengren)의 말처럼, 기술은 독자적이면서 동시에 사회적이다. 특히 4차산업혁명론자들이 분류하는 2차산업혁명 이후 개발된 전기 · 내연기관 · 분자기술 · 통신기술들은 과학과 결합해 의도성을 가지고 개발된 것들이 많다. 더 나아가 3차산업혁명 아니 정보혁명기술들은 막대한 자본과 인력을 들여 과학적 지식에 기반을 두고 치밀한 목적에서 개발되었다. 최근 속도를 내고 있는 인공지능이나 빅데이터, 클라우딩 기술들은 더 말할 필요조차 없다.

그렇지만 기술결정론과 사회결정론 같은 이론적 논쟁과는 별개로 역사적으로 기술이 획기적인 사회변화를 주도했다는 현실을 인정하지 않을 수 없다. 산업혁명이 증기기관에서 시작된 기술주도적 혁명이었다는 사실을 부정하기는 힘들 것이다. 제임스 와트의 증기기관이라는 '거시발명(macro invention)'이 있은 이후, 이를 기반으로 다양한 영역에서 '미시발명(micro invention)'들이 이어졌기 때문에 산업혁명이 가능했던 것이다. 마찬가지로 4차산업혁명 역시 같은 관점에서 기술들을 이해할 필요가 있다.

거시발명과 미시발명

'거시발명'과 '미시발명' 개념을 처음 사용한 사람은 경제사학자인 조엘 모키르(Joel Mokyr)이다. 그는 산업혁명의 원인을 '산업계몽주의'라는 지식혁명에서 찾았다. 합리적 세계관에 바탕을 둔 '계몽주의'가 당시 획기적으로 발전하고 있던 자연과학적 지식들을 실생활에 적용해 '유용한 지식(useful knowledge)'으로 활용할 수 있는 기술개발을 유도했다는 것이다. 그는 또 영국의 산업혁명은 일찍 정착된 지적재산권과 특허제도의 바탕위에서 가능했다고 주장한다. 미국이 20세기 정보산업을 지배하고 있는 것도 무형자산인 지적재산권과 특허권 때문인 것과 유사한 맥락이다. 모키르는 산업혁명은 본질적으로 '지식혁명'이라고 주장한다. 그의 주장에 따르면, 정보혁명 그리고 4차산업혁명의 기원은 1차산업혁명부터 시작된 셈이 된다. 한마디로 영국이 가장 먼저 산업혁명에 성공한 이유를 증기기관을 비롯한 몇 가지 주요 거시발명들이 상호 시너지를 내면서 다양한 영역에서 수많은 미시발명들이 이어졌기 때문이라고 보고 있다.

모키르에 의하면, '거시발명'이란 생산성 증가의 원천이 되는 발명으로 생산요소들의 구성을 변화시키는 발명을 말한다. 대표적으로 증기기관은 인간노동에너지라는 생산요소를 기계에너지로 변화시켰다는 것이다. 거시발명은 우연 혹은 예측하지 못한 상태에서 등장하게 되는 아이디어들로 사회적 요인들이 기술발명단계에 개입될 여지가 많지 않다고 본다. 그렇지만 거시발명은 '보편적 목적 기술(general purpose technology)'로서 여러 영역에서 부가적인 응용기술들을 이끌어낸다는 것이다. 이처럼 거시발명을 기반으로 다양한 분야에서 응용되는 부가적 발명들을 '미시발명'이라고 한다. 미시발명들은 구체적으로 생산성증가와 경제적 보상을 가능하게 하는 세부적 기술이라고 할 수 있다. 예를 들면, 증기기관을 이용한 방직기술, 제철기술, 철도와 같은 기술들이다. 미시발명들은 과학적 지식과 연계된 거시발명과 달리, '시행학습(learning by doing)'에 의해 개발된 것으로 구체적인 경제적 효과를 유발하게 된다. 처음에 거시발명의 '신기성(novelty)'을 중시했던 모키르가 나중에는 얼마나 많은 미시발명들을 유발했는가를 더 강조하고 있다. 모키르는 기술에 의한 혁명적 변화가 일어나기 위해서는 거시발명에 이어 미시발명들이 동시다발적(cluster)으로 발생해 임계질량(critical mass)에 도달해야 한다고 주장한다. 반대로 거시발명 없는 미시발명만으로는 수확체감으로 인해 혁명으로 이어질 수 없다는 것이다.

그렇다면 4차산업혁명의 거시발명과 미시발명은 어떤 기술들인지 살펴볼 필요가 있다. 그것은 4차산업혁명의 기원을 어디로 보는가에 따라 차이가 있을 수 있다. 4차산업혁명을 1970~90년대 정보혁명의 연속선상으로 보게 되면, 거시발명의 핵심기술은 당연히 컴퓨터가 될 것이다. 그렇다면 1946년 IBM이 만든 ENIAC이 거시발명으로 볼 수 있을 것이다. 이후 퍼스널 컴퓨터, 노트북 같은 개인화·소형화 기술, 저장용량을 늘리는 반도체 기술, 컴퓨터 사용을 편리하게 만든 소프트웨어 같은 여러 미시발명들이 이어졌다고 할 수 있다. 다른 거시발명은 인터넷(internet)이라 할 수 있다. 정보혁명이 정보처리기술과 커뮤니케이션기술의 융합으로 가능했다면, 인터넷은 정보혁명을 완성한 커뮤니케이션기술이 된다. 특히 월드와이드웹(www, world wide web)은 인터넷의 정치·경제·사회적 영향력을 폭발적으로 증가시킨 전환점이다. 정보사회가 질적·양적으로 급진전될 수 있었던 것은 1989년 월드와이드웹, 1991년 닷컴(.com) 인터넷 주소체계가 등장하면서부터라 할 수 있다. 이 시기에 최초의 인터넷망이라고 할 수 있는 미 국방부의 '아르파네트(ARPANET)'

와 '시에스네트(CSnet)'가 '미국 국립 과학 재단망(NSFnet, The National Science Foundation Network)'으로 통합되면서, 이전까지 10만 명 수준이었던 인터넷 이용자가 1991년에 백만 명을 넘어서게 된다. 더욱이 1993년에 하이브리드 형태로 컴퓨터를 작동할 수 있는 브라우저 기술이 상용화되면서 가입자가 기하급수적으로 늘어나 본격적인 대중화단계에 들어서게 되었다. 특히 통신망의 '네트워크효과'를 감안하면, 이때부터 인터넷이 막강한 위력을 지니게 되었다고 할 수 있다. 이처럼 인터넷이 거시발명에 속한다면, 월드와이드웹이나 닷컴 기술, 브라우저 기술들은 미시발명에 해당된다고 볼 수 있다.

[그림 1] 인터넷의 발달

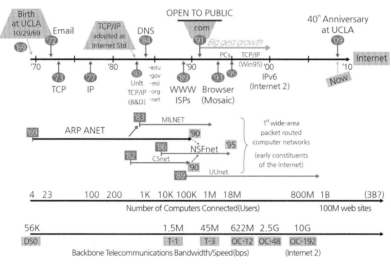

* 자료 : 2008 Jeffrey H.Drobman

　　그렇지만 4차산업혁명을 정보혁명과 분리해서 생각한다면, '거시발명' 기술은 인공지능이나 빅데이터가 될 수 있다. 인공지능이 21세기 들어 갑자기 개발된 기술이 아니어서 신기성은 높지 않지만, 4차산업혁명의 중심에서 위력적인 효과를 발휘하고 있다는 점을 고려하면 충분히 '거시발명'이 될 수 있다. 더구나 인공지능은 인공지능 자체의 성능도 진화되고 있지만, 여러 영역에서 인공지능 기술을 기반으로 다양한 '미시발명' 기술들이 지속적으로 등장하고 있다. 인공지능과 연관된 미시발명 기술들은 크게 두 유형으로 나눌 수 있다. 하나는 인공지능의 성능을 더 향상시키는 기술들로 다양한 오프라인 영역의 데이터들을 수집·저장하기 위한 디지털 전환기술들이다. 여기에는 사물인터넷·위치기반서비스(LBS)·클라우드·빅데이터·생체인터넷·SNS 등이 포함된다. 다른 미시발명 기술들은 인공지능을 이용해 생성된 지식이나 처리결과를 여러 오프라인 환경에 응용할 수 있게 만드는 기술들이다. 온·오프라인을 연결하는 사이버 물리 시스템 기술, 3D프린터를 비롯한 로봇기술, 가상·증강현실, 블록체인과 핀테크, 게임기술 그리고 다양한 인터넷 플랫폼 기술들이 여기에 해당된다.

[그림 2] 4차산업혁명 기술들

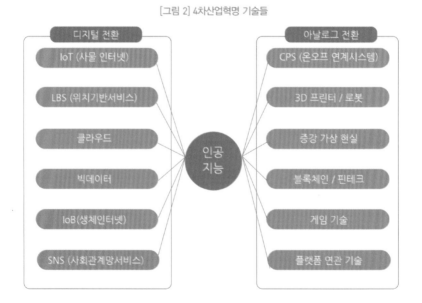

무선이동통신기술과 스마트 폰

4차산업혁명은 인공지능을 축으로 많은 미시발명 기술들이 이끌고 있다고 할 수 있다. 하지만 거시발명이라고 할 수는 없지만, 4차산업혁명 기술들의 개발되고 구현될 수 있는 바탕에 대용량·고품질 네트워크를 지탱할 수 있는 고도의 통신망이 있다. 빅데이터와 인공지능이 고도의 인지력과 판단능력을 갖기 위해서는 가급적 많은 사물·인간이 연결되어 풍부한 데이터가 축적되어야만 한다. 또 인공지능에 의해 생성된 처리결과들이 오프라인에서 활용되기 위해서도 대용량·고품질 통신망이 필요조건이다. 특히 가급적 많은 데이터를 수집·저장하기 위해서는 이동하는 사람이나 개별 사물들의 정보가 실시간으로 연결될 수 있는 '이동성(mobility)'이 절대 요구된다. 유선통신망은 고정되어 있는 사물들만 연결할 수 있고, 개별사람이나 물체에 대한 정보를 실시간으로 수집하는 것이 거의 불가능하다. 그러므로 초고속·대용량 이동통신기술과 단말기가 필요하다.

이동통신기술은 1890년 모르스(Samuel F. B. Morse)가 무선전신을 처음 발명한 이후 130년 간 여러 단계를 걸쳐 발전해왔다. 그렇지만 1970년대 초까지는 군사용, 라디오·TV같은 방송용, 무선선박, 치안처럼 등 일부 제한된 영역에서만 사용되었다. 1984년 처음으로 아날로그 형태의 1세대 무선이동통신이 등장하면서 민간영역에서 사용되기 시작하였다. 1세대 이동통신의 전송속도는 10kbps로 음성통신만 가능한 수준이었다. 이후 1996년 코드 분할 다중접속(CDMA, Code Division Multiple Access)방식의 디지털 이동통신기술 상용화되면서 유선통신을 추월하게 된다. 그렇지만 2세대 이동통신 역시 용량이 64kbps 정도로 음성과 텍스트 전송만 가능하고, 동영상 같은 대용량 데이터를 전송은 할 수 없었다. 물론 2002년 3세대 이동통신인 광대역 부호 분할 다중 접속(WCDMA, Wideband Code Division Multiple Access) 상용화로 14.4Mbps까지 전송속도가 늘어나기는 했지만, 동영상이나 대용량 콘텐츠를 전송하기에는 여전히 역부족이었다. 이 시기에 이동통신주파수와 모바일 기기를 이용해 동영상 서비스를 제공하는 다양한 모바일 TV들이 등장하게 된다. 지상파디엠비(terrestrial DMB), 위성디엠비(satellite DMB), 휴대 디지털 비디오 방송(DVB-H), 미디어 플로(Media-FLO) 같은 것들이다. 하지만 이 서비스들은 방송용 주파수를 이용하는 별도 방송서비스를 모바일에 부착하거나 통신용주파수를 일부 할당하여 동영상을 제공하는 형태로, 본격적인 다채널·고품질 콘텐츠 수요를 충족시키는데 한계가 있어 이후 등장한 스마트폰에 밀려 시장에서 퇴출되게 된다. 특히 우리나라는 2005년 세계최초로 위성디엠비폰을 상용화했다. 초기 과감한 투자와 마케팅전략으로 한때 300만 가입자까지 확보했지만, 지상파방송재송신, 경쟁 방송사들의 견제, 양방향성 제한, 콘텐츠 부족 등으로 고전하다 2012년 사업을 종료하였다. 하지만 결정적인 퇴출 이유는 2008년 출시된 아이폰의 등장으로 모바일TV 시대가 종료되었기 때문이다.

[그림 3] DMB 모바일 폰

삼성전자
'SCH-B200'

LG전자
'위성DMB폰'

펜택앤큐리텔
'다기능 가로보기형
DMB폰'

SK텔레텍
'터치 스크린 DMB폰'

우리나라는 2005년 세계최초로 위성DMB폰을 상용화했다. 초기 과감한 투자와 마케팅전략으로 한때 300만 가입자까지 확보했지만, 지상파방송재송신, 경쟁 방송사들의 견제, 양방향성 제한, 콘텐츠부족 등으로 고전하다 2012년 사업을 종료하였다. 하지만 결정적인 이유는 2008년 출시된 i-phone의 등장으로 모바일TV 시대가 종료되었기 때문이다.

2011년 4세대 이동통신(LTE, Long Term Evolution)의 등장은 통신시장을 이동통신이 주도하게 되는 결정적 계기가 되었다. 1Gbps의 전송속도를 지닌 초대용량 이동통신망으로 음성·문자뿐만 아니라 실시간으로 동영상까지 제공할 수 있게 된 것이다.. 실제로 2011년에 평균 75Mbps 였던 데이터 다운로드 속도가 2017년에는 300Mbps까지 빨라지게 된다. 여기서 주목해야 할 것은 4세대 이동통신 구축을 촉진시킨 것이 애플의 아이폰이라는 것이다. 2007년 처음 출시된 아이폰은 이전까지 모바일 폰에서는 생각지도 못했던 인터넷 기능을 탑재시켜 그동안 힘들다고 생각했던 모바일 폰에서 융합형 서비스가 구현되게 되었다. 즉, 아이폰의 등장은 그 동안 물리적으로만 결합되어 있던 모바일 폰의 동영상 서비스들이 통신서비스와 본격적으로 융합되는 획기적 전환점이 된 것이다. 모든 방송·동영상 서비스들이 모바일 인터넷을 통해 제공 또는 접근가능하게 되면서 '방송의 IP화'가 이루어지게 된다. 특히 공동시청이라는 굴레를 벗어나 개별화된 방송서비스를 제공하게 되면서 시청인구를 폭발적으로 늘려주었다. 물론 기존 방송에서는 사실상 불가능했던 개인별 양방향성도 구현되었다.

아이폰 등장으로 시작된 스마트폰 시대의 진입은 모바일 폰을 통한 다양한 서비스들을 폭증시켜 무선통신망의 고도화를 더욱 압박하였다. 특히 스마트폰 등장 이후 모든 정보기기(device)들이 데스크 탑 컴퓨터나 노트북에서 모바일 폰으로 급속히 이전되었다. 이로 인해 모바일 인터넷 이용량의 양적 증가와 더불어 콘텐츠 고품질화가 가속화되면서 4G 무선 통신망의 한계가 노출되기 시작하였다. 콘텐츠의 UHD화, AR·VR 서비스, 사물인터넷 확산 등으로 획기적으로 용량과 속도가 크게 늘어난 5세대(5G) 이동통신 등장을 압박하게 된 것이다.

용량·고품질 통신망에 대한 수요는 우리나라만 봉착한 문제가 아니었다. 때문에 국제전기통신연합(ITU)은 2015년 전파통신총회에서 5세대이동통신 공식 기술명칭을 'IMT-20202(International Mobile Communication-2020)'으로

[표 1] 무선이동통신의 진화

	1G	2G	3G	4G	5G
출범시기	1984	1996	2002	2011	2020
기술 방식	AMPS (Advanced Mobile Phone System)	CDMA (Code Division Multiple Access)	WCDMA (Wideband Code Division Multiple Access)	LTE (Long Term Evolution)	5G
전송속도	10kbps	64kbps	14.4Mbps	1Gbps	20Gps
특징	음성통화	음성+문자	음성+문자 +데이터	음성+문자 +데이터 (실시간 동영상)	음성+문자 +데이터+IoT
커뮤니케이션	음성	텍스트	텍스트	비디오	비디오+실감체험

정하고, 28Ghz 초고대역 주파수를 사용하기로 결정하였다. 이는 3G 이동통신기술표준으로 정했던 'IMT-2000' 개념을 계승·업그레이드 시킨 것이다. 당시 국제전기통신연합이 결정한 5세대통신은 최대 다운로드 속도 20Gbps, 최저 다운로드 속도 100Mbps의 성능을 지닌 이동통신기술이다. 또한 반경 1km 내의 100만개 이상의 사물인터넷서비스를 제공할 수 있고, 시속 500km 고속열차에서도 자유롭게 통신할 수 있어야 한다. 그러면서 초고속(enhanced Mobile BroadBand: eMBB), 대규모 연결성(massive Machine Type Communication: mMTC), 저지연 및 고신뢰도(Ultra-Reliable and Low Latency Communications: URLLC) 3가지 조건을 규정하고 있다. 우리 정부도 5세대 이동통신을 "사람·사물·정보가 언제 어디서나 연결될 수 있도록 개인당 1Gbps급 전송속도(기지국당 100Mbps → 100Gbps), 빠른 접속속도(1초 → 1msec) 등을 통해 수많은 주변 디바이스와 소통 가능한 기술"로 정의하였다. 이를 통해 기존에 40초 소요했던 800MB 영화 한편을 다운로드 시간을 1초 이내로 단축할 수 있게 하겠다는 것이다.

이같은 5세대이동통신을 다양한 고화질 콘텐츠 및 서비스 제공이 가능하게 되고, 통신오류확률을 99.999%까지 올려 원격수술이나 이동체에 대한 고정밀 원격조정도 가능할 것으로 기대되고 있다. 한마디로 수많은 디바이스들을 수용할 수 있는 네트워크를 구축한다는 것을 의미한다. 실제로 초고속 성을 기반으로 VR · AR · 홀로그램 같은 몰입감과 현장감 높은 콘텐츠 혹은 서비스 제공이 가능하게 되었다. 자율주행, 원격의료시술, 재난 · 안전 감시 및 통제 등도 실시간으로 구현할 수 있다. 또한 원격검침이나 스마트시티처 럼 지능화된 네트워크도 구축할 수 있을 것으로 전망되고 있다. 하지만 대용 량 고주파수를 이용하는 5세대 이동통신은 주파수 특성상, 안정적 서비스를 제공하기 위해서는 많은 비용을 필요로 한다. 이 때문에 아직 5세대이동통신 이 기대 많큼 좋은 속도와 품질서비스를 제공하지 못하고 있다.

[그림 4] ITU의 5G(IMT-2020) 정의 및 특성

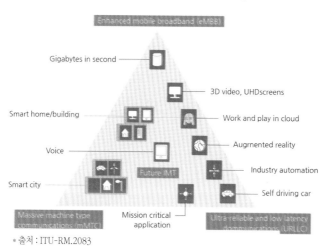

* 출처 : ITU-RM.2083

이동통신기술 발달과 스마트 폰 어느 것이 먼저인가에 대한 판단은 보는 시각에 따라 다를 수 있다. 스마트 폰 등장으로 인터넷 주 무대가 모바일로 이전하고 다양한 사물과 사람들이 모바일을 통해 연결되면서 고품질 통신기 술이 필요하게 되었다는 주장이 있을 수 있다. 반면 이동통신기술 발달이 스 마트 폰 같은 디바이스 개발이나 콘텐츠의 진화를 촉진했다는 상반된 주장 도 가능하다. 하지만 통신기술 등장 초기부터 지금까지 발달과정을 살펴보

면, 통신기술의 발달이 전송될 수 있는 내용물의 진화를 추동해온 측면이 더 강하다. 전기적 신호만 전달했던 무선전신에서 시작해 음성·문자·그림 그리고 동영상까지 제공할 수 있는 형태로 진화해왔다. 전송능력이 한계에 부딪칠 때마다 새로운 전송기술과 네트워크들이 개발되어 온 것이다. 무선이동통신 역시 예외가 아니다. 더구나 무선네트워크사업은 초기에 엄청난 매몰비용(sunk cost)을 필요로 하는 일종의 장치산업으로, 투자이후 이익발생 시점이 늦다는 어려움이 있다. 우리나라의 이동통신사업자들이 5세대 네트워크 도입 이후, 5G이동통신 가입자를 조기에 확보하기 위해 과당경쟁을 벌이고 있는 것도 조기에 투자자금을 보전하기 위한 것이다. 아직까지도 많은 이동통신이용자들에게 5G이동통신은 절박하게 필요한 것도, 5G이동통신망을 통해야만 이용할 수 있는 서비스나 콘텐츠가 특별히 많은 것도 아니다. 하지만 4차산업혁명 기술들이 정상적으로 작동하기 위해서는 5세대 더 나아가 6세대 이동통신 같은 초고속·대용량 이동통신네트워크가 절대 필요하다. 이를 위해서는 4차산업혁명에 대한 사회적 수요 확대가 우선되어야 할 것이다.

인공지능

현재 4차산업혁명을 이끌고 있는 거시발명 기술은 단연코 인공지능이라 할 수 있다. 사람들에게 4차산업혁명이라는 용어가 본격적으로 알려지게 된 계기도 바둑 두는 인공지능 로봇 '알파고' 때문이다. 4차산업혁명이 3차산업혁명 즉, 정보혁명과 결정적으로 차이나는 부분이 바로 인공지능 기술에 바탕을 둔 '지능화' 혹은 '알고리즘화'라고 할 수 있다. 정보사회의 정보처리기술들이 데이터를 수집하여 현상에 대한 전반적 추세를 이해할 수 있는 정보(information)를 만들어낼 수 있는 수준이었다면, 4차산업혁명 중심에 위치한 인공지능은 정보 수준을 넘어 지식(knowledge) 더 나아가 인간만이 가지고 있던 지혜(wisdom)까지 도출할 수도 있다. 네이버 지식백과는 인공지능을 "인간의 지능으로 할 수 있는 사고 · 학습 · 자기 개발 등을 컴퓨터가 할 수 있도록 하는 방법을 연구하는 컴퓨터 공학 및 정보기술의 한 분야로서, 컴퓨터가 인간의 지능적인 행동을 모방할 수 있도록 하는 것"이라고 정의하고 있다. 또 리서치 기관인 '가트너(Gartner)'는 인공지능을 "특별한 업무 수행에 인간을 대체, 인지능력의 제고, 자연스러운 인간의 의사소통 통합, 복잡한 콘텐츠의 이해, 결론을 도출하는 과정 등 인간이 수행하는 것을 모방하는 기술"이라고 정의하고 있다. 한마디로 인공지능이란 '기계로부터 만들어지는 지능으로 상황에 대한 판단, 의사소통과 같은 인간을 모방할 수 있는 기술'이라고 할 수 있다.

그렇지만 4차산업혁명 개념과 마찬가지로 인공지능에 대한 정의도 보는 시각에 따라 각양각색이다. 1956년 처음으로 '인공지능'라는 용어를 사용한 존 매카시(John McCarthy)는 "기계를 인간 행동의 지식에서와 같이 행동하게 만드는 것"이라고 설명하고 있다. 인공지능 아이디어를 처음으로 구상한 사람은 영국의 수학자 앨런 튜링이다. 그는 제2차세계대전 중에 독일군 암호 해독기를 만들었던 수학자다. 튜링은 인간과 대화할 수 있는 생각하는 기계를 창안했으며, 실제 1943년 콜로서스(Colossus)라는 컴퓨터를 세계 최초로 만들기도 했다. 그래서 그를 '컴퓨터과학의 아버지' 혹은 '인공지능 아이디어의 시조'라고도 한다. 1986년 데이빗 볼터(David Bolter)가 쓴 '튜링의 사람: 컴퓨터시대의 서구 문화(Turing's Man : Western Culture in the Computer Age)라는 책을 보면, 1980년대 디지털 컴퓨터시대의 현상들에 대한 튜링의 혜안들을 엿볼 수 있다.

비슷한 시기에 나온 인공지능과 유사한 개념은 '사이버네틱스(cybernetics)'다. 이 용어는 1948년 로버트 위너(Robert Wiener)가 '통제하다'나 '조종하다'라는 의미를 지닌 고대 그리스어 'kibernetes'를 인용해서 사용한 것이다. 사이버네틱스는 외부로부터 입력(input)된 메시지를 인식하고 자율적 판단을 거쳐 외부로 메시지를 배출(output)하는 자동화 기계라는 의미다. 인간처럼 외부로

부터의 자극을 인지하고 판단하여 환경을 통제·조정할 수 있는 기계를 말한다. 인공지능라는 용어가 등장하기 전까지는 이 '사이버네틱스'를 인공지능이라고 번역해서 사용하였다. 흔히 인터넷이나 온라인 공간을 뜻하는 접두사 '사이버'도 여기서 나온 것이다.

[그림 5] 인공지능의 발달사

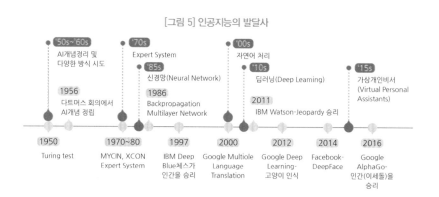

이처럼 인공지능에 대한 아이디어는 오래되었지만, 2012년 '심층학습'기술이 등장하기 전까지는 큰 진전이 없었다. 초기에 데이터베이스 기반의 '전문가시스템'이나 인간의 뇌신경을 모방한 '신경망(neural network)' 같은 기술들이 개발되었지만 오랜 기간 별다른 발전이 없었다. 겨우 체스를 두거나 청소하는 로봇 혹은 간단한 질문에 응답하는 수준에 머물렀다. 인공지능의 암흑기라고 하는 시기다. 그러다가 1997년 신경망 기술을 바탕으로 한 '기계학습(machine learning)'의 개발이 전환점이 되었다. 인간이 배운 모든 지식이나 정보, 경험 등을 다각도로 분석해 만든 최적의 가중치를 기반으로, '은닉층(hidden layer)'이라는 판단기준을 만들어 인식률을 획기적으로 높이는 방법이다. 하지만 기계학습은 가중치를 부여하고 은닉층을 만드는데 전문가 즉, 인간의 판단(heuristic method)에 의존해야만 했다. 엄청나게 복잡한 인간의 인식체계를 기계가 따라갈 수 없는 상태에서 영상인식 실패확률이 26%나 되어 만족할 만한 수준이 못되었다. 인공지능 기술의 획기적 발전은 2012년 캐

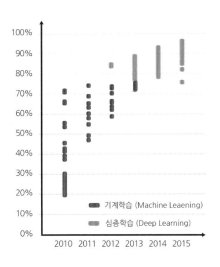

[그림 6] 심층학습 기술 등장이후 인식정확도 변화

100%
90%
80%
70%
60%
50%
40%
30%
20%
10%
0%

■ 기계학습 (Machine Leaening)
■ 심층학습 (Deep Learning)

2010 2011 2012 2013 2014 2015

나다 토론토 대학에서 개최되었 던 '글로벌 이미지 패턴인식 경 연대회(Imagenet Large Scale Visual Recognition Challenge)'에서 우승한 '슈퍼비젼(supervision)'이 영상인 식 에러율 15%로 우승하면서부 터다. [그림 6]에서와 같이, 2011 년까지 70% 초중반의 정확도에 머물렀던 인식률을 10% 가까이 끌어 올린 것이다. 이때 '슈퍼비 젼'이 사용했던 방법이 '심층학 습(deep learning)' 기술이었다.

기계학습과 달리 딥 러닝은 인간의 뇌와 비슷하게 여러 단계의 은닉층을 가지고 있는 것이 특징이다. 딥 러닝은 통상 인간의 뇌가 가지고 있는 10~15 개 정도의 은닉층으로 구성되었다. 또 기계학습이 전문가 즉, 인간이 개입하 여 은닉층을 만들었던 것과 달리 딥 러닝은 아래에 위치한 은닉층에서 형성 된 인식결과를 가지고 상위 은닉층을 형성하는 '오토 인코더(auto-encoder)' 방 식을 사용한다. 상위 은닉층으로 갈수록 고차원의 특징들이 도출되고, 영상 · 얼굴 · 문자 · 음성 같은 직관적 지식도 인식 · 학습 가능하게 된다. 이세돌 9단과 대결했던 알파고는 48개의 은닉층으로 구성되었고, 지금까지 가장 고 도화된 인공지능은 152개 은닉층까지 가능하다고 한다. 알기 쉽게 설명하면, 기계학습이 인지된 귀납적 데이터들을 가지고 인간이 연역적으로 은닉층을 만들어 인지 · 판단하는 것이라면, 딥 러닝은 여러 단계의 은닉층을 인간의 개입 없이 하위 은닉층에서 나온 인식결과를 바탕으로 가중치를 도출해 인 식능력을 스스로 높여가는 귀납적 방법이라 할 수 있다. 딥 러닝은 학습 횟 수가 많을수록 인식 정확도가 높아지기 때문에 컴퓨터의 정보처리 속도가 절대 중요하다. 일반적으로 인간이 가진 뇌의 정보처리 능력이 1016cps이라고 한다. 반면에 현재 세계에서 가장 처리속도가 빠른 컴퓨터는 중국의 텐허 2호(Tianhe-2)로, 그 속도는 3.416cps인 것으로 알려지고 있다. 하지만 엄청나게 큰 부피와 전력소모량 그리고 4억 달러에 달하는 가격 때문에 상용화되기는 어려운 상태다. 그렇게 본다면 현재 인공지능의 능력은 인간 지능 수준에 크게 못 미치는 수준이라고 할 수 있다. 그렇지만 현재 기술발달 속도를 감안하면 인공지능이 인간의 뇌를 추월하는 시점이 아직 멀었다고 단언하기도 어려워 보인다.

2017년 인공지능 시대를 다시 열었던 구글의 알파고는 1,200개의 중앙처리장치(CPU, Central Processing Unit)를 연결해, 바둑 한 수를 결정할 때마다 수백만 개의 기보 분석결과를 가지고 확률을 계산하였다. 굳이 비유하자면, 이세돌은 1,200명의 컴퓨터 바둑기사와 대결한 셈이다. 그러므로 동일한 대국 시간을 부여한 것은 엄밀하게 말하면 불공정 경쟁이었다고 할 수 있다. 대국

[그림 7] 딥 러닝 인공지능 이미지 인식 방법

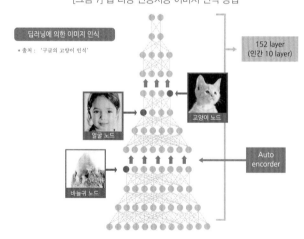

* 출처 : '구글의 고양이 인식'

전 이세돌의 우세를 점쳤던 많은 전문가들과 달리, 알파고의 승리를 예측했던 김진호 교수는 "1,202대의 컴퓨터와 싸우는 것은 마치 갑옷을 입지 않은 이세돌에게 1,200마리의 맹수가 달려드는 격"이었다고 평가하고 있다.

하지만 인공지능은 이처럼 단순한 계산능력에만 의존하는 기술이 아니다. 인공지능은 크게 3가지 기술을 바탕으로 운영된다.

첫째, 수많은 데이터와 연결하는 기술이다. 수많은 소셜데이터·연결데이터·실시간 데이터·온 디맨드(on demand) 데이터들을 수집·통합할 수 있는 기술들이다. 특히 정형화된 디지털 데이터가 아닌 비정형화된 데이터를 인지할 수 있는 '자연어 처리기술(natural language processing)'은 오랫동안 인공지능의 발전을 어렵게 만들었던 결정적 원인이었다. 하지만 심층학습기술 등장으로 문자·영상인식은 물론이고 음성인식·지문인식·동체인식 기술 등이 가능하게 되어 인공지능의 획기적 진화를 촉진시키고 있다.

둘째, 수집·저장된 데이터를 분석·처리하는 기술이다. '신경망기술'이나 '전문가 시스템' 그리고 '심층학습 기술'이 여기에 포함된다. 이 기술들은 특정 과제나 임무와 관련해 프로그래밍된 업무만 수행할 수 있는 '약인공지능', 인간의 지능과 유사한 판단능력을 지닌 '강인공지능', 과학기술지식, 사회적 판단능력 등 인간보다 뛰어난 능력을 보유한 '초인공지능'으로 분류된다. 현재 개발된 인공지능 수준은 약인공지능과 강인공지능 중간단계에 있는 것으로 평가된다. 알파고는 바둑이라는 지정된 과제만 해결할 수 있는 특화된 저인공지능으로 창조능력은 아직 쥐 수준에도 못 미친다. 하지만 레이 커즈와일은 기술의 발전 속도는 점점 가속화된다는 '수확가속의 법칙(Law of Accelerating Returns)'을 제기하면서, 강인공지능 나아가 초인공지능시대로 진화하는데 오랜 시간이 필요하지 않을 것이라고 전망하고 있다.

셋째, 분석·결정된 지식이 아날로그 형태로 표현·활용되는 로봇기술이다. 로봇이란 인공지능의 판단·처리결과를 오프라인 공간에서 직접 활용하기 위한 연계기술이다. 하지만 앞에서도 언급한 것처럼, 인공지능이 궁극적으로 인간처럼 사고할 수 있는(thinking humanly) 강한 인공지능이지만, 아직은 낮은 수준의 논리적 사고(thinking rationally)나 논리적 행동(acting rationally)만 할 수 있는 약인공지능에 머물러 있다. 그러므로 현재 연구·개발되고 있는 인공지능은 인간처럼 행동하는(acting humanly) 인공지능 로봇이다. 4차산업혁명이 온라인과 오프라인을 연결하는 기술패러다임의 시대라는 점을 감안하면, 여러 영역에서 다양한 로봇기술은 급속히 개발될 가능성이 높다. 미디어 영역에서 확산되고 있는 로봇저널리즘도 엄격하게 보면 로봇이 아니라 인공지능에 의해 프로그래밍된 알고리즘에 의해 뉴스를 작성하는 것이다. 최근 확산되고 있는 음성인식 AI스피커나 앞으로 상용화될 것으로 예상되는 '미디어 가이드 디바이스'들도 인공지능에 바탕을 둔 로봇들이다. 스마트미디어시대에 들어서면서 전자제품 제조사들이 집중적으로 개발하고 있는 사용자 인터페이스(UI, User Interface)·사용자 경험(UX, User Experience) 기술들도 넓게 보면 로봇기술이라 할 수 있다.

[표 2] 인공지능의 분류

	강한 인공지능 ←	약한 인공지능 →
생각	**인간과 같은 사고 (Thinking Humanly)** • 인간과 유사한 사고 및 의사결정을 내릴 수 있는 시스템 • 인지 모델링 접근 방식	**논리적 사고 (Thinking Rationally)** • 계산 모델을 통해 지각, 추론, 행동 같은 정신적 능력을 갖춘 시스템 • 사고의 법칙 접근 방식
행동	**인간과 같은 행동(Acting Humanly)** • 인간의 지능을 필요로 하는 어떤 행동을 기계가 따라 할 수 있는 시스템 • 튜링 테스트 접근 방식	**논리적 행동 (Acting Rationally)** • 계산 모델을 통해 지능적 행동을 하는 에이전트 시스템 • 합리적인 에이전트 접근 방식

* 출처 : Stuart Russell, Artificial Intelligence : A Modern Approach

인공지능 전망과 정책들

인공지능이 4차산업혁명의 거시발명 기술이라면, 인공지능은 그 자체로서 뿐 아니라 다른 기술들과 연계되어 같이 진화되어야 한다. 사물인터넷 · 빅데이터 · 클라우드 컴퓨팅 · 5G 네트워크 같은 기술들과 융합되면서 진화되는 것은 당연하다. 특히 정보의 수집 · 축적 · 분석을 위한 ICBM(IoT, Cloud Computing, Big Data, Mobile)기술들과 공진화해야 하는 것이 절대 중요하다. 사람에 비유하면 인공지능은 뇌, 사물인터넷과 모바일은 감각기관이나 신경체계, 클라우드 컴퓨팅은 뇌 안의 장기저장장치, 빅데이터는 뇌에 저장된 정보라고 할 수 있을 것이다. 이는 인공지능은 4차산업혁명을 주도하는 핵심 거시발명기술로서, 다양한 미시발명들을 유도하고 이끌어가는 위치에 있다는 것을 의미한다. 지난 30년 동안 인공지능 기술은 가전제품에 내장된 단순제어프로그램에서 시작해서 체스나 시뮬레이션 게임 같은 데이터베이스 기반의 게임소프트웨어를 거쳐 인터넷 검색엔진이나 추천시스템 같은 기계학습 인공지능과 최근에 딥 러닝 첨단형 인공지능 기술로 점점 더 빨리 진화하고 있다. 이 때문에 인공지능이 인간의 지적 능력을 넘어서는 '특이점'이 언제가 될 것인가를 놓고, 2020년에서부터 2070년까지 의견이 다양하다. 또 인공지능이 인간의 지능을 넘어서는 세상이, 만물에 대한 인간의 통제가 실현되는 사회인지 반대로 인공지능이 인간을 지배하는 사회가 될 것인지도 의견이 갈린다.

그럼에도 주요 선진국들은 인공지능을 차기 국가경쟁력의 핵심요소로 설정하고 체계적인 프로젝트들을 추진하고 있다. 미국 · 일본 · EU · 중국 모두 2013~2016년 사이에 인공지능 관련 중 · 장기 발전계획을 수립하였다. 미국의 '브레인 이니셔티브(Brain Initiative)' 프로젝트에는 정보통신기술 개발을 주도해왔던 국방부 산하 미국방고등연구계획국(DARPA), 국가과학재단(NSF)을 중심으로 국립보건연구원, 연방식품위원회(FDA)등이 공동 참여해, 인간의 뇌 행동과 관련된 신경회로 패턴을 집중적으로 연구하고 있다. 일본 역시 2014년부터 영장류 뇌 지도를 작성하는 '브레인 · 마인즈(Brain · MINDS)' 프로젝트를 추진하고 있다. 표방한 목적은 인간의 질병치유를 위한 것이지만, 이 계획은 사물인터넷 시대에 빅데이터 · 네트워크와 연계된 인공지능 개발로 '로봇 혁명'을 주도해나가겠다는 것이다. EU는 인공지능을 '미래 6대 기술'로 선정하고, 2013년부터 ICT기반의 뇌 연구 인프라를 구축한다는 '휴먼 브레인 프로젝트(Human Brain Project)'를 추진하고 있다. 중국정부는 제13차 경제개발계획에서 '100대 국가전략사업' 안에 인공지능 기반 로봇을 포함시켰고, 2015년에는 바이두의 CEO 리옌홍이 모든 분야에 인공지능 기술을 적용하자는 '차이나 브레인(China Brain)' 프로젝트를 제안한 바 있다. 우리나라 역시 2013년에 모든 분야의 의사결정을 지원하는 인공두뇌를 개발하는 '엑소브레인(Exobrain)' 프로젝트를 추진하고 있다. 이에 따라 로봇 · 자율주행자동차 · 빅데이터 · 사물인터넷 같은 연관기술개발에 매년 1,070억 원을 투자할 계획이다.

[표 3] 주요 국가들의 인공지능 관련 프로젝트 현황

	미국	일본	EU	중국
계획	BRAIN Initiative (2013년)	BRAIN/MINDS (2014년)	Human Brain Project (2013년)	China Brain (2014~2015년)
기간	2013~2024년 (2013,14년 시범사업)	2014~2023년	2013~2022년 (2013년 시범사업)	2016~2030년
주관 기관	NH, NSF, DARPA, FDA, IARPA, WH 등 7개 기관	교육과학기술부 (NEXT)	유럽위원회 (EC)	과기부, 자연과학기금위원회
접근 방법	뇌 연구 기술 개발 및 활용	비단원숭이 뇌지도 작성연구 통한 뇌의 작동원리 이해 도모	ICT기반의 뇌 모사 플랫폼 등 뇌 연구 인프라 구축	영장류의 메조스케일 뇌지도 작성
목표	뇌 신경회로 지도 작성을 통한 뇌 기능 이해 및 뇌질환 극복 기술개발			
	행동과 연관된 신경회로 규명 및 신경활동 패턴의 이해	사회성, 감정 등의 신경활동의 이해	인공뇌 구현 및 뇌질환 약물의 효과 예측 플랫폼 개발	뇌 과학 기반 지능 기술개발과 뇌질환 극복

* 출처 : 미래창조과학부, "뇌 과학 발전전략", 이슈보고서, 2016.4

인공지능의 활용과 전망

보는 시각에 따라 다를 수 있겠지만 낮은 수준의 약한 인공지능까지 포함하면, 우리 생활 곳곳에 이미 인공지능이 깊이 침투해 있다고 할 수 있다.

2014년 구글이 개발한 에어컨 온도조절기 'NEST'는 32억 달러를 벌어들였고, 컴퓨터와 대결하는 게임프로그램들은 전부 인공지능과 대결하는 것이라 해도 무방하다. 이처럼 낮은 수준의 인공지능 기술이 아니더라도 인공지능의 활용분야는 엄청나다. 먼저 자율주행자동차를 들 수 있다. 특히 구글이 심혈을 기울이고 있는 자율자동차는 향후 자동차업계의 판도 뿐 아니라 연관산업에도 큰 영향을 미칠 것으로 전망된다. 이미 제한된 장소에서 이용되는 공사장 트럭이나 굴착기 운전은 무인화가 추진되고 있다. 또 키오스크(kiosk)처럼 식당이나 은행창구 업무도 로봇으로 대체되고 있으며, 법률자문 · 온라인 광고제작 같은 전문분야 역시 로봇이 사람을 대체해가고 있다. 영국 옥스퍼드 대학 연구팀이 702개 업종의 로봇대체 가능성을 분석한 결과, 전체의 47% 가량이 대체될 가능성이 높은 '고 위험군'이라는 예측도 나왔다. 직종별로는 운송 · 물류부문 종사자와 생산직 · 사무직 중에서도 지원업무분야는 가장 빨리 로봇으로 대체될 것으로 전망되고 있다. 인공지능 유형 중에 '인간처럼 행동하는 인공지능'이 먼저 상용화되고, 점차 '인간처럼 사고하는 인공지능'이 사람을 대체해 갈 것으로 보인다.

이 때문에 인공지능 로봇 상용화로 인한 갈등이 사회 전 분야로 확산될 가능성이 높다. 몇 년 전부터 원격진료 허용을 두고 의료계 반발이 만만치 않고, 포털사업자의 부동산중개업 진출도 갈등을 겪고 있다. 최근 사회적으로 문제가 되었던 공유택시 '타다'를 둘러 싼 갈등이 모든 영역에서 확산될 수 있다. 물론 자율주행자동차가 상용화될 경우 기존 종사자들과 인공지능 로봇과의 갈등도 충분히 예상된다. 성급한 생각인지 모르겠지만, 멀지 않아 지난 2,000년 넘게 지식생산과 보급의 거점이었던 대학도 인공지능으로 무장한 온라인 교육기관들에 의해 소멸위기에 봉착할 수도 있다.

커뮤니케이션 영역 역시 인공지능이 깊이 침투해 들어오고 있다. 애플의 '시리(Siri)', 구글의 '어시스턴트(Assistant)', 마이크로소프트의 '코타나(Cortana)' 같은 인공지능 스피커들은 95% 이상 인간의 음성을 인식할 수 있다. 최근

[그림 8] 공유택시 '타다'를 둘러싼 갈등

공유택시 '타다'를 둘러싼 택시업계의 반발은 향후 인공지능 로봇이 운전하는 자율
주행자동차의 등장이후 발생할 수 있는 '온라인 vs. 오프라인' 갈등의 전초전 성격이
강하다. 인공지능에 의한 기존 업계의 반발은 4차산업혁명에 대한 기계파괴주의 분
위기를 모든 영역으로 확산될 가능성이 있다.

미디어 영역에 공격적으로 진입을 모색하고 있는 아마존의 인공지능스피커
'Echo'는 단기간에 400만대 이상을 판매하는 전과를 올렸다. 우리나라 통신
사업자들도 음성스피커 시장에 진입하고 있어, 향후 치열한 경쟁이 벌어질
수도 있다. 아직까지는 음성인식 단말기들이 100% 만족할 만한 '자연 언어
처리(natural language processing)' 능력을 갖추고 있다고 보기는 어렵다. 그렇지
만 대화형 미디어나 자동번역기 등은 큰 불편 없이 사용할 정도로 진화된 것
도 사실이다. 특히 인터넷 기반 OTT 서비스들의 콘텐츠 추천기능이나 포털
이나 소셜네트워크서비스의 맞춤형 광고(customized advertising)들은 빅데이터
와 인공지능 기술이 결합하면서 상용화되었다. 뒤에 상세히 설명하겠지만,
넷플릭스는 인공지능을 활용한 프로그램 제작과 추천방식을 통해, 전 세계
적으로 1억 8천만 명이 넘는 가입자를 확보하고 있다. 넷플릭스의 개별화된
추천시스템은 전통적인 편성개념을 완전히 뒤엎는 방송 패러다임의 변화라
고 할 수 있다.

또한 인공지능 로봇이 기사를 작성하는 '로봇저널리즘' 혹은 '데이터저널
리즘'도 점점 빨리 확산되고 이다. AP는 3천개 이상의 금융기사를 로봇이 작

성하고 있고, 로봇저널리즘 전문회사인 '네러티브 사이언스(Narrative Science)'는 포브스(Fobes)에 로봇이 작성한 시황정보뉴스를 제공하고 있다. 또 '오토메이티드 인사이트(Automated Insights)'라는 회사는 스포츠와 비즈니스 관련 기사들을 작성해 언론사에 공급하고 있다. 엘에이 타임즈(LA Times)는 '퀘이크봇(Quakebot)'이라는 지진속보 로봇을 운영하고 있고, 페이스북은 '챗봇(Chatbot)'이라는 이름으로 양방향 뉴스서비스를 실시하고 있다. 이 추세라면 2025년까지는 90% 이상의 기사가 로봇에 의해 작성될 것으로 전망되고 있다. 물론 로봇이 작성한 뉴스의 질에 대해서는 상반된 평가가 있지만, 인공지능 발전 속도를 감안하면 크게 문제될 것 같지는 않다.

콘텐츠 분야에서도 인공지능이 깊이 개입해 들어오고 있다. 인공지능이 소설을 직접 작성하기도 하고, 인간이 줄거리를 정하면 인공지능이 문장을 완성해주는 소설들도 등장하고 있다. '딥비트(Deepbeat)'라는 로봇은 음악 주제를 정해주면, 기존에 나와 있는 랩 가사들을 짜깁기해서 노래를 만들기도 한다. 이외에도 영화예고편 제작 로봇도 있고, 기존에 나온 영화대본들을 조합해 새로운 대본을 작성할 수도 있다. 이처럼 영화 · 음악 · 문학 · 뉴스 분야에서 기존 자료들은 변형 · 재활용하는 로봇들이 이미 상용화되어 있다. 지금의 인공지능 발달 추세를 감안하면, 멀지 않은 시기에 자연언어처리능력을 지닌 인공지능들이 모든 영역에 깊이 침투해 인간과 공생하거나 인간을 대체하는 문제가 부각될 가능성이 높다.

빅데이터의 등장

인공지능 옆에 항상 붙어 다니는 용어가 빅 데이터(big data)다. 실제 인공지능과 빅데이터는 혼용되어 사용되는 경우도 많고, 사실상 하나의 기술로 생각해도 무방할 정도다. 빅데이터 기반이 없는 인공지능은 불가능하고, 인공지능에 의해 분석 · 활용되지 않은 빅데이터는 의미나 가치가 없기 때문이

[그림 9] 글로벌 데이터 이용량 전망

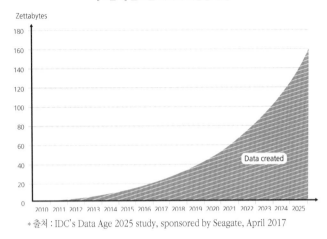

* 출처 : IDC's Data Age 2025 study, sponsored by Seagate, April 2017

다. 빅 데이터란 말 그대로 엄청나게 큰 데이터 덩어리를 말한다. 디지털환경에서 생성되는 데이터들은 그 규모가 방대하고 생성주기도 짧고, 형태도 수치 데이터 뿐 아니라 문자와 영상 같은 비정형데이터들까지 포함하고 있다. 이처럼 데이터가 양적으로 급증하는 이유는 크게 네 가지 이유를 생각해 볼 수 있다.

첫째, 인터넷 · 모바일 기기 이용이 확산되면서 온라인 공간에서 수집할 수 있는 데이터 량이 폭발적으로 늘어났다는 것이다. 유튜브(Youtube)는 월 19억 명이 하루 10억 시간 이상 동영상을 재생해서 보고, 1분에 400시간이 넘는 분량을 업로드하고 있어 하루치 분량만 보려 해도 18년의 시간이 소요된다. 트위터(tweeter)에 올라오는 메시지가 하루 평균 5억 건 이상이고, 또한 페이스북 이용자 22억 7천만 명중에 약 15억 명이 하루에 한번 이상 계정을 활성화하고 있다. 또한 페이스북 이용자의 32%가 매달 50억 건 이상의 댓글을 남기고 있다. 10억 명이 넘는 인스타그램 이용자 중에 절반 정도가 하루에 한번 이상 이용하고 있고, 그 중 2억 명 이상이 한건 이상 비즈니스 프로필을 방문하고 있다. 또한 1억 명 정도가 인스타그램 라이브를 시청하거나 공유하고 있다. 현재 전 세계 온라인 데이터 규모는 40제타바이트(zettabyte)이지만, 2025년에는 163제타바이트까지 늘어날 것으로 전망되고 있다. 1제타바이트가 1,000엑사바이트(exabyte)이고, 1엑사바이트가 미 의회도서관 인쇄물의 10만 배에 해당하는 정보량이라는 점을 감안하면, 그 규모를 상상조차하기 힘들다.

둘째, 사물인터넷이나 생체인터넷을 통해 수집 가능한 데이터가 일반 사물로 확장되고 있기 때문이다. 사물과 온라인을 연결하는 사물인터넷, 인간 생체와 온라인을 연결하는 생체인터넷, 그리고 사물과 사물이 연결된 M2M(Machine to Machine) 기술이 확산되면서 디지털 정보가 폭발적으로 증가하고 있다. 특히 모바일 폰과 웨어러블을 통한 생체인터넷의 일상화는 모든 사람들의 일상이 실시간 데이터로 저장되고 있다. 물론 이전에도 상업적 목적으로 고객들의 마케팅 정보를 수집·보관하는 고객관계 관리(CRM, Customer Relationship Management) 같은 기술들이 있었다. 하지만 온라인과 오프라인 연계를 통해 생산성과 효율성과 높여야 하는 4차산업혁명 시대에 들어서면서, 보다 더 정밀하고 방대한 모든 사물과 관련된 데이터들을 수집·저장·분석할 수 있는 기술이 필요하게 되었다. 정보사회에서 사용되었던 데이터베이스가 여론조사 표본(sample)에서 추출된 데이터라고 한다면, 빅 데이터는 사실상 전수(population)에 가까운 데이터라고 할 수 있다. 현재 추세라면 2025년에는 네트워크에 연결된 한 개인이 하루 평균 4,800번 정도의 상호작용을 할 것으로 전망되는데(현재는 200번 정도 상호작용), 이는 18초에 한 번씩 정보가 교환된다는 것을 의미한다. 그 중에 95%의 데이터가 사물인터넷이나 생체인터넷을 통해 빅데이터로 축적될 것으로 예상되고, 그 중에 1/4은 실시간 데이터가 될 것이라 보고 있다. 한마디로 향후 인간은 생존하고 있는 상태가 실시간 데이터로 축적되는 '데이터 인간(human datum)'이라고 말할 수 있을 것이다.

셋째, 빅데이터는 민간영역 뿐 아니라 사회조사자료, 국가가 가지고 있는 공공 데이터들도 모두 포함한다는 점이다. 물론 이전에도 컴퓨터 데이터베이스를 통해 다양한 공적·사적 정보들을 저장해왔다. 하지만 데이터베이스는 특정 기업이나 조직 혹은 특정 대상과 관련된 분산된 데이터 저장기술이었다. 제임스 베니거가 최초의 데이터베이스라고 생각했던 미국 인구조사통계자료도 국가의 관료적 통제 목적으로만 사용되었다. 데이터베이스가 각각의 영역에서 개별적으로 독립된 데이터를 수집·저장·관리하는 것이라면, 빅 데이터는 사회 전반에 걸친 공적·사적 데이터를 공동으로 저장·이용하는 것이라는 점에서 차이가 있다. 6장에서 설명하겠지만, 빅데이터는 개별적으로 저장하지 않고, 클라우드 서비스 혹은 클라우딩 컴퓨팅이라 하는 공유저장기술에 저장할 수밖에 없다. 그러므로 빅 데이터는 상업적 목표와 공공적 목표를 동시에 가지고 있다. 미 대통령 과학자문위원회가 2010년 발간한 '디지털 미래 전략(Designing a Digital Future)' 보고서에서 "모든 연방정부 기관은 빅데이터 전략이 필요하다"고 강조하고, 2012년 다보스 포럼에서 위기에 처한 자본주의를 구할 수 있는 '사회 기술 모델(Social and Technological Models)'로 빅 데이터가 강력한 도구가 될 것이라고 예측한 것도 이 때문이다. 우리나라 역시 2011년 '국가정보화전략위원회'가 발표한 '빅 데이터를 활용한 스마트 정부 구현(안)'에서 빅데이터는 민간 기업은 물론 정부를 포함한 공공부문 혁신을 수반하는 패러다임 변화를 의미한다고 적시하고 있다. 2020년 8월 국회에서 이른바 '데이터 3법'이라고 하는 '개인정보보호법', '정보통신망법', '신용정보법'이 개정된 것도, 빅데이터의 공공정보와 개인정보를 적극적으로 활용해 4차산업혁명 기술발달을 촉진하고 빅데이터 활용을 적극 권장하겠다는 의도로 볼 수 있다.

한마디로 빅 데이터는 엄청나게 늘어난 데이터를 어떻게 수집하고 저장하고 관리할 것인가에 대한 일종의 기술적 대안이라 할 수 있다. 소비자와 민간 그리고 공공기관이 개별적으로 수집·보관하여 배타적으로 사용하던 데이터들을 공동으로 관리하고 또 공유할 수 있도록 하는 기술이다. 그러므로

[표 4] 데이터베이스와 빅 데이터의 특성 비교

	데이터베이스	빅 데이터
데이터	정형화된 수학적 데이터	정형화된 수학적 데이터 + 비정형화된 데이터 문자:이메일, SNS, 검색어 영상:CCTV, 동영상콘텐츠 위치데이터 등
데이터 저장	분산된 고가의 저장장치 개별화된 패키지저장장치 데이터웨어하우스	비효율적 저장장치 클라우딩 서비스 데이터 공유방식
소프트웨어	개별 소프트웨어 관계망데이터베이스 통계패키지(SPSS, SAS) 기계학습 등	오픈 소스형태의 공유형 소프트웨어 Hado, NoSQL 오픈 소스 통계 솔루션(R)
산출된 정보·지식	데이터마이닝	텍스트 마이닝, 웹마이닝 오피니언 마이닝 버즈분석, 감성분석

데이터베이스 개별 기업이나 조직이 독자적으로 데이터를 보관하는 것이 사실상 불가능하다. 실제로 2025년에 163제타바이트의 데이터를 저장하기 위해서는, 현재 가장 용량이 큰 12테라바이트 HDD 160억대가 필요하다. 패키지 형태나 대형 저장장치로 이를 해결하는 것은 사실상 불가능하다. 그러므로 클라우드 형태로 저장하고 필요한 데이터를 스트리밍 방식으로 꺼내 사용하는 정보 공유형태로 나아갈 수밖에 없다.

넷째, 사물인터넷과 생체인터넷 그리고 M2M 기술에 의해 연계·수집된 데이터에는 수치화되지 않은 비정형 데이터들이 훨씬 많다는 것이다. 정형화된 데이터(structured data) 뿐만 아니라 SNS, 검색어 같은 문자데이터, CCTV 같은 영상데이터, 위치데이터 같은 비정형화된 데이터들이 포함되어 있다. 비정형데이터(unstructured data)란 "일정한 규격이나 형태를 지닌 숫자 데이터와 달리 그림이나 영상·문서처럼 형태와 구조가 다른 구조화되지 않은 데이터"를 말한다. 여기에는 숫자나 도표를 포함하고 있는 책·잡지·문서기록과 음성정보, 영상정보 이외에도 이메일, 트위터, 블로그처럼 디지털 매체들에서 생산된 비정형 데이터들도 있다. 이 같은 비정형데이터들을 인지하고 체계적으로 저장·분석할 수 있는 지능형 소프트웨어들이 필요하다. 이 소프트웨어들을 개인이나 개별기업들이 직접 개발한다든지 배타적으로 이용하는 것은 비효율적일 수 밖에 없다. 그러므로 빅데이터 분석 프로그램들 역시 데이터와 마찬가지로 오픈 소스 형태로 운영될 수밖에 없다.

이처럼 수치화되기 어려운 비정형데이터들의 비중이 급증한 이유는 의미 있는 데이터를 추출하는 '마이닝 기술'이 발달했기 때문이다. 문서에서 정보를 추출하는 '텍스트 마이닝(text mining)', 인터넷 이용 과정에서 생성된 웹 로그(web log)기록이나 검색기록 등에서 정보를 추출하는 '웹 마이닝(web mining)', 어떤 사안이나 인물·이슈·이벤트에 대한 사람들의 의견이나 평가·태도·감정 등을 데이터화하는 '오피니언 마이닝(opinion mining)' 같은 기술이 개발되었기 때문이다. 특히 오피니언 마이닝은 특정 상품과 관련된 '브랜드 모니터링(brand monitoring)', 온라인에서 특정주제에 대한 여론을 분석하는 '버즈 모니터링(buzz monitoring)' 등을 통해 시장상황이나 소비자 행동분석이 가능하다는 점에서, 기존 데이터베이스와 크게 차별화되는 빅데이터만의 기능이라 할 수 있다. 물론 이렇게 다양한 형태의 비정형화 데이터들을 다양한 목적에서 분석하기 위해서는 다양한 분석 소프트웨어들과도 공유할 수밖에 없다.

빅데이터의 특성

빅데이터는 기존 데이터베이스로는 수집·저장·관리·분석하기 어려운 방대한 규모의 데이터라 할 수 있다. 단순하게 요약하면 [그림 10]에서처럼, 소셜미디어, 이미지, 웹사이트, 이메일, 분산된 데이터베이스들 같은 여러 정보원으로부터 구조화되거나 혹은 구조화되지 않은 데이터들을 적재(load)·저장(store)하고, 이 데이터들을 분석(analyze)하고 가시화(visualize)해서 통찰력 있는 정보나 지식을 도출하는 기술인 것이다.

[그림 10] 빅 데이터

이같은 빅데이터 정의만 놓고 보면, 기존에 우리가 알고 있는 데이터베이스나 지식창고들과 크기를 제외하고 무슨 차이가 있는가 하는 의문을 제기할 수 있다. 그러므로 양적인 차이는 물론이고 질적 차이도 검토해 볼 필요가 있다. 일반적으로 빅데이터의 특성으로 4V 혹은 5V를 들고 있다. 4V란 '규모(Volume)', '다양성(Variety)', '속도(velocity)', '정확성(Veracity)'을 의미하고, 여기에 '가치(Value)'를 더해 5V라고 한다.

첫째, '규모'란 앞에서도 설명한 것처럼 엄청나게 큰 데이터 용량을 의미하는 것이다. 2005년에 전문가들은 2020년 빅데이터 규모를 40제타바이트로 전망했지만, 2018년에 이미 그 규모를 크게 넘어섰고 2025년 전망치 163제타바이트도 그보다 훨씬 많을 것이 분명하다. 더구나 향후 5년 이내에 70억 인류 중에 60억 명이 인터넷을 사용할 것으로 예측되고 있어 빅데이터 규모는 사실 전망 자체가 무의미해 보인다. 특히 정형화된 데이터만 가능했던 데이터베이스와 달리 비정형화된 데이터들까지 포함된다는 점에서 데이터의 질적 수준도 크게 높아질 것이다. 때문에 전수는 아니지만 사실상 통계적 오류가 매우 낮은 정보·지식을 도출할 수 있게 된다.

둘째, 양적 규모 뿐 아니라 데이터의 '다양성'도 매우 높다. 이미 5억 개 이상의 웨어러블과 50억 개 이상의 동영상, 하루에 5억 개가 넘는 트위터 그리고 30억 명 이상이 연결된 네트워크에서 파생되는 데이터는 인간을 둘러싼 거의 모든 영역의 데이터들이 저장되고 있다고 해도 지나치지 않을 것이다. 18~19세기 대영제국 통치기반의 상징이었던 브리태니카(Britanica) 백과사전과는 비교조차 할 수 없는 정도로 다양한 데이터들이 축적되어 있다. 이는 빅 데이터가 우리의 삶과 관련된 어떤 정보나 지식도 만들어 낼 수 있다는 것을 의미한다. 빅 데이터가 근대 사회 이전 인간의 삶은 완전히 통제했던 전지전능한 신적 존재나 중세의 신 같은 지배력을 가질 수도 있다는 것이다.

셋째, 빅 데이터의 또 다른 장점은 '속도'에 있다. 빅 데이터에 축적된 데이터의 상당 부분이 SNS·포털사이트·블로그·이메일 등 인터넷 공간에서 공유된 데이터들이다. 지구상의 모든 증권시장에서 실시간으로 감지되고 있는 데이터가 1테라바이트가 넘고, 200억 개가 넘는 네트워크가 동시에 연결·운영되고 있다. 때문에 빅 데이터는 사실상 실시간 데이터를 축적하고 있다고 볼 수 있고, 빅데이터가 도출한 정보나 지식들 역시 시의성이 매우 높다는 것을 의미한다.

넷째, 데이터의 규모가 크다는 것은 표집오차(sampling error) 같은 통계적 오류를 크게 낮추어 '정확성'이 높아진다는 것을 의미한다. 알파고가 엄청난 위력을 보여주었던 것은 수십만 개의 기보를 여러 대의 컴퓨터가 짧은 시간에 분석해서 가장 높은 확률을 선택한 것 때문이다. 통계적 예측치와는 비교가 안 될 정도로 높은 정확도와 신뢰성을 가지고 있다. 물론 일부에서는 통계적 대표성을 지니지 않은 빅데이터의 데이터들은 그 자체에 '역사적 오류성'을 내재하고 있다고 비판하고 있다.

다섯째, 빅데이터의 '가치'란 질적으로 높은 정확성과 예측력 그리고 시의적절한 정보의 도출이 빅데이터 자료들의 경제적·사회적 가치를 높이게 된다는 것이다. 최근 빅데이터의 경제적 가치는 급등하고 있는 것이 사실이다. 시장조사기관인 위키본(Wikibon)에 따르면, 세계 빅 데이터 시장은 2026년에 총 922억 달러 규모로 성장할 것으로 전망된다. 2014년 183억 달러보다 4

배 이상 증가한 것으로 매년 14% 이상 성장한 것이다. 일부에서는 2020년에 이미 2천100억 달러에 도달할 것으로 예측하기도 한다. 이는 빅데이터가 기존 산업의 수익성을 제고시키는 것을 넘어 스스로 높은 가치를 지닌 미래 산업의 핵심자산으로 성장했음을 보여주는 것이다. 모든 나라들이 적극적으로 빅데이터 육성·발전에 나서는 것도 그 이유다. 한국과학기술정보원 전망에 따르면, 우리나라의 빅 데이터 시장규모도 2020년에 900만 달러에 도달해, 전체 ICT 시장에서 차지하는 비중이 2.6% 정도 될 것으로 보고 있다.

빅데이터의 정보처리과정

이 책이 인문사회과학도 특히 미디어 전공자들을 대상으로 하지만, 아주 기초적이지만 빅데이터의 정보처리과정을 설명할 필요가 있다. 어설픈 공학적 설명은 내용을 왜곡시킬 수도 있고 도리어 학생들에게 혼란만 줄 수도 있다. 그래서 여기서는 빅데이터의 기본적인 정보저장 및 처리과정에 대해서만 간단히 설명하고자 한다. 빅데이터의 정보 저장 및 처리과정은 크게 4단계로 나눌 수 있다. ① 대량의 정보를 효과적으로 저장하기 위한 분산파일시

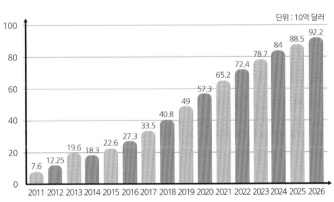

[그림 11] 빅 데이터 세계시장규모(2011~2026)

단위 : 10억 달러

* 출처 : statista

스템(DFS, Distributed File System) ② 대용량 데이터의 읽기와 쓰기를 위한 분산 스토리지 시스템(Distributed Storage System) ③ 분산된 데이터를 효율적으로 처리하기 위해 여러 컴퓨터를 활용하는 시스템 ④ 방대한 양의 데이터를 분석해 유용한 정보를 추출하는 데이터 마이닝(Data Mining) 단계이다.

첫째, '분산파일시스템'이란 여러 대의 컴퓨터를 조합해 대규모 기억장치(storage)를 만드는 기술이다. 특히 웹 검색엔진은 실시간으로 증가하는 대규모 데이터들을 안전하고 효율적으로 처리하기 위해 여러 개의 하드디스크에 파일을 복사해 분산·저장하고 있다. 이는 데이터의 손실과 하드웨어 고장에 대비하고, 분산·저장을 통해 검색속도와 트래픽 지연을 최소화하기 위한 것이다. 구글은 '구글 파일 시스템(GFS, Google File System)'이란 명칭의 분산처리 프로그램을 자체적으로 개발해 사용하고 있고, 야후(Yahoo)는 아파치재단(Apache Foundation)이 개발한 공개 소프트웨어(open-source software) '하둡(Hadoop)'을 쓰고 있는데, 원 명칭은 '하둡 분산파일시스템(HDFS: Hadoop Distributed File System)'이다.

둘째, '분산스토리 시스템'이란 분산·저장되어 있는 데이터들을 신속하고 효율적으로 통합해 처리하기 위한 장치다. 구글은 '빅테이블(Bigtable)', 하둡은 '에이치베이스(Hbase)'라는 이름의 프로그램을 사용하고 있는데 기본 원리는 같다. 즉, 데이터베이스에서 사용하던 테이블(Table)·열(row)·종(column)이라는 3가지 구성요소로 연관어를 찾는 방법이 아니라, 종(column) 대신에 로키(row key), 열(row) 대신에 칼럼 키(column key) 그리고 타임 스탬프(time stamp)라는 개념을 이용해 테이블을 무한히 늘려가는 방법으로 연계처리능력을 배가시킨 기술이다.

셋째, 분산된 데이터를 효율적으로 처리하기 위해 여러 대 컴퓨터를 사용하는 데, 구글을 비롯해 거의 모든 빅데이터들이 '맵리듀스(MapReduce)'라는 기술을 사용한다. '맵리듀스'는 여러 대 컴퓨터에 분산시켜 놓은 데이터들을 병렬 처리해서 중간 결과를 도출해 내는 맵(Map) 단계와 이렇게 생산된 중간결과물들을 결합해 최종결과물을 생성하는 리듀스(reduce) 단계로 나누어진다. 인공지능 심층학습에 비유한다면, 맵(map)절차는 각각의 층위(layer)를 통해 추출된 중간결과물들인 은닉층, 몇 단계 은닉층을 거쳐 최종적으로 개념을 도출하는 리듀스(reduce)를 말한다. 구글은 데이터 처리의 효율성을 높이기 위해 간단한 문장으로 그것을 용이하게 하는 '구조화된 질의어(SQL, Structured Query Language)'와 비슷한 '소잴(Sawzall)'이라는 프로그램 언어를 개발해서 사용하고 있다.

[그림 12] Hadoop과 Hawtonworks 로고

하둡의 노란색 아기코끼리 로고는 하둡을 처음 개발한 더그 커팅(Doug Cutting)이 자신의 아이가 가지고 놀던 장난감 코끼리 이름을 붙인 것이다. 2011년 야후에서 분사한 공개 소프트웨어를 개발하는 아파치 하둡(Apache Hadoop)의 명칭도 만화주인공 코끼리 이름(Horton)에서 따와 Hortonworks라고 지었다.

넷째, 빅 데이터의 가장 중요한 과정은 추출된 정보를 바탕으로 가치 있는 정보 즉, 유용한 지식을 도출해내는 '데이터 마이닝(data mining)' 과정이다. 여기서 필자가 정보라는 용어 대신 지식이라고 한 이유는 데이터베이스로 추출한 정보가 전반적인 추세나 연관성만 보여주는 수준이었다면, 빅 데이터에서 도출한 정보는 이보다 한 단계 높은 수준인 지식에 근접했다고 보기 때문이다. 흔히 '데이터 마이닝'을 지식추출(knowledge extraction), 정보 수확(information harvesting), 정보 발견(information discovery), 데이터 고고학(data archaeology), 데이터 패턴 처리(data pattern processing)이라고도 한다. 혹자는 데이터마이닝을 '지식을 발견하는 것(KDD, Knowledge Discovery in Databases)'의 한 구성요소가 아니라 전체 과정을 의미하는 것으로 해석하기도 한다.

'마이닝(mining)'이라는 용어는 말 그대로 지하에 묻혀있는 석탄·석유 같은 광물이나 자원을 찾아낸다는 의미다. 사회과학에서 많이 사용하는 사회과학 통계분석(SPSS) 중에 마이닝 분석 프로그램의 이름인 '클레멘타인(Clementine)'은 미국 민요 'Oh, My Darling, Clementine'에 나오는 광부의 딸 클레멘타인 이라는 이름에서 따온 것이다. 데이터 마이닝은 데이터를 분석하고 개념들 간의 인과관계를 도출한다는 점에서 로지스틱 회귀분석(logistics regression), 판별분석(discriminant analysis), 군집분석(clustering analysis) 같은 다변량통계분 석(multi-variative analysis)들과 유사하다. 다만 이 같은 통계분석들이 체계적으로 수집된 표본을 대상으로 하지만, 빅데이터는 규모가 큰 빅 데이터를 기반으로 분석된 것이라는 점에서 오차 가능성이 크게 낮아질 수 있다. 이 때문에 데이터마이닝을 '규모·속도·단순성의 통계학(statistics at scale, speed and simplicity)'이라고도 한다.

그렇지만 빅데이터 마이닝의 가장 큰 장점은 정형화된 수학적 데이터만 가지고 분석한 것이 아니라 그림·영상·문서처럼 일정한 수학적 패턴을 가지고 있지 않은 비정형화된 데이터를 분석할 수 있다는데 있다. 앞에서도 설명한 것처럼, 비정형 데이터 마이닝에는 '텍스트 마이닝', '웹 마이닝', '오피니언 마이닝' 세 유형이 있다. 또 '텍스트 마이닝'에는 주제별로 책을 분류하는 것 같은 '문서분류(documentary classification, supervised learning)'와 성격이 유사한 문서끼리 묶어주는 '문서 군집(text clustering, unsupervised learning)' 그리고 문서에서 중요한 정보를 자동으로 추출하는 '정보 추출(information extraction)', 한 항목집합와 다른 항목집합과의 연관관계를 찾아내는 '연관 규칙 마이닝(association rule mining)', 특정 기간에 걸쳐 발생하는 연속적 관계를 규명하는 '연속유형 마이닝(sequential mining)' 등 다양한 기법들이 있다.

또 '웹 마이닝'에는 웹페이지와 연결된 하이퍼링크(hyperlink)로부터 패턴을 찾아내거나 웹페이지의 구조를 분석하는 '웹 구조 마이닝(web structure mining)', 인터넷 이용자의 웹서버 파일분석을 통해 이용행태 등을 파악하는

'웹 유시지 마이닝(web usage mining)', 웹 페이지에 저장된 콘텐츠들을 주제별로 자동 분류해 특정 상품에 대한 정보나 설명을 추출하는 '웹 콘텐츠 마이닝(web contents mining)' 등이 있다. 실제로 웹 마이닝은 인터넷이나 소셜네트워크서비스 상에서 맞춤형광고(customized advertising)나 넷플릭스의 맞춤형 프로그램 추천방식에서 이미 사용되고 있다. 그런데 '웹 구조 마이닝'이나 '웹 콘텐츠 마이닝'은 도출된 정보들을 별도로 저장할 수 없어, '웹 크롤러(web crawler)'라는 하이퍼링크로 연결된 웹페이지를 자동으로 찾아가 텍스트나 동영상을 내려 받는 프로그램이 사용된다. 여기에는 일반 검색엔진을 탐색하는 '범용 크롤러(universal crawler)', 특정 범주의 페이지만 탐색하는 '포커스 크롤러(focus crawler)', 제한된 주제만을 탐색하는 '토픽 크롤러(topic crawler)' 등이 있다.

마지막으로 '오피니언 마이닝'은 점점 중요성이 커지고 있는 기술이다. 특히 트위터나 페이스북 같은 SNS 상에서의 네트워크 관계나 대화내용을 이용한 영향력 분석, 주제 분석 등이 각광을 받고 있다. 특히 온라인에서 특정주제에 대해 여론상황을 분석하는 것을 '버즈 모니터링(buzz monitoring)'이라고

[그림 13] 오바마와 빅데이터

2012년 미국대통령선거에서 오바마후보는 유권자들에게 받은 2만 여통의 e-mail 내용을 빅데이터로 분석해, 유형별로 800개의 메시지와 1,500개의 세부 메시지를 도출해 선거 캠페인에 활용하였다. 이는 전형적인 텍스트 마이닝 분석에 기반한 마이크로 타케팅(micro targeting) 전략으로 대통령으로 선출된 후 사람들은 그를 빅데이터 대통령이라고 칭하게 되었다.

하는데, 정치적으로나 마케팅 영역에서는 이미 보편화된 기술이다. 2016년 미국대선에서 일반 여론조사와 반대로, 인터넷에서는 트럼프가 우세하다는 결과가 나온 것도 이 분석 때문이다. 포털게시판, 블로그, 쇼핑몰 같은 곳에서 특정 주제와 관련된 의견들을 분석해 여론방향 및 강도 등을 분석하는 것이 오피니언 마이닝이다. 이미 오피니언 마이닝은 감정분석, 브랜드 모니터링, 시장영향력분석, 대화모니터링, 온라인 소비자 분석 등 다양한 영역에서 활용되고 있다.

빅데이터와 미디어 활용

빅데이터가 활용되는 분야는 무궁무진하다. 하지만 빅데이터를 선도적으로 활용하고 있는 곳은 도매업, 정보업, 금융 · 보험 같은 주로 서비스업종들이다. 최근에는 부동산임대업이나 보건복지 같은 공공분야에서도 활용도가 높아지고 있다. 그렇지만 향후에는 제조업과 공공인프라 부분에서의 활용도 증가할 것으로 전망된다. 반면에 예술 · 오락 · 엔터테인먼트 분야에서의 활용 정도나 전망은 그보다 낮은 편이다. 국 · 내외 현황을 살펴보더라도, 빅데이터를 선도적으로 활용하고 있는 사업들은 구글이나 아마존, 일본의 라쿠텐(樂天) 그리고 유튜브 같은 플랫폼사업자들이다. 앞서 설명한 것처럼, 구글은 '구글분산파일시스템(GDF)'이나 '맵리듀스(MapReduce)' 같은 빅데이터 기술 개발을 선도하고 있고, 이를 기반으로 '통계적 기계번역(statistical machine technology)'으로 수억 개의 번역물 패턴을 도출해 스스로 번역규칙을 만들어 활용하고 있다. 실제 구글의 번역프로그램을 사용해 본 사람은 그 성능에 놀라는 경우가 많다. 온라인 쇼핑몰 선구자인 아마존의 도서구매 데이터를 활용한 추천서비스는 이미 오래전부터 상용화되어왔다. 유튜브 역시 개인별 동영상 이용 데이터를 분석해 광고 · 맞춤형 동영상 추천 같은 서비스를 제공하고 있다. 자라(Zara)나 라쿠텐 같은 사업자들도 회원정보, 구매내역 등을 빅데이터로 분석해 적정 재고·수요예측 등에 활용하고 있다.

그렇지만 빅데이터가 가장 활용이 기대되는 분야는 공공부문이다. 앞서 설명한 것처럼 빅데이터는 민간영역과 공공영역이 데이터를 공유하는 형태로 발전해왔다. 아직은 민간분야보다는 활용정도가 낮지만, 보안과 위기관리 분야에서 활용이 급속히 증가하고 있다. 미국의 FBI는 빅데이터를 활용해 DNA 색인시스템 처리 속도를 크게 단축시켰으며, 미국 국립보건원은 주요 질병의 분포와 증감현황을 빅데이터로 분석하고 있다. 싱가포르는 빅데이터 기반의 '국가위험관리시스템(Risk Assessment & Horizon Scanning)'을 구축해 국가적 위험 데이터를 사전에 수집·분석하고 대응방안을 마련하고 있다. 우리나라 역시 2013년에 '공공데이터 제공 및 이용 활성화에 관한 법률'을 제정해 공공데이터 개방을 적극적으로 추진하고 있다. 2017년에는 OECD 공공데이터 개방 평가에서 1위를 차지하기도 하였다. 때문에 우리나라의 빅데이터에서 공공영역의 데이터가 차지하는 비중이 다른 나라들 보다 상대적으로 높은 편이다. 2016년 통계치를 보면, 전체 빅데이터 시장 3,439억 원 중에 43.1%를 정부·공공시장 부문이 차지하고 있다. 국가정보화추진위원회는 향후 공공데이터 부문을 재난예방, 사회복지통합관리, 맞춤형 공공복지 서비스 등으로 확대해나갈 계획이다. 문제점이 없지는 않지만 1980년대 국가주도의 정보화추진 정책으로 디지털 선도국가로 진입했던 것처럼, 정부의 공공데이터 구축이 빅데이터 정책을 주도해나갈 가능성이 높아 보인다.

이에 비해 미디어 분야에서의 활용은 이에 비해 더딘 편이다. 처음 빅데이터 기술을 활용한 대표적 사례는 2010년 '뉴욕타임즈'가 1851년부터 1980년까지의 기사 1,100만 건을 아마존의 일래스틱 컴퓨트 클라우드(EC2, Elastic Compute Cloud)와 심플 스토리지 서비스(S3, Simple Storage Service), 그리고 하둡의 플랫폼을 이용해 단 하루만에 PDF로 전환한 것이다. 이때 들어간 비용은 불과 1,450달러였다. 빅데이터가 본격적으로 미디어에 활용될 수 있다는 것을 보여준 것은 2012년 런던 하계올림픽이다. 올림픽 기간 중에 1초마다 60

기가바이트(DVD 13장 분량)의 동영상이 전 세계로 전송되었고, 총 2,000시간 분량의 디지털 방송이 생중계되었다.

　그렇지만 빅데이터를 본격적으로 활용한 것은 넷플릭스다. 넷플릭스는 이용자의 취향과 이용패턴을 빅데이터로 분석하고, 다른 한편으로 보유한 콘텐츠 내용을 7,800여개로 세분화된 특성들로 분류한 데이터와 결합해 개인별로 맞춤형 콘텐츠를 추천하는 '시네매치(Cinematch)'라는 프로그램으로 큰 성공을 거두고 있다. 이 뿐 아니라 넷플릭스 최초의 오리지널 콘텐츠인 '하우스 오브 카드(House of Cards)'는 제작 직전 빅데이터 마이닝 분석을 통해 시청자들이 선호하는 작품 · 감독 · 주인공 등을 결정해 큰 성공을 거두었다. 보통 넷플릭스의 빅데이터 분석에는 2,500만 명 가입자들의 이용행태와 선호취향, 하루 평균 3,000만 건 이상의 동영상 재생기록과 20억 시간 이상의 시청기록을 이용하는 것으로 알려지고 있다. 이 부분에 대해서는 9장에서 상세히 설명하게 될 것이다. 이 같은 빅데이터 활용으로 넷플릭스는 비디오대여 경쟁사업자인 블록버스터(Blockbuster)를 파산시키고, 미국 최대 유료방송사업자인 컴캐스트(Comcast)를 추월해 전 세계적으로 1억 8천만 명의 가입자

[그림 14] 하우스 오브 카드와 넷플릭스의 도약

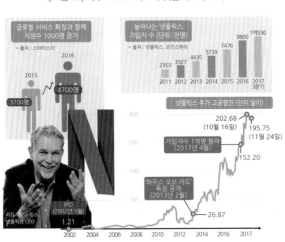

를 가진 세계 1위의 유료방송사업자로 올라섰다.

또한 빅 데이터는 영화흥행 예측에도 활용되고 있다. 미국의 영화시장조사 사업체인 '릴 펄스(Reel Pulse)'는 빅데이터를 활용해 박스오피스 실적을 예측하는 서비스를 제공하고 있다. 엔터테인먼트 시장 전문조사업체 '월드와이드 모션 픽처 그룹(Worldwide Motion Picture Group)'은 소셜 미디어 모니터링을 통해 박스오피스 실적을 예측하고 있다. 엔터테인먼트 관련 소셜미디어 여론분석업체인 '피지올로지(Fizziology)'도 빅데이터를 이용해 각종 영화 흥행예측 서비스를 제공하고 있다. 우리나라에서는 아직 빅데이터를 이용한 영화예측이 나오지는 않고 있지만, 2013년 '설국열차'를 오피니언 마이닝 분석과 오픈소스 처리과정을 통해 흥행전망을 예측한 결과, 마케팅 분석보다 낮은 ±7의 오차범위를 기록하기도 했다. 빅데이터 분석은 최근 정확도 논란의 대상이 되고 있는 시청률조사에도 활용될 수 있다. 티엔에스(TNS)와 에이지비 넬슨(AGB Nielsen) 같은 시청률조사기관들이 표본을 통해 조사하는 '피플미터(People Meter)' 방식은 시청매체가 다양해지고 시청양식이 변화되고 있는 환경변화에 적합하지 않다는 지적을 많이 받고 있다. 특히 '본방사수'라고 하는 실시간 시청이 크게 줄어들고, VOD를 통한 비실시간 시청이 급속히 증가하고 있는 변화추이를 반영하지 못하고 있다. 물론 시청행태의 질적 분석도 불가능하다. 빅데이터 분석은 이 같은 시청행태 변화를 구체적으로 반영할 수 있다는 점에서 향후 활용도가 커질 것으로 보인다.

그렇지만 미디어분야에서 빅데이터 활용이 가장 기대되는 부분은 이른바 '맞춤형 추천서비스'라 할 수 있다. 맞춤형 추천시스템이란 정보필터링 기술의 하나로 특정사용자가 관심을 가질만한 영화·음악·책·뉴스·이미지·웹페이지 같은 정보를 자동으로 추천해주는 것을 말한다. 지금은 주로 성향이나 취향 유사성에 맞추어 관련 콘텐츠를 추천하는 '협업 필터링기법(collaborated filtering)'이라는 방식을 사용한다. 여러 이용자들의 구매이력을 통계적으로 분석해 특정 고객에게 부합할 가능성이 높은 정보를 추천하는 것이다. 한마디로 특정 개인과 유사한 사용자들을 찾아서 그 개인이 사용했던 콘텐츠를 추천하는 방식이다. 반면에 넷플릭스는 특정 속성을 선호하는 사람에게 유사한 속성들이 포함된 콘텐츠를 추천하는 '콘텐츠 기반 추천기법 (content-based recommendation)'을 사용하고 있다. 넷플릭스 시청자들의 구매 동영상의 2/3 이상 심지어 80% 정도가 추천시스템에서 발생하는 것으로 조사되고 있다.

빅데이터 기반 추천서비스는 서적이나 음악분야에서도 급속히 확산되고 있다. 구글은 뉴스 조회의 38% 이상이 추천에 의해 이루어지는 것으로 조사되고 있다. 아마존의 서적 판매량의 35% 정도가 추천에서 발생하고 있다. 최근 성장하고 있는 왓챠(Watcha) 역시 출시 1년 반 만에 네이버의 10배를 넘긴 원인 중에 하나가 '별점수'에 근거한 추천제도라고 평가하고 있다. 애플, 구글, 페이스북 같은 플랫폼사업자들 역시 빅 데이터를 적극 활용하고 있다. 구글의 자동광고시스템 '애드센스(AdSense)'나 페이스북의 광고시스템은 전형적인 맞춤형 추천시스템에 의해 운영된다. 페이스북이나 구글, 유튜브 등에서 사람들은 자신들의 취향에 따라 서로 다른 맞춤형 광고를 보고 있는 것이다. 향후에 방송·미디어는 다수의 시청자들이 동시에 같은 콘텐츠를 시청하는 '제공형 방식(push)'에서 벗어나 빅데이터에 기반을 둔 '수요형 방식(push)'으로 전환되게 될 것이다.

빅 데이터가 활용되고 있는 또 다른 미디어 분야가 '데이터 저널리즘(data journalism)'이다. '데이터 저널리즘'이란 말 그대로 '데이터를 수집하고 (collection), 분석하고(analyzing), 시각화해서(visualizing) 새로운 사실과 숨겨진 진실을 밝혀내는 보도양식'이다. 데이터 저널리즘은 컴퓨터와 빅데이터, 인공지능을 활용한다는 점에서 '인공지능저널리즘', '로봇저널리즘'과 함께 '컴퓨테이셔널 저널리즘(computational journalism)'의 한 분야라고 할 수 있다(이 부분에 대해서는 9장 알고리즘 저널리즘에서 자세히 다룰 것이다).

여기서는 데이터저널리즘이 수집된 통계적 데이터들을 '시각화'하여 사회적 의미를 도출하는 빅 데이터가 중요한 역할을 하고 있다는 점만 살펴보겠다. 데이터 커뮤니케이션의 중요한 특성 중에 하나가 바로 '데이터 시각화(data visualization)'에 있기 때문이다. '데이터 시각화'란 데이터분석 결과를 쉽게 이해할 수 있도록 시각적으로 표현하고 전달하는 과정을 말한다. '데이터 시각화'에는 '정보 시각화(information visualization)', '과학적 시각화(scientific visualization)', '시각적 디자인(visual design)', '정보 그래픽(information graphics)' 같은 여러 유형들이 있다. 그렇지만 가장 익숙한 데이터 시각화 사례는 '인포그래픽(infographics)'이다. 정보와 데이터, 지식 등을 시각적으로 표현하는 것으로 교통 표지판이나 지하철노선도 같은 것들이 대표적 사례. 인포그래픽을 사용하여 뉴스의 시각적 효과를 극대화하는 것도 '데이터 저널리즘'의 한 형태인 것이다. 인포그래픽을 이용한 최초의 '데이터 저널리즘'은 영국의 일간지 가디안(Guardian)이다. 요즘 많이 사용되는 빅데이터 그래픽 이른바 '단어구름(word cloud)' 혹은 '태그 구름(tag cloud)'이라는 것을 처음으로 사용한 것이다. 문서에 사용된 단어들의 빈도를 계산해 크기와 강도 그리고 연관성 등을 시각적으로 표현하는 것이다. 단어구름을 만들어내는 분석은 '코어드 분석(co-word anlaysis)'으로, 한 문장 안에서 함께 사용되는 단어들의 규칙을 분석해 문서 주제와 연관된 개념들의 분석해 시각화한 것이다.

[그림 15] 워드 크라우드를 이용한 '조선일보 페이스북' 기사

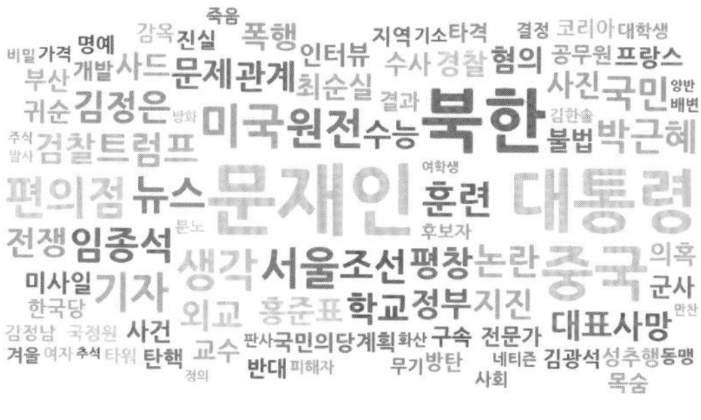

조선일보 페이스북이 2017년 한 해 동안 가장 많이 언급한 단어의 빈도를 분석한 워드 클라우드

[참고문헌]

Joel Mokyr, A Culture of Growth : The Origins of the Modern Economy, 2016, Princeton University Press, 김민주, 이엽(역), 성장의 문화 : 현대 경제의 지적 기원, 2018, 에코리브르.

조엘 모키르는 경제사에서는 최고의 석학이다. 그는 영국산업혁명을 '지식계몽주의'의 성과라고 주장한다. 소수만이 독점하고 있는 과학적 지식이 실용적인 기술로 이어지면서 영국이 가장 먼저 산업혁명에 성공했다는 것이다. 반대로 15세기까지 유럽보다 훨씬 뛰어난 과학적 지식을 보유하고 있던 중국이 뒤처지게 된 '니덤의 퍼즐(Needham Puzzle) 혹은 '니덤의 의혹(Needham Question)'의 원인도 지식의 계몽화에 실패한 것에서 찾고 있다. 한마디로 산업혁명은 '지식 혁명'이라는 것이다. 이는 정치학에서 말하는 전통국가들의 '지식독점'과도 비슷한 논리다. 거시발명(macro invention)과 미시발명(micro invention) 개념이 여기에서 나왔다. 이 용어는 1995년 발간된 'The British Industrial Revolution : An Economic Perspective'에서 사용되었다. 새로운 발명지식이 이론수준의 '명제적 지식(propositional Knowledge)'에서 벗어나 경험에 바탕을 둔 일상생활에 유용한 다양한 형태의 '처방적 지식(prescription knowledge)'으로 이어져야 혁명이 확산될 수 있다는 주장이다. 영국의 산업혁명은 과학적 지식의 대중화를 통해 다양한 실용적 기술개발이 이어지면서 폭발적으로 확산되었다는 것이다. 하지만 1995년 저서는 번역서가 나와 있지 않고, 2016년에 출간된 '성장의 문화(A Culture of Growth: The Origins of the Modern Economy)'는 같은 맥락에서 산업혁명을 좀 더 깊이 있게 설명하고 있어 이 책을 통해서도 이해에 도움이 될 수 있을 것으로 생각된다. 이 책의 6장에서는 이러한 미시발명·거시발명 개념을 4차산업혁명 기술들을 설명하는 틀로 사용하였다.

Stuart Russell & Peter Norvig, Artificial Intelligence : A Modern Approach, 2015, Pearson, 류광(역), 인공지능 현대적 접근 방법, 2016, 제이펍.

인공지능의 작동 메커니즘을 기술적으로 이해하는 것은 쉽지 않다. 많은

인문·사회과학 전공자들이 인공지능이나 빅데이터를 학습하려 했다가도 중도에 포기하는 사례가 많은 것도 이 때문이다. 그런 맥락에서 '인공지능: 현대적 접근방식(Artificial Intelligent: A Modern Approach)'은 인공지능의 발달과정과 작동원리를 딱딱한 수학적 원리를 벗어나 쉽게 설명하려고 노력한 책이라 할 수 있다. 그래도 인문사회과학 전공자들이 읽기에 결코 쉽지 않다. 컴퓨터·인지과학·통계·확률에 대한 기본지식들이 필요하기 때문이다. 특히 최신 이론들은 일정 수준의 수학적 배경지식이 없으면 난해하다는 생각이 들지 않을 수 없다. 이 책은 지난 50년간의 인공지능 연구를 논리학·확률·연속수학과 지각·추론·학습이론들과 함께 설명하고 있다. 더 나아가 관찰가능 검색기법, 자연어 처리, 우발적·계통적 계획수립, 관계적 확률모형과 및 1차 확률모형, 웹 검색엔진, 정보 추출, 컴퓨터 시각 같은 최신 연구들도 다루고 있다. 쉽게 설명하려고 했지만 인문·사회과학도들이 읽기는 여전히 쉽지 않다.

J. David Bolter, Turing's Man : Western Culture in the Computer Age, 1984, UNC Press Books, 김상우(역), 튜링스 맨 : 컴퓨터 시대의 문화논리, 2017, 커뮤니케이션북스.

인공지능이 아니더라도 미디어 전공 학생들에게 꼭 권하고 싶은 책이다. 본문에서도 설명했듯이, 알렌 튜링은 일반인들에게 영화 'imitation game'에서 2차세계대전 당시 독일의 암호를 해독한 동성애 수학자 정도로만 알려져 있다. 하지만 그는 '인간처럼 생각하고 대화할 수 있는 기계'를 처음으로 제기해, 이후 수많은 인공지능 연구의 토대를 제공한 천재 수학자. 책 제목 '튜링의 사람들'도 바로 인공지능연구자들을 의미한다. 저자 데이빗 볼터는 앞서 소개한 '재매개(remediation)'의 저자로 명실상부한 뉴미디어 연구의 선두주자라 할 수 있다. 그는 80년대 초반에 '모든 기술은 사람들의 인식을 규정한다'는 '규정기술론(defining technology)'을 주장해 잘 알려진 학자다. 이 책에서도 튜링의 '대화하는 기계'는 인간을 '정보를 수집하고 처리하는 존재'로 규정하게 되었다고 전제한다. 이는 컴퓨터와 인공지능 개발을 촉발시켰고, 그 결과 지금의 4차산업혁명을 이끌었다고 할 수 있다. 사족이지만 1980년대 중반 학생시절 처음 읽었을 때도 인상적이었지만, 2017년 출간된 번역서로 다시 읽어보니 30년 전에 작성된 것 같지 않은 예지력에 다시 한 번 놀랐다.

Jean-Baptiste Michel & Erez Aiden, Uncharted : Big Data as a Lens on Human Culture, 2013, Riverhead Books, 김재중 (역), 빅데이터 인문학 : 진격의 서막, 800만 권의 책에서 배울 수 있는 것들, 2105, 사계절

빅데이터가 다양한 영역에서 어떻게 활용되는가에 대한 책들은 많다. 당장 대형서점 인기판매대에 가서 얼핏 보기 만해도 몇 권쯤은 쉽게 찾을 수 있다. 모름지기 빅데이터를 활용하는 비즈니스 서적일 확률이 높다. 물론 빅데이터 활용과 관련된 국내외 사례들을 모은 에세이류들도 많다. 이 책은 자신들이 개발한 '앤 그램 뷰어(N-gram Viewer)'라는 분석 툴을 가지고 빅데이터 위력에 대한 분석결과를 서술한 것이다. 그들은 각각 '30세 이하 주목할 만한 30인'과 '세계 35세 이하 혁신가 35인'에 뽑힌 수재들이다. 툴은 간단히 키워드만 입력하면 시계열적 도표가 생성된다. 언어의 중요성과 빈도의 반비례관계, 유명인이 되는 시기와 잊히는 시기가 점점 짧아진다는 사실, 나치나 중국의 천안문사태 같은 국가권력의 통제 효과 등의 분석결과들을 제시하고, 향후 빅데이터가 인문학과 사회과학의 양적·질적 변화로 이어질 것이라고 전망하고 있다. 저자들은 갈릴레오가 17세기 사람들의 세계관을 바꿔놓았듯이, 21세기에 두 개의 렌즈(구글과 페이스북)는 서로 등을 맞댄 채 갈릴레오와 똑같은 일을 해낼 것이라고 전망하고 있다.

신동흔, 모스에서 잡스까지 : 상상력의 장인들이 펼쳐온 정보통신 혁신 이야기, 2018, 뜨인돌.

4차산업혁명 통신기술과 관련해서는 많은 책들이 있지만, 인문사회과학 전공자들이 쉽게 이해할 수 있는 책으로 신동흔 기자의 이 책을 소개한다. 필자도 서문에서 밝히고 있는 것처럼, 비전공자인 일반인들이 '전송기술의 발명'에서부터 '유·무선 시대'를 거쳐 '스마트 폰 시대'에 이르기까지 통신기술의 역사를 쉽고 재미있게 이해할 수 있도록 서술된 책이다. 더구나 중간 중간에 기자 특유의 알려지지 않은 재미있는 사실들의 소개가 곁들여져있어 지루하지 않게 읽을 수 있다. 딱딱할 수 있는 통신기술들을 기술적 설명 없이 에세이처럼 쓸 수 있다는 것에서 필자의 뛰어난 능력을 엿볼 수 있다. 특히 미디어를 전공하는 저학년 학생들에게는 필독서로 추천한다.

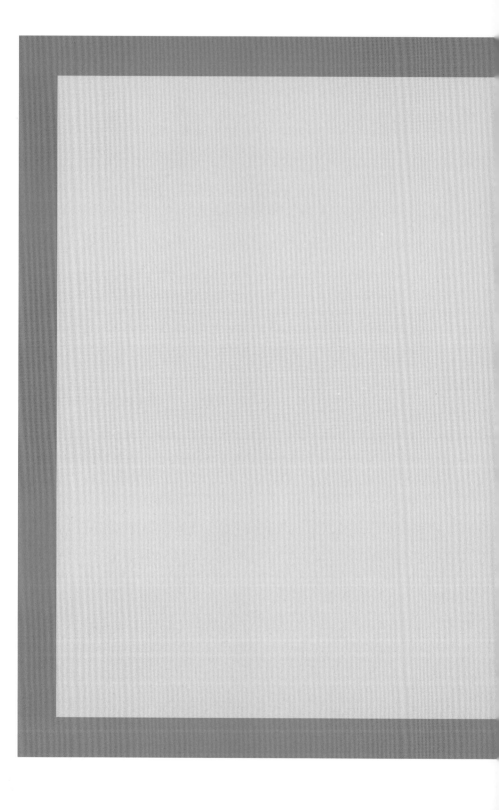

4차산업혁명의 기술 II :
사물인터넷, 클라우드 컴퓨팅,
블록 체인, 가상·증강현실

제6장

4차산업혁명의 기술 Ⅱ :
사물인터넷, 클라우드 컴퓨팅,
블록 체인, 가상·증강현실

3장에서 4차산업혁명의 특징으로 '초지능', '초연결', '자동화'에 관하여 설명한 바 있다. 5장에서 다룬 인공지능과 빅데이터는 주로 '초지능'과 관련해 4차산업혁명을 이끄는 거시발명 기술들이라 할 수 있다. 그렇다면 '초연결'과 관련된 기술은 '사물인터넷'이라 할 수 있다. 물론 사물인터넷은 오프라인에 존재하는 사물들과 관련된 데이터를 연결·수집하는 기능과 인공지능이나 빅데이터가 처리한 정보들을 다시 오프라인 업무를 수행하게 하는 기능을 동시에 하고 있다는 점에서 '자동화'와도 관련되어 있다. 온라인과 오프라인을 연결하는 사이버 물리 시스템(CPS, Cyber-Physical System)을 고려해 볼 때, 인공지능이 4차산업혁명의 출발점이라면 이를 완성하는 기술은 사물인터넷이라고 할 수도 있다. 사물인터넷은 기본적으로 통신망을 이용한다는 점에서 네트워크 시스템과 비슷하다. 그렇지만 네트워크는 기본적으로 인간과 인간의 연결을 의미하는 것이었다. 물론 무선인식(RFID, Radio Frequency Identification) 장치들을 통해 사물들의 상태를 감지할 수 있는 기술들은 오래 전부터 이용되어왔고, 최근에는 자동화 시스템으로 사물을 연결하는 'M2M' 기술도 상용화되어 있다. 하지만 그것은 인간이 사물을 통제하는 네트워크지, 사물인터넷처럼 인간을 포함한 모든 사물들을 연결하기 위한 시스템은 아니다.

사물인터넷의 개념과 정의

사물인터넷이라는 용어는 1999년 매사추세츠공과대학의 '자동인식연구센터(Auto-ID Center)' 소장 케빈 애시턴(Kevin Ashton)이 '향후에 전파식별(RFID) 같은 센서들이 모든 사물에 탑재되는 사물인터넷이 구축될 것'이라고 전망하면서 처음 사용한 것으로 알려지고 있다. 무선인식장치나 이를 부착한 '유비쿼터스(ubiquitous)'라는 용어는 1990년대 초부터 사용되었다. 또 오래 전부터 산업현장에서 사용되어 왔던 기계들에 센서를 부착한 자동화장치들도 넓게 보면 사물인터넷 초기형태라 할 수 있다. 때문에 사물인터넷이라는 용어 등장 이전부터 'M2M' 같은 용어들이 사용되고 있었다.* 그렇지만 이 기술들은 사물들을 통제하기 위한 도구로서, 사람과 사물이 수평적으로 연결되어 동등하게 데이터 축적의 대상이 되는 동시에 데이터를 축적·이용하는 주체가 되는 사물인터넷과는 근본적으로 다르다. 사물인터넷에 대한 사전적 정의를 보더라도, "인간과 사물, 서비스 세 가지 분산된 환경요소들 간에 인간의 명시적 개입 없이 상호 협력적으로 센싱(sensing), 네트워킹(networking), 정

---

* 사물인터넷과 유사한 개념들은 수 없이 많다. 하지만 특정 분야에 한정되거나 특정 성격을 강조하는 용어들이라 할 수 있다. 어쩌면 사물인터넷을 이 모든 용어들이 가지고 있는 특징들을 포괄적으로 포함하는 개념이라고 할 수도 있다. 사물인터넷 등장 이전 혹은 이후에 관련된 용어들을 다음과 같은 것들이 있다. Pervasive Computing, Invisible Computing, Embedded Computing, Ambient Intelligence, Ubiquitous Sensor Network, Wireless Sensor Network, Machine-to-Machine, Machine Type Communication, Machine Oriented Communication, Smart Services, Web of Things, Internet of Everything, Industry Internet 등이다.

보처리(information processing) 등 지능적 관계를 형성하는 사물 공간 연결망"이라고 되어 있다. 즉, "우리를 둘러싸고 있는 일상적인 물리적 실체들(physical objects)간의 네트워크로서, 그들의 이용과 관련된 데이터를 수집·전송할 수 있게 하는 기술들이 부착된 것"이라고 할 수 있다. 또한 사물이라는 용어에서 알 수 있듯이, 사물과 사람을 모두 연결하고 네트워크를 통한 상호작용을 통해 새로운 정보나 비즈니스를 창출한다는 의미도 담고 있다고 볼 수 있다.

약간의 의미 차이는 있지만, 사물인터넷은 물리적 물체들과 디지털 디바이스들 간에 연결을 의미하는 '디지털 인터넷(IoD, Internet of Digital)', 모든 프로세싱을 자동화된 지능체계가 대신하는 것을 의미하는 '만물인터넷(IoE, Internet of Everything)'이라는 용어로 사용하기도 한다. 만물인터넷은 "사람·사물·디지털 도메인(domain)에서 발생하는 데이터들의 수집·분석·융합을 통해 사람 개입 없이도 스스로 상황을 인식하고 대응할 수 있는 고도화된 서비스 제공 인프라 및 시스템"을 말한다. 이 개념은 시스코(CISCO)라는 보안업체가 마케팅 목적으로 만들어 낸 것이기는 하지만 전혀 근거 없는 것은 아니다. 하지만 넓게 보면, 만물 인터넷 개념과 사물인터넷 개념은 큰 차이가 없어 보인다.

[그림 1]은 사물인터넷의 개념을 도식화한 것이다. 사람들 간의 정보공유

[그림 1] 사물인터넷

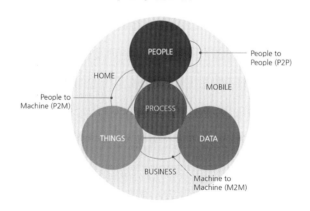

시스템인 'P2P(People to People)', 사람과 기계가 연결된 'P2M(People to Machine)' 그리고 기계와 기계가 연결된 'M2M(Machine to Machine)'을 합한 개념이 사물 인터넷이라고 할 수 있다. 한마디로 사물인터넷은 "기존에 존재하고 있거나 점점 진화하고 있는 상호제어가능한(interoperable)정보 · 통신네트워크를 통해 물리적(physical) 혹은 가상(virtual)의 사물들을 상호 연결함으로써 첨단 서비스 들을 제공할 수 있는 글로벌 정보인프라"라고 정의할 수 있다.

사물인터넷의 기술 구조

사물인터넷의 위력은 무한히 연결된 사물들과 연결된 사물들의 데이터 저 장 · 분석 · 처리 능력에 의해 결정된다. 사물인터넷이 작동하기 위해서는 크 게 4단계 기술들을 필요로 한다.

첫째, 가장 중요한 '센서 기술'이다. 센서 기술이란 인간의 오감을 대신해 서 정보를 수집하는 장치(device)라 할 수 있다. 센서 기술의 생명은 아날로그 형태인 사물들의 상태나 동작을 디지털 형태로 인지할 수 있는가 하는 것이 다. 오래 전부터 온도 · 습도 · 열 · 가스 · 조도 감지장치에서부터 레이더, 위 치추적, 모션 · 영상 센서 같이 다양한 유 · 무형 정보들을 감지할 수 있는 물 리적 센서들은 있어왔다. 그러면서 지속적인 감지능력과 정확성을 제고시키 면서 발전해 왔다. 최근에는 표준화된 인터페이스와 정보처리 능력을 내장 시켜 인간의 오감을 넘어서는 스마트 센서 기술들도 등장하고 있다. 마이크 로 센서기술에 반도체기술을 결합한 스마트 센서들이 우수한 데이터 처리 능력과 메모리기능, 판단기능 등을 보유하게 된 것이다. 특히 스마트 센서 장 치들이 모바일 폰에 탑재되면서 스마트 폰이 센서 기술의 중심이 되고 있는 느낌이다. 여기에 머물지 않고 감지된 데이터로부터 정보를 추출하는 가상 센서 기능들도 속속 등장하고 있다. 이로써 독립적이고 개별적인 센서 수준 을 넘어 다중화된 센서기능을 통해 더 지능적이고 고차원적인 정보를 감지 ·

도출할 수 있게 되었다. 이처럼 센서 기술은 초기 '물리적 센서'에서 '가상 물리적 센서'로 진화해 왔고, 향후에는 부여된 목적에 따라 영역별 · 개인별 맞춤형 정보를 감지 · 수집하는 '지능형 센서'로 진화할 것으로 보인다.

[그림 2] 센서기술의 진화

둘째, 수집된 데이터를 저장하고 처리하여 다양한 정보와 솔루션을 도출하는 '서비스 인터페이스(service interface) 기술'이다. 인터페이스 기술은 사물인터넷 독자기술이 아니라 데이터를 저장하는 '클라우드 기술'이나 저장된 데이터를 분류 · 처리하는 '빅데이터'나 '인공지능' 기술과 연관되어 있다. 스마트 폰 같은 단말장치에 사물을 감지하고 즉각 대응할 수 있는 장치들을 미들웨어(middle wear) 형태로 내장시킬 수도 있지만 고지능 솔루션을 도출하려면 방대한 데이터를 처리할 수 있는 빅데이터와 인공지능에 의존할 수밖에 없다. 그렇지만 한 개 혹은 몇 개의 저장장치로는 그 많은 데이터를 모두 저장할 수 없으므로 클라우딩 서비스나 분산된 형태로 저장해야만 한다. 또 저장한 데이터를 언제 어디서나 어떤 디바이스를 가지고도 접속할 수 있어야 한다. 물론 장기적으로는 단말장치에서 순간적으로 데이터를 감지 · 분석해 즉각 대응할 수 있는 기술들이 개발될 것이다.

셋째, 수많은 사물들을 연결해 데이터와 도출된 솔루션들을 전송할 수 있는 네트워크 통신기술이 필요하다. 무엇보다 수집된 엄청난 양의 데이터를 신속하게 전송할 수 있어야 하고, 도출된 정보나 솔루션을 연결된 사물기기에 안정적으로 피드백 할 수 있어야 한다. 특히 다양한 형태의 사물들을 연결하기 위해서는 고성능 무선통신네트워크가 절대 필요하다. 5세대 이동통신이 사물인터넷을 가능하게 하는 기반이라고 하는 것도 이런 이유 때문이다. 또 다른 기술방식과 네트워크를 활용하는 다양한 기기들을 통합하는 것도 중요하다. 방식이 다른 네트워크를 이용한다면, 사물인터넷에 연결된 기기들의 효율성이 크게 저해될 수밖에 없다. 예를 들어, 한 공동주택 내의 개별 가구들이 사용하는 스마트 홈 접속 네트워크와 방송 네트워크 그리고 공동주택 관리 시스템 네트워크가 서로 다르다면, 사물인터넷의 효과는 크게 약화될 것이다. 네트워크 간 연동기술과 사물인터넷의 표준화 문제가 중요한 정책이슈로 부각되고 있는 이유가 이 때문이다.

기간통신망과 더불어 개별 사물들을 최종적으로 연계할 수 있는 와이파이(WiFi), 블루투스(Bluetooth), 지그비(Zigbee) 같은 개인무선통신망(WPAN, Wireless Personal Area Network) 문제가 부각되는 것도 같은 이유다. 2010년에 시작된 '저전력 블루투스(BLE, Bluetooth Low Energy)' 기술은 웨어러블 기기와 비콘(Beacon) 시장을 획기적으로 증가시켰으며, 2017년 개발된 플러딩(Flooding) 기반의 '블루투스 메쉬(Bluetooth Mesh)' 기술은 스마트 조명 시장에서 크게 주목받고 있다.

넷째, 사물인터넷을 이용하는데 필요한 어플리케이션과 플랫폼 기술이다. 물론 산업용이나 공공 사물인터넷은 이에 접근할 수 있는 별도의 제어장치나 플랫폼접근 장치들이 필요하다. 또한 스마트 홈이나 스마트TV 같은 경우에도 이용자들의 접근성과 편의성을 제고하기 위한 사용자인터페이스·사용자경험이 매우 중요해지고 있다. 실제 스마트TV 시장에서 경쟁하는 제조업자들은 사용자인터페이스·사용자경험 개발에 엄청난 비용을 투자하고 있다. 스마트폰의 음성인식, 홍채인식 같은 기술이나 애플의 '시리' 같은 음성인식비서, 구글의 '에코'나 아마존의 '알렉사' 같은 인공지능스피커들은 모두 사용자인터페이스·사용자경험을 극대화한 기술이다. 향후 홀로그램 가이드나 홀로그램 TV가 등장하게 되면, 사물인터넷의 성능은 더욱 빨리 진화할 것으로 생각된다.

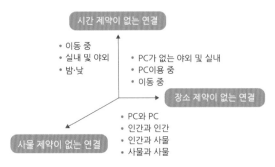

[그림 3] 사물인터넷의 초연결성

이처럼 사물인터넷 관련 기술들이 발전을 거듭하면서, 사물인터넷 시장이 급속히 확대되고 있다. 그렇지만 많은 사물인터넷 접속기술들이 모바일 스마트 폰의 어플리케이션 형태에 집중되어 있다. 때문에 모바일 폰은 사물인터넷의 데이터 전송과 이용자들에게 솔루션을 제공하는 역할을 수행하는 독보적 단말장치가 되고 있다. 스마트 워치나 다양한 웨어러블 단말들이 속속 개발되고 있는 것도 이 때문이다. 사물인터넷이 시간·공간·대상에 대한 제약이 없이 초연결된 기술이 되려면 결국 '이동성'이 절대적이라는 것으로 보여주는 것이다.

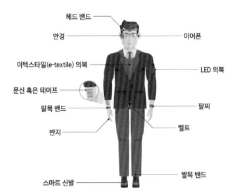

[그림 4] 다양한 웨어러블 디바이스

*출처 : 삼성뉴스룸 인용

사물인터넷의 활용

사물인터넷은 연결되는 사물들의 범위나 사물들 간의 상호작용성, 축적된 데이터, 도출된 정보의 이용가능성 등이 모두 충족되어야 한다는 점에서 기존의 네트워크와는 크게 다르다. 그러므로 사물인터넷은 여러 4차산업혁명 기술들이 가지고 있는 특성들이 모두 필요한 기술이라 할 수 있다. 그런 맥락에서 4차산업혁명의 '초연결성'과 '초지능성' 그리고 '자동화'와 관련해 사물인터넷의 특성들을 살펴보자.

여러 차례 강조하지만 인공지능이나 빅데이터의 엄청난 위력은 '초연결성'에서 나온다. 그 초연결성의 최말단에 사물인터넷이 존재한다고 할 수 있다. 2015년 문화·정보기술 전문회사인 가트너는 '2009년에 9억 개 정도의 디바이스가 인터넷에 연결되었던 것이 2020년에는 500억 개가 넘을 것으로 예측하였다. 이는 가트너보다 1년 먼저 250억 개라고 했던 로렌쯔(Lorenz) 전망의 두 배가 넘는다. 이런 추세라면, 향후 5년 안에 1,000억 개가 넘는 디바이스들이 사물인터넷에 연결될 것이 확실하다. 그 이유는 연결된 디바이스가 늘어날수록 소요되는 비용(cost)은 줄어들지만, 연결로 인해 기대할 수 있는 혜택(benefit)은 기하급수적으로 증가하는 네트워크 효과 때문이다. 네트워크의 가치는 "네트워크에 참여하는 구성원 수의 제곱에 비례한다"는 '메칼프의 법칙(Metcalfe's Law)'이 작동하는 것이다. 그렇게 되면 현재 오프라인에 존재하고 있는 모든 사물들은 더욱 자발적으로 사물인터넷 네트워크에 연결하려고 하는 현상이 가속화될 것이다.

이미 사물인터넷에 연결된 디바이스의 성장은 경이적이다. 사물인터넷의 확장을 주도하는 디바이스에는 개인이용자들의 웨어러블 디바이스, 스마트홈, 가전 사물인터넷, 스마트 시티, 에코시스템, 인터넷 상거래, 산업·생산용 사물인터넷 그리고 스마트 자동차 등 다 거론하기도 힘들다. 여기에 스마트 공장이나 스마트 팜 같은 산업용 사물인터넷들도 급속히 확장되고 있다.

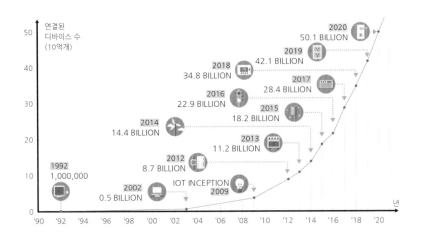

[그림 5] 글로벌 인터넷 연결 장치 성장 추이

최근에는 사물인터넷 연결 분야가 정치·사회·문화 등 비경제 영역까지 확산되고 있다. 특히 신체에 장착해 스마트폰과 연계하여 사용하는 스마트 웨어러블(smart wearable)은 엄청난 속도로 성장하고 있다. [그림 5]에서 볼 수 있듯이, 사물인터넷이 급속히 팽창하기 시작하는 '결정적 다수(critical mass)' 도달시점인 2012년 최초의 스마트 웨어러블 스마트 워치가 상용화된 해라고 할 수 있다. 물론 이전에도 네트워크와 연계되지 않고 독립적으로 구동되는 웨어러블 디바이스(wearable device)들은 있었다. 스마트 워치 출시 다음 해인 2013년 조사된 웨어러블 디바이스 시장규모는 밴드 439만대, 스마트워치 230만대로 총 670만대 수준이었다. 하지만 4년 뒤인 2017년에 스마트 워치 720만대, 밴드 500만대, 글래스 100만 대로 1,300만 대를 넘는 것으로 추정되고 있다.

이처럼 사물인터넷은 양적으로는 물론이고 질적으로도 급속 진화하고 있다. 몸에 착용하는 방식도 팔목시계형을 벗어나 밴드형·안경형·신발형·피복형 등으로 다양해지고 있다. 향후에는 신체에 부착하거나 생체에 이식하는 형태도 나올 것이다. 인간 생체 관련 센스로 연결된 사물인터넷을 '생체인터넷(IOB, Internet of Biology)'이라고 지칭하기도 한다. 뿐만 아니라 스마트 칫솔, 아기 돌봄 디바이스, 자전거 등 거의 모든 사물들이 인터넷에 연결되어 지능형으로 진화하고 있다. 특히 생체인터넷 디바이스들은 활동량, 심박 수 같은 인간의 생체리듬과 관련된 데이터들을 실시간으로 감지하고, 생체이식형 디바이스들은 각종 체내장기들의 작동상태를 오프라인 건강프로그램과 연결하는 헬스케어(health care)나 원격진료 등을 가능하게 해줄 것이다. 우리나라에서는 어려움을 겪고 있지만, 헬스케어의 성장속도는 엄청나다. 미국의 경우, 2008년에 9.4%에 불과했던 디지털의료기록(digital health record) 사용 의료기관이 2018년에는 95% 이상으로 거의 100%에 근접하고 있다. 이에 따라 헬스케어 역시 연평균 40% 이상 성장률을 보이고 있다. 구글을 비롯한 아마존, 애플 같은 플랫폼사업자들은 헬스케어사업 진출을 위한 다양한 인수·합병을 적극 추진하고 있다. 아마존은 2018년 6월 약품 배송 스타트업 기업인 '필팩(PillPack)'을 인수해 환자들이 테스트 도구를 집으로 배송 받아 병원에 방문하지 않고 모바일·PC 등을 통해 질병을 진단받고 약까지 처방 받을 수 있는 헬스케어 서비스사업에 진출하였다. 애플은 환자 스스로 건강상태를 점검할 수 있는 헬스 응용프로그램 '애플 헬스 레코드(Apple Health Record)'를 39개 병원에서 시작하였다. 이를 위해 애플워치에 심전도·심박 수·운동량을 자동으로 감지할 수 있는 기능을 추가했다. 2013년부터 총 186건의 헬스케어 관련 특허를 출원해 온 구글의 모회사 알파벳은 방대한 데이터 네트워크와 인공지능을 활용해, 유방암·심장마비·뇌졸중 등을 감시할 수 있는 알고리즘 개발에 성공했다. 또 구글 제니믹스(Genimics)는 제놈 정보를 저장하고 처리하는 오픈 소스 툴도 개발하고 있다.

사물인터넷의 초연결성은 초지능성과도 밀접히 연관되어 있다. 사물 인터넷은 네트워크로 연결된 사물들과 상호작용을 통해 다양한 정보·지식들을 생산·공유·활용하는 기술이기 때문이다. 물론 정보나 지식의 생산은 인공지능이나 빅데이터 같은 지능형 기술들의 몫이다. 스마트 웨어러블 디바이

[그림 6] 국내 최초의 스마트 워치

[그림 6] 국내 최초의 스마트 워치

2006년 세계 최초로 블루투스를 이용해 스마트폰과 연결된 '소니에릭슨 MBW-150'가 시판된 이후 2008년 국내 최초로 선보인 '프라다2' 핸드폰. 처음에는 스마트폰 증정품으로 제공되었다가 나중엔 별도 출시되었다. 이후 국내외에서 다양한 웨어러블 디바이스들이 출시되었다.

스 같은 사물인터넷의 성능을 보장하는 것은 스마트한 지능형 솔루션을 얼마나 제공할 수 있는가에 달려 있다. 현재 사물인터넷에 가장 많이 연결되어 있는 디바이스는 스마트폰·컴퓨터·태블릿, 그리고 텔레비전 같은 전자 장비들이다. 그렇지만 점차 가정이나 사무실 장비들도 디지털화되면서 이를 통합적으로 운영하고 편의성을 높이는 스마트 플랫폼으로 진화하고 있다. 특히 스마트홈 기술은 스마트폰으로 가전조명·에어콘·가전제품 등을 원격 조정할 수 있는 주요한 플랫폼이 되고 있다. 국제전자제품박람회(CES, Consumer Electronics Show) 등 각종 디지털 장비전시회에서 스마트 홈은 우리나라의 삼성·엘지를 비롯한 전 세계 가전제조사들은 물론이고 IT·통신업계까지 경쟁하고 있는 최대 격전장이 되고 있다. 스마트 홈 시장경쟁은 각종 디바이스들을 연결해 지능적으로 제어하기 위한 스마트TV와 음성인식 지능형 스피커에 집중되어 있다.

최근에는 자동차에 사물인터넷을 내장하는 스마트 카 역시 새로운 사물인터넷 산업으로 각광받고 있다. 이미 자동차 상태감시와 관리는 스마트폰을 통해 가능하고, 주행과 관련된 정보들이 자동으로 축적·저장되어 사용되고 있다. 그렇지만 스마트 카의 최종 단계는 무인자율주행차라 할 수 있다. 자율주행차는 기존 자동차 기술에 IT · 통신 · 반도체 · 인공지능 · 빅데이터 그리고 로봇기술까지 3,4차 산업혁명 기술들이 모두 연관된 디바이스다. 20세기에 자동차가 기계 · 화학 · 전자 · 전기 공학 등 제조업의 종합판이었다면, 자율주행차는 21세기 첨단과학의 종합판이라 할 수 있다. 무인자율주행차는 초연결성과 초지능성 이외에도 실시간성(real-time)도 요구된다. 정보처리 속도와 함께 매우 정밀한 실시간 통신이 가능해야 한다. 2019년에 구글은 자율주행차 생산 공장을 설립하였고, 애플 역시 자율주행차 개발에 박차를 가하고 있다. 물론 상용화를 위해서는 무인자율주행차의 안정성이나 사고 관련 책임소재 같은 문제들이 해결되어야 한다. 또 기존 자동차산업이나 교통서비스 종사자들과의 갈등도 진입 장벽이 될 수 있다.

이외에도 사물인터넷은 스마트 공장, 스마트 농장 등 다양한 산업영역에서 활용되고 있다. 생산 · 제조 라인을 인터넷으로 연결해 불량률 · 설비 효율성 같은 다양한 데이터들을 실시간으로 분석하여 생산성을 향상시키는 것이다. 생산라인의 스마트화는 오래전부터 사용된 자동화시스템에 익숙해 그렇게 새롭게 느껴지지 않는 것이 사실이다. 이 보다는 생산라인과 소비자의 구매의사를 연계해 생산 · 유통 · 소비절차의 효율성을 제고하는 수단으로 사물인터넷을 이용하는 시스템 수요가 더 클 것으로 생각된다. 글로벌 유통시장을 확대해가고 있는 아마존이나 다양한 오프라인 사업체들을 인수 · 합병하고 있는 구글의 성공여부는 결국 자신들이 개발한 인공지능과 빅데이터를 얼마나 사물인터넷에 효율적으로 연결하느냐에 달려있다고 할 수 있다. 최근에 미국의 월마트나 우리나라의 이마트가 급속히 수익률이 낮아지고 경쟁력이 약화되는 것도 사물인터넷의 위력을 여실히 보여주는 부분이라

[그림 7] 구글 자율주행 자동차

자율주행자동차는 4차산업혁명 기술들이 모두 결집된 종합 디바이스가 될 가능성이 높다.

생각된다.

한편 최근 사물인터넷을 가장 적극적으로 도입·응용하고 있는 곳은 공공부문이다. 환경이나 에너지, 교통 시스템, 재난 방지 등에 4차산업혁명 기술들을 적극적으로 활용하기 시작했다. 구글이 30억 달러에 사들인 '네스트 러닝 서모스탯(Nest Learning Thermostat)'은 미국 텍사스 오스틴에서 빌딩 온도조절을 통해 전력사용량을 줄인 기술이다. 또 지진이나 산불 같은 재난을 미리 예측·대비하는 시스템들은 이미 여러 곳에서 상용화되고 있다. 미국 캘리포니아 지질연구소는 300여개 이상의 지진 센서를 설치해 사전 경보시스템이 자동적으로 가동되도록 하고 있다. 여기에 그치지 않고 메탄가스나 CO_2 농도나 산업폐기물들도 실시간으로 감시·대응하는 시스템에도 이용되고 있다. 우리나라에서도 센서를 통해 미세먼지 농도를 사전에 예고해주는 시스템들이 개발되어 사용되고 있다. 많은 나라들이 사물인터넷을 이용해 빌딩·다리와 같은 구조물들의 상태를 실시간으로 모니터링하는 미래형 도시 즉, '스마트 시티' 프로젝트를 추진하고 있다.

사물인터넷의 과제

사물인터넷은 정보혁명과 4차산업혁명을 구분 짓는 중요한 기술이다. 그렇지만 사물인터넷이 제대로 작동하기 위해서는 몇 가지 난제를 해결해야 한다. 첫째, 국제적으로 가장 큰 쟁점이 되고 있는 표준화 문제다. 사물인터넷은 수많은 종류의 디바이스들과 사물들이 다양한 플랫폼에서 상이한 프로토콜을 이용하면서 성장해왔다. 이 때문에 사물인터넷은 표준이 정해진 후에 기술이 확산되는 하향식(top down) 방식이 아니라, 많은 사물들이 서로 다른 네트워크를 통해 사물인터넷에 연결되고 다시 네트워크 간 결합이 이루어지는 상향식(bottom-up) 방식으로 성장했다. 그 결과 플랫폼 혹은 네트워크 간에 존재하는 '프로토콜 이종성(protocol heterogeneity)'은 연결된 디바이스들의 상호운용성을 어렵게 만들고, 결국 사물인터넷의 효과를 저해시키고 있다. 이 때문에 사물인터넷의 표준화를 위한 국제적 논의들이 이어지고 있다. 사물인터넷 표준화와 관련된 기구에는 국제통신연맹(ITU, International Telecommunication Union)이나 국제표준화기구(IOS, The Internationalization Organization for Standardization) 같은 통신기술 표준관련 범용기구들과 원엠투엠(oneM2M), 유럽전기통신표준협회(ETSI, European Telecommunications Standards Institute), 3세대 동반 프로젝트(3GPP, 3rd Generation Partnership Project), 미국전기전자학회(IEEE, Institute of Electrical and Electronics Engineers), 인터넷엔지니어링태스크포스(IETF, Internet Engineering Task Force) 같은 분야별 혹은 지역별 관련 기구들이 있다.

그렇지만 사물인터넷 표준화와 관련해 주도권은 범용 기구들이 아닌 분야별 혹은 지역별 기구들의 쥐고 있다. 이 기구들이 사물인터넷과 관련된 특허들을 많이 소유하고 있기 때문이다. 유럽전기통신 표준화기구와 무선통신 관련 국제표준화 기술협력기구인 '3세대 동반 프로젝트가 각각 58개와 45개(2016년 기준) 특허를 가지고 있어 표준화에 가장 강력한 영향력을 행사하고 있다. 사업자들도 사물인터넷 관련 특허 획득을 위해 경쟁하고 있는데, 우리나라는 미국, 중국에 이어 세 번째로 많은 특허를 가지고 있다. 우리나라의 특허는 kt · 삼성 · 엘지 같은 민간기업들이 주도하고 있고, 분야도 주로 네트워크 제어 및 관리 분야에 집중되어 있다. 이러한 사물인터넷 관련 표준화 경쟁은 1970~90년대 컬러텔레비전 · HDTV · 디지털방식 · 이동통신 표준화 등에서 있었던 기술 주도권을 획득하기 위한 갈등이 재현되는 모습이다.

둘째, 사물인터넷 뿐 아니라 4차산업혁명의 가장 큰 위험요인은 정보보안과 관련된 문제다. 특히 사람과 사물이 연결되는 사물인터넷의 보안 문제는 가장 우려되는 부분이다. 24시간 우리를 감시하고 있는 CCTV영상은 물론이고 사용자의 건강 및 병력, 구매이력 및 재산상태 같은 프라이버시 침해가 빈번히 그리고 조직적으로 발생할 수 있기 때문이다. 사물인터넷은 엄청나게 많은 개인들의 사적정보들과 단체·조직·기업들의 정보를 수집·저장·활용한다는 점에서 위험성이 더 크다.

정보보안 특히 프라이버시 침해와 관련된 우려들은 1970~80년대 정보사회 진입 초기부터 제기되어 왔다. 특히 개인 정보기술들은 개인을 감시·통제하는 수단으로 이용될 수 있다는 비판이 많았다. 정보감시장치로 무장한 조지 오웰(George Owell)의 '빅브라더'가 다시 등장할 수도 있다는 주장들도 있었고, 벤담의 원형감옥 같은 '자발적 감시사회'가 될 수도 있다는 주장도 있었다. 심지어 정보사회는 완벽한 감시사회(surveillance society)라고 규정하는 사람도 있다. 영국의 정치학자 앤서니 기든스(Anthony Giddens)는 정보기기에 자신의 사적 정보들을 노출시키면서 얻어지는 편리함이나 혜택 때문에 자발적으로 감시기구에 편입된다는 주장을 펴기도 하였다. 실제로 인터넷 쇼핑의 할인혜택이나 무료 콘텐츠 접근을 대가로 개인정보를 노출을 요구하는 것을 온라인에서 쉽게 볼 수 있다. 이처럼 자발적으로 제공된 개인정보들은 빅데이터와 인공지능에 의해 분석해 경제적 가치를 지닌 정보를 만들어 상업적으로 활용되고 있다. 구글의 광고로봇 애드센스나 페이스북의 맞춤광고는 이처럼 개인들의 사적 정보들을 수집·분석해 만들어낸 결과물이다.

저작권 같은 지적 재산권만 상업적 재화로 변형되지 않고 개인의 프라이버시 정보들도 경제적 가치를 지닌 재화로 활용되는 것은 정보사회에서부터 있어 왔다. 문제는 4차산업혁명 기술들은 법과 제도를 통해 이러한 문제를 완전히 예방하기 어렵게 만든다는 것이다. 현재 인터넷 공간에서 발생하는 개인 프라이버시 침해 현상들이 타의가 아니라 이용자들에 의해 자발적으로 혹은 자기도 모르게 벌어지고 있기 때문이다. 이 문제를 예방하기 위해 많은 기술적 보안장치들이 개발되고 있지만, 그때마다 보안기술을 능가하는 침해 기술들이 만들어지고 있는 것도 문제다.

셋째, 사물인터넷의 기술적 문제가 완전히 해결되지 못했다는 것이다. IT 리서치 회사인 가트너(Gartner)는 향후 더 개발되어야할 사물 인터넷기술로

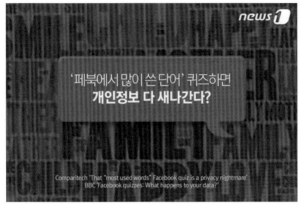

https://www.wikitree.co.kr/main/news_view.php?id=241974
페이스북 성격테스트를 클릭하게 되면 자신의 이름, 나이, 성별, 생년월일은 물론이고 친
구목록, 게시물, 사진, 학력, 출신, 거주지역은 물론이고 자신의 IP주소, 사용하고 있는 정
보기기까지 모두 페이스북이 사용하는데 동의하는 것이 된다. 전형적인 자발적 감시체제
에 편입하는 구조인 것이다.

저 전력 네트워킹 기술, 센서데이터 최적화 및 관리기술, 저 전력 임베디드
OS기술, 새로운 전력공급 및 저장기술, 저가격 저 전력 프로세스 기술 등을
들고 있다. 특징적인 것은 '저 전력' 같은 에너지 절약 관련 기술들이 많다는
것이다. 이 기술들은 CPU · 배터리 · 메모리처럼 자원 절약형 기술들과 깊이
연관되어 있다. 모든 사물이 네트워크로 연결되어 있다는 것은 각각의 사물
들이 상시 전기 에너지를 필요로 한다는 것을 의미한다. 그러므로 단말에서
전력소모를 줄이기 위한 제어기술이나 고밀도 배터리, 무선 충전기술 같은
경량화기술들이 고도화되어야 한다. 이와 함께 이동하는 사물들을 감지할
수 있는 고도화된 정밀 센서 개발과 사물과 접촉하는 단말기의 네트워크 성
능도 더 향상되어야 한다.

사물인터넷은 온라인과 오프라인을 연계하는 4차산업혁명이 완성되는 기
술이라 할 수 있다. 핵심기술인 인공지능과 빅데이터들이 효율적으로 작동
하게 하고, 인공지능과 빅데이터가 창출해 낸 정보와 솔루션들을 오프라인

사물에 연결하는 두 개의 역할을 하고 있다. 이러한 연결 기술이라는 속성 때문에 사물인터넷은 수많은 오프라인 사업들과 갈등을 유발할 수 있다. 미디어 역시 예외가 아니다. 스마트 홈, 음성인식 지능형 스피커와 음성인식비서 같은 사물인터넷 게이트웨이(gateway)들은 전통적인 미디어 환경을 위협하고 또 획기적 변화를 압박하고 있다. 특히 지능형 사물인터넷이라 할 수 있는 스마트TV와 음성인식 지능형 스피커는 IT 사업자들은 물론이고 가전제품제조사, 통신업자들까지 가세해 시장을 선점하기 위한 경쟁이 치열해지고 있다. 물론 넷플릭스 같은 OTT 사업자들의 맞춤형 콘텐츠 추천서비스도 사물인터넷 없이는 불가능하다. 향후 본격적으로 사물인터넷이 미디어 영역에 진입하게 되면, 콘텐츠 추천수준을 넘어 콘텐츠를 재편집한 내용을 개인에게 맞추어 제공하는 '나 홀로 TV' 시대를 열게 될 지도 모른다.

클라우드 컴퓨팅

컴퓨터는 하드웨어와 소프트웨어 그리고 데이터나 결과물을 저장할 수 있는 장치로 구성되어 있다. 컴퓨터 본체를 구매했다 하더라도 소프트웨어들은 본체 안이나 별도 저장장치에 저장해 놓아야 한다. 더구나 최근에는 소프트웨어의 종류도 많아지고 또 대용량화되고 있다. 따라서 개인이 필요한 소프트웨어를 모두 소유하거나 내장시키는 것이 점점 어려워지고 있다. 더구나 컴퓨터 기기들이 소형화되고 모바일 기기 의존도가 커지면서, 저장할 수 있는 용량도 제한될 수밖에 없다. 또 중요한 데이터나 소프트웨어를 각자 보관하면서 발생할 수 있는 손실·분실·도난 같은 문제도 발생할 수 있다. 물론 사무실마다 개인별로 설치된 컴퓨터 안에 데이터나 프로그램들을 설치해 관리하는 것도 쉽지 않고 비용도 증가하고 있다. 더구나 빅데이터나 인공지능과 연동된 소프트웨어나 관련 프로그램들은 이전과 비교가 되지 않을 정도의 대용량인 경우가 많다.

이런 문제를 해결하기 위해, 개별적으로 저장해 사용하던 소프트웨어나 데이터를 가상의 공간에 저장해 놓고, 필요할 때 마다 꺼내서 사용하도록 만든 기술이 '클라우드 컴퓨팅(cloud computing)'이다. 클라우드 컴퓨팅을 이용하면, 필요한 소프트웨어를 개별 컴퓨터에 설치할 필요도 주기적으로 업데이트할 필요도 없다. 필요한 경우에만 사용하므로 이용 빈도가 낮은 소프트웨어를 비싸게 구입할 필요도 없고, 개별 컴퓨터나 사무실에 별도의 저장시설을 갖추지 않아도 된다. 또 직장이나 사무실 컴퓨터에서 작업하던 문서를 따로 저장해 이동할 필요도 없고, 데이터가 소멸되거나 손상될 위험도 크게 줄어들 게 된다.

'클라우드 컴퓨팅'은 절대 새로운 개념이나 기술이라고 할 수 없다. 1980년대 초 · 중반 처음 컴퓨터가 등장했을 때, '더미 터미널(dummy terminal)'이라 불렀던 입 · 출력 기능만 있는 단말기로 중앙의 대형 컴퓨터에 저장된 소프트웨어와 자료들을 이용해 전산작업을 수행하였다. 이 방식은 개인용 컴퓨터가 상용화되고 성능이 향상되면서 사라졌다. 퍼스널 컴퓨터 등장 이후 사

[그림 9] 컴퓨팅 환경의 변화

	개인용 컴퓨팅	서버-클라이언트	클라우드 컴퓨팅
데이터위치 및 컴퓨팅 주체	개인용 PC, 노트북	서버/클라이언트	클라우드 서버 (온라인)
지원구매/폐기	이용자	이용자	서비스 제공자
사용자 컴퓨터 설치 SW	OS, 응용S/W	OS, 응용S/W 클라이언트	클라이언트(웹브라우저)
데이터의 소유 및 관리	소유와 관리가 동일	소유와 관리가 일부 분리	소유와 관리 분리
제공 서비스	오프라인 컴퓨팅 서비스	기본 인터넷 서비스 (웹, FTP, 이메일 등) 응용인터넷서비스 (웹하드, SBC, ASP 등) IT융합서비스 (VoIP, IPTV 등)	가상 서버/데스크탑 서비스 스토리지 제공 서비스 SW임대 서비스 등

＊자료 : 클라우드 서비스 정보보호 안내서, KISA, 2017

람들은 개별 컴퓨터 안에 소프트웨어와 데이터를 저장하여 배타적으로 사용하게 된 것이다. 하지만 인터넷 고도화와 더불어 컴퓨터 등장 초기의 더미 터미널 형태와 유사한 클라우드 컴퓨팅이 등장하게 된 것이다. 개인 컴퓨터에 소프트웨어와 데이터를 보관하는 방식과 서버를 통해 필요한 프로그램들을 임대해 사용하던 '서버-클라이언트 방식'에서 벗어나, 클라우드 운영사가 저장해 놓은 IT관련 서비스들을 필요할 때 마다 임대해 사용하는 방식으로 진화한 기술이 '클라우드 컴퓨팅'이다.

'클라우드 컴퓨팅'은 말 그대로 "구름(cloud)같이 무형의 형태로 컴퓨팅, 스토리지, 소프트웨어, 네트워크 같은 자원들을 인터넷을 통해 필요할 때마다 빌려서 쓰고 비용을 지불하는 서비스 혹은 기술"을 말한다. '클라우드'라는 이름은 인터넷 저장 자원들을 '하늘에 떠있는 구름'처럼 표현했기 때문에 붙여진 것이다. 인터넷을 통해 이용할 수 있는 각종 자원들이 구름 같다는 의미다. 2015년 제정된 '클라우딩 컴퓨터 발전 및 이용자 보호에 관한 법률' 제2조 1호에 "직접 공유된 정보통신기기, 정보통신설비, 소프트웨어 등 정보통신자원들을 이용자의 요구나 수요 변화에 따라 정보통신망을 통하여 신축적으로 이용할 수 있도록 하는 정보처리체계"라고 정의하고 있다. IT 관련 서비스들을 사용자가 직접 소유·관리하지 않고 분리 저장해 필요할 때 사용하는 시스템인 것이다.

클라우드 컴퓨팅의 유형 및 현황

클라우드 컴퓨팅은 제공되는 서비스에 따라 크게 세 가지 유형으로 나뉜다. 첫째, 서버·스토리지 같은 하드웨어 자원을 임대·제공하는 아마존 '심플 스토리지 서비스(Simple Storage Service)', 삼성SDS의 '유즈플렉스(Useflex)', 케이티의 '유클라우드(ucloud)', 네이버의 '엔드라이브(N drive)' 같은 '인프라서비스(IaaS, Infrastructure as a Service)', 둘째, 소프트웨어 개발에 필요한 플랫폼을 임대·제공하는 리눅스(Linux), 아파치(Apache), 마이크로소프트의 윈도우 아주르(Window-Azur), 문서작성 및 계산 기능을 제공하는 구글 앱스(Google-Apps) 같은 '플랫폼서비스(Paas, Platform as a Service)', 셋째, 이용자가 원하는 소프트웨어를 임대·제공하는 아이클라우드(iCloud)나 구글 독스(Google Docs) 같은 '소프트웨어서비스(SaaS, Software as a Service)'로 분류할 수 있다. 또 서비스 운영형태에 따라, 기관·기업 내부에 서비스 환경을 구축해 내부이용자들에게 제한적으로 서비스를 제공하는 '사설 클라우드(private cloud)', 불특정 다수에게 서비스를 제공하기 위해 사업자가 구축한 '공용 클라우드(public cloud)', 두 가지 형태가 결합된 '하이브리드 클라우드(hybrid cloud)'로 구분할 수도 있다.

클라우드 컴퓨팅은 값비싼 하드웨어와 애플리케이션을 개별적으로 구매해서 시스템을 구축·운영해오던 기업이나 조직들이 비용절감 차원에서 이용량이 늘어나면서 급성장하고 있다. 가트너에 따르면, 2018년 글로벌 공용 클라우드 시장규모는 1,824억 달러이고, 2022년에는 3,312억 달러에 달하고 있다. 우리나라도 2018년 1조 9,407억 원에서 2022년에는 2조 3,428억 원으로 증가할 것으로 예측되고 있다. 이는 매년 평균 25% 정도 성장률로 IT 산

[그림 10] 국·내외 클라우드 서비스 성장 전망

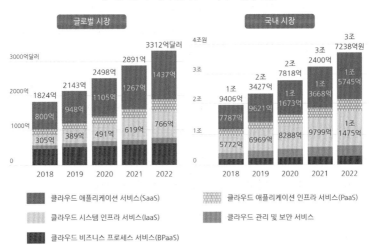

업 전체 성장률의 3배나 된다. 현재 클라우드 시장을 주도하는 것은 소프트웨어 서비스지만, 향후에는 인프라 서비스가 더 빠른 속도로 성장할 것으로 전망되고 있다. 이미 국내시장에서는 인프라서비스가 더 가파르게 성장해, 2022년에는 소프트웨어 서비스 시장과 거의 비슷한 1조 1,475억 원까지 늘어날 것으로 예상된다. 이 같은 성장 전망에 따라, 소프트웨어 개발사들도 신규 소프트웨어 상용화 전략을 '클라우드 퍼스트(cloud first)'에서 클라우드 서비스로만 제공하는 '클라우드 온리(cloud only)'로 전환하고 있다.

현재 인프라서비스와 플랫폼서비스 클라우드 시장을 지배하는 사업자는 '구글 드라이브(Google Drive)'와 '아마존 웹서비스(AWS, Amazon Web Service), 마이크로소프트(MicroSoft) 세 기업이다. 이들 글로벌 IT 빅 플레이어들이 클라우드 시장을 주도하는 이유는, 서버를 활용해 데이터를 분산·처리하는 빅데이터나 인공지능 메커니즘이 클라우드 컴퓨팅 시스템과 거의 동일하기 때문이다. 그러므로 빅데이터와 인공지능 기술을 선점하고 있는 아마존, 구글, 마이크로소프트가 클라우딩 컴퓨팅 시장을 주도하는 것은 당연한 일이다. 특히 아마존과 구글은 빅데이터 원천 기술들을 사실상 독점하고 있어 향후 지배력이 더 커질 가능성이 높다.

실제로 구글은 핵심사업인 인터넷 검색 서비스 성능개선을 위해 데이터센터 설비를 지속적으로 늘려왔다. 이러한 인프라 확장이 자연스럽게 클라우드 서비스 사업으로 이어지게 된 것이다. 개인 클라우드 서비스인 '구글 앱스'는 이메일 기능(Gmail)과 문서도구(Google Docs), 데이터 연산 기능(Google Spreadsheet) 등을 제공하고 있다. 뿐만 아니라 빅데이터 분석을 위한 온라인 소프트웨어 '빅 쿼리(Big Query)'도 제공하고 있다. '빅 쿼리'는 테라바이트급 대용량 데이터를 분석해 구글 클라우드 스토리지와 연계 이용할 수 있다. 또한 데이터 패턴을 발견하고 이를 통해 새로운 예측결과를 제공하는 구글 예측 프로그램 '구글 프레딕션 에이피아이(Google Prediction API)'도 클라우드로 제공하고 있다.

그렇지만 클라우딩 서비스의 원조는 아마존이다. 아마존은 인터넷 서점에서 출발해 서적 검색과 추천 기능을 통해 종합 인터넷 포털로 성장했다. 때문에 아마존은 서적을 포함한 방대한 상품정보와 관련된 데이터베이스를 활용한 소프트웨어들을 클라우드 서비스로 제공하고 있다. 아마존의 클라우드 서비스는 저장 장치를 빌려주는 '심플 스토리지 서비스(Simple Storage Service)', 데이터베이스를 빌려주는 '심플DB(SimpleDB)', 서버를 빌려주는 '일래스틱 컴퓨트 클라우드(Elastic Compute Cloud)', 빅데이터 분석용 프로그램 '일라스틱 맵 리듀스(EMR, Elastic Map Reduce)' 등 다양하다. 한편 마이크로소프트는 컴퓨터에 운영체제 기술을 클라우드 형태로 제공하고 있다. '윈도우 아주르'는 윈도우와 클라우드를 연계하는 혼합형 클라우드 서비스다. 우리에게 아주 익숙한 어도비(adobe)도 2012년부터 패키지 판매를 중지하고 클라우드를 통해서는 제공하고 있다. 이외에도 델(Dell) 같은 하드웨어 제조업체들도 클라우드로 서비스 제공방식을 병행하면서 하이브리드 클라우드(hybrid cloud) 시장역시 빠른 속도로 성장하고 있다.

우리나라에서도 클라우드에 접속하여 내비게이션 서비스를 이용하는 '카카오내비(KakaoNavi), 클라우드 기반으로 각종 문서작성·편집 소프트웨어를 제공하는 '폴라리스 오피스(Polaris Office), 클라우드에 접속하여 기업회계업무 시스템을 실시간으로 이용하는 '더존 스마트 에이 클라우드 에디터(Duzon Smart A Cloud Editor)' 등 클라우드 서비스들이 급성장하고 있다. 향후 클라우드 컴퓨팅기술은 정보통신 관련 모든 서비스로 확장되어 4차산업혁명의 핵심기술로 부상할 가능성도 있다.

클라우드 컴퓨팅의 주요 기술

클라우드 컴퓨팅은 크게 하드웨어나 소프트웨어 솔루션을 제공하는 공급자와 공급자에게 솔루션을 제공받아 클라우드 컴퓨팅 서비스를 운영하는 서비스 제공자, 비용을 지불하고 사용하는 자로 구성되어 있다. [그림 11]의 중앙에 위치한 서비스들은 공급업자들이 제공하는 인프라, 하드웨어, 소프트웨어들이다. 이렇게 제공받은 서비스를 운영·제공하는 클라우드 컴퓨팅 사업자들은 다양한 단말기를 통해 비용을 받고 이용자들에게 제공하게 된다.

클라우딩 컴퓨팅을 가능하게 하는 핵심기술은 여러 곳에 분산되어 있는 자원들을 하나처럼 운영하고, 또 하나로 통합된 서비스를 여러 사람이 동시에 사용할 수 있도록 하는 기술로 나눌 수 있다. 전자를 '분산처리(distributed processing)' 기술, 후자는 '가상화(virtualization)' 혹은 '다중공유(shared multiprocessing)' 기술이라 한다. 먼저 '분산처리기술'이란 여러 대 컴퓨터에서 작업을 나누어 처리하고, 그 결과를 통신망을 통해 하나로 다시 모으는 기술이다. 분산처리 기술은 다수의 컴퓨터로 구성되어 있는 시스템을 마치 한 대의 컴퓨터인 것처럼 작동시켜 규모가 큰 작업도 빠르게 처리할 수 있게 한다. 마치 인공지능 알파고가 여러 대 컴퓨터가 동시에 구동해서 얻은 기보분석 결과들을 신속히 취합·처리하는 기술과 유사하다. 그래서 클라우드 컴

[그림 11] 클라우딩 컴퓨팅 개요

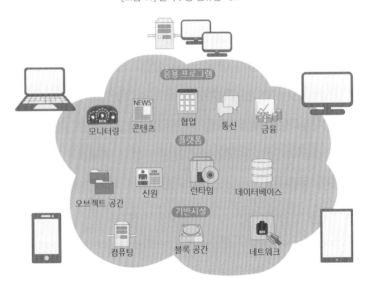

퓨팅은 인공지능이나 빅데이터 기술과 밀접히 연관되어 있다고 하는 것이다. 인공지능과 빅데이터 선도 기업인 구글과 아마존이 클라우드 서비스를 주도하고 있는 이유도 여기에 있다. 한편 '가상화'란 정보를 처리하는 하나의 서버를 여러 개의 작은 가상 서버들로 분할해 여러 이용자들이 동시에 이용가능하게 하는 기술이다. 즉, 한 개의 정보자원을 여러 사용자 그룹이 완전히 독립되어 안정적으로 사용될 수 있도록 하는 기술이다. 이 때문에 '가상화' 기술은 '다중공유(multiple sharing)기술'이라고도 한다. 가상화기술은 '서버 효용률(utilization rate)'을 높여, 소프트웨어서비스 클라우드 사업에게 특히 중요하다. 이 외에도 다양한 서비스들을 공유하는데 필요한 '오픈 인터페이스(open interface)', 외부 컴퓨터 자원을 활용하기 위한 '계량화 기술', 클라우드 서비스의 속도와 유연성을 보장하기 위한 '자원제공기술'들과 클라우드 서비스의 보안 및 개인정보 관리기술들도 점점 중요해지고 있다.

최근에는 분산된 자원들을 통합하고 다시 분할해서 이용하는 클라우딩 컴퓨팅의 효율성을 높이기 위해 개별 단말기에 센서, 저장 공간, 컴퓨팅기능, 첨단인공지능을 내장해 자율성이 높아진 '엣지 컴퓨팅 모델(Edge Computing Model)'로 진화하고 있다. '윈도우 엣지(window edge)'처럼 여러 단말장치들에 분산·저장된 데이터를 단말기에 내장된 프로그램을 통해 효율적으로 통합·처리할 수 있는 기술이다. IDC에 의하면, 2022년까지 40% 이상의 클라우드 서비스가 개별 단말기에서 인공지능 수준으로 정보를 처리할 수 있을 것으로 전망하고 있다. 클라우딩 컴퓨팅은 분산·저장된 자원들을 신속하게 모으고 다시 신속하게 이용할 수 있도록 해야 하므로 5G 같은 고도화된 네트워크가 절대 중요하다. 그렇지만 네트워크 성능이 전송해야 하는 내용물의 성장속도를 따라 잡기 어렵다는 점을 고려하면, '엣지 컴퓨팅'기술의 필요성은 더 커질 가능성이 높다.

마찬가지로 클라우딩 서비스는 분산된 엄청난 양의 자원들을 집중 저장할 수 있는 데이터센터(data center)의 수요를 폭증시키고 있다. 데이터센터는 인터넷이 활성화되면서 만들어지지 시작했지만, 클라우딩 컴퓨팅이 성장하면서 그 중요성이 더 커지고 있다. 구글은 미국 노스캐롤라이나에 있는 세계 최대의 데이터센터를 비롯해 전 세계에 13개의 대형 데이터센터를 가지고 있고, 페이스북도 미국과 북유럽들에 10여 개 이상의 데이터센터를 임대 또는 직접 운영하고 있다. 하지만 데이터센터는 냉동장치·전기시설 등에 필요한 엄청난 전기소모량 같은 문제로 에너지 효율성이나 공해 문제를 유발하고 있다. 통상 1개 데이터센터가 소비하는 전력소비량은 30개 이상의 핵발전소가 생산하는 양으로, 이 가운데 90%는 수요폭증과 정전에 대비하기 위한 예비전력이 차지하고 있다. 이 문제를 해결하기 위해 최근에는 깊은 바다 속이나 공중에 설치하는 방안들이 모색되고 있다.

클라우드 컴퓨팅과 미디어 패러다임 변화

클라우드 컴퓨팅 기술이 미디어 영역에서 활용될 수 있는 부분은 매우 광범위하다. 미디어 산업의 구조는 '콘텐츠-플랫폼-네트워크-단말기(C-P-N-D)라는 4단계 과정으로 되어 있다. 이 가운데 콘텐츠는 방송프로그램 같은 콘텐츠 제작과정을 의미하고, 플랫폼은 제작·구입한 프로그램이나 콘텐츠들을 배열 혹은 배치하는 것을 말한다. 이렇게 생산되고 편성된 콘텐츠들은 다양한 전송 네트워크(network)를 통해 최종 이용자들의 단말기(device)에 전달되게 된다. 전통적으로 미디어 사업 특히 방송 사업은 제작과 편성, 송출을 한 사업자가 수직적으로 결합해 운영해왔다. 하지만 21세기 디지털 융합시대에 들어서면서 수직적 결합체제가 붕괴되고 다수의 제작자들이 다양한 플랫폼과 네트워크를 이용해 콘텐츠를 전송하는 형태로 바뀌게 되었다. 수용자들 또한 미디어 사업자들이 정해진 시간에 정해진 콘텐츠를 보는 수동적 시청에서 원하는 콘텐츠를 원하는 시간과 장소에서 다양한 단말장치들을 통해 이용하는 능동적 시청방식으로 변화되었다.

하지만 아직까지도 미디어 시장에서는 전통적인 수직적 제공방식이 많이 남아있어 진정한 시청자 주도의 미디어 패러다임으로 완전히 전환되었다고 보기는 어렵다. 우리나라만 하더라도 유튜브나 1인미디어들이 급성장하고 있지만, 제도적으로 콘텐츠 주도권은 여전히 '본방사수'를

[그림 12] 엣지 컴퓨팅 모델

지향하는 지상파방송이나 케이블TV나 IPTV 같은 전통적인 방송미디어들이 주도하고 있다. 그 이유는 기존 미디어들이 경쟁력 있는 콘텐츠를 독과점한 것에도 있지만, 한편으로는 수직적 방송시스템을 위협할 수 있는 대안적 전송기술이 등장하지 않았던 것도 원인이다. 미디어 밸류체인에서 콘텐츠와 수용자를 매개하던 플랫폼을 우회해 경쟁할 수 있는 기술이 없었던 것이다. 1990년대 이후 방송시장에 신규로 진입했던 경쟁방송사업자들이 대부분 실패했던 것과 달리 넷플릭스나 유튜브 같은 OTT 서비스들이 미디어 패러다임 변화를 가속화시키고 있는 것과 인터넷을 비롯한 대안적 전송수단이 등장했기 때문에 가능했다고 할 수 있다.

특히 넷플릭스나 유튜브처럼 원하는 시간에 원하는 콘텐츠를 시청할 수 있는 단계를 넘어 개별 시청자가 언제 어디서나 원하는 콘텐츠에 접근·소비할 수 있는 엔스크린(N-screen) 서비스는 매우 위협적인 기술이다. 이는 인터넷 가상공간에 콘텐츠를 저장해놓고, 시청자들이 언제 어디서나 끌어서 이용할 수 있는 '클라우드 컴퓨팅'과 비슷한 방식이다. 특히 엔스크린처럼, 여러 개의 다른 형태의 단말기를 통해 콘텐츠를 이어서 보거나 여러 이용자들이 방해 없이 콘텐츠를 동시에 시청하기 위해서는 클라우드 컴퓨팅 방식

이 가장 효율적이다. 또한 구글이나 네이버 같은 독점적인 인터넷 플랫폼사업자의 중간 개입 없이, 제작자(혹은 제공자)와 이용자가 직접 거래할 수 있는 방법으로 클라우드 서비스는 각광받을 수 있다. 심지어 애플의 아이오에스(iOS), 구글의 안드로이드, 마이크로소프트 윈도우즈 같은 주도적 운영체계(OS, Operating System)를 사용하는 플랫폼을 우회해 하이퍼텍스트 생성 언어 버전 5(HTML5, Hyper Text Markup Language 5) 기술을 사용해 클라우드 방식으로 콘텐츠를 제공하는 OTT 사업자들도 나타나고 있다. 기존 플랫폼이나 운영체계를 우회하더라도 사용기기에 관계없이 콘텐츠를 이용할 수 있는 '경계 없는(borderless)', 어떤 네트워크를 통해서도 항상 같은 품질의 콘텐츠를 제공하는 '동질적인(homogeneous)' 그리고 이용자가 원하는 콘텐츠를 연속적으로 이용할 수 있는 '끊임없는(seamless)' 서비스를 제공할 수 있게 될 것이다.

클라우딩 컴퓨팅은 미디어 제작 시스템에도 영향을 미치게 될 것이다. 일반적으로 방송콘텐츠는 스튜디오나 야외 촬영 단계, 카메라나 테이프 같은 저장장치에서 편집을 위한 저장장치에 업로드 하는 인제스트(ingest)단계, 그리고 가편집·진편집·후편집을 포괄하는 편집단계, 마지막으로 송출 혹은

[그림 13] 클라우드 컴퓨팅과 엔스크린 서비스

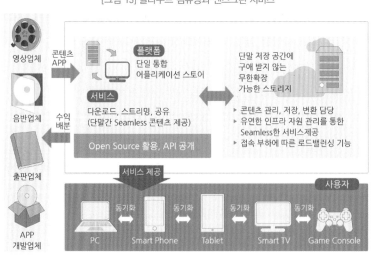

아카이브 단계로 나누어진다. 아날로그 시대에는 이 모든 단계를 VCR테이프를 이용해 순차적으로 작업이 진행되었다. 그 과정에서 데이터가 손상되기도 하고 비디오 신호에 오류도 자주 발생하였다. 이후 방송디지털화가 이루어지면서 VCR테이프 대신에 네트워크로 파일을 전송하고 저장·공유하는 방식으로 변화되었다. 그럼에도 후편집과정에서는 여전히 비디오테이프가 활용되었고, 최종 완성본도 비디오테이프 형태여서 완전한 디지털화라고 보기 어려웠다. 특히 2000년대 초반까지도 HD파일들의 용량을 편집장비들이 감당할 수 없어 비선형편집에 어려움이 많았다. 클라우딩 컴퓨팅은 개별 저장장치 대신에 인터넷공간에 제작파일들을 저장해 놓고, 제작과정에서 필요할 때마다 꺼내 작업하면 된다. 특히 UHDTV나 가상·증강현실처럼 대용량 콘텐츠와 특화된 프로그램들이 필요한 콘텐츠들을 편집·가공하는데 들어가는 비용을 절감하고, 편리하게 언제어디서나 이용할 수 있게 될 것이다. 그렇게 되면 거대한 방송시설과 장비, 물리적 저장 공간을 가진 큰 규모의 방송사 개념을 완전히 변화시킬 가능성이 높다.

[그림 14] 방송제작기반의 발전 방향

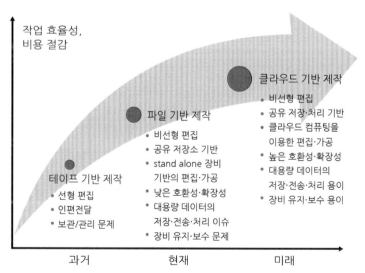

블록체인

    초기에 4차산업혁명을 선도했던 기술이 빅데이터와 인공지능이었다면, 2018년 이후 큰 관심을 모으고 있는 기술이 '블록체인(block chain)'이다. 돈 탭스콧(Don Tapscott)은 "블록체인 혁명(Block Chain Revolution)이라는 책에서, 블록체인은 고도의 네트워크 시스템 혹은 네트워크 사회에서만 가능한 시스템이기 때문에 월드와이드웹을 뛰어넘는 혁명적 개념이 될 것"이라고 주장하고 있다. 앞에서도 언급한 것처럼, 2020년이 되면 인터넷으로 연결된 사물이 200억 개가 넘고, 연결된 사물들과 관련된 데이터양이 45~50제타바이트가 될 것으로 전망되고 있다. 이렇게 되면 네트워크에 연결된 모든 사물들을 한 곳에 통합된 통제장치는 한계에 부딪칠 가능성이 높다. 또한 중앙 집중화된 정보저장·처리장치가 파괴되거나 해킹 등으로 오류에 빠질 경우에 네트워크 사회는 엄청난 혼란에 빠질 위험성이 있다. 특히 집중화된 통제시스템이 악용하게 되면 정치·사회적으로 큰 문제를 야기할 수 있다. 이런 위험성을 사전에 제어하고 네트워크 참가자들 간 직접 거래를 통해 효율성과 신뢰성을 높이는 기술이 블록체인이다.

    블록체인은 "네트워크 참가자들이 가지고 있는 유·무형 자산을 지능화된 접촉방법(smart contract)을 기반으로 거래를 투명하게 공유하는 기술"이라 정의된다. 여기서 가장 중요한 점은 '공유기술'이라는 점이다. 2000년대 인터넷 초기 상용화 단계에 등장했던 P2P(people to people) 공유기술이 업그레이드 된 것으로 볼 수 있다. 저작권 문제로 사실상 퇴출된 '소리바다'나 대표적인 불법 다운로드 기술 '토렌트' 같은 P2P 기술이 인터넷 공간에서 지적 재산권을 보호하고 거래의 신뢰성을 높이는 기술로 재등장한 것이다. 엄격히 말하면, 블록체인은 새로운 기술이 아니라 네트워크 사회의 신뢰성과 거래 투명성을 높이기 위한 것으로 이용목적이 변화된 기술인 것이다.

    현재 블록체인 기술이 가장 많이 사용되는 곳은 금융서비스 분야지만, 최근에는 거래와 관련된 다양한 분야들로 확산되고 있다. 특히 다양한 전송매체와 플랫폼들이 늘어나고 있음에도 불구하고, 확실한 수익모델이 정착되지 않은 미디어 콘텐츠 산업에서도 블록체인 기술 도입이 모색되고 있다. 디지털융합으로 콘텐츠 수요는 폭증하고 있음에도 불구하고, 불법 다운로드, 수익배분 불균형, 부정확한 시청률 같은 유통구조 문제들로 경영상의 어려움을 겪고 있다. 블록체인 기술이 제작자와 이용자 간에 콘텐츠 직거래를 가능케 해 불필요한 거래비용을 줄이고 창작자에게 합리적 대가를 지불할 수 있는 시스템을 구축할 수 있을 것으로 기대되고 있는 것이다.

블록체인의 기본원리는 분산형 네트워크의 장점을 이용하는 것이다. [그림 15]는 기존 네트워크에서의 거래방식으로, 중개자가 개입해서 거래를 성사시켜주는 방식이다. 가령 인터넷뱅킹을 통해 다른 사람에게 계좌이체를 하게 되면, 은행이라는 중개자를 거쳐야하고 그 기록도 은행 혹은 금융결재원 서버에 보관되어 있다. 하지만 오른쪽 그림은 별도의 중개자 없이 네트워크 참가자(node 혹은 miser)들끼리 직접 거래하고, 그 거래기록을 네트워크로 연결된 모든 참가자들이 각자 공유하는 것을 표현한 것이다. 전자는 '서버-클라이언트(server-client)방식'이고 후자는 'P2P 공유방식'이다. 전자의 방식에서는 모든 거래기록을 독점하고 있고 있는 중개자가 파괴되거나 해킹 당하게 되면 전체 거래기록이 소멸 혹은 오용될 수도 있다. 반면에 후자의 방식은 참여자 전체가 기록을 공유하고 있어 일부 참여자의 기록이 해킹 · 파손된다 하더라도 원 거래기록을 그대로 유지 · 복구할 수 있다. 또 거래 투명성도 높아져 거래비용이나 기회비용을 최소화할 수도 있다. 예를 들어, 중고차를 구입할 경우 네트워크상에 모든 구성원들의 장부에 그 차와 관련된 모든 이력과 연관 정보들이 보관되어 있다면, 원하는 중고차를 적절한 가격으로 구입할 수 있을 것이다. 이렇게 공유된 거래 기록들을 네트워크상의 구성원들이 각자 기록 · 저장하고, 상호 확인을 시스템을 통해 신뢰를 높이는 기술이 블록체인인 것이다.

블록체인에는 크게 누구나 접근 가능한 '공개형(public)'과 특정 조직이나 기업이 배타적으로 사용하는 '허가형(permissioned)'이 있다. 한마디로 요즘 정책적으로 논란이 되고 있는 '암호 화폐(bit coin)'를 기반으로 하는 것과 아닌 것이 있다. 이 중에 문제가 되는 것은 다수를 상대로 하는 공개형 블록체인이다. 그 이유는 블록체인 정보를 사용할 수 있는 암호가 경제적 가치를 갖고 있기 때문이다. 암호 화폐를 둘러싸고 시장과 정부정책 간에 갈등이 유발되는 이유도 여기에 있다. 개방형 블록체인의 대표적 암호 솔루션에는 '비트코인(bit cion)'과 '이더리움(Etherum)'이 있다.

[그림 15] 블록체인 개요

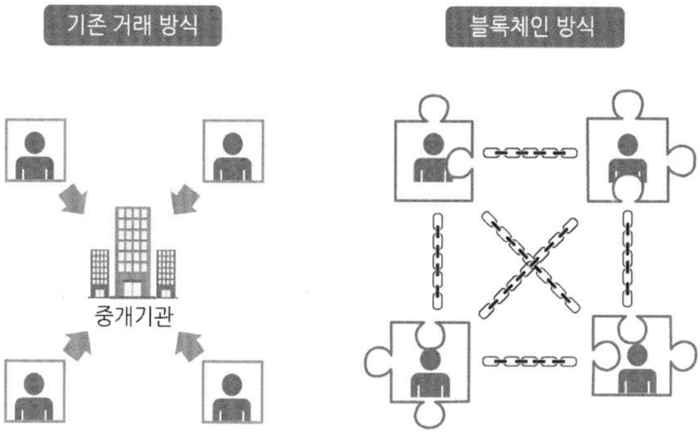

블록체인 기술과 특성

블록체인 관련 기술은 크게 각각의 참여자 혹은 네트워크에 연결된 컴퓨터기기들에 기록되어 있는 '공유거래원장(shared ledger technology)', 분산 저장되어 있는 개별 거래원장기록들 간에 합의된 정보를 도출해내는 '합의알고리즘(consensus algorithm)', 합의된 정보 혹은 기록을 블록형태로 저장할 수 있는 암호화과정인 '해시 알고리즘(hash algorithm)'으로 나눌 수 있다. 이외에도 스마트 계약(smart contract) 같은 연관 기술들도 많다.

먼저, '공유거래원장'이란 네트워크에 연결된 모든 기기(node)들이 네트워크에서 인지된 모든 거래내역들은 자신의 거래내역저장고(transaction pool)에 기록한 일종의 장부를 말한다. 거래당사자들 혹은 중개자들만 기록했던 전통적인 거래원장 방식과 가장 크게 차이나는 부분으로, 모든 거래기록을 네트워크 참여자들 모두가 기록·공유됨으로써 거래 투명성과 거래효율성을 높이게 된다. 다음으로, 개별적으로 저장된 거래원장 기록들 간에 합의를 도출하는 작업증명(proof of work)과정이 '합의 알고리즘'이다. 각각의 노드(네트워크 참여자)들이 저장한 기록들을 비교 분석해 가장 많은(통상 50%이상) 기록을 선택하게 되는데, 이를 '카운팅 파워(counting power)'라고 한다. 합의알고리즘은 다른 말로 '작업 중단 알고리즘'이라고도 하는데, 그 이유는 일정 시간마다 작업증명이 이루어지고 그 결과가 한 개의 블록으로 만들어지기 때문이다. 비트코인은 매 10분마다, 이더리움은 15분에 한 번씩 작업이 이루어진다.

이렇게 합의된 기록은 '해시 알고리즘'에 의해 하나의 블록으로 만들어지게 된다. 해시 알고리즘이란 합의된 기록과 이를 열어볼 수 있는 비밀코드 즉, 블록헤더(block header)를 형성하는 프로그램이다. 복잡한 '해시함수(hash function)'에 의해 형성된 부호 즉, '해시값(target of hash value)'을 가장 먼저 찾은 사람이 그 블록에 들어갈 수 있는 권한을 갖게 되는데, 이 권한이 비트 코인이다. 한번 형성된 블록의 해시값은 다음 블록에 추가된 기록과 함께 저장되어 [그림 16]에서와 같이 끊임없이 이어지게 된다. 블록체인이라는 이름은 바로 이렇게 연결된 블록들이라는 의미에서 만들어진 것이다. 이 때문에 블록체인은 지속적으로 연결 확대되어 사실상 해킹이나 변형이 어렵게 된다. 거래장부 내용을 위조하기 위해 앞의 블록 내용을 변경했다 하더라도, 그 다음 블록에 저장된 내용과 일치하지 않기 때문에 사실상 블록내용 변경이 불가능하기 때문이다. 당연히 고도의 암호화기술이 필요하고, 이는 블록체인의 신뢰성과 안정성을 결정짓는 중심기술인 셈이다.

[그림 16] 블록체인 구성도

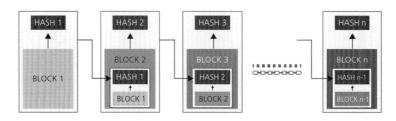

이 같은 블록체인 구조는 중앙 집중화된 서버에 의존하던 기존 방식과 달리 공유와 참여를 기반으로 하는 4차산업혁명을 주도하는 기술이 될 것으로 전망되고 있다. 어찌 보면 인공지능과 빅데이터 그리고 사물인터넷이 모두 융합된 종합기술이라고도 할 수 있다. IDC는 2018년 15억 달러 수준이었던 블록체인 시장이 매년 83%씩 성장해 2022년에는 100억 달러를 넘어설 것으로 보고 있고, 가트너 역시 2030년에는 3조 달러에 달할 것으로 전망하고 있다. 전문가들은 2025년까지 블록체인기반 플랫폼이 전 세계 GDP의 10%를 넘어설 것으로 예측하고 있다.

블록체인은 다음과 같은 장점들을 가지고 있다. 첫째, 분산형 네트워크 환경에서 거래해 제3의 중개자가 필요없어 시간과 비용을 절감할 수 있다는 장점을 가지고 있다. 또 빠른 거래 속도와 해킹 위험성이 감소하면서 보안비용도 절감될 수 있다. 둘째, 공개된 소스형태로 누구나 참여해 구축 · 연결 · 확장할 수 있다는 점에서 정보자산이 누적 · 확장되는 이점을 가지고 있다. 셋째, 모든 거래기록이 네트워크 참여자 모두에게 공유되어 합의된 결과들을 도출 · 저장할 수 있다는 점에서 높은 신뢰성을 확보할 수 있다. 넷째, 블록체인에 저장된 기록은 중간에 변경되기 어려운 불변성(immutability)을 담보하고 있어 거래과정에서 분쟁여지가 크게 줄어들고 데이터 조작으로부터 안정성을 확보할 수 있다. 그렇지만 거래검증 주체가 없다는 것은 여전히 불안한 요소로 작용하고 있다. 대량의 데이터를 처리할 수 있는 네트워크 구축이

[그림 17] 블록체인 시장 규모 전망 예측

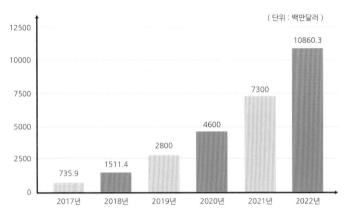

(단위 : 백만달러)

아직 미흡하고, 금융거래에서처럼 익명적 거래에 대한 제한이 많은 상황, 투명성이 도리어 프라이버시를 위협할 수 있다는 불안감 같은 것은 개선되어야 할 점들이다.

블록체인과 미디어 산업

블록체인 기술이 미디어에 적용되는 분야는 크게 세 영역으로 나누어 볼수 있다. 미디어 콘텐츠 유통 및 저작권 보호, 광고 분야, 저널리즘 분야다. 이 영역들은 디지털기술, 4차산업혁명 기술로 플랫폼이 증가하고 시장에서의 수요도 커지고 있지만, 거래 투명성이나 미디어 이용과 관련된 문제점들로 어려움을 겪고 있다는 공통점을 지니고 있다.

첫째, 콘텐츠 유통과 관련해서 많은 제작자들이 정당한 콘텐츠 대가를 보장받지 못하고 있는 문제점을 개선할 수 있을 것으로 기대된다. 기존의 미디어 플랫폼들은 물론이고 다양한 OTT 서비스들이 급증하고 있지만, 불공정한 거래는 여전히 문제점을 지적되고 있다. 하지만 블록체인의 스마트 계약방식을 활용하게 되면 콘텐츠 제작자와 소비자를 직접 연결해 투명하고 효율적인 거래가 가능할 수 있을 것이다. 콘텐츠 제작자들은 여러 매체들과 투명한 거래를 통해 최적의 수익을 모색할 수 있을 것이다. 특히 스마트 계약(smart contract)기술은 아무리 많은 복제 · 위조물들이 난립한다 하더라도 블록체인 상에서는 최초 저작권자의 권리만 보장해주게 되어 저작권 보호에 크게 기여할 수 있다. 이처럼 블록체인을 이용해 방송사업자나 플랫폼사업자를 거치지 않고, 제작자가 이용자들에게 콘텐츠를 직접 공급하고 대가를 지불하게 하는 방식을 '블록체인 디지털 콘텐츠 플랫폼(BDCP, Block Chain Digital Contents Platform)'이라고 한다. 이는 콘텐츠 제작자들이 암호화된 콘텐츠를 클라우드에 저장해 놓았다가 포털서비스를 통해 구매신청을 한 이용자들에게만 암호화된 공개키를 전송해 콘텐츠를 소비하게 하는 구조다.

　실제로 블록체인을 기반으로 전통적 미디어사업자들에게 도전하는 사업자들이 늘어나고 있다. 유튜브에게 도전장을 낸 '디튜브(Dtube)'를 선두주자로 '디슨트(Decent)', '싱귤라TV(Singular DTV)', '베라시티(Veracity)', '테타(Theta)' 등이 있다. 특히 디뷰트는 '분산 유튜브(Decentralized Tube)'라는 용어를 합성한 로고로, 코인 인센티브에 의한 보상시스템, 무검열시스템, 공정성, 광고청정구역 등을 원칙으로 하고 있다. 2016년에 처음으로 암호화폐를 사용한 '디슨트'도 콘텐츠 산업의 민주화를 목표로 책 · 뉴스 · 동영상 · 음악 등 모든 형태의 콘텐츠를 블록체인을 통해 제공하는 종합 '퍼블리싱 플랫폼(publishing platform)'을 지향하고 있다. '베라시티'는 '차세대 영상 공유 플랫폼(Next-generation video sharing platform)'이라는 슬로건으로 내걸고, 제작자-이용자 간 직거래 뿐 아니라 제작자들을 위한 클라우드 펀딩 조성, 이용자에게 광고 선택권을 부여하는 방식 등을 사용하고 있다. '테타'는 실시간 스트리밍 시스템을 통해 주문형 콘텐츠를 제공하는데, 이용자들의 광고시청행위 같은 네트워크활동 대가로 지불한 토큰을 통해 제작자들을 지원하고 있다. '싱귤러TV'는 블록체인 기반 독립 엔터테인먼트 방송국으로 비제도권 창작자를 위한 스튜디오를 설립해 저작권 · 수입관리 · 콘텐츠 유통관리를 통해 창작자 권리를 보호하

[그림 18] 블록체인 기반 영상 공유 매체들

고 양질의 콘텐츠를 생산할 수 있는 선순환구조 생태계 조성을 목표로 하고 있다. 어쩌면 블록체인을 활용한 이들 사업자들이 진정한 의미의 OTT라는 생각도 든다.

블록체인 기술이 활용되는 또 다른 미디어 영역은 광고 분야다. 그 이유는 현재 광고 산업이 봉착하고 있는 문제점들을 블록체인이 해결해 줄 것이라는 기대 때문이다. 오래된 숙제이지만, 광고 산업은 '노출효율성'과 '측정 정확성'이라는 두 가지 문제를 근본적으로 해결하지 못하고 있다. 지상파방송을 비롯한 전통 미디어들의 광고매출이 급감하고 있는 이유는, 양방향 디지털 매체들처럼 개별이용자들에게 적합한 효율적인 '맞춤형 광고(customized advertising)'를 할 수 없다는데 근본적 원인이 있다. 불특정 다수를 대상으로 일방향 콘텐츠를 제공하는 매체들을 통한 광고는 노출회피현상(zapping/zipping)으로 인해 효율성이 낮을 수밖에 없고, 시청률 같은 포괄적 노출결과만 가지고는 정확한 광고효과를 알 수 없다. 또한 인터넷이나 모바일 광고 역시 클릭수를 늘리기 위한 '바이럴 마케팅(viral marketing)'으로 인해 광고효과 신뢰도에 의문이 제기되고 있다. 투명성과 신뢰성을 담보할 수 있는 블록체인 기술은 이러한 광고계의 숙원과제를 해결해 줄 수 있을 것으로 기대되고 있다. 예를 들면, 하나의 배너물에 연동되어 등장하는 '봇(bots)'의 근원지를 찾을 수 있고, 분산원장에 남아 있는 소비자들의 매체이용이나 소비행동 관련 기록들을 통해 광고 정확도를 높일 수 있다. 실제로 '테리노(Terino)'

같은 블록체인 기반 디지털 광고 플랫폼은 '봇'의 근원지를 찾아 차단하는 기능을 하고 있다. 또한 '매드 하이브(MadHive)'는 블록체인을 이용해 OTT 광고물 관련 노출데이터를 제공하고 있고, '애드 하이브(AdHive)'는 데이터를 인공지능으로 분석해 목표수용자에 적합한 콘텐츠에 네이티브 광고(native advertising)를 활용할 수 있도록 하고 있다. 한편 '뉴욕 인터렉티브 광고거래소(NYIAX, NewYork Interactive Advertising Exchange)'는 블록체인을 기반으로 투명성과 저작권을 보호해 주는 온라인 광고미디어렙이다. 이외에도 블록체인 광고를 표방하는 '애드블럽(Adblurb)'이나 '익스체인(Exchain)' 같은 광고회사들도 등장하고 있다.

마지막으로 블록체인이 유용하게 이용될 것으로 예상되는 분야가 온라인 저널리즘 분야다. 그 이유는 최근 심각한 사회문제로 부각되고 있는 가짜뉴스 문제를 해결하는 대안이 될 수 있을 것으로 기대되고 있기 때문이다. 상호투명성과 신뢰성을 보장하는 블록체인 기술이 네트워크 참여자들의 평가를 통해 가짜뉴스를 신속하게 감시 · 판단할 수 있을 것이라 생각된다. 씨빌(Civil)이라는 블록체인 기반 뉴스 플랫폼은 저널리즘자문위원회, 관리자, 뉴스제작자, 일반 시민, 팩트 체커로 구성된 '탈중앙화 자치조직(decentralized autonomous organization)'이라는 네트워크 시스템을 통해 공유된 뉴스를 실시간으로 상호 검증하고 있다. 또 블록체인을 기반으로 하는 소셜네트워크서비스 '스팀잇(Steemit)'의 콘텐츠 보상체계도 가짜뉴스를 검증하는 데 유용한 방법이 될 수 있을 것으로 기대되고 있다. 7일간 페이스북에 올라온 기사가 받은 '좋아요' 결과에 따라 암호 화폐를 지급해 콘텐츠 고품질화를 유도하고 있다. 이 방법은 뉴스의 정확성과 품질을 제고하는 데도 이용될 수 있을 것으로 보인다.

이외에도 온라인 게임 결과에 대한 보상을 암호화폐로 지급함으로써, 게임 산업을 활성화시킬 수도 있을 것이다. 특히 가상 · 증강현실 기술이 많이 활용되고 있는 게임 산업은 결정적 다수(critiacl mass)에 도달하기 위한 초기 매니어 층 확보에 블록체인 기술이 유용할 것으로 보고 있다. 최근에는 블록체인 기술을 통해 음악 창작자와 이용자를 직접 연결하는 사업도 늘어나고 있는데, 대표적으로 '유조 뮤직(Ujormusic)'은 사용자들이 지불하는 음원 사용료를 블록체인을 통해 창작자에게 직접 지불하고 있다.

가상현실 · 증강현실

미디어 기술은 여러 형태로 진화해왔다. 오랜 기간 시 · 공간적 확대를 위한 기술발달이 주를 이루었다면, 디지털 미디어 시대에는 다채널 · 고품질 · 양방향으로 진화하고 있다고 볼 수 있다. 디지털 기술들이 다채널 미디어로, 인터넷이 양방향 미디어로의 진화를 가능하게 했다면, HDTV, UHDTV, 3DTV 같은 수신기기들은 고품질 미디어로의 진화를 보여주는 것이라 할 수 있다. 고품질 미디어란 인간이 가지고 있는 오감을 재현하거나 이용자들에게 실제와 유사한 경험을 제공해줄 수 있는 실감미디어들을 의미한다. 4차산업혁명과 관련해서는 '가상 · 증강현실(VR/AR, virtual/augmentation reality)' 기술이 여기에 해당된다 할 수 있다. '가상 · 증강현실'은 그래픽과 인간의 감각을 구현하는 디바이스 등을 활용해 이용자에게 실제와 같은 경험을 제공하는 기술들이다. 가상 · 증강현실 기술은 사물을 직접 관찰하고 직접 체험하길 원하는 인간의 욕구를 실현하기 위해 개발되었다. 직접 체험에 대한 인간의 욕구는 3D기술 발전을 이끌었고, 현재 실제와 거의 유사한 감각을 재현하는 가상 · 증강현실 구현기술로 이어지게 된 것이다.

가상 · 증강현실 기술에 대한 관심은 매우 오래되었지만, 1960년대 등장한 3면 디스플레이 '센소라마(Sensorama)'를 최초의 가상현실 개념이 적용된 장비로 보고 있다. 이후 1980년대 초 재런 래니어(Jaron Lanier)가 가상현실용 장갑 · 헬멧 · 카메라 등을 개발했지만, 기술적 한계와 비용 문제로 보편화되지 못하고 군사 · 산업 · 의학 같은 전문분야에서 주로 사용되어 왔다. 미디어 영역에서도 별도의 시청 장비를 사용해야 한다는 어려움 때문에 별도의 전용 상영관 콘텐츠나 성인물 같은 공개적으로 제공하기 어려운 콘텐츠 제작에 사용되는 수준이었다. 하지만 21세기 들어 디지털 융합기술이 발달하면서 본격적으로 개발되기 시작하였다.

지금은 가상·증강현실 기술이 낯설지 않지만, 많은 사람들이 가상·증강현실을 알게 된 계기는 그리 오래되지 않았다. 2016년 구글의 '지오팀' 40여 명이 모여 만든 스타트 업 회사 '나이언틱(Niantic)'이 출시한 '포켓몬 고(Pokémon GO)'라는 증강현실 게임이 폭발적인 인기를 모으면서부터다. '포켓몬 고'는 출시 2주 만에 3,000만 명이 이용하였고, 6개월 동안 무려 6억 명이 넘는 사람들이 앱을 다운받았다. 2004년에 출시된 페이스북가입자가 3,000만 명을 넘어 선 것이 2007년이고, 세계적으로 선풍을 일으켰던 '월드오브워크래프트(World of War Craft)' 게임은 1,200만 명이 이용하는데 6년이 걸렸던 것과 비교하면 엄청난 성과가 아닐 수 없다. '포켓몬 고'는 출시 1년 만에 월 6,500만 명이 이용하고, 12억 달러의 수익을 올렸다. 재미있는 것은 '포켓몬 고' 출시 몇 일만에 구글에서 포르노보다 더 많은 검색어가 되었다는 것이다. '포켓몬 고'의 성공은 휴대폰의 카메라 기능과 위성항법장치를 이용했고, 클라우드 컴퓨팅을 활용한 앱 작동 기술과 기억용량, 그리고 앱스토어 경제의 장점을 잘 응용한 기술이다. 하지만 무엇보다 기존의 게임소프트웨어

[그림 19] 포켓몬 고

*출처 : 포켓몬 고 공식홈페이지 갈무리

들이 편하게 앉아서 하는 것이라는 통념에서 벗어나 증강현실기술을 이용해 사람들이 실제 현실세계와 상호작용할 수 있었던 것이 성공요인이다. 이후 게임은 게임 스토리 뿐만 아니라 현실과 유사한 감각기능을 극대화하는 형태로 급속히 변화되게 된다. 가상·증강현실 게임방이 늘어나고 있고 개인용 헤드셋 판매도 급증하고 있다. 이제는 가상·증강현실은 전문영역에서만 사용되는 기술이 아니라 실감형 서비스(immersive contents)를 제공하는 대중화된 기술이 되었다.

실감형 미디어

가상·증강현실 기술을 활용한 실감형 미디어는 이용자에게 실제와 같은 감각을 재현해 준다는 점에서 기존 매체들과 큰 차이가 있다. 제한된 시청각 기술을 가지고 수동적인 관찰자 입장에 머물러있던 이용자들의 촉각·후각 등의 감각기능을 확장해, 인공 환경에서 콘텐츠와 직접 상호작용하게 함으로써 참여자로서의 경험을 가능하게 해준다. 특정 환경이나 상황 그리고 객체들을 임의로 구현시켜주고, 이용자는 이렇게 구현된 환경이나 상황에서 물리적 행위를 통해 실제인 것처럼 느끼게 하는 기술이다. 그러므로 실감형 미디어들은 그래픽이나 오감을 구현해주는 글러브, 트레드밀, 3차원 음향 같은 감각재현장치에 기반을 둔 이용자경험 기술이라 할 수 있다. 실제로 실감형 미디어들은 이용자에게 실제와 똑같은 감각 경험을 제공하기 위해 그래픽, 상호작용, 입출력디바이스, 네트워크 등 다양한 기술들을 복합적으로 활용한다. 그래픽은 양안시차를 활용한 1인칭 시점 및 3D 입체기술을 활용하고, 상호작용은 이용자의 행위나 상황을 인지할 수 있는 기술을 사용하고 있다. 또한 지속적으로 데이터를 주고받을 수 있는 네트워크와 다중감각을 구현하기 위한 센서와 착용형 디스플레이, 입체음향 등도 이용된다.

[표 2] 가상·증강현실 관련 주요 기술

	출력인터페이스	입력인터페이스	저작도구	서비스
C	공간 프로젝션, CG, 3D, 홀로그램	오감·생체인식, 동작·상황인식, 감정인식	가상·증강현실 콘텐츠 제작	가상·증강현실 콘텐츠
P	물리 시뮬레이션 엔진	상호작용	게임 엔진	스토어(유통) 사용자 피드백
N	온라인 가상공간 가상화		온라인 가상현실 서비스	
D	디스플레이, HMD, AR Glass, 모션	카메라, 리그, 센서(햅틱 등)	센서 연동, 오감 연동	NUI/NUX/BCI

* 자료 : ETRI(2016), 「가상현실 동향분석」, 전자통신동향분석 제31권 제4호

가상·증강현실 기술의 특징

　가상·증강현실 기술을 이용한 실감미디어는 기존의 디지털콘텐츠에 실감기술을 적용, 인간의 오감을 자극하는 정보를 제공해 실제와 유사한 체험이 가능한 콘텐츠를 제공하는 미디어를 말한다. 실감미디어들이 제공하는 콘텐츠들은 '몰입감(Immersive)', '상호작용(Interactive)', '지능화(Intelligent)'라는 이른바 '3I'를 특징으로 한다. '몰입감'은 가상공간 등을 통해 현실감을 극대화하는 것이고, '상호작용'은 콘텐츠와 사용자 간 역동적인 상호작용을 가능하게 하는 것이다. 또 '지능화'는 데이터 분석, 인공지능을 활용해 지능적인 정보를 제공하는 것을 의미한다. 이러한 실감형 미디어에는 가상·증강현실뿐 아니라 이 두 기술을 합한 혼합현실(merged realty), 홀로그램(hologram) 같은 것들도 있다. 결국 실감미디어들은 이용자가 1인칭 시점에서 능동적으로 콘텐츠를 이용하는 상호작용 미디어라 할 수 있다. 여기서 1인칭 시점이란 이용자에게 현실에 직접 관여하는 것 같은 느낌을 제공하는 것이고, 상호작용이란 이용자가 물리적 행위를 통해 콘텐츠와 상호작용하는 것을 말한다. 이때 이용자들은 다양한 보조 감각장치들을 이용해 실제와 거의 유사한 경험

[표 3] 가상 · 증강현실의 주요 특징

체험	몰입감	상호작용	1인칭 시점
• 자신이 가상의 공간에 있는 듯 한 경험을 제공 • 가상의 객체와 상호작용하는 듯한 경험을 제공	• 실제 세계와 같은 360도 공간 안에 가상의 세계가 펼쳐져 몰입감 배가	• 손과 몸을 움직이며 가상현실 환경에서 행동을 유발시킬 수 있는 실시간 상호작용 가능	• 1인칭 시점을 통해 이용자에게 실제 행위를 하는 것으로 인식하게 함

* 자료 : DMC REPORT(2016), VR 산업의 방향 및 전망

을 인지하게 된다.

　가상 · 증강현실 기술들은 국방, 교육 · 트레이닝, 이벤트 · 마케팅, 엔터테인먼트, 방송 · 영상, 의료, 제조 등 다양한 산업에서 활용되고 있다. 국방영역에서는 이미 오래전부터 시뮬레이션 군사훈련은 물론이고 군장비 정비교육 등에 적극 활용하고 있다. 훈련용 시뮬레이션 게임들은 군-엔터테인먼트 복합체(military-entertainmnet complex)기업들에 의해 민간용 게임으로 같이 사용되고 있다. 교육 분야 역시 책과 직업체험 등에 증강현실을 활용하고 있다. 의료분야에서도 수술 훈련용 시뮬레이션을 비롯해 교육용 360° 영상 자료들이 제작되어 이용되고 있다. 방송 · 영상 분야에서는 360° 영상을 중심으로 영화, 뮤직비디오 같은 실감형 콘텐츠들이 점점 늘어나고 있다. 하지만 실감형 미디어들은 개인들이 별도의 수신 장비를 필요로 한다는 한계를 극복해야만 한다. 과거 3DTV 같은 입체콘텐츠들이 대중화에 실패하고 도태된 것을 교훈삼아야 할 것이다. 장기적으로는 홀로그램처럼 별도의 개인 장비가 필요 없는 형태가 실감형 미디어들 주도하게 될 것으로 생각된다.

[그림 20] VR/AR 기술 응용 산업

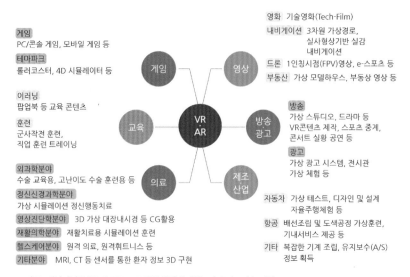

게임
PC/콘솔 게임, 모바일 게임 등

테마파크
롤러코스터, 4D 시뮬레이터 등

이러닝
팝업북 등 교육 콘텐츠

훈련
군사작전 훈련,
직업 훈련 트레이닝

외과학분야
수술 교육용, 고난이도 수술 훈련용 등

정신신경과학분야
가상 시뮬레이션 정신행동치료

영상진단학분야 3D 가상 대장내시경 등 CG활용

재활의학분야 재활치료용 시뮬레이션 훈련

헬스케어분야 원격 의료, 원격휘트니스 등

기타분야 MRI, CT 등 센서를 통한 환자 정보 3D 구현

영화 기술영화(Tech-Film)

내비게이션 3차원 가상경로,
실사형상기반 실감
내비게이션

드론 1인칭시점(FPV)영상, e-스포츠 등

부동산 가상 모델하우스, 부동상 영상 등

방송
가상 스튜디오, 드라마 등
VR콘텐츠 제작, 스포츠 중계,
콘서트 실황 공연 등

광고
가상 광고 시스템, 전시관
가상 체험 등

자동차 가상 테스트, 디자인 및 설계
자율주행체험 등

항공 배선조립 및 도색공정 가상훈련,
기내서비스 제공 등

기타 복잡한 기계 조립, 유지보수(A/S)
정보 획득

＊자료 : 인사이터스(2017), VR · AR 산업 부상에 따른 7가지 비즈니스 기회

[참고문헌]

Richard S. Hunter, World Without Secrets: Business : Crime and Privacy in the Age of Ubiquitous Computing, 2002, Wiley, 윤정로 (역), 유비쿼터스 : 공유와 감시의 두 얼굴, 2003, 21세기북스.

사물인터넷(IoT)은 2000년대 초반 등장했던 '유비쿼터스(ubiquitous)' 개념에서 진화했다고 할 수 있다. 개별 사물에 RFID를 부착해 네트워크로 연결하는 P2M 혹은 M2M 형태를 '유비쿼터스'라고 지칭했다. 실제로 '유비쿼터스'는 정보고속도로, 멀티미디어처럼 정보사회를 상징하는 용어로, '네트워크 사회'와 같은 의미로 인식되었다. 네트워크를 통해 원격으로 사물들의 상태를 감시·제어하는 구조는 사실상 사물인터넷의 원형이라 할 수 있다. 이 책 출간 당시 저자는 지금도 ICT전망 통계를 발표하고 있는 가트너의 보안기술 관련 자회사 부사장이었고, 정보관리 및 보안, 프라이버시, 사이버 범죄 관련 최고 권위자였다. 이 때문에 유비쿼터스 사회가 비밀 없는 사회가 될 것이라는 이 책의 내용이 더 많은 관심을 받았다. 그의 주장은 사물인터넷이라는 더 강력한 유비쿼터스 기술에 대한 우려로 이어질 수 있다. 제목에서 암시하는 것처럼, 투명하게 연결된 공유사회는 그 편리함만큼 감시강도도 커질 위험성을 안고 있는 것이다.

Vincent Mosco, To the Cloud : Big Data in a Turbulent World, 2014, Routledge, 백영민(역), 클라우드와 빅데이터의 정치경제학, 2015, 커뮤니케이션북스.

이 책의 저자인 빈센트 모스코는 매우 열정적인 학자임에 틀림없다. 1982년 'Pushbutton Fantasies'라는 책을 발표하면서 40년 가까이 허버트 쉴러와 함께 미국을 대표하는 미디어 정치경제학자로서 활동해왔다. 그는 일관성 있게 첨단 커뮤니케이션 기술의 탄생과 활용 배경에는 시장을 지배하고 있는 자본의 논리가 작동하고 있다고 보는 정치경제학적 관점에서 비판적 입장을 견지해왔다. 이런 맥락에서 그는 엄청난 저술을 내놓는 다산작가라고 할 수 있다. 특히 커뮤니케이션 기술은 첨단무기기술의 부산물로 국가와 자본 그리고 연구기관이 결탁하는 '군산복합체'에 주목하고 있다. 이 책 역시 4차산업혁명의 새로운 기술로 각광받고 있는 빅

데이터와 클라우드 서비스를 둘러싼 국가와 아마존, 구글 같은 인터넷사업자와의 복잡한 이해득실과 공존 관계를 분석하고 있다. 무엇보다 특유의 구체적인 실제 데이터에 기반 한 실증적 접근은 주장의 신뢰도를 높이고 있다. 어쩌면 이 책의 매력은 클라우드와 빅데이터와 관련된 일반인들은 잘 알기 어려운 현실적 데이터들일지도 모른다. 그렇지만 그는 클라우드라는 용어가 은유하는 것처럼 구름(cloud) 같은 것으로, 내용을 알 수 없는 허상의 정보자본주의 이데올로기라고 결론내리고 있다.

Don Tapscott & Alex Tapscott, Blockchain Revolution : How the Technology Behind Bitcoin Is Changing Money, Business, and the World, 2016, Portfolio, 박지훈 (역), 제4차 산업혁명 시대, 인공지능을 뛰어넘는 거대한 기술, 2017, 을유문화사.

이 책에서 탭스콧은 블록체인을 4차산업혁명 기술의 하나가 아니라 또 다른 혁명적 기술이라고 주장하고 있다. 분산·공유·평등을 구현해 줄 것이라 생각했던 인터넷이 구글이나 페이스북 같은 소수 플랫폼들이 독점하면서 본래의 의미를 상실했다는 것이다. 인터넷 플랫폼사업자들이 이용자와 상품을 연계하는 중개수수료로 이윤을 독점하고 있는 것을 문제시 하고 있다. 그러므로 네트워크 참여자들 간의 상호 투명성과 신뢰를 통한 거래방식인 블록체인을 제안하고 있는 것이다. 주로 금융거래와 관련된 활용을 설명하고 있지만, 에어비앤비 같은 공유경제, 참여민주주의, 지적재산권 보호, 사회적 신뢰성, 정책 효율성 같은 다양한 영역에서의 활용가능성을 내놓고 있다. 블록체인이 과거 인터넷 해적으로 지목되어 퇴출되었던 P2P기술을 기반으로 하고 있다는 것은 이 기술이 현재의 인터넷 존립방식을 위협할지도 모른다는 막연한 생각도 든다. 소자본 독립제작사들이 기존 미디어에 도전하기 위해 블록체인 기술을 활용하는 것은 결코 우연이 아닐 수도 있어 보인다.

홍성욱, 파놉티콘 : 정보사회 정보감옥. 2002, 책세상.

제레미 벤담(Jeremy Bentham)의 원형감옥(panopticon)은 널리 알려져 있는 개념이다. 간수 1인이 안이 보이지 않는 중앙 감시탑에서 원형으로 둘러싸인 죄수들을 효율적으로 관리하는 감옥이다. 물론 파놉티콘은 설계만 되었지 실제 만들어지지 않았다. 이후 구조주의 철학자 미셸 푸코 (Michael Foucault)의 '감시와 처벌'에서 등장한다. 파놉티콘이 다시 부각된 것은 정보사회의 정보기기들의 혜택을 많이 누리기 위해, 더 자발적으로 자신의 개인정보들을 노출시키는 '감시사회(surveillance society)'에 대한 우려 때문이다. 더구나 네트워크가 더 고도화되고 사물인터넷과 빅데이터를 통해 더 많은 개인 정보들이 수집·저장되게 되면 정보기기들의 '파놉티콘' 위력은 더 커질 가능성이 높다. 여기서는 벤담의 원래 저작보다 정보사회에서 파놉티콘의 의미와 정보감시 메커니즘을 체계적으로 서술한 홍성욱 교수의 책을 참고서적으로 소개하였다. 특히 이 책에서는 파놉티콘 뿐 아니라 권력과 시민이 상호 감시하는 '시놉티콘(synopticon)', 일반 시민들이 정보네트워크를 통해 권력을 감시하는 '역파놉티콘' 개념과 사례들을 제시하고 있다. 이미 활성화되어 있는 시놉티콘과 역파놉티콘 현상들이 4차산업혁명 시대에는 어떻게 변화할지 생각해 볼 필요가 있다.

Tim Lenoir & Luke Caldwell, The Military-Entertainment Complex, 2018, Harvard Univ. Press.

가상·증강현실 기술이 가장 많이 응용되는 분야는 시뮬레이션 게임분야다. 군조종사나 병사들을 훈련시키는 수단을 개발된 시뮬레이션 게임들이 상업적으로 활용된 것이다. 1장에서 설명한 'America's Army'가 대표적이다. 이 때문에 군산복합체(Military Industrial Complex)가 정보혁명을 이끌었다면, 4차산업혁명은 '군-게임산업-헐리우드'가 결합된 '군엔터테인먼트 복합체(Military-Entertainment Complex)'에 의해 주도되고 있다는 것이다. 이 책의 저자 르노아르와 콜드웰은 대표적인 군-엔터테인먼트 복합체 연구자들이다. 이 책은 'America Army'를 비롯해 'Call of Duty', 'Battlefield', 'Medal of Honor', 'Ghost Recon' 같은 전쟁 시뮬레이션 게임들이 영화와 텔레비전 드라마, 캐릭터 상품 등으로 연계되는 군-엔터테인먼트 복합체를 분석하고 있다. 또 이 게임들이 이용자들에 애국심, 물리적 응징. 영웅주의, 정치적 보수화 같은 효과를 유발하고 있다고 결론내리고 있다.

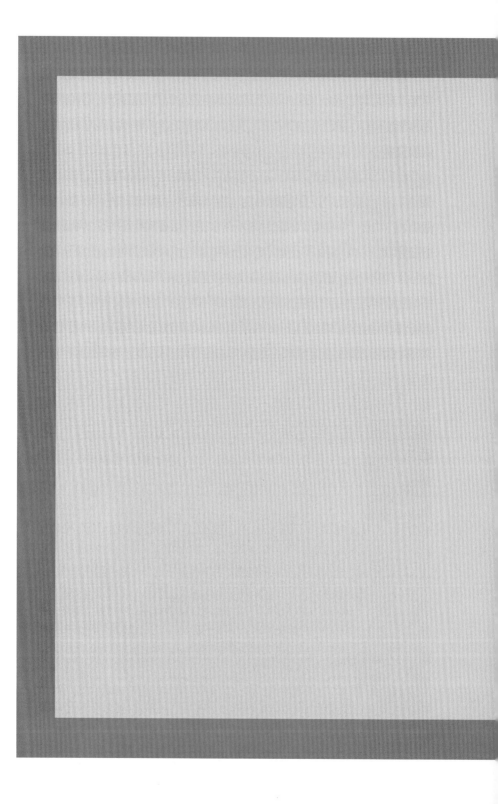

제 7 장

미디어 플랫폼

제**7**장

미디어 플랫폼

4차산업혁명을 주도하고 있는 사업자는 지상파방송이나 케이블TV, 메이저 제작사들이 아니라 구글, 아마존, 페이스북 같은 플랫폼사업자들이다. 불과 20년 전만해도 생소하게 느껴졌던 이들 인터넷 플랫폼들이 지금은 미디어시장을 완전 점령했다고 해도 지나치지 않다. 수백 년 지속되어 온 매스미디어 시대가 종말을 고하고 있는 것 같은 모습이다. 종이신문이 얼마나 더 지속될 지에 대해 비관적인 전망이 압도적으로 많다. 경제적 부와 정치·사회적 권력을 함께 누려왔던 방송 역시 급속히 추락하고 있다. 대신에 구글이나 페이스북은 단순 플랫폼에서 미디어 시장의 중심으로 이동해오고 있다. 모바일 통신사들과 단말기사업자였던 애플 역시 미디어시장의 강자로 부상하고 있다. 그 이유는 미디어 생태계가 콘텐츠 제작자·공급자의 일방적 송출과 수동적 이용이라는 정형화된 패턴에서 벗어나 플랫폼 공간에서 제작자와 이용자들이 다양한 형태로 연계되어 콘텐츠를 공유하는 양식으로 전환되고 있기 때문이다. 미디어 산업이 미디어 주도의 '채널사업'에서 다양한 공급자와 다수 이용자를 연계해주는 '플랫폼사업'으로 이동하고 있는 것이다. 지금의 추세대로라면 멀지 않아 플랫폼사업자인 구글이 미디어 시장을 독점하게 될 것이라고 전망까지 나오고 있다.

미디어 플랫폼의 성장

'플랫폼'하면 사람들은 열차가 들어오고 나가는 승강장을 떠올리게 될 것이다. 열차와 승객을 연결해주는 물리적 공간이 플랫폼이다. 미디어 플랫폼은 콘텐츠와 이용자를 연결해 주는 공간이라 할 수 있다. '플랫폼'의 사전적 정의는 "특정 상품이나 서비스 거래가 이루어질 수 있도록 다양한 물적 기반과 기술이 구축되어 있는 곳으로 판매자와 이용자가 모이는 장소"를 말한다. 경영학에서는 "두 명 이상의 사용자 집단이 서로 연결되어 유익한 정보를 주고받는 곳"으로 플랫폼 시장을 정의하고 있다. 구글의 슈미트(Eric Emerson Schumidt)회장은 "다면시장을 형성하기 위해 사용자집단과 공급자 집단을 한데 모으는 일련의 제품과 서비스"라고 말한다. 즉, "필요로 하는 사람과 가진 자가 정보를 상호 공유하고 연결시킴으로써 모두가 가치를 얻어 갈 수 있도록 하는 중계 비즈니스로서, 공급자와 이용자 간에 물리적 재화나 서비스를 연결해주는 상호작용 공간"이 플랫폼이다. 플랫폼사업자는 다양한 제작자·판매자·이용자들을 끌어 모아 거래를 중재해 이익을 도모하는 사업자이다. 앨스타인(Alstein)은 플랫폼 사업을 "기술을 이용해 사람·조직·자원을 상호작용적 생태계에 연결하여 엄청난 가치를 창출하고 교환하게 해주는 사업"이라고 정의하고 있다.

플랫폼의 특징은 크게 세 가지이다. 첫째, 두 개 이상의 집단이 존재하고, 이 두 집단은 각각의 부가가치를 창출해내는 '양면시장(two sided market)'을 형성하고 있다. 두 시장은 상호 보완적이면서 동시에 충돌하는 양면성을 지니고 있다. 둘째, 일반 시장과 달리 플랫폼에서 거래되는 상품이나 서비스들은 거래당사자들이 소유하고 있는 '공유경제' 형태다. 플랫폼은 오직 거래가 형성되는 공간으로서의 의미만 지닐 뿐이다. 셋째, 플랫폼은 이용자 혹은 가입자가 늘어날수록 기대할 수 있는 이익이 커지는 '네트워크효과(network effect)'가 발생한다. 때문에 플랫폼 시장은 극단적인 쏠림 현상으로 1위 사업자가 시장을 독점할 가능성이 매우 크다. 구글이나 네이버처럼 포털시장은 한 사업자가 압도적 시장 지배력을 갖고 있는 경우가 많다.

미디어 영역에서 플랫폼 사업이 급성장하고 있는 이유는 인터넷 플랫폼 비즈니스가 통신네트워크를 기반으로 하고 있기 때문이다. 통신서비스는 원래 전송내용에 관여하지 않고 전송 대가를 수익모델로 하는 사업이다. 따라서 콘텐츠를 제작·공급해 수익을 창출하는 미디어사업과는 거리가 멀었다. 하지만 통신망 고도화에 따른 경제적 부담을 보전하기 위해서 대용량 콘텐츠 전송을 통한 수익확대 방안을 모색하지 않을 수 없게 된 것이다. 하지만 통신사업자들은 자체적인 콘텐츠 생산능력이 없었고, 대신 구글이나 네이버 같은 인터넷 플랫폼 사업자들이 등장하게 된 것이다. 메일이나 검색기능, 간단한 채팅에서 시작했던 포털사업자들은 언론사들이 생산한 뉴스와 다양한 콘텐츠들을 이용자들에게 연결해주면서 플랫폼사업자로 성장하게 되었다.

일반 사람들에게 4차산업혁명은 'FANG'으로 지칭되는 페이스북, 아마존, 넷플릭스, 구글을 떠올릴 것이다. 최근에는 넷플릭스 대신에 클라우딩 서비스를 바탕으로 독자적 플랫폼 구축에 주력하고 있는 마이크로소프트와 애플까지 포함해 'FAAMG'라고 하기도 한다. 그렇지만 증권가에서는 중국의 알리바바(Alibaba), 아마존, 구글, 익스피디아 그룹(Expedia Group, Inc.), SNS 업체인 링크드인(Linkedin)을 합해 'BAGEL'이라고도 한다. 점점 빨라지고 있는 4차산업혁명 기술개발과 혁신적인 서비스들이 속속 등장하면서 플랫폼 시장 판도도 수시로 바뀌고 있다. 특히 독과점성이 강한 플랫폼사업의 특성 때문에 판도변화가 더욱 급격해지고 있다. 그렇지만 전체적으로 보면, 온라인과 오프라인을 연계하는 4차산업혁명 기술들을 기반으로 플랫폼사업자들은 온라인 상거래, 방송·영상 콘텐츠 제공 뿐 아니라 오프라인 산업들을 끌어들이면서 거대한 공룡으로 급성장하고 있다.

[그림 1] 2019 글로벌 브랜드가치 10위 기업

	브랜드	플랫폼	브랜드 가치	브랜드 기여도	2018년대비 상승률
1	amazon	O	315,505	4	+52%
2	(Apple)	O	309,527	4	+3%
3	Google	O	309,000	4	+2%
4	Microsoft	O	251,244	4	+25%
5	VISA	X	177,918	5	+22%
6	facebook	O	158,968	4	-2%
7	Alibaba Group	O	131,246	3	+16%
8	Tencent 腾讯	O	130,862	4	-27%
9	McDonald's	X	130,368	4	+3%
10	AT&T	X	108,375	3	+2%

* 출처 : Best Global Brands 2019, Interbrand

미디어 플랫폼과 미디어산업 구조 변화

4차산업혁명 시대의 미디어플랫폼 특성을 한마디로 정의하면 '스마트 (smart)'라 할 수 있다. 일반적으로 스마트는 영리한, 똑똑한 등의 의미를 지니고 있다. IT 분야에서는 '높은 수준의 독자적인 정보 처리 능력을 가지고 있다'는 의미로 사용된다. 미디어 플랫폼이 '스마트'하다는 것은 크게 '기능의 다양성'과 '연결성'이 지능화되었다는 것이다. '기능의 다양성'은 다양한 서비스들을 제공할 수 있다는 의미와 개인의 취향과 선호에 맞는 서비스나 콘텐츠를 맞춤형으로 제공한다는 의미다. 또 '연결성'은 접속하거나 이용하는 단말장치들이 다른 여러 장치 혹은 사람들과 연계되어 있는 것을 말한다. 이는 플랫폼에서의 미디어서비스가 공유형으로 전환된다는 것을 의미한다. 실제 공유의 크기와 적절성은 미디어 플랫폼의 성공여부를 결정짓는 핵심요소

[그림 2] 미디어 플랫폼의 진화

기능 다양성		연결성	
		독립형	네트워크 형
	높다	다채널 방송 (케이블TV, 위성방송)	스마트 미디어 (플랫폼)
	낮다	지상파방송	IPTV

다. [그림 2]는 독립된 수신기를 통해 방송서비스만 제공하던 지상파방송이 디지털 정보기술 발달로 연결성은 없지만 케이블TV나 위성방송 같은 다채 널방송이나 인터넷망을 사용하지만 다채널방송에 주력했던 IPTV로 진화했 다는 것을 보여준다. 그렇지만 4차산업혁명 시대에 들어서면서 그림 우측 상 단의 스마트 플랫폼 미디어로 다시 한 번 진화하고 있는 것이다.

미디어 서비스가 특정 매체나 채널에서 스마트 플랫폼으로 이동하면서 미 디어 산업의 성격도 변화되고 있다. 앨스타인(Alstyne et al., 2016) 등은 플랫폼 이 주도하는 산업구조의 특성을 ① 게이트 키퍼의 소멸 ② 독점적 공급자에 서 중개자로의 변화 ③ 중앙집중식 통제방식에서 제공자 · 이용자 거래관리 방식으로 전환 ④ 폐쇄형 구조에서 개방형 구조로 변화 등을 들고 있다.

첫째, 게이트키퍼의 소멸은 미디어 권력의 이동을 의미한다. 매스미디어 는 기자나 PD같은 전문 인력들로 구성된 조직이 미디어 상품을 생산하는 구 조를 가지고 있다. 게이트키퍼의 역할이 매우 중요하고 영향력도 막강하였 다. 하지만 네트워크를 기반으로 하는 미디어 플랫폼에서 주도권은 전문 제 작인력이나 미디어에서 이용자로 이동하게 된다. 콘텐츠를 제작하고 선택하 고 배열하는 권한을 가지고 있던 미디어 조직이나 종사자들의 게이트키퍼 역할도 크게 약화될 수밖에 없다. 당연히 콘텐츠의 경제적 가치나 영향력도 플랫폼에 연결된 이용자들의 선택과 시청행위에 의해 결정되게 된다. 빅데 이터나 인공지능이 분석한 콘텐츠 이용 빈도나 추세에 의해 콘텐츠 가치가 결정되는 것이다.

둘째, 콘텐츠 거래방식의 변화는 미디어 시장에서의 경쟁방식 변화를 의미한다. 매스미디어는 개별 미디어 기업들이 제작하거나 소유하고 있는 콘텐츠를 이용자들에게 일방적으로 공급하는 구조다. 즉, 독과점 형태의 공급자가 자신이 보유하고 있는 콘텐츠 사용 권리를 이용자들에게 판매하는 형태다. 반면에 여러 공급자와 이용자를 상호 연결하는 플랫폼 사업자는 이용자들이 선택할 수 있는 콘텐츠를 배열하거나 추천하는 '큐레이션(curation)' 역할만 할 뿐이다. 그러므로 플랫폼 공간에서 이루어지는 콘텐츠 거래는 소유권이나 사용권이 이전되는 배타적 방식이 아닌 '공유경제(sharing economy)' 방식으로 전환되게 된다.

셋째, 콘텐츠 관리 방식의 변화는 편성의 개념 변화를 의미한다. 전통 미디어들은 자신이 직접 제작하거나 구입한 콘텐츠를 배타적으로 독점 관리하는 통제방식을 사용해왔다. 거의 대부분의 미디어들이 제작·편성·송출과 관련된 생산요소들을 내부화하거나 수직적으로 계열화해 '규모의 경제(economics of scale)'를 극대화해왔다. 물론 이러한 현상은 플랫폼사업에서도 일부 유지되고 있다. 플랫폼 경쟁이 심해지면서 콘텐츠사업이나 경쟁 플랫폼을 인수·합병하는 행위들이 늘어나고 있는 것이다. 이같은 내부화를 통한 규모 확대는 고비용·저효율을 유발할 가능성도 있다. 오리지널 콘텐츠 제작에 엄청난 비용을 투입하는 넷플릭스 역시 가입자는 늘어나고 있지만 반대로 수익률은 낮아지고 있다. 이러한 내부화전략은 자칫 전통적인 매스미디어처럼 다수의 시청자들을 목표로 하는 표준화된 고품질 콘텐츠로 회귀하게 될 가능성도 있다. 넷플릭스의 오리지널 콘텐츠 전략 이외에도, 유튜브는 '유튜브 프리미엄'을 통해 고품질 콘텐츠를 제공하고, 엠시엔(MCN, Multi Channel Network)인 어썸니스가 영화 제작이 나선 것은 향후 그 같은 추세를 전망케 한다.

그렇지만 플랫폼 사업은 본질적으로 직접 제작한 콘텐츠를 소유하기보다 다양한 콘텐츠를 이용자들에게 연결해주는 구조를 가지고 있다. 사전에 고지된 편성 시간표에 따라 콘텐츠를 제공하는 전통적인 방송 편성양식과 큰 차이가 있다. 전통적인 방송 편성은 시청자들에게 약속된 시간에 사전에 정해진 프로그램을 제공한다는 '약속 기반형 모델'이다. 하지만 시청자들의 선호에 맞추어 다양한 사업자들의 콘텐츠들을 추천·제공하고 연계시켜주는 플랫폼미디어의 운영방식은 '참여기반형 편성모델'이다.

넷째, 개방형 미디어 산업 구조로의 전환은 특정 사업자의 배타적 독점성을 벗어나 협력과 공유로의 변화를 의미한다. 앞서 설명한 것처럼, 매스미디어는 모든 생산요소를 내부화한 폐쇄적 미디어산업구조를 가지고 있었다. 반면 플랫폼미디어들은 외부의 여러 콘텐츠사업자 심지어 경쟁 플랫폼 콘텐츠들과도 협력하는 개방형 산업구조를 가지고 있다. 아마존은 가장 먼저 플랫폼 비즈니스를 선도해온 사업자다. 아마존의 전자상거래 포털 '마켓 플레이스(Market Place)'는 오프라인 마켓과 협력시스템을 통해 성공하였고, 킨들(Kindle)의 전자북은 경쟁 사업자 상품들을 함께 제공하고 있다. 심지어 비디오 스트리밍 서비스 시장에서 경쟁하고 있는 넷플릭스와도 제휴하고 있다. 2013년에 인수한 워싱턴 포스트(Washington Post)의 온라인 포털은 버즈피드(Buzzfeed), 허핑턴포스트(Huffington Post) 같은 경쟁사들과 257개 지역신문기사들도 함께 업로드 하는 '경쟁적 협력전략'을 추구하고 있다. 이를 통해 2007년 100만부 수준이었던 주중신문 유료판매부수가 2015년에는 220만부로 늘어났고, 주말 판 역시 152만부에서 260만부로 증가하였다. 2020년 6월 기준으로 아마존의 디지털신문 가입자는 9천만 명에 달하고 있다.

'경쟁적 협업전략(coopetition strategy)'이란 '협력(cooperation)'과 '경쟁(competition)'의 합성어로, "기업들이 각자 경영의 독립성을 유지하면서 자신이 보유한 핵심 역량을 바탕으로 경쟁관계에 있는 기업과 특정 사업이나 분야에서 상호 보완적 역량을 결집해 경쟁우위를 확보하는 제휴전략"이다. 제휴와 파트너십을 통해 잠재력(potential)을 극대화해 미래 고객을 확보하기 위한 목적으로 경쟁사와 협력하는 전략이다. 영국 BBC 다채널방송 프리뷰(Freeview)가 위성방송 BskyB와 경쟁적 협력관계를 구축한 것과 에스케이티(SKT)와 지상파방송사들이 연합한 '웨이브(Wavve)'도 유사한 전략이라고 할 수 있다. 이 같은 경쟁적 협업전략은 플랫폼 공간에서 콘텐츠를 공유하는 4차산업혁명 미디어산업에 가장 부합되는 전략이라고 할 수 있다. 개별 사업자들이 배타적으로 생산요소를 소유하고 경쟁하는 전통적인 방식에서 벗어나 협력과 공유라는 미디어 양식은 플랫폼사업의 핵심원리가 되고 있다.

네트워크 효과

4차산업혁명 시대 플랫폼사업에서 중요한 점 하나는 통신 네트워크를 기반으로 하고 있다는 점이다. 네트워크는 통신처럼 온라인 뿐 아니라 철도나 우편, 대중교통 같은 오프라인 '일반 전송체(common carrier)'들에게도 해당된다. 하지만 네트워크는 확장에 있어 물리적 제약이 크다. 통신망 구축, 도로·철도의 연장, 우체국 연결망 확대 등에 많은 시간과 비용이 들어간다. 초기에 큰 '매몰비용(sunk cost)'을 투입해야 하고, 네트워크 크기에 비례해 이용자 후생효과가 커지는 '자연독점(natural monopoly)' 구조를 가지고 있는 것이다. 유·무선 주파수를 사용하는 통신·방송 서비스가 독과점구조로 운영되어 온 이유도 여기에 있다. 하지만 온라인 네트워크를 사용하는 플랫폼미디어들은 독자적으로 네트워크를 구축할 필요가 없다는 점에서 상대적으로 진입이 용이하다는 장점을 가지고 있다. 별도의 폐쇄형 전용 인터넷망을 사용하지 않는 한 네트워크 사용료도 상대적으로 적다. 이 때문에 인터넷 기반의 미디어 플랫폼 시장에서의 경쟁은 치열할 수밖에 없다. 실제로 인터넷 플랫폼들은 사회 모든 영역을 마치 블랙홀처럼 빨아들이고 있다. 인터넷신문·웹 드라마·웹진(webzine)·웹툰(webtoon)·전자출판·웹 소설이라는 용어들처럼 인터넷 플랫폼들은 미디어 영역들도 수렴해가고 있다. 이 추세라면 구글·유튜브·아마존 같은 오픈 플랫폼과 넷플릭스 같은 동영상 스트리밍 플랫폼들이 모든 미디어를 소멸시키게 될지도 모른다는 우려까지 나오고 있다.

인터넷 플랫폼들이 위력을 발휘하는 결정적인 이유는 양방향 네트워크에서 나타나는 '외부 효과(externality effect)' 때문이다. 양방향 네트워크를 기반으로 하는 사업은 연결된 이용자 수가 증가하는 것에 비례해 기대 이익(benefit)도 커지는 반면, 이용자들이 부담해야 할 비용(cost)은 낮아지는 '수익체증의 법칙(increasing returns law)' 이 발생한다. 이 때문에 네트워크 이용자는 초기에 서서히 증가하다가 비용보다 기대 이익이 더 커지는 시점부터 폭발적으로 늘어나게 된다. 이용자 크기는 'J 혹은 S 곡선(J or S curve)' 형태를 보인다. 로저스(E. M. Rogers)는 이용자가 급상승하는 변곡점을 핵폭발에 필요한 최소 핵물질을 일컫는 '임계질량(critical mass)'이란 용어를 사용하고 있다. 하지만 언론학에서는 '결정적 다수'라는 용어로 번역하고 있다. 개혁확산이론(diffusion of innovation)에서는 조기채택자(early adopters)에서 조기다수채택자(early majority adopters)로 넘어가는 약 13~15%의 이용자가 도달한 시점을 결정적 다수로 보고 있다. 이처럼 가입자 혹은 이용자가 늘어나면서 효용이 커지는 현상을 '네트워크효과' 혹은 '외부효과(external effect)'라고 한다. 하지만 네크워크 기반의 많은 양방향 매체들이 결정적 다수에 도달하지 못하고 시장에서 퇴출되는 경우가 훨씬 많다. 로저스는 이를 '계곡 혹은 수렁(chasm)'이라고 지칭하고, 이 계곡을 넘어 살아남는 매체나 서비스는 그렇게 많지 않다고 지적한다. 이 때문에 양방향 미디어시장은 1위 사업자 혹은 2~3개 소수 사업자가 지배하는 독과점 구조인 경우가 매우 많다. 현재 미디어 플랫폼시장을 주도하고 있는 구글이나 페이스북, 네이버 같이 1위 사업자들이 사실상 시장을 독점하고 있는 이유도 여기에 있다.

특히 미디어 산업에서 네트워크효과가 더 크게 작동하는 이유는 미디어 상품 즉 콘텐츠가 비소모성 상품이기 때문이다. 한계비용(marginal cost)이 0에 가깝기 때문에 미디어사업자들이 가격을 낮추더라도 가급적 초기에 많은 이

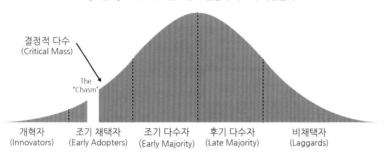

[그림 3] 로저스의 확산곡선과 결정적 다수와 확산절벽

결정적 다수
(Critical Mass)

The
"Chasm"

개혁자
(Innovators)

조기 채택자
(Early Adopters)

조기 다수자
(Early Majority)

후기 다수자
(Late Majority)

비채택자
(Laggards)

용자를 확보하려하기 때문이다. IPTV사업자들의 '인터넷+모바일+IPTV' 결합상품, 통신사들의 보조금 활용 같은 마케팅 전략은 가급적 빠른 기간에 결정적 다수에 도달하기 위한 대표적 방법들이다. 또한 네트워크 효과를 유지하기 위해 이용자 이탈을 막는 '고착(lock in)전략'도 있다. '고착전략'이란 특정 제품이나 서비스 이용자들이 대안 상품이나 경쟁사 서비스로 이동하지 못하도록 하는 것을 말한다. 다채널유료방송들이 지상파방송 재송신 같은 인기 채널이나 콘텐츠를 독점해 경쟁사로 이동하지 못하도록 하는 것이나, 이동통신사들이 결합 할인을 통해 경쟁사로 이전하는 것을 막는 것들이 여기에 해당된다. 최근 승인된 엘지유플러스(LGU+)나 에스케이브로드밴드(SK Broadband) 같은 통신사업자들의 케이블TV 인수·합병 심사에서 결합판매에 의한 불공정경쟁 문제를 비중 있게 다루었던 것도 이 때문이다.

　네트워크 효과 때문에 양방향성을 지닌 플랫폼사업은 진입초기에 시장에서의 성패가 결정되는 경우가 많다. 후발 사업자나 2, 3위 사업자가 1위사업자를 추월하는 것도 쉽지 않다. 특히 우리나라의 경우, 플랫폼사업자들이 가입자 규모를 늘려 상·하류 연관사업자들의 협상에서 유리한 입지를 확보하려하기 때문이다. 더구나 우리 방송사업자들은 광고수입이나 홈쇼핑 송출 수수료, 지상파방송 재송신료 같은 간접 수입 의존도가 매우 높아 네트워크 효과를 절대 무시할 수 없다. 4차산업혁명 기술들에 의해 수익구조가 변화하고 있는 것은 사실이지만, 여전히 다수 가입자에 의존하는 네트워크 효과를 포기하기도 어렵다. 그렇지만 빅데이터와 인공지능으로 맞춤형 콘텐츠들이 활성화되고, 클라우딩 서비스와 블록체인 기술 등으로 콘텐츠 저작권이 보장되면 직접 수익의 비중이 점점 늘어나게 될 것이다. 그렇게 되면 광고 없이 가입자들의 월 이용료만으로 운영되는 넷플릭스나 배타적으로 콘텐츠나 서비스를 제공하는 애플 형태의 사업모델도 많아질 수 있다. 하지만 가급적 많은 콘텐츠와 이용자들을 연계해야 하는 플랫폼사업 특성 상 네트워크효과는 앞으로도 상당기간 지속될 것으로 전망된다.

양면시장

'양면시장(two-sided markets or two-sided platforms)'이란 플랫폼을 통해 두 개혹은 그 이상의 구분되는 집단(end-user)을 상호 연결해주는 시장을 말한다. 양면시장이론은 2001년 로셋 티롤(Jeann-Charles Rochet & Jean Tirole) 교수에 의해 처음 발표되어 지금은 우리나라를 비롯해 많은 나라에서 공식적으로 사용되고 있는 개념이다. 양면시장은 한 사업자가 두 종류 이상의 서로 다른 이용자 그룹들에게 플랫폼을 제공하면서 발생한다. 플랫폼을 이용하는 이용주체들은 최종 이용자(end-user)일 수도 있고, 최종 이용자에게 서비스를 제공하는 자일 수도 있다. 하나의 플랫폼에서 한 그룹의 이용자가 다른 그룹 이용자들과 상호작용하면서 유지되는 시장을 말한다. 플랫폼은 양측 시장을 연결해주는 물리적·제도적 또는 온라인 공간 같은 가상적 환경이다. 플랫폼 사업자는 서로 다른 그룹 이용자 간의 상호작용 공간을 제공하고 그 대가를 수익으로 한다. 양면시장은 한쪽 그룹의 플랫폼 가입자나 이용자가 늘어나게 되면, 다른 쪽 그룹 이용자들의 이익도 증가하게 된다.

양면시장이 형성되기 위해서는 다음과 같은 조건들이 충족되어야 한다. 첫째, 양면성으로 상호 연결을 필요로 하는 둘 이상의 구분되는 고객군(two

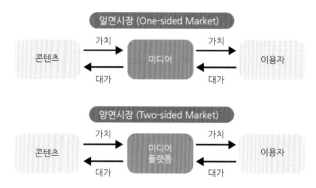

[그림 4] 일면시장과 양면시장

distinct user groups)이 존재해야 한다. 둘째, 적어도 한 측면(side)의 고객군은 다른 측면(the other side)의 고객군 규모가 클수록 더 높은 효용을 얻을 수 있어야 한다. 이를 '교차 네트워크 효과(cross network effect)' 또는 '간접 네트워크 효과(indirect network effect)'라고 한다. 셋째, 높은 거래비용 때문에 각 측면의 고객만으로 '네트워크 효과'를 충분히 기대할 수 없어 다른 측면의 고객을 활용하기 위해 플랫폼을 이용해야만 한다. 넷째, 한 측면의 가격을 변화시키면 다른 측면의 거래량과 수익 변화가 발생할 수 있어야 한다.

생각보다 우리 주위에 양면시장은 매우 많다. 대표적인 양면시장이 신문·텔레비전 같은 매스미디어 시장이다. 신문이나 방송은 구독자나 시청자들이 지불하는 직접 수입과 광고주에게 신문지면이나 방송시간을 판매해 얻을 수 있는 간접수입의 이중구조를 가지고 있다. 당연히 시청수신료나 구독료 그리고 광고수입을 모두 늘리는 것이 가장 좋다. 하지만 구독료나 시청수신료를 인상해 독자나 시청자가 감소하게 되면, 반대로 다른 시장인 광고수입은 줄어들게 된다. 이 때문에 양면시장을 가진 사업자는 한 쪽 시장을 포기하고, 다른 쪽 시장의 파이를 키우는 전략을 선택할 수밖에 없다. 그 동안 신문들은 가입자 숫자를 늘려 광고수입을 늘리기 위해 구독료를 면제·할인하거나 심지어 무가지로 배포하는 마케팅 전략에 치중해 왔다. 방송 역시 전적

으로 광고수입에 의존하는 지상파방송을 제외한 케이블TV · IPTV같은 유료
방송사들은 저가할인 혹은 모바일 · 인터넷 · IPTV 결합상품 같은 방법으로
가입자를 늘려 인터넷사용료나 모바일 통신 가입자 확대 같은 다른 시장에
서 더 많은 수익을 추구해왔다. 그렇지만 광고시장에서의 경쟁이 심화되면
서 미디어사업자들이 양면시장의 이점을 더 이상 누리기 힘들어지고 있다.

　새롭게 등장하는 OTT 사업자들은 광고 같은 간접수입을 포기하고, 넷플
릭스처럼 콘텐츠 사용료 같은 직접 수입에 집중하고 있다. 물론 구글, 페이
스북 같은 플랫폼사업자들은 여전히 검색정보, 뉴스, 엔터테인먼트 같은 콘
텐츠들로 모은 이용자 수와 트래픽 양을 기반으로 확보할 수 있는 광고수입
에 크게 의존하고 있다. 최근 신문 · 텔레비전 같은 전통미디어들의 경영상
태가 급속히 악화되고, 곧 소멸될지 모른다는 예측이 나오고 있는 것도 플랫
폼사업자들과의 양면시장 경쟁에서 열세에 있기 때문이다. 그렇지만 인터넷
플랫폼사업자들도 언제까지 네트워크에 바탕을 둔 양면시장 효과를 담보할
수 있을지는 의문이다. 양면시장은 1위 사업자에게 절대 유리한 시장이다.
때문에 플랫폼사업자간 경쟁도 점점 치열해지고 있다. 일반적으로 플랫폼사
업자들의 가입확보 전략에는 가격(price), 브랜드(brand), 입소문(virality) 같은 것
들이 있다. 이중에 가장 짧은 기간에 효과가 발생하는 전략이 낮은 이용료
를 책정하는 저가전략이다. 단기간에 결정적 다수(critical mass)에 도달하기 위
한 전략이라 할 수 있다. 구글이나 네이버, 카카오, 페이스북 같은 거의 모든
플랫폼들이 무료정책을 포기하지 못하고 있는 것도 이 때문이다. 1990년대
말 인터넷 도입 초기에 한국 포털시장을 주도했던 프리챌(Freechal)이나 네이
트(Nate)가 성급히 유료화를 추진했다가 시장에서 퇴출되거나 주도권을 상실
한 사례들이 있다. 이처럼 저가전략은 유료화 혹은 프리미엄 서비스로 전환
하는 것이 쉽지 않고, 무임승차자(free rider)만 늘어나게 될 위험이 있다. 2000
년대 초기에 있었던 중계유선방송 케이블TV전환정책에서 시작된 저가경쟁
과 결합상품 등으로 간접수입에 크게 의존해왔던 케이블TV가 저가시장에서

벗어나지 못하고 20년도 지나지 않아 소멸위기에 빠진 것도 같은 맥락이다. 물론 구글이나 유튜브, 페이스북이 유료 프리미엄 서비스들을 내놓고는 있지만, 무료이용자들의 트래픽에 의존하는 수익모델을 완전히 포기하지 못하고 있다. 심지어 유료화를 원칙으로 했던 넷플릭스가 한국의 저가유료방송시장 환경을 고려해 월 1만원은 고수하되 1~2개월 무료서비스와 제휴 이동통신 가입자에 대한 무료 · 할인 마케팅같은 저가전략을 병행하고 있다, 그렇지만 이같은 저가전략은 오리지널 콘텐츠 전략으로 투자비가 급증하고 있는 것을 감안하면 오래 지속될 수 없을 가능성이 높다.

가격과 함께 브랜드도 많은 플랫폼사업자들이 선호하는 시장선점전략이다. 브랜드는 플랫폼사업이 아니더라도 시장에 신규로 진입하는 모든 사업자들에게 매력적인 수단이다. 하지만 브랜드 인지도를 높이는 전략은 비용이 너무 많이 들고, 광고 내용만큼 서비스 질이 따라가지 못할 경우에는 일시적 효과 혹은 부메랑 효과(boomerang effect)를 유발한 가능성이 있다. 과거에도 많은 신규 플랫폼이 초기에 엄청난 비용을 들여 브랜드를 구축하려고 노력하였지만 실패한 경우가 훨씬 많았다. 온라인 장난감 시장에서 아마존과 토이즈러스(Toys "R" Us)에 도전하기 위해 엄청난 광고비를 쏟아 부었던 이토이즈(eToys)는 그 비용을 감당하지 못하고 결국 파산하고 말았다. 우리나라에서도 비슷한 사례들이 적지 않다. 2000년대 초 브랜드 구축을 위해 '선영아 사랑해'라는 광고문구로 선풍을 일으켰던 여성전용 쇼핑몰 '마이클럽(miclub)'은 지금은 완전히 잊혀졌고, 1990년대 말 세계에서 가장 많은 이용자를 확보하고 있던 '라이코스(Lycos)'는 아예 사라졌다. 이처럼 광고를 통한 브랜드 전략은 단기간에 네트워크 효과를 유발할 수 있는 결정적 다수에 도달하지 못하면 사업 자체가 붕괴될 위험성이 내재되어 있다.

이외에도 최근 양면시장의 이점을 높이는 방법으로 많이 사용되는 전략이 '바이럴리티(virality)'이다. '바이럴리티'란 마치 바이러스처럼 네트워크에서 여러 사람들의 입을 거쳐 정보가 확산되는 현상을 말한다. 온라인에서 의도

적으로 특정 상품이나 서비스와 관련된 소문을 퍼트려 광고효과를 유발하는 '바이럴 마케팅(viral marketing)'과 같은 개념이다. 바이럴리티는 네트워크 외부에 있던 사람들의 행동을 유발할 수 있다는 점에서는 유용하다. 하지만 이렇게 끌어들인 이용자들이 네트워크 효과로 이어져 양면시장에 기여할 수 있는지는 의문이다. 외부에서 끌어들인 이용자들은 단순한 최종 소비자 혹은 이용자에 머물 가능성이 높기 때문이다. 이들이 플랫폼에서 트래픽 양을 늘려 광고시장과 같은 다른 쪽 사용자 그룹의 수익에 기여할 수 있는지 의문이다.

결국 네트워크 기반의 플랫폼 사업자들이 성장하기 위해서는 이용자의 양적 확대만으로 안되고, 플랫폼 자체가 기술적으로나 내용적으로 분명한 장점과 차별화된 기능을 소유하고 있어야 한다. 구글이 세계 최대의 플랫폼으로 성장한 원동력은 인공지능을 이용한 막강한 검색기능과 콘텐츠 연동능력에 있다. 지금은 거의 모든 인터넷 검색엔진들이 사용하고 있는 단어조합 형태의 검색엔진을 처음 개발하였고 지금도 가장 강력한 검색능력을 가진 것으로 평가받고 있다. 특히 빅데이터와 인공지능의 특성상 이용자가 늘어날수록 성능이 더 진화하면서 세계 1위의 플랫폼 위치를 견고하게 유지하고 있다. 페이스북이나 트위터 역시 빅데이터와 인공지능이 결합된 네트워크 연계능력을 기반으로 급성장하였다. 이와 다르게 네이버는 다양한 콘텐츠를 복합적으로 제공하는 '폐쇄형 네트워크 사업구조(walled garden)' 형식으로 국내 포털 시장을 단기간에 장악하였다.

여기서 중요한 점은 양면시장을 가진 비즈니스나 서비스는 양 측면의 이용자그룹이 모두 혜택을 누릴 수 있어야 성장할 수 있다는 것이다. 예를 들면, 구글의 검색 이용자 그룹이 많아질수록 구글이 검색해줄 수 있는 정보도 늘어나게 된다. 결과적으로 검색이용자 집단의 크기가 구글의 광고수입에 기여하게 된다. 하지만 동시에 애드센스(Adsense) 같은 인공지능 광고 추천 알고리즘도 더욱 정교해져 더 많은 광고주를 끌어들일 수 있다. 네이버 역시 더 많은 콘텐츠 제공을 통해 이용자 수를 늘리게 되면, 기존 언론사들로부터 더 많은 뉴스·오락·게임 같은 콘텐츠를 끌어 모을 수 있다. 그 결과 광고주를 많이 끌어들이게 되어 광고주와 콘텐츠 제공자 두 그룹 모두에게 혜택이 증가하게 된다. 더 나아가 한 측면 그룹 이용자들이 다른 측면 이용자로 병행 혹은 전환하게 되는 '사이드 전환효과(side switching effect)'도 발생해 양면시장은 더욱 견고해질 수 있다. 유튜브는 콘텐츠 제공자가 곧 이용자가 되는 대표적인 사례라고 할 수 있다. 유튜브 동영상 소비를 통해 광고시장을 형성했던 이용자들이 유튜버로 활동하게 되면서 콘텐츠 제공자라는 다른 그룹의 일원이 되는 것이다. 실제로 유튜브는 업로드 되는 콘텐츠와 이용자 규모가 상승효과를 내면서 더욱 빠른 속도로 진화하고 있다고 할 수 있다.

플랫폼 사업자 유형

모든 영역들이 급속히 인터넷으로 수렴되면서 많은 플랫폼들이 새로 생겨나고 또 소멸되기를 반복하고 있다. 구글·페이스북·아마존 같은 기존 플랫폼 사업자들 뿐 아니라 전통적인 미디어 혹은 콘텐츠 사업자들까지도 독자적인 OTT 플랫폼을 새로 설립하거나 다른 플랫폼을 인수·합병하고 있기 때문이다. 대표적인 콘텐츠사업자인 디즈니가 2018년에 OTT 전용 '디즈니 플러스'를 출범하였고, 그동안 지지부진하던 미국 지상파방송사들이 운영하던 OTT 훌루 지분을 확대하면서 본격적으로 플랫폼 사업에 진출하고 있다. 여기에 OTT 서비스에 소극적이었던 아마존과 오픈 플랫폼 유튜브에 주력했던 구글까지 유료 OTT를 설립해 적극적으로 투자를 강화하고 있다. 한마디로 이용자와 콘텐츠를 연계하는 중개역할만 해왔던 형태에서 벗어나 적극적인 콘텐츠 사업자로 있는 것이다. 이 같은 전략변화는 플랫폼 간 경쟁이 치열해지면서 이용자를 유인할 수 있는 질 높은 콘텐츠 필요성이 커졌다는 점과 연계 수수료 보다는 콘텐츠 서비스의 부가가치가 높다는 이유 때문이라 생각된다. 어찌 보면 고품질 콘텐츠를 제공해 이익을 창출하는 전통 미디어 수익모델로 전환하는 것 같은 느낌이다. 다만 달라진 것은 불특정 다수의 시청행위를 기반으로 한 광고 같은 간접 수익이 아니라, 인공지능과 빅데이터 기술에 의한 맞춤형 콘텐츠 시청대가가 주된 수익모델이라는 점에서 차이가 있다.

이처럼 수익모델이 다각화되면서 플랫폼의 형태도 다변화되고 있다. [그림 6]에서 보듯이, 미디어 플랫폼은 콘텐츠 제공자와 이용자 그룹에 대한 통제정도에 따라 크게 네 유형을 분류할 수 있다. 독점적이고 일방적으로 콘텐츠를 제공하는 플랫폼과 분산되어있는 콘텐츠들을 이용자들이 접근할 수 있게 하는 매개역할만 하는 플랫폼으로 나눌 수 있다. 또 오픈 플랫폼 형태로 이용자와 가입자에 대한 통제가 약한 플랫폼과 회원제 혹은 유료 플랫폼처럼 이용자를 통제하는 플랫폼으로 나눌 수 있다. 이 분류 기준에 따라 크게 네 가지 플랫폼 유형으로 나눌 수 있다.

첫째, 좌측 하단에 속하는 전통적 미디어 플랫폼들이다. 콘텐츠 공급에 대한 통제는 강하지만, 이용자는 별도로 통제하지 않는 플랫폼 형태다. 대표적으로 자신들이 제작하거나 구입한 프로그램을 불특정 다수의 시청자들에게 제공하는 지상파방송이 이 유형에 속한다. 이 유형의 플랫폼들은 이용자를 통제할 수 없기 때문에 콘텐츠 이용대가 같은 직접 수익보다 광고 같은 간접 수입에 의존할 수밖에 없다. 시청률이나 트래픽 량에 비례하는 광고수를 늘리기 위해 고품질 콘텐츠에 주력해야 한다. 콘텐츠를 가지고 만들어진 시청률이나 클릭수를 광고주에게 판매하는 '수용자 상품(audience commodity)' 현상

[그림 6] 미디어 플랫폼 유형 분류

		콘텐츠 이용자	
		약한 통제	강한 통제
콘텐츠 제공자	약한 통제	오픈 플랫폼 (구글, 유튜버)	중계 플랫폼 (MNC, 페이스북, 아마존)
	강한 통제	전통 미디어 플랫폼 (지상파 방송)	유료 플랫폼 (넷플릭스, 아마존프라임, Hulu, 디즈니+, 구글프리미엄)

이 지배하게 된다. 이 유형의 미디어 플랫폼은 콘텐츠가 경쟁력을 결정하는 절대 요인이다. 지상파방송사들이 제작과 편성 그리고 송출을 내부화하거나 수직적 계열화해 온 것도 이 때문이다. 또 일정 규모 이상의 시청자 확보를 위해 고품질 콘텐츠에 주력하는 고비용·고수익 산업이다. 특히 안정적인 규모의 경제를 유지하기 위해서 독과점구조가 보장되어야 한다. 지상파방송사들이 무선주파수의 기술적 한계를 근거로 고수해왔던 '지역독점(local monopoly)'나 '공공독점(public monopoly)'이 대표적이다. 최근 지상파방송사들의 경영이 악화되고 있는 이유도 케이블TV나 IPTV 같은 다채널TV와 인터넷기반의 수많은 OTT들의 등장으로 독점구조가 붕괴되고 있기 때문이다. 이 유형의 미디어 플랫폼은 공적 책무 같은 명분으로 국가가 공적 재원으로 직접 운영하거나 지원하지 않는 한 점차 소멸될 가능성이 높다.

둘째, 좌측 상단의 오픈 플랫폼들은 가장 흔하게 볼 수 있는 인터넷 미디어 플랫폼들이다. 콘텐츠 제공자와 이용자 모두에게 거의 통제력을 행사하지 않는 플랫폼 유형이다. 강력한 검색엔진을 기반으로 성장한 구글이나 이용자들의 동영상 공유 서비스인 유튜브가 대표적인 경우다. 이 유형의 플랫폼들은 별도의 진입장벽이나 규제가 없다는 장점을 가지고 있다. 하지만 개방되어 있는 콘텐츠 제공자와 이용자를 고착(lock in)시키는 것이 쉽지 않다는 단점이 있다. 그렇지만 네트워크 효과를 극대화할 수 있어 한 플랫폼사업자가 시장을 독점하는 현상이 발생할 수 있다. 실제로 구글이나 우리나라의 네이버는 오픈 플랫폼으로 시장점유율 80%를 넘는 독점사업자들이다.

특히 오픈 플랫폼은 트래픽 량에 연동되는 광고수입에 의존하고 있어 경쟁 플랫폼들과 비교적 절대 우위의 자원을 보유하고 있어야 한다. 구글의 지능형 검색엔진, 유튜브의 자발적 동영상, 네이버의 독점적 뉴스 제공 등은 이들 오픈 플랫폼들이 이용자를 고착시켜 독점적 지위를 유지하는 중요한 자원들이다. 하지만 앞에서도 설명한 것처럼 오픈 플랫폼들 역시 경쟁이 치열해지면서 이용자를 고착시키기 위한 고품질 콘텐츠를 제공하는 전략을 병행하고 있다. 그러므로 완전한 오픈 플랫폼 형태는 점차 줄어들 가능성이 높다. 2000년대 초반에 많은 이용자를 끌어 모았던 '아프리카TV'나 '소리바다' 같은 공유형 콘텐츠 플랫폼들이 저작권 등의 문제로 사실상 시장경쟁력을 상실하였거나 퇴출된 것도 비슷한 맥락이다. '프리미엄 유튜브'나 '아마존플러스'처럼 고품질 콘텐츠 플랫폼을 별도로 추진하고 있는 것이 이러한 추세를 잘 보여주고 있다.

셋째, 우측 상단의 '중개형 플랫폼'은 콘텐츠 제공자에 대한 통제는 약하지만, 상대적으로 이용자에 대한 통제는 높은 플랫폼들이다. 페이스북 같은 소셜네트워크 서비스들과 MCN(Multi Channel Network)들이 독자적으로 운영하는 플랫폼들이 여기에 포함된다. 여기서 플랫폼 이용자들에 대한 통제란 완전한 유료화 형태가 아니라 가입·결제 수단 같은 다른 플랫폼으로의 전환을 줄이기 위한 통제수단들을 의미한다. 전자상거래 플랫폼인 아마존이나 이베이(e-bay), 쿠팡 같은 인터넷 쇼핑몰들이 대표적으로 여기에 해당된다. 이들은 상품·서비스 판매수입이 아니라 상품과 이용자를 연계한 수수료가 주 수익원이다. 최근 급성장하고 있는 '배달의 민족'과 '요기요' 같은 인터넷 배달플랫폼도 넓게 보면 여기에 포함될 수 있다.

콘텐츠를 축으로 하는 미디어산업 특성 상 이러한 유형의 플랫폼은 많지 않다. 그렇지만 페이스북·카카오톡 같은 소셜네트워크 서비스들이 별도로 제공하는 프리미엄 서비스들은 여기에 포함된다. 독자적인 플랫폼을 운영하고 있는 미국의 '베보(vevo)'나 우리나라의 '아프리카TV'처럼 독립적인 크리에이터들이 업로드한 콘텐츠들을 가입자들에게 연결하는 MCN(Multi Channel Network)들이 여기에 해당될 수 있다. 이처럼 느슨한 이용자 통제 형태의 플랫폼은 개방형 플랫폼처럼 규모의 경제에 도달하기가 쉽지 않고, 이용자를 유인할 수 있는 리딩 콘텐츠(leading content)가 없다는 점에서 상대적으로 경쟁력이 약하다. 실제로 페이스북 동영상 서비스나 '아프리카TV' 같은 무료 가입자 위주의 OTT들이 큰 위력을 발휘하지 못하고 있다. 대신에 무료서비스와 각종 혜택을 통해 가입자를 확보 · 유지하는 전략에 치중하고 있다.

　마지막으로 우측 하단의 '유료 플랫폼'은 케이블TV나 IPTV 같은 다채널유료방송(Multichannel Video Program Distributer)형태다. 유료의 이용자를 확보하기 위해 전문적으로 제작된 고품질 콘텐츠들을 제공하는 플랫폼이다. 유료플랫폼들은 이용자의 시청대가를 주 수익원으로 하고 있어 네트워크 효과에 바탕을 둔 양면시장 수익과는 거리가 멀다. 초저가 유료방송이 고착된 우리나라와 달리, 대부분의 유료방송들이 광고를 배제하고 고가의 수신료를 부과하고 있다. 인터넷 플랫폼 중에는 넷플릭스를 비롯해 대다수 동영상 스트리밍 서비스들이 유료플랫폼 형태로 운영되고 있다. 최근에는 오픈 플랫폼이었던 구글 · 유튜브와 상거래 플랫폼 아마존도 유료 프라임 플랫폼들을 추가로 설립하거나 확대하고 있다. 영화나 애니메이션 등에서 강력한 콘텐츠를 확보하고 있는 디즈니도 유료 OTT를 설립하였다.

　우리나라의 사정은 이러한 추세와 차이가 있다. 2000년대 초반 중계유선방송 전환정책과 인터넷 결합상품, 지상파방송 재송신 위주의 유료방송시장 구조 등으로 유료방송이 저가시장으로 고착되어있기 때문이다. 최근에는 이동통신사들의 IPTV가 모바일 폰, 인터넷 결합할인 마케팅으로 유료방송시장 저가구조가 더 공고해지고 있는 느낌이다. 이 때문에 2000년 이후 방송시장에 새로 진입했던 많은 신규매체들이 가격경쟁에 실패해 시장진입이나 안착에 실패하였다. 2017년 넷플릭스가 한국시장 진입을 발표했을 때, 거의 대부분의 사업자들은 물론이고 전문가들조차 저가 시장구조 때문에 진입이 쉽지 않을 것이라고 전망하였다.

하지만 주문형 비디오(VOD, Video On Demand)와 OTT 이용량이 증가하고 콘텐츠 유료화 추세가 가속화되면서, 2020년에 넷플릭스 가입자가 400만 명을 넘어서 기존 방송사업자들을 위협하는 수준에 도달하였다. 이에 대응하기 위해 유료방송시장에서 인수·합병(M&A)이 활성화되면서 콘텐츠 투자가 지속적으로 확대되고 있다. 물론 아직까지는 미국을 비롯한 다른 나라들에 비해 미약한 수준이지만, 아마존이나 디즈니 같은 경쟁력 있는 콘텐츠를 보유한 OTT 플랫폼들이 본격적으로 한국에 진입하게 되면 콘텐츠와 이용자를 모두 통제하는 유료플랫폼들은 더욱 늘어날 가능성이 높다.

방송 매체와 편성

전통적인 미디어 플랫폼과 인공지능과 빅데이터를 기반으로 하는 알고리즘 플랫폼은 콘텐츠 제공 방식에서 근본적인 차이가 있다. 신문·잡지·라디오·텔레비전 같은 전통적인 미디어들은 자신들이 중요하다고 판단하거나 수용자들이 관심이 높을 것이라고 예측되는 콘텐츠를 사전에 예고된 공간이나 시간에 배열하는 방식으로 운영된다. 흔히 말하는 '편집(editing)' 혹은 '편성(programming)' 개념이다. 특히 편성은 방송과 OTT 같은 방송유사 서비스들을 구별하는 중요한 기준이 되기도 한다. 편성은 "방송사항의 종류, 내용, 분량 및 배열에 관한 결정행위(process) 양식과 그 결과(product)"라고 정의할 수 있다. 그러므로 편성은 방송사의 목표나 기본 정책을 구체적으로 결정하는 중요한 역할을 한다. 또한 편성은 특정 방송이나 채널의 성격을 인지시켜 시청자들에게 특정 채널에 대한 기대를 창출해 낸다. "무슨 요일 몇 시에는 무슨 채널에서는 어떤 프로그램 혹은 어떤 유형의 프로그램들이 방송된다"

라는 시청자들의 인식은 채널 인지도와 충성도는 물론이고 시청률에도 큰 영향을 미친다. 즉, 프로그램이나 콘텐츠의 단순한 배열이 아니라 특정 방송사 채널의 성격, 지향하는 목표를 시청자들에게 인식시키는 수단이다. 이렇게 형성된 인식을 바탕으로 시청자들은 선호하는 채널을 결정하고, 특정 시간대 특정채널에서 제공하는 프로그램에 대한 기대라 할 수 있는 '채널 충성심(channel royalty)'를 형성하게 된다. 실제로 채널 충성심은 방송매체의 경쟁력을 결정하는 핵심요인이다. 한마디로 편성은 "방송사가 제공하는 콘텐츠와 시청자의 관심을 연결해주는 매개체"인 것이다.

방송사업자 입장에서 편성은 제한된 콘텐츠를 시청자 수요에 맞추어 전략적으로 배열함으로써 효용을 극대화할 수 있고, 시청자 입장에서는 프로그램을 선택하는데 들어가는 인지적 노력을 최소화할 수 있게 된다. 아무리 좋은 콘텐츠를 가지고 있어도 시청자들이 특정 채널의 편성을 인지하지 못하고 있다면, 우연적 시청에 의존할 수밖에 없어 높은 시청률을 올리기 어렵다. 많은 실험연구들에 의하면, 사람들은 평균 7~12개 정도 채널의 전체 편성스케줄을 기억할 수 있는 것으로 조사되고 있다. 그러므로 5~6개 정도 방송채널만 있던 지상파방송 독과점 시대에는 특별히 차별화된 편성전략이 필요하지 않았다. 하지만 200여개가 넘는 채널을 제공하는 디지털 다채널방송과 무수히 많은 인터넷 OTT 서비스들이 경쟁하는 상황에서 시청자들을 유인하고 고정적인 시청자를 확보할 수 있는 편성전략이 더욱 중요해지고 있다.

편성은 방송매체의 사회적 영향력이나 책무와도 밀접히 관련되어 있다. 방송법 제2조 제15호에도 편성을 "방송되는 사항의 종류, 내용, 분량, 시각, 배열을 정하는 것을 말한다"라고 규정하고, 제18호와 제19호에서는 편성의 종류를 종합편성과 전문편성으로 구별하고 있다. 제4조에서는 편성의 자유와 독립 제6조에는 편성에 있어 성별, 연령, 직업, 종교, 신념, 계층, 지역, 인종 간 차별을 금지하고 있다. 그럼에도 네이버 같은 포털사업자, 유튜브 채널, 넷플릭스 같은 동영상 스트리밍 서비스들은 방송매체들과 달리 인·허가절차도 없고 내용규제도 받지 않는 이유가 전통적 개념의 편성행위를 하지 않고 있기 때문이다. 이처럼 편성은 방송서비스와 유사 서비스들을 구별하는 중요한 개념이 되고 있다. 편성은 시청자들이 능동적으로 콘텐츠를 선택할 수 있는 자유도(degree of freedom)를 제한하고, 그 결정권을 방송사가 독점하게 만드는 기술인 셈이다. 편성권을 가지고 있는 방송매체들에 대한 강한 규제를 정당화시키는 이유다. 특히 소수 지상파방송사들이 방송시장을 독과점한 상태에서는 한 채널의 정치적·사회적·문화적 영향력이 더 강할 수 있어 강한 규제가 필요했다.

이후 1980년대 케이블TV, 1990년대 위성방송, 2000년대 IPTV 같은 다채널 유료방송의 등장은 '채널 내 편성'이 아니라 '채널 간 편성' 개념으로 변화하게 된다. 다양한 장르의 전문편성채널들을 배열하는 개념이다. 하지만 절대 부족한 콘텐츠로 채널 간 콘텐츠 차별화가 쉽지 않았던 상황에서, '채널 간 편성'은 별 의미가 없었다. 아직까지도 IPTV와 디지털케이블TV 간에 편성 채널 차이가 크지 않다. 하지만 미국처럼 질적·양적으로 다양한 콘텐츠들이 공급되고, 다양한 인종과 계층이 공존하는 나라에서는 '채널 간 편성' 차이가 크다.

그러나 최근 인터넷을 기반으로 하는 비디오 스트리밍 서비스들과 미디어 플랫폼들이 급증하면서, 다시 편성전략은 미디어 사업의 성패를 좌우하는 개념으로 부상하고 있다. 그 이유는 매체와 채널 숫자가 급증하면서 자신들이 원하거나 선호하는 콘텐츠를 선택하는데 이용자들의 인지적 노력이 요구되고 있기 때문이다. 심리학적 관점에서 전통적 개념의 편성은 '회상용이성(availability)'이 약화되어, 시청자들의 합리적 프로그램 선택행위에 도움이 되지 않고 있기 때문이다. 만약 각자 알아서 콘텐츠를 찾아서 시청하라 한다면, 마치 인터넷 익스플로러(internet explorer)나 네비게이터(navigator)같은 명칭처럼 원하는 콘텐츠를 찾아 망망한 사이버공간에서 끝도 없는 항해나 탐험을 해야 하기 때문이다.

이처럼 편성은 방송의 고유한 특성이자 권한으로 방송의 시장지배력을 지탱해온 핵심 개념이라 할 수 있다. 일찍이 편성의 중요성을 간파한 사람이 영국의 문화비평가이자 언론학자인 레이몬드 윌리암스(R. Williams)다. 그는 미디어 기술은 초기 개발단계에서는 다양한 사회적 이해관계가 개입되지 않은 순수한 학문적 혹은 인간적 호기심에서 비롯되지만, 특정 사회에 응용·활용되는 단계에서는 사회적 이해관계나 이해집단들의 목적이 반영된다는 '징후군적 기술론(symtomatic technology)'을 제기한 바 있다. 그가 편성에 관심을 갖게 된 것은 1970년대 초로, 미국 대중문화의 중심에 텔레비전이 존재하고 텔레비전의 영향력은 편성에서 나온다고 주장하면서부터다. '텔레비전 : 기술과 문화적 형태(Television : Technology and Cultural Form)'라는 책에서, 텔레비전은 각각의 프로그램들을 유기적으로 연결하는 계획된 편성 즉 계획된 흐름을 통해 사람들의 일상적 경험에서 일관성을 만들어낸다고 주장하였다. 이는 방송사업자가 문화적 지배력을 통해 정치·경제적 기득권을 갖는 토대라고 본다. 그러면서 인터넷과 디지털 미디어기술들은 특정 방송의 편성독점권을 와해시켜 시청자 주권과 자유를 회복하게 될 것이라고 보았다. '구글의 종말(Life

[그림 7] 레이몬드 윌리암스

레이몬드 윌리암스 문화주의적 시각에서 현대사회 매스미디어를 해석하고 있다. 그는 문화란 한 시대를 사는 사람들이 공유하고 있는 '삶의 방식(way of life)'으로, 현대 자본주의 사회에서 지배적 삶의 방식은 텔레비전이 편성을 통해 형성하고 있다고 보고 있다.

After Google)'이라는 책을 쓴 조지 길더(George Gilder)는 디지털 기술은 수용자가 텔레비전의 기획된 흐름 즉, 편성의 틀에서 벗어나 다양한 선택권을 누릴 수 있는 '텔레비전 압제(television tranny)로부터 해방을 가져다 줄 것이라고 확신하였다.

전통적인 방송편성이 위력을 발휘했던 이유는 시청행태 측면에서도 살펴볼 수 있다. 3~5개 정도의 채널만 있다면, 시청자들은 자신의 인지 능력으로 각자의 선호와 각각의 채널들이 제공하는 콘텐츠를 연계시킬 수 있다. 시청자들이 자신의 선호·취향·욕구 등에 맞추어 채널과 프로그램을 선택하는 합리적 선택이 가능하다는 것이다. 합리적 선택행위가 가능하기 위해서는 다음과 같은 세 가지 조건이 충족되어야 한다. 첫째, 행위주체들이 분명한 자신의 취향이나 선호를 가지고 있어야 한다. 둘째, 주어진 선택들 사이에 분명한 차이가 있어야 한다. 셋째, 행위 주체들이 주어진 선택들 간의 차이를 확실하게 인지할 수 있어야 한다. 소수 채널들이 존재할 경우에는 합리적 채널 선택행위가 가능하지만, 채널이 수십~수백 개로 늘어나게 되면 합리적 채널 선택행위가 불가능할 수밖에 없다. 실제로 1970~80년대 유행했던 '이용과 충족효과(uses & gratification effect)' 연구도 많은 시청자들이 특별한 동기 없는 시청행위가 많다는 문제에 봉착해 연구가치가 크게 낮아진 적이 있다. 많은 시청행위들이 직관적 선택이나 습관에 의해 이루어지는 경우가 많다는 것이다. 편성이 중요한 이유는 시청자들의 인지적 노력을 줄여주는 역할을 하고 있기 때문이다.

이 때문에 텔레비전은 방송사가 제공하는 프로그램들을 수동적으로 시청하는 '바보상자'라고 비판받기도 했다. 텔레비전 시청은 고도의 인지적 노력을 요구하는 매체가 아니라, 소파에 기대어 낮은 수준의 심리적 개입 상태에서 시청하는 이른바 '린 백 미디어(lean back media)'라는 것이다. 이 같은 수동적 시청행위를 가능하게 해주는 메커니즘이 편성인 것이다. 편성은 매체와 시청자 간에 이루어진 일종의 '약속'이라 할 수 있다. 그 약속은 앞에서 설명한 것처럼 시청자들로 하여금 특정 채널에 대한 기대와 채널 충성심을 유발하게 된다. 특히 미디어 콘텐츠는 이용해보기 전까지는 성공 여부를 판단할 수 없는 경험재라는 한계를 가지고 있다. 시청자들의 선호를 판단해 프로그램을 선택·배열하는 편성은 경험재의 약점을 최소화할 수도 있다. 많은 TV 시청행위 연구결과들이 많은 중시청자(heavy viewer)들은 통제력이 결여된 습관적 시청행태를 가지고 있고, 이는 TV중독이나 사회성 결여 같은 문제점을 야기한다고 지적하고 있다.

미디어플랫폼의 편성 개념

기존 방송매체의 수동적 시청패턴이 디지털 인터넷 미디어로 개선될 것이라는 낙관적 전망들이 많이 제기되었다. 특히 20세기 후반 정보사회 낙관론자들이 가장 강조했던 것이 정보기기 이용자들의 '능동성'이었다. 네트워크로 연결된 수많은 디지털 정보에 접근하는데 있어 소극적 이용행태로는 불가능하고 능동성을 필요로 한다는 논리다. 실제 인터넷 정보검색이나 필요한 정보에 접근하기 위해서는 능동적 선택행위가 필요한 것이 사실이다. 이처럼 '양방향성에 근거한 능동적 정보추구행위'는 1980년대 중반 많은 미디어 이용자들이 생각보다 수동적이라는 연구결과들이 나오면서 잠시 위축되었던 '이용과 충족연구'가 다시 활발해지는 계기가 되기도 하였다. 실제로 자신들이 필요로 하는 정보나 콘텐츠를 인터넷 검색이나 유튜브 동영상에서 찾아보는 것은 미디어들이 정한 시간이나 장소에 그들이 선택한 콘텐츠를 수동적으로 시청하던 것과는 크게 다르다. 또 각자가 선호하는 사이트나 인터넷 서비스를 '즐겨찾기'라는 형태로 저장해 쉽게 접근하거나 알고리즘 형태로 개인의 취향에 맞춰 콘텐츠를 연계··추천하는 방식은 미디어 이용패턴 방식에 있어 획기적인 변화다. 이런 방법들은 양방향성(interactivity), 선택권 강화, 이용자 주권 같은 메타포어로 포장되기도 한다. 또한 미디어사업자에게 부여되어 있던 뉴스나 프로그램, 정보선택 책임을 이용자들에게 이전해 '수용자 책임론'으로 발전하기도 했다.

더욱이 4차산업혁명 시대에 들어서면서 인공지능과 빅데이터에 기반들을 둔 다양한 알고리즘들이 상용화되면서 콘텐츠를 선택하고 제공하는 편성권력이 확실히 이용자에게 이동한 것으로 인식되고 있다. 맥퀘일(D. McQuail)의 커뮤니케이션 유형 중에 커뮤니케이터가 제공할 메시지와 시간, 장소를 통제하는 훈시(allocution) 형태에서 이용자들이 원하는 콘텐츠를 원하는 시간과 장소에서 찾아볼 수 있는 '자문(consultation)'이나 여러 사람들이 콘텐츠를 상호 공유하는 '대화(conversation)'형태로 변화되고 있는 것이다. 최근 미디어 시장을 주도하고 있는 OTT 서비스들은 대부분 이 두 유형에 속한다. 유튜브는 개별 유튜버들이 제작한 콘텐츠들을 등록하고 사람들이 원하는 콘텐츠를 원하는 시간과 장소에서 접근하는 형태다.

반면 페이스북이나 인스타그램, 카카오톡 같은 소셜네트워크서비스들은 대화형 커뮤니케이션이라 할 수 있다. 반면 넷플릭스 같은 인터넷 스트리밍 서비스들은 사업자가 제공하는 콘텐츠를 이용자들이 시간과 장소에 구애받지 않고 시청하는 자문형 미디어라고 할 수 있다. 이 때문에 4차산업혁명은 미디어 이용의 주도권이 커뮤니케이터 즉, 미디어사업자에게 있지 않고 시청자 혹은 이용자에게 있다는 주장이 가능한 것이다. 결국 미디어 플랫폼시대가 도래하면서 전통적인 편성개념이 소멸되고 있다고 말할 수 있다. 이는 전통적인 방송매체와 방송 유사서비스를 구별하는 기준이 될 수도 있다. 실제로 인터넷 포털이나 OTT 서비스를 규제하기 어려운 이유가 통신서비스라는 법적 근거에도 있지만, 서비스제공자가 편성을 통해 내용물은 인위적으로 선별해 배열하지 않는다는 다시 말해 게이트키핑을 하지 않는다는 점에도 있다.

이러한 미디어 플랫폼들이 콘텐츠 배열이나 선택에 관여하는 편성행위를 하지 않는다는 주장에 대해 비판도 만만치 않다. 윌리암스(R. Williams)가 말한 '계획된 흐름'이 과연 사라졌나 하는 점이다. 수많은 인터넷 정보나 채널

[표 1] 미디어 작동 방식 변화

	전통 미디어	인터넷 방송	Blog	OTT
콘텐츠	professional high quality standard content	RMC (일부 PCC)	UCC (UGC)	UCC Professional content Original content
제공방식	시간적 편성	공간적 편성 (일부 시간적 편성)	공간적 배열	알고리즘 추천
송출	매체별 독자 네트워크	인터넷 (Desk top PC)	인터넷 (Desk top PC)	모바일 (일부 PC)
수익모델	양면시장 (광고)	광고 (일부 콘텐츠 이용 대가)	비영리	광고 및 콘텐츠 이용대가

들을 효율적으로 접근하기 위해 개별 이용자들은 선호하는 사이트나 채널을 '즐겨찾기' 같은 형태로 저장해 구조화된 콘텐츠 접근방식을 스스로 만들어내고 있다. 인터넷 기반의 스트리밍 서비스들이 불특정 다수에게 제공되는 방송(broadcasting), 특정 성향의 동질적 시청자를 대상으로 특화된 프로그램을 제공하는 협송(狹送, narrowcasting)을 넘어 개인의 취향에 맞추어 콘텐츠를 시청하는 개송(個送, personaliting)으로 변화되어 온 것은 사실이다. 그렇지만 인터넷 플랫폼들은 빅데이터와 인공지능을 이용해 전통적인 편성보다 더욱 정교한 추천 알고리즘을 개발한 것이다. 어쩌면 유튜브나 넷플릭스는 기존 편성보다 훨씬 위력적인 콘텐츠 소비행태를 통제하는 '보이지 않는 변형된 편성' 혹은 '인공지능이 만든 계획된 시청흐름 기제'를 가지고 있는 것이다.

4차산업혁명 미디어 플랫폼들이 전통적인 방송사업자들보다 위력적인 이유는 네트워크로 연결된 이용자와 이용자미디어 행태를 정확히 수집·분석할 수 있다는 점이다. 미디어 종사자들의 경험에 바탕을 둔 주관적 판단과 표본에 근거한 시청자 조사에 근거해 시청자들의 수요와 선호에 부합하는 콘텐츠를 제작·공급한 전통 미디어들보다 시장예측력에서 획기적으로 뛰어날 수밖에 없다. 더구나 미디어 콘텐츠는 경험재 성격이 강해 정확한 시장예측이 더 어렵다. 전통 미디어들이 다수 시청자를 목표로 하는 보편적 내용의 표준화된 콘텐츠에 치중할 수밖에 없었던 이유다. 하지만 4차산업혁명 기술로 무장한 미디어 플랫폼은 콘텐츠와 이용자를 연결하는 인터넷플랫폼의 장점을 최대한 활용하고 있다. 개인의 미디어 이용패턴을 실시간으로 수집하는 사물인터넷과 이를 축적 저장하는 빅데이터와 인공지능을 통한 알고리즘을 통해 개인맞춤형 콘텐츠를 지속적으로 제공하여 연속적 이용을 유도하는 것이다.

기존 방송이 편성이라는 계획된 프로그램 목록으로 시청자들을 붙잡아두는 방식이었다면, 4차산업혁명 시대의 미디어 플랫폼은 개별 이용자들의 취향과 선호를 가지고 콘텐츠 목록을 만들어 제공하는 방식이라 할 수 있다. 즉, 시청기록(viewing history), 추천 비디오(recommended video), 즐겨찾기, 내 비디오(my video) 같은 개인의 시청기록과 패턴을 콘텐츠 카테고리와 연결하는 방식인 것이다. 페이스북의 친구추천 알고리즘은 연계된 친구숫자를 늘려 플랫폼 사용량과 공유되는 메시지를 더 많이 확보하는데 그 목적이 있다. 트래픽양이 늘어난다는 것은 광고노출량을 늘리는 효과를 기대할 수 있으며, 친구가 많아져 업로드 수가 늘어나게 되면 정확한 개인 성향을 파악할 수 있는 빅데이터도 증가하게 된다. 이는 결국 개별 이용자들에게 적합한 광고 메시지를 제공할 수 있게 된다. 인터넷 포털 또한 관련 뉴스들을 연계해 포털 지체시간과 트래픽 수를 늘리는 방법을 사용하고 있다. 이 때문에 몇 개 안되는 뉴스기사를 상호 연계해 회전식으로 추천하기도 하고, 다른 기사들을 유사하게 제목 등만 재가공하는 '어뷰징(abusing)' 현상이 증가하는 부작용도 만만치 않다. 결국 이 같은 플랫폼의 추천알고리즘에 의한 추천시스템은 '몰아보기(binge watching)', '이어보기(relay watching)' 시청행태를 유발해 기존 방송의 편성과는 비교가 되지 않을 정도로 막강한 위력을 지니고 있다.

플랫폼 알고리즘이 미디어 시장에 미치는 영향은 엄청나서, '디지털 매개자(DI, Digital Intermediaries)' 또는 '디지털 파괴적 매개자(DDI, Digital Disruptive Intermediaries)'라고 지칭된다. 그렇지만 미디어플랫폼들이 진정한 파괴적 매개자인가에 대해서는 논란이 있을 수 있다. 외형적으로는 유튜브나 넷플릭스 같은 미디어 플랫폼들이 개인의 능동적 시청행위를 제고시켜주는 것처럼 보일 수 있다. 또 플랫폼 미디어들의 추천·매개 알고리즘이 이용자들의 합리적 선택에 기여하고 있는 것으로 생각될 수도 있다. 하지만 알고리즘에 의한 콘텐츠 추천시스템은 어떻게 보면 과거 방송사들의 편성방식보다 훨씬 강력한 포획력을 가지고 이용자를 더 수동적으로 만드는 것일 수도 있다. 인지적 노력을 줄이고 내가 원하는 콘텐츠를 시청할 수 있다는 것은 무비판적으로 콘텐츠를 수용하는 것일 수도 있기 때문이다. 마치 '안락함 속에 즉자적으로 콘텐츠를 소비하는 존재'로 전락할 위험성도 있다.

이러한 이유로 인터넷 플랫폼으로 미디어 시장 주도권이 이동하고 있는 것은 '창조적 파괴'가 아니라 단순한 '미디어 권력이동'일 뿐이라는 주장까지 나오고 있다. 더 나아가 공개적으로 운영되었던 텔레비전 편성과 달리 플랫폼사업자들은 자신들의 알고리즘을 기술적 중립성이라는 명분으로 '블랙박스화(blackboxing)'하고 있다. 가짜뉴스 숙주라는 비판을 받았던 페이스북, 기사배열 등에 있어 불공정 의혹을 받았던 인터넷포털 사업자, 명확한 근거 없이 행해진 유튜브의 광고제한조치, 구글의 검색 결과의 자의성 논란 등에 대해 이들 플랫폼들은 알고리즘의 기계적 중립성과 경영상 비밀 등을 이유로 공개를 거부하고 있다.

이처럼 인터넷 플랫폼들의 알고리즘들은 편성보다 훨씬 강력한 이용자 통제효과를 가지고 있지만, 사람들은 플랫폼 공간에서 매우 자유롭게 원하는 정보나 콘텐츠를 능동적으로 이용하고 있다고 생각하고 있다. 한마디로 기계적 알고리즘에 대한 맹신이다. 편성이 시청자들의 채널이나 프로그램 선택에 필요한 사회적 기술이라면, 알고리즘은 미디어 이용자들을 기계에 종속된 수동적 존재로 만드는 기술이라 할 수 있다. 이처럼 플랫폼 알고리즘이 점점 정교하게 진화하고 있는 이유는 이용자를 광고주에 연결하는 수익메커니즘 구조 때문이다. 이용자를 콘텐츠와 연결하는 과정에서 광고노출량을 극대화하고 목표수용자에게 맞는 광고메시지를 노출시켜야하는 것이다. 때

소프 오페라는 프로그램이 부족했던 라디오 등장 초기에 비누회사들이 방송사에 제공했던 자사 비누 제품 광고를 끼워 넣은 음악·콩트 등으로 구성된 종합 오락프로그램이다. 이는 낮 시간 주시청자인 주부들을 대상으로 한 것으로, 텔레비전 등장 이후 최근까지도 일일연속극을 지칭하는 용어로 사용되고 있다. 최근 많이 활용되고 브랜디드 콘텐츠도 어쩌면 소프 오페라의 변형이라고 볼 수 있다.

문에 일부 학자들은 광고와 콘텐츠 간의 주객관계가 역전되는 '슈퍼텍스트(super text)' 혹은 '슈퍼 흐름(super floww)'이 형성되고 있다고 지적한다. 특히 시청자들의 광고회피 현상을 최소화하기 위해 많이 사용되는 '브랜디드 콘텐츠(branded content)'도 같은 맥락에 있다고 볼 수 있다. 윌리암스(R. Williams)가 말한 기존 텔레비전의 흐름이 프로그램 사이의 간극을 연결하는 것이라면, 플랫폼 알고리즘은 개인의 취향을 광고물과 구조적으로 직접 연계시키는 '슈퍼흐름'이라 할 수 있다. 그렇다면 넷플릭스를 비롯한 주요 플랫폼사업자들이 오리지널 콘텐츠 제작에 치중하는 모습은 20세기 초반 라디오 등장 초기에 있었던 '소프 오페라(soap opera)'를 연상시킨다. 무선기기회사들이 라디오 수신기 판매를 위해 시작했던 라디오 방송이 프로그램이 부족하자 비누회사들이 자신들의 제품 광고를 끼워 넣은 오락물을 제작해서 제공했던 것과 알고리즘이 판단한 시청자 수요에 맞추어 제작·공급되는 콘텐츠들과 본질적으로 같은 것일 수도 있다.

사물인터넷과 알고리즘의 접합 : 스마트 미디어

분명 플랫폼은 알고리즘이라는 강력한 기제를 바탕으로 4차산업혁명 시대 미디어시장을 점령해가고 있다. 미디어 알고리즘의 선구자라고 할 수 있는 넷플릭스는 물론이고, 유튜브·페이스북·인스타그램까지 네트워크를 기반으로 알고리즘 고도화에 전력을 다하고 있다. 하지만 네트워크 연결을 통해 성장하고 있는 또 다른 알고리즘 플랫폼이 바로 사물인터넷 단말장치인 음성인식 스피커와 스마트 TV다. 이 사물인터넷 단말장치들은 사용자 인터페이스·사용자경험을 바탕으로 한 알고리즘을 점점 고도화시켜 콘텐츠 접근성을 극대화시키고 있다. 그러므로 스마트 TV 제조사들의 단말기 플랫폼화 전략도 주목할 필요성이 있다. 전통적으로 라디오·TV 같은 가전제품 제조사들은 전송하는 콘텐츠에는 별 관심이 없었다. 20세기 초 라디오 등장이 무선수신기 판매 촉진을 위해 제조업자들이 방송사를 설립하면서 시작되었다. 영국 BBC의 전신인 'BRC(Broadcasting Radio Company)'나 초창기 미국의 라디오와 텔레비전 보급을 주도했던 'RCA(Radio Corporation of America)'는 이탈리아 무선통신 발명가 마르코니(Marconi)가 영국정부와 합작해 설립한 '마르코니 무선전신회사(Marconi Wireless Telegraph Company)'가 '판-아메리칸 텔레그래프(Pan-American Telegraph Company)를 인수·합병해 만든 가전제품 제조사 'GE(General Electronics)'가 설립한 회사다. 이 회사들은 방송내용에는 관심이 없고 오직 수신기 판매가 목적이었다. 이후 컬러텔레비전이 등장하고 케이블TV 같은 다채널TV가 성장할 때까지도 단말기제조업자들은 방송콘텐츠 사업에는 관여하지 않았다.

그렇지만 1970년대 중반 새로 개발된 비디오레코더 표준방식을 둘러싼 분쟁에서 미국 메이저영화사들에게 일본 전자회사 소니(Sony)사가 완패한 사건이후 분위기가 달라졌다. 이후 소니는 콘텐츠의 중요성을 깨닫고 컬럼비아 영화사(Columbia Pictures)를 인수하게 된다. HDTV 역시 가전제조업과 방송영상콘텐츠 사업의 연관성을 잘 보여주는 사례다. HDTV는 1960년대 중반 일본 가전제조업체들이 차세대 텔레비전단말기 시장 주도권을 쥐기 위해 국가적 차원에서 추진되었다. 이후 HDTV 표준방식이 채택되지 못해 지지부진했고, 결과적으로 후발사업자인 한국의 가전제조사들이 세계시장을 주도하게 되었다. 이 역시 콘텐츠가 뒷받침되지 않는 미디어 기술개발의 한계를 보여주는 것이다. 최근 치열하게 경쟁하고 있는 UHDTV 기술 주도권을 놓고 가전사들 간의 경쟁이 치열하지만, 결국 승패는 여기에 필요한 콘텐츠를 확보하고 있는 콘텐츠 기업들이 어느 편에 서느냐에 달려있다고 할 수 있다. 우리나라 역시 HDTV, UHDTV, 휴대폰 같은 디바이스 제조에서는 세계를 앞서 가지만, 이에 필요한 콘텐츠는 양적으로나 질적으로 크게 부족한 상태다. 이는 우리나라의 미디어 정책이 영상콘텐츠 측면보다 산업적 측면에서 주로 접근해 온 결과이기도 하다.

그렇지만 최근에 스마트 폰이나 스마트TV 같은 스마트 미디어들이 단말기산업과 미디어 산업이 더 이상 별개일 수 없다는 사실을 잘 보여주고 있다. 스마트 미디어들이 플랫폼이나 방송사업자를 거치지 않고, 단말기를 통해 이용자들에게 직접 콘텐츠를 제공할 수 있게 된 것이다. 퍼스널 컴퓨터 시대에서부터 배타적으로 콘텐츠를 제공해 온 애플은 물론이고, 삼성전자나 LG전자 같은 전자제품 제조업자들도 스마트TV나 스마트 홈을 독자적인 플랫폼으로 구축하려 하고 있다. 최근 등장하는 모든 전자제품들은 스마트화를 특징으로 하고 있다. 휴대폰이나 스마트TV 뿐 아니라 냉장고, 세탁기 심지어 진공청소기까지 인공지능을 내장하고 있다. 이처럼 단말기기 자체가 스마트해진다는 것은 단말기 내에서 콘텐츠를 지능적으로 판단해서 제공할 수 있다는 것을 의미한다.

'스마트(smart)'의 사전적 의미는 "정보의 축적과 검색이 자연 언어로 이루어지고, 컴퓨터가 그 정보를 읽고 처리하여 상관도가 높은 것부터 순차적으로 검색 결과를 출력하는 대형 정보 검색 시스템"이다. 한마디로 컴퓨터화되어 지능성을 갖게 되었다는 의미다. 그렇다면 '스마트 미디어'는 단말기에 컴퓨터장치가 내장되어 지능적 처리가 가능한 미디어로, 자체적으로 정보를 처리·분석해 지능화된 서비스를 제공할 수 있는 미디어를 말한다. 스마트

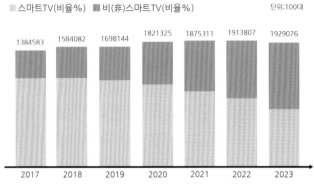

[그림 9] 스마트TV 성장 추이

■ 스마트TV(비율%) ■ 비(非)스마트TV(비율%)　　　　단위:100대

2017	2018	2019	2020	2021	2022	2023
1384583	1584082	1698144	1821325	1875311	1913807	1929076

* 자료 : IHS마킷, 2019년부터 전망치

폰은 2007년 처음 애플의 아이폰 등장 이후 이미 강력한 미디어 플랫폼으로 성장하였다. 스마트TV는 지능적 활용 정도는 크게 미흡하지만, 2023년에는 전체 TV시장에서 스마트TV 점유율이 83%에 이를 것으로 전망되고 있다.

스마트TV는 이용자들이 원하는 방송과 통신 그리고 융합형 서비스들을 이용자 필요에 맞추어 재가공해 받을 수 있는 텔레비전 수상기다. 또한 퍼스널 컴퓨터, 모바일 스마트 폰 같은 다양한 단말기와 연동해 원하는 시간과 장소에서 콘텐츠를 연계해서 볼 수 있다. 한마디로 방송서비스는 물론이고 인터넷 통신, 엔스크린(N-screen) 궁극적으로는 스마트 홈의 게이트웨이(Gatew Way) 플랫폼 역할을 하게 될 것이다. 때문에 스마트TV는 인공지능스피커와 함께 온라인과 오프라인을 연결하는 중요한 사물인터넷 단말장치라 할 수 있다. 스마트TV에 방송사업자, 포털사업자, 통신사업자, 단말기제조사 등 다양한 사업자들이 경쟁에 뛰어드는 이유가 여기에 있다. 실제로 스마트TV는 개발주체에 따라 '인터넷TV(IETV, Internet Enabled TV)', '하이브리드TV(Hybrid TV)', 'TV포탈(TV Portal)', '웹TV(Web TV)', '앱TV(App TV, Application TV)', '클라우드TV(Cloud TV)' 등 명칭도 다양하다.

스마트TV를 처음 개발한 것은 구글과 애플이다. 2007년과 2009년 구글과 애플은 텔레비전과 퍼스널 컴퓨터, 스마트폰을 연계하는 '커넥티드 서비스 (Connected TV)' 개발을 발표하였다. 이 때문에 아직도 일부에서는 스마트TV를 '구글TV' 또는 '애플TV'라고도 한다. 또 2010년에는 구글이 크롬 안드로이드(Chrome Android) 운영체계를 기반으로 인터넷 웹과 TV를 IP로 연결해 '방송시장을 우회'하는 플랫폼을 개발하였다. 그렇지만 구글TV는 수동형 미디어인 TV시청자들에게 능동적 시청행위를 강요한다는 비판과 스마트TV에 적합한 콘텐츠 제공에 실패해 지지부진하였다. 이런 상황에서 위기를 느낀 삼성전자와 스마트 홈 전략에 집중하고 있는 LG전자가 스마트TV 개발에 박차를 가하면서 경쟁이 가열되게 된다. 이 같은 경쟁은 스마트TV의 플랫폼화를 더욱 촉진시켰고, 결국 콘텐츠 확보경쟁으로 이어지게 되었다. 애플은 배타적으로 콘텐츠를 제공하는 전통적인 폐쇄형 방식을 고수하였지만, 독자적인 콘텐츠가 없는 단말기제조업체들은 콘텐츠사업자들과 연대를 모색하였다. 삼성전자는 '바다(Bada)'라는 플랫폼으로 콘텐츠사업자와 연대해 애플과 경쟁하기도 했지만 큰 성과를 거두지 못했다. 또 IPTV를 직접 소유하고 있는 통신사업자들과의 망사용료 문제로 사실상 독자적인 플랫폼화를 포기한 상태다. LG전자는 콘텐츠 플랫폼이 아닌 스마트 홈의 게이트웨이로서 사물인터넷 기반의 스마트TV를 가전서비스들과 연계하는 전략에 집중하고 있다.

스마트TV가 독자적인 플랫폼화에 실패한 이유는 공동시청매체인 텔레비전 수상기가 개별이용 양식인 인터넷 플랫폼으로 전환되기 힘들다는 점과 독자적인 콘텐츠 제작경험이나 콘텐츠를 보유하지 않은 상태에서 기존 방송사업자 혹은 플랫폼 사업자들과의 경쟁에서 우위에 설수 없다는 한계 때문으로 보인다. 무엇보다 전형적인 린 백 미디어(lean back media)인 TV에게 시청자들에 높은 수준의 인지적 노력을 요구하는 스마트TV의 속성으로 근본적인 실패요인을 내재하고 있다는 평가가 많다. 구글과 애플이 구글TV와 애플TV 계획을 발표했을 때, 한 신문평론가는 "자동차 운전하는데 비행조종기술을 요구한다면, 그 자동차가 성공할 수 있을까"라는 의문을 제기하기도 하였다.

[그림 10] 구글TV와 애플TV

구글TV와 애플TV는 야심차게 시작했지만 실제로 실패한 모델로 판단된다. 우리나라에도 통신사업자와 연계해 진출했지만 시장에 정착하지 못했다. 여러 이유가 있겠지만 결정적인 것은 공동시청방식의 린 백 미디어인 TV에 인터넷 포털 시청패턴이 적합하지 못하다는 지적이었다.

그럼에도 불구하고 2017년 구글은 지상파방송 CBS와 연대해 '언플러그드(Unplugged)'라는 웹TV를 추진하고, 디즈니·NBC·21세기 폭스 등과 콘텐츠 연대를 통해 독자적인 플랫폼화를 지속적으로 추진하고 있다. 특히 강력한 검색기능을 바탕으로 여러 단말기 및 콘텐츠 사업자들과 연계하는 크롬캐스트(Chromecast)의 플랫폼화를 강력히 추진하고 있다. 이미 유튜브로 오픈 플랫폼 콘텐츠시장을 주도하고 있는 구글이 크롬캐스트를 통해 고품질 콘텐츠를 병행하는 전략을 추진하고 있는 것이다. 2000년 9월부터 크롬을 통해서만 유튜브를 볼 수 있도록 방침을 변경한 것도 이러한 플랫폼화전략의 일원으로 볼 수 있다. 더불어 웹 클라우딩 기술을 바탕으로 TV수상기 뿐 아니라 다양한 단말장치들과 연계하는 엔스크린(N-screen) 서비스도 확장해나갈 계획이다. 특히 애플의 스마트TV 추진은 광고시장 침식을 방어하기 위한 것이라는 평가가 지배적이다. 이처럼 인터넷포털사업자와 모바일 사업자, 단말기 제조업자 그리고 방송사업자 및 콘텐츠 공급업자들까지 플랫폼 구축에 뛰어들고 있다. 향후 스마트TV는 인공지능과 빅데이터, 사물인터넷을 활용해 더 많은 이용자들을 끌어들이고 효율성을 높일 수 있는 지능화된 플랫폼으로 진화할 것으로 전망된다. 그렇게 된다면 거실형 인공지능 음성인식 스피커

는 스마트TV안에 흡수될 가능성이 높고, 벽걸이 방식이 아닌 홀로그램 TV로
진화할 것으로 보인다.

[참고문헌]

Scott Galloway, The Four : The Hidden DNA of Amazon, Apple, Facebook, and Google, 2017, 이경식 (역), 플랫폼 제국의 미래 : 구글, 아마존, 페이스북, 애플 그리고 새로운 승자, 2018, 비즈니스북.

21세기 인터넷 플랫폼을 지배하고 있는 아마존·애플·구글·페이스북의 성장 배경과 전략을 상세하게 서술한 책이다. 4개 거대 사업자가 '플랫폼 제국'을 구축할 수 있었던 경영 및 브랜드 전략, 수익모델, 독점 유지전략 등을 다루고 있다. 인터넷 서점으로 출발해 소비자와 상품을 효과적으로 연결하는 아마존 알고리즘, 고가 프리미엄 디자인을 이용한 애플의 차별화된 전략, 타인과 유대감과 공감을 공유하고 싶어 하는 욕망을 수익모델로 만든 페이스북, '검색하거나 검색당하고 싶어 하는' 사람이나 기업들의 욕망을 독점해 엄청난 수익을 올리고 있는 구글의 성공요인 등을 논리적으로 분석하고 있다. 이 책을 통해 주요 인터넷 플랫폼사업들의 특성과 현황, 경쟁력 등을 쉽게 이해할 수 있을 것이다. 여기에 그치지 않고 저자는 양적 자원을 바탕으로 '빅4'를 위협하고 있는 알리바바를 비롯한 중국의 플랫폼들과 우버나 에어비앤비 같은 신생 플랫폼들의 도전 가능성을 전망하고 있다.

Geoffrey G. Parker, Marshall W. Van Alstyne, Sangeet Paul Choudary, Platform Revolution : How Networked Markets Are Transforming the Economy and How to Make Them Work for You, 2017, 이현경 (역), 플랫폼 레볼루션 : 4차 산업혁명 시대를 지배할 플랫폼 비즈니스 모든 것, 2017, 부키.

이 책은 단순히 주요 인터넷 플랫폼 현황이나 실용적 내용만 담고 있지 않다. 플랫폼과 관련된 다양한 개념들을 분석적으로 기술하였다. 기존의 플랫폼들과의 차이, 네트워크 효과. 양면시장, 큐레이션, 개방형·폐쇄형 플랫폼, 플랫폼 규제정책 등 학술적 개념들을 실제 사례를 들어 설명하고 있다. 이 때문에 이 책의 많은 내용들이 학술 논문이나 서적에 자주 인용되고 있다. 특히 플랫폼의 특성과 양면네트워크 효과, 플랫폼 규제와 관련된 쟁점들을 중점적으로 볼 것을 권고하고 싶다. 4차산업혁명시대는 플랫폼을 빼고 논하는 것 자체가 무의미하다. 특히 인터넷 플랫폼이 'O2O(Online To Offline)' 전략으로 다양한 오프라인 영역을 침식해갈 가능성이 매우 높다. 그런 맥락에 플랫폼 사업을 둘러싼 쟁점들도 유심히 살펴보기를 권해 본다.

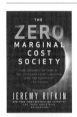

Jeremy Rifkin, The Zero Marginal Cost Society : The Internet of Things, the Collaborative Commons, and the Eclipse of Capitalism, 2014, St. Martin's Press, 안진환, 한계비용 제로 사회 : 사물인터넷과 공유경제의 부상, 2014, 민음사.

제레미 리프킨은 '노동의 종말', '소유의 종말' 같은 저서 등을 통해 첨단 정보기술들이 가져올 경제구조 변화에 지속적으로 관심을 기울여왔다. 이후 2011년에 발간된 '3차산업혁명'에서 공유경제 가능성을 제시하였고, 이 책에서 그 해답을 찾은 것 같다. 플랫폼을 기반으로 하는 공유경제의 효율성을 구체적으로 제시하고 있는 것이다. 주장의 근거는 서로 독립된 두 개 시장을 연결하는 '양면시장(two-side market)'이 한계비용이 0에 가까운 효율적 경제시스템이 될 수 있다는 주장이다. 대표적으로 테슬러는 부품시장을 플랫폼에 내부화시켜 자동차 이용자들의 거래비용을 최소화하는데 성공했다. 결국 테슬러는 자동차 구매 시장을 확대시켰고, 이는 다시 부품시장 성장으로 이어졌다는 논리다. 그러면서 사물인터넷은 플랫폼의 효율성을 더욱 증폭시킬 것으로 보고 있다. 잉여자원을 가진 서로 다른 두 시장 행위자들이 플랫폼에서 공존하면서 '네트워크 효과(network effect)'를 서로 배가시키게 된다는 논리다. 플랫폼 양면시장이 경제적 효율성과 성장을 모두 가능하게 해 줄 것으로 보고 있다. 이 책은 추상적으로 여겨졌던 양면시장, 플랫폼 경제, 네트워크 효과 같은 개념들을 구체적인 4차산업혁명 기술 사례들을 통해 현실감 있게 이해하는데 도움이 될 것이다.

Everette M. Rogers, Diffusion of Innovations(5th ed.), 2003, Free Press, 김영석 (역), 개혁의 확산, 커뮤니케이션북스, 2005.

'개혁의 확산'은 1962년 초판이 나온 이후 2002년 모두 5판까지 나왔다. 로저스는 미국을 대표하는 언론학자 중에 한 명으로 '개혁확산이론

(diffusion of innovation theory)'의 창시자이다. 이 이론은 '근대화 이론' 과 함께 신생 개발국가들에게 미국을 비롯한 선진국들의 문물, 문화, 이 념들을 전파하는데 크게 기여하였다. 이 때문에 문화 제국주의 이론이라 는 비판을 받기도 했다. 이러한 정치적 의미를 배제하면, 새로운 아이디 어나 상품의 전파·확산 연구결과들은 실용적으로 큰 기여를 한 것도 사실 이다. 개혁확산곡선(S or J curve), 확산 계곡(diffusion chasm), 조기 채택 자(early adaptor), 상대적 이점(relative advantage), 결정적 다수(critical mass) 같은 용어들은 로저스가 이 책을 통해 발표한 후 일반화된 개념들 이다. 특히 20세기 후반 새로운 정보기기들이 개발·확산되면서 개혁확산 이론이 다시 각광받게 되었고. 5판은 그런 배경에서 발간된 것이다. 4차 산업혁명 기술들의 확산과정을 이해하기 위한 목적이라면, 제8장 확산네 트워크에 서술되어 있는 네트워크 확산과정 및 특수성, 결정적 다수 부분 만 집중적으로 봐도 될 것이다.

Raymond Williams, Television : Technology and Cultural Form, 1974, Routledge, 박효숙 (역), 텔레비전론, 1996, 현대미학사.

레이몬드 윌리암스는 커뮤니케이션학에서보다 문학비평이나 문화이론 분야에서 더 많이 알려진 학자다. 그렇지만 20세기 자본주의 문화 중심에 매스미디어가 위치하고 있다는 점을 인식하면서 미디어 관련 저술들도 적지 않다. 심지어 미디어 용어집 'Keywords: A Vocabulary of Culture and Society'라는 책을 내놓기도 하였다. 영국 출신인 그가 잠시 미국에 서 생활하면서 미국 대중문화의 중심에 텔레비전이 있다는 결론에 도달 한다. 텔레비전이 사람들의 의식을 형성하고 상업적 이익을 만들어내는 기제가 편성 즉, '흐름(flow)'이라는 내용이 이 책에 담겨져 있다. 프로그 램 흐름이란 방송사들이 정한 편성 스케줄에 사람들이 수동적으로 매달 리게 되는 것을 말한다. 이 같은 흐름은 시청자에 대한 미디어 의 독점적 지배구조를 형성한다는 것이다. 최근에 맞춤형 콘텐츠를 제공하는 인공 지능 미디어 알고리즘이 방송사 독점을 붕괴시키기보다 도리어 더 강하 게 개인의 '시청흐름'을 통제하는 것이라는 비판이 제기되면서 윌리암스 의 '흐름' 개념이 다시 부각되고 있다. 1996년에 나온 번역서가 절판되어 중고서점에서도 구하기 쉽지 않다.

제 8 장

4차산업혁명과 미디어 콘텐츠

제8장

4차산업혁명과 미디어 콘텐츠

미디어 산업은 C(content)-P(platform)-N(Network)-D(Device) 4단계 가치사슬 구조로 되어 있다. 일반 상품시장의 '생산-공급-소비'라는 수직적 가치사슬과 기본적으로는 같지만, '플랫폼'과 '네트워크' 요소가 개입되어 있다는데 차이가 있다. 일반 상품시장에서도 도매상이나 대형마트들이 '아마존'이나 '쿠팡' 같은 플랫폼 역할을 하고 있다고 볼 수 있다. 여기에 최근에는 '배달의 민족'이나 '요기요' 같은 배달전문업체들이 부상하면서 일종의 네트워크 역할을 하고 있다. 하지만 모든 영역에서 인터넷·모바일의 비중이 커지면서 네트워크사업이 플랫폼이나 콘텐츠 영역까지 급속히 확장되고 있다. '배달의 민족'이 외국기업에게 고액으로 인수되고, 배달업체간 인수·합병이 공정거래위원회 심사에서 의미 있게 다루어지고 있는 것이 이러한 변화된 모습을 잘 보여주고 있다. 또한 온라인 쇼핑몰과 배달업체들이 급성장하면서 대형 슈퍼마켓이나 쇼핑몰 매출이 급락하고 있는 것도 네트워크 영역의 성장을 보여주는 부분이다.

유·무선 주파수를 사용하는 방송 산업 역시 네트워크는 매우 중요한 부분을 차지해왔다. 여전히 방송은 전송수단에 근거해 정의되고 또 분류되고 있다. 아직도 방송사업자는 무선국 허가 같은 송출수단에 존립근거를 두고 있다. 그 이유는 20세기 초 방송매체가 처음 등장했을 때, 무선송신기·라디오 같은 전송기술들에 근거해 사업자를 허가해왔기 때문이다. 아직도 법적으로는 여전히 전송수단 즉 방송 전용 네트워크를 소유한 사업자가 소유·운영하는 것으로 되어있다. 지상파방송·케이블TV·위성방송처럼 전송수단을 앞에 붙인 방송명칭이 사용되고 있는 것도 같은 맥락이다. 그렇지만 디지털 기술이 발달하고 방송·통신 융합이 일반화되면서 자체 전송 네트워크를 소유하지 않고 다양한 전송수단들을 통해 방송콘텐츠를 제공하는 사업자가 늘어나고 있다. 특히 인터넷 발달은 전송수단에 바탕을 둔 전통적 방송 분류 자체를 무의미하게 만들고 있다. 더구나 OTT 서비스들이 기존의 방송사업을 위협하는 수준을 넘어 방송시장 주도권을 가져가고 있고, 유튜브를 근거로 급팽창하고 있는 1인미디어들은 방송패러다임 자체를 변화시켜야할 상황에 이르고 있다. 이 때문에 전송수단에 근거해 방송플랫폼을 운영하던 미디어 패러다임이 바뀌어야 한다는 주장이 늘어나고 있다. 심지어 전통적인 방송매체 개념 자체가 없어질 것이라는 예측도 적지 않다.

방송 패러다임의 변화

특히 4차산업혁명 기술들은 기존 방송패러다임의 변화를 더 가속화시키고 있다. 전송네트워크 융합으로 방송미디어 성격을 획기적으로 변화시킬 것이라는 전망은 1990년대 정보화사회에서도 꾸준히 제기되어 왔다. 마치 '웹1.0 ~ 웹3.0'으로의 변화와 유사하게 '미디어1.0'에서 '미디어 3.0'으로 진화해 갈 것이라는 예측이다. [그림 1]에서처럼, '미디어1.0'은 매스미디어들이 주도하는 미디어패러다임이다. 고비용을 들여 전문적으로 제작된 고품질 콘텐츠들을 불특정 다수 시청자들에게 일방적으로 제공하는 미디어양식이다. 이후 1990년대 후반에 인터넷이 확산되면서 제한적이기는 하지만 양방향 미디어들이 전통 매체들과 병행하는 '미디어 2.0'패러다임으로 변화하게

[그림 1] 미디어 패러다임 변화

	미디어 1.0	미디어 2.0	미디어 3.0
시기	~1990년대 말	2000년초~2013년	2014년 이후
미디어 형식	소수의 신문·방송·잡지 등 전통적인 매스미디어	인터넷 미디어와 기존 미디어 병행·경합 제한된 형태의 인터넷 미디어 (카페, 메신저) 기존 미디어의 인터넷 서비스	인터넷 오픈 플랫폼 1인 미디어(유튜버) OTT 소셜미디어
의사소통 방식	일방향 정보전달	비대칭성 양방향 (인터넷 댓글)	양방향성 극대화 집단 지성 활성화
이용자 정보소비형태	획일적 정보소비 집중적 관심	관심과 기호에 따른 능동적이고 분산된 소비와 선택	콘텐츠 생비자 (prosumer) 중개자 생산자의 모든 역할 수행
콘텐츠 유형	전문 콘텐츠 (뉴스·오락 등 모든 영역)	전문 콘텐츠와 개인콘텐츠 공생 틈새 콘텐츠	개인화된 콘텐츠 주도 극도로 분화된 콘텐츠

된다. 그렇지만 이 시기 양방향미디어들은 인터넷 카페(internet cafe)나 블로그(Blog)처럼 부분적인 피드백만 가능한 수준이었다. 그 보다는 콘텐츠를 제공할 수 있는 채널이 크게 늘어나 이용자들이 개인 취향에 따라 선택할 수 있는 기회가 늘어난 시기였다고 하는 것이 더 정확할 것이다. 즉, '미디어2.0'은 기존 미디어들의 '잘 만들어진 콘텐츠(well made content)' 들과 아마츄어 개인들이 만든 'UCC(user created content)'들이 온라인 공간에서 경합하는 시기라고 할 수 있다. 실제로 '미디어2.0'시기에 인터넷 VOD 콘텐츠는 기존 방송사들이 제작·제공한 것이 주를 이루었고, 온라인 뉴스 역시 기존 언론사들이 제작한 뉴스들이 거의 대부분이었다. 이러한 현상은 많이 줄어들기는 했어도 아직까지 지속되고 있다. 한마디로 '미디어2.0'은 새로운 인터넷 미디어들이 기존의 미디어 패러다임을 변화시키는 '코드 커팅(cord cutting)'이 아니라 약간 변화시키는 '코드 세이빙(cord shaving)' 정도의 효과만 유발했다고 할 수 있다.

하지만 '미디어 3.0' 시대에 들어서면서 미디어 패러다임은 급격히 변화하게 된다. 한마디로 코드 커팅이 발생하고 있는 것이다. 이미 미디어 시장에서의 패권은 구글·페이스북 같은 플랫폼 사업자들과 넷플릭스나 유튜브 같은

OTT로 급속히 이동하고 있다. '미디어3.0'의 가장 큰 특징은 양방향성이다. 미디어 혹은 언론사들이 독점하고 있던 콘텐츠 통제권이 이용자에게로 이동하고 있다. 또 다른 특징은 콘텐츠를 생산하는 주체와 소비하는 주체가 더 이상 분리되지 않는다는 것이다. 이용자들이 콘텐츠를 생산하고 동시에 소비한다는 이른바 '생비자(生者費, prosumer)' 시대가 된 것이다. 이는 '미디어3.0' 시대의 콘텐츠는 제작과 소비가 분리되지 않고, 서로의 콘텐츠를 공유하는 형태로 변화되고 있음을 의미한다. 공유형 매체인 유튜브는 이미 기성 미디어(legacy media)들을 압도하면서 미디어 시장을 완전히 재편하고 있다. 일부 유튜버들은 전 세계에 1억 명 이상의 구독자를 가지고 있고, 우리나라에도 수백만 구독자를 보유한 인기 크리에이터들이 적지 않다. 이들은 저예산으로 혼자 혹은 소수가 제작한 콘텐츠로 인기를 끌고 있다. 4차산업혁명 기술들은 이 같은 '미디어3.0' 패러다임으로의 변화를 더욱 가속화시키면서 다른 한편으로는 기성 미디어들까지 그 안으로 빨아들이는 블랙홀이 되고 있다.

미디어 생태계 변화

전통적인 미디어 생태계는 'C-P-N-D'라는 수직적 구조로 되어있다. 그리고 각각의 영역 내에서 미디어 사업자들이 독자적으로 생존해왔다. 콘텐츠를 생산하는 사업자들은 독자적인 플랫폼과 네트워크를 소유하고, 생산요소들을 배타적으로 결합해 안정적인 사업을 영위해왔다. 대표적으로 지상파 방송사들은 직접 제작하거나 외부에 위탁 제작·구매한 프로그램들을 자신들이 소유하고 있는 방송용 무선주파수를 통해 불특정 다수에게 전달하였다. 케이블TV나 IPTV, 위성방송 같은 다채널방송사들은 채널사용사업자(PP, program provider)들이 제작·편성한 채널들을 자가 혹은 임대 전송망을 통해 유료 가입자들에게 제공해 왔다. 물론 넷플릭스나 웨이브 같은 OTT 사업자들도 인터넷망을 이용한다는 점에서 차이는 있지만 전통적인 방송플랫폼들과 대동소이하다. 그렇지만 전통적인 방송시장은 같은 범주에 속해있는 사업자들 간에만 이루어진 반면, 인터넷 미디어들은 다양한 유형의 사업자들이 온라인공간에서 경쟁하고 있다는 차이가 있다. 더구나 인터넷 매체들은 별도 허가 없이도 콘텐츠를 제공할 수 있어 매체 간 경쟁을 법·제도적으로 통제할 수도 없다. 오래전부터 논의되어왔던 융합(convergence)이 본격적으로 벌어지고 있는 것이다.

[그림 2] 미디어 C-P-N-D 구조

한마디로 4차산업혁명이 본격화되면서 'C-P-N-D' 미디어 생태구조의 변화가 가속화되고 있다. 수직적으로 연결된 '선형적 C-P-N-D'에서 콘텐츠, 플랫폼, 네트워크, 단말 사업자들이 유기적으로 연계된 '협력적 C-P-N-D' 구조로 변화되고 있는 것이다. 전통 미디어들은 물론이고 콘텐츠 제작사·플랫폼사업자·통신사업자 심지어 텔레비전·컴퓨터 단말기·통신기기 제조업자들까지도 경쟁에 뛰어들고 있다. 일부 사업자들은 미디어 시장에서 중요한 행위자로 부상하고 있다. 구글·아마존·네이버 같은 인터넷 사업자들은 4차산업혁명을 선도하면서 미디어 시장에서 핵심적 위치를 차지해가고 있는 반면, 지상파방송이나 신문사 같은 기존 미디어들의 위상이나 영향력은 급속히 위축되고 있다. 또한 소수의 독점 방송사업자들에게 종속적이었던 콘텐츠 사업자들도 접근·활용할 수 있는 플랫폼이 다원화되면서 위상이 높아지고 있다. 21세기 초 유행했던 '콘텐츠는 왕(Content is King)'이라는 말의 의미를 최근 플랫폼 간 콘텐츠 확보 경쟁을 통해 실감할 수 있다. 앞으로도 4차산업혁명이 가속화될수록 콘텐츠에 대한 수요는 점점 더 커지게 될 것이다.

여기에 오랜 기간 미디어 생태계 밖에서 부수적 역할만 해왔던 네트워크와 단말기제조업자들 까지도 본격적으로 미디어 산업에 뛰어들고 있다. 1995년 미국 통신법 개정 이후, 처음 미디어 영역에 진입했던 통신사업자들은 이제 미디어생태계를 주도하는 핵심적 위치에 서있다. 우리나라나 프랑스처럼 IPTV를 통해 유료방송시장에 진입하는 경우도 있지만, 대부분 인터넷과 모바일을 통해 미디어시장에 진출하고 있다. 2010년 스마트 폰 등장하기 전까지만 해도 통신사업자들은 콘텐츠를 직접 제작·공급하지 않고 네트워크 혹은 콘텐츠에 관여하지 않는 방임형 플랫폼 사업자 위치에 머물러 있

[표 1] 미디어 영역 사업자간 인수·합병 현황

대상 주체	네트워크	플랫폼	콘텐츠
네트워크	Sky UK - O2 (영국, 2013.10, 승인) t-mobile - Sprint (미국, 2019.9 승인)	Telefonica - Canal+ (스페인, 2015.4, 승인) at&t - DirecTV (미국, 2015.7, 승인) t mobile - Dish network (미국, 2015.8, 거부) Altice - Cablevision (미국, 2015.11, 승인) Verizon - AOL, Yahoo (미국, 2017, 승인)	Verizon - Awesomeness (미국, 2017 승인) at&t - TWC (미국, 2019.3, 조건부 승인)
플랫폼	Easynet - BskyB (영국, 2005, 승인) DISH Network - TerreStar (미국, 2011.8, 승인) Numericable - SFR (프랑스, 2014.10, 조건부승인)	EchoStar - DirecTV (미국, 2002.10, 거부) EchoStar - Move Networks (미국, 2011.1, 승인) Comcast - TWC (미국, 2015.2, 거부) Charter Communications -TWC (미국, 2015.5, 승인)	Blockbuster - Movielink (미국, 2007.8, 승인) EchoStar - Sling Media (미국, 2007.9, 승인) DISH Network - Blockbuster (미국, 2011.4, 승인) Comcast - NBC 유니버셜 (미국, 2013.2, 승인) Comcast - Dreamworks (미국, 2018, 승인)
콘텐츠	—	NBCU - Comcast (미국, 2011.1, 승인) News Corp. - BskyB (영국, 2011.7, 철회)	News Corp. - BskyB (영국, 2011.7, 철회)

었다. 하지만 미디어시장이 인터넷과 모바일로 이동하면서, 통신사업자들도 콘텐츠 확보를 위한 인수·합병에 열을 올리고 있다. [표 1]를 보면, 미디어 영역의 인수·합병이 주로 플랫폼 혹은 네트워크 사업자들이 콘텐츠사업을 인수하는 형태라는 것을 알 수 있다. 뿐만 아니라 스마트TV나 스마트 폰 같은 단말기 제조업자들도 콘텐츠 확보경쟁에 뛰어들고 있다. 이처럼 OTT 서비스 사업에 전통적 미디어사업자·플랫폼사업자·네트워크 사업자·단말기 제조사들까지 경쟁적으로 진입하면서 콘텐츠의 가치가 급격히 상승하고 있다.

이 같은 인수·합병 현상은 미디어 생태계 구조가 '수직적 밸류체인(vertical value chain)'에서 '그물형 협력 네트워크(collaboration network)'구조 로 변화되고 있음을 보여준다. 이는 플랫폼-네트워크-소프트웨어가 인터넷 네트워크를 통해 유기적으로 연계되는 4차산업혁명 속성을 반영하는 것이기도 하다. 콘텐츠 생산자들이 사물인터넷 등을 통해 이용자들과 관련된 데이터를 수집·저장하고, 수집된 빅데이터를 분석해 최적의 생산물을 만들어 공급하는 효율적 미디어시스템이 미디어 영역에도 적용되고 있는 것이다. 전통적인 '제작-편성-송출-시청'이라는 선형적 시스템이 붕괴되고, '소재-창작자-제작-유통-이용' 요소들이 전방위 형태로 결합되는 콜라보레이션(collaboration) 구조로 바뀌고 있는 것이다. 4차산업혁명 기술들은 미디어 생태계를 변화시키는 것에 그치지 않고, 장기적으로 미디어 패러다임 자체를 소멸시킬 가능성도 있다. 이 같은 미디어 패러다임의 변화는 크게 '요소들 간 경계의 붕괴' '요소들 간의 공유와 협력' 그리고 '이용자의 경험·감각의 자원화'라는 세 가지 특성으로 요약할 수 있을 것이다.

첫째, '요소들 간 경계의 붕괴'란 콘텐츠, 플랫폼, 유통시장과 소비라는 영역들 간의 경계가 모호해지고, 상호 독립적으로 작동하였던 각각의 영역들이 복합적 관계로 재편되게 될 것이다. 온라인과 오프라인, 가상공간과 현실, 콘텐츠의 생산과 소비가 다양한 형태로 연결되어 작동하게 된다. 한마디

[그림 3] C-P-N-D 구조 변화

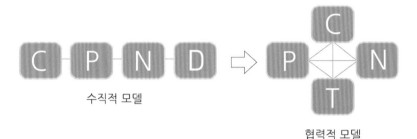

로 기존의 미디어 산업구조를 파괴하고 새로운 미디어산업구조가 형성되는 이른바 '코드 커팅'현상이 일어나게 될 것이다. 온라인 비디오 대여업자라고 비판받았던 넷플릭스가 전 세계적으로 1억 8천만 명이 넘는 가입자를 확보하고 승승장구하고 있는 것이 대표적이다. 그 동안 OTT 사업에 소극적이었던 아마존이나 디즈니 그리고 훌루가, 콘텐츠 투자를 강화하고 본격적으로 OTT 사업에 적극적으로 뛰어들고 있는 것도 코드 커팅 추세를 인정하였기 때문이라 할 수 있다. 불법 다운로드로 인해 취약한 디지털 저작권 관리(DRM, Digital Right Management) 구조를 가진 한국 미디어 시장에서 콘텐츠 투자가 지속적으로 증가하고, 유료 OTT 넷플릭스 가입자가 급증하고 있는 것도 코드 커팅의 가능성을 보여주는 것이다. SKT의 '옥수수'와 지상파방송사들이 연대한 '웨이브(Wave)'처럼, OTT 사업에 본격적으로 참여하기 위해 사업자간 합종연횡도 활발해지고 있다. 이와 달리 1인 크리에이터들의 비전문 콘텐츠로 인터넷 스트리밍 시장을 급속히 장악해가고 있는 유튜브는 '전문화된 소수 제작자'와 '다수 대중들의 수동적 소비'라는 분리되어 있던 요소 간 경계를 붕괴시키면서 기존 미디어 패러다임을 급격히 와해시키고 있다.

둘째, '미디어 요소들 간의 결합과 연대'란 흔히 알고 있는 미디어사업자 간 인수ㆍ합병을 의미하는 것이 아니라 제작자와 이용자 간에 공유와 협력체계가 활발해진다는 것이다. 인터넷 네트워크나 클라우드 컴퓨팅은 미디어 제작자와 이용자 시청행태를 방송사업자 혹은 플랫폼사업자를 거치지 않고 직접 연계시켜 주게 된다. 이는 시장지배력 같은 시장구조에 의해 콘텐츠 가치가 결정되는 것이 아니라, 이용자들의 시청패턴과 콘텐츠 공유에 의해 결정되게 된다는 것을 의미한다. 전통적 '하향식 미디어 시스템'이 '상향식 미디어 시스템'으로 전환되는 것이다. 유튜브는 이러한 미디어 양식의 변화를 잘 보여주고 있다. 결국 콘텐츠 제작과 이용이 엄격하게 분리되어 있던 매스미디어 시대의 종말을 예고하고 있는 것이다.

셋째, '이용자 경험·감각의 자원화'는 미디어 콘텐츠 제작양식의 변화를 의미한다. 4차산업혁명은 네트워크에 연결된 이용자들의 감각과 선호, 그리고 이용패턴들이 사물인터넷에 의해 수집되어 빅데이터로 저장된 후 인공지능 알고리즘으로 각 개인에게 맞춤형 콘텐츠들을 공급하는 방식으로 전환시키고 있다. 넷플릭스의 콘텐츠 제작방식이 대표적이다. 넷플릭스를 세계 1위의 OTT 사업자 아니 광범위한 의미에서 유료방송사로 부상시키는데 결정적인 역할을 했던 오리지널 드라마 '하우스 오브 카드(House of Cards)'는 기획단계에서부터 넷플릭스 가입자들이 가장 선호하는 작가·감독·출연배우 등에 대한 빅데이터 분석을 바탕으로 제작된 것이다. 뿐만 아니라 '시네매치(cinematch)'라는 개개인의 선호나 이용패턴에 맞춘 동영상추천시스템은 이용자 경험과 감각을 경제적 자원화한 대표적 성공사례다. 페이스북의 친구 추천이나 맞춤형 광고, 유튜브 동영상 추천시스템도 빅데이터와 인공지능을 활용해 개인의 경험과 선호를 분석하는 추천 알고리즘들이다. 이는 미디어 제작자와 이용자를 효율적으로 연계해 미디어 콘텐츠가 가진 경험재로서의 한계, 아무리 잘 만든 콘텐츠라 하더라도 시청하기 전까지는 시장에서의 성공가능성이 불확실하다는 단점을 크게 보완해주고 있다. 한마디로 4차산업혁명 시대의 미디어는 '콘텐츠에 대한 경험을 만드는 것'이 아니라 '경험을 콘텐츠로 만드는 것'이라 할 수 있다. 그렇게 되면 제작자와 이용자 간의 정보비대칭성으로 인한 시장에서의 실패 확률을 크게 낮출 수 있을 것이다.

미디어 콘텐츠의 속성과 4차산업혁명

　4차산업혁명이 미디어 콘텐츠 제작과 유통방식을 어떻게 변화시킬 것인지를 이해하기 위해서는 미디어 콘텐츠의 특성을 먼저 알아야 할 것이다. 미디어산업은 미디어에 의해 매개된(mediated) 문화상품 즉, '대중문화(mass culture)'를 제공해 상업적 이익을 추구하는 산업이다. 그러므로 미디어 콘텐츠는 매스미디어 속성과 문화상품 속성들이 복합된 독특한 특성을 가지고 있다. '공공재(public goods)', '규모의 경제(economics of scale)', '고위험·고수익(high risk/high return)', '문화적 할인(cultural discount)' 같은 특성들이다. 이 특성들은 콘텐츠의 경제적 가치를 형성하는 요인들이기도 하지만, 반대로 콘텐츠산업을 어렵게 만드는 요인이 될 수도 있다.

　첫째, '공공재(public goods)'란 공기나 햇빛처럼 특정 개인이 배타적으로 사용할 수 없는 재화를 말한다. 경제학에서는 한 개인의 소비가 다른 사람의 소비를 저해하지 않는 '비경합성(non-rivality)'과 비용을 지불하지 않은 사람도 이용 가능한 '비배제성(non-excludable)'을 지닌 상품이나 재화를 공공재라 한다. 대다수 일반 상품들은 '사유재(private goods)'로 비용을 지불한 사람들만 사용할 수 있기 때문에 '비경합성'이나 '비배제성'이 작동하지 않는다. 하지만 공공재는 비용을 지불하지 않는 '무임승차자(free rider)'를 배제하기 어려워 경제적 효용가치가 훼손될 수 있다. 특히 지상파방송처럼 무선주파수를 사용했던 콘텐츠들은 공공재 속성이 매우 강해 경제적 이윤을 확보하는 것이 매우 어려웠다. 이 때문에 지상파방송은 상업적 이익과 무관한 '공공독점(public monopoly)' 논리에 의해 오랫동안 운영되어 왔다. 영국의 BBC나 우리나라의 KBS 같은 공영방송이 공공독점논리에 의해 만들어진 대표적인 제도다.

　미디어사업자들은 공공재 속성으로 인해 발생하는 콘텐츠 이용과 경제적 이익간의 불일치를 해결하기 위해 여러 방안들을 모색해 왔다. 20세기 중반에 케이블TV, 위성방송 같은 유료방송들이 가입자에게만 콘텐츠를 배타적으로 제공하는 '클럽재(club goods)' 형태로 전환되었지만, 공공재 속성을 완전히 벗어나지 못했다. 무단시청이나 해적시청, 불법 복제 같은 행위들을 완전히 통제할 수 없었기 때문이다.

이와 함께 수직적·수평적 계열화를 통한 콘텐츠 독점성을 높이는 방법도 모색되었다. 이른바 '규모의 경제(economics of scale)'와 '범위의 경제(economics of scope)' 효과를 배가시키기 위한 방법이다. 한 사업자가 제작-편성-송출을 수직적으로 계열화하거나, 사업의 규모를 늘려 공공재의 한계를 보완하는 것이다. 또한 콘텐츠 상품의 비소모성을 이용해 시차를 두고 여러 플랫폼을 통해 순차적으로 콘텐츠를 제공하는 '다창구전략(multi-window strategy)'도 등장하게 된다. 특히 20세기 후반 '다매체 다채널 시대'에 들어서면서, 하나의 콘텐츠를 영화·TV·주문형 비디오·인터넷, 게임·테마파크·캐릭터 등 여러 형태로 응용해서 이익을 창출하는 '원소스 멀티유즈(OSMU, one-source multi-use)'로 진화하게 된다. 20세기 후반부터 세계 최대의 콘텐츠 기업으로 군림하고 있는 디즈니가 원소스 멀티유즈 전략으로 성공한 대표적인 사례다. 디즈니의 애니메이션 영화들은 영화관 뿐 아니라 주문형 비디오, 다채널 TV는 물론이고 게임·캐릭터 상품 등 다양한 연관 상품으로 엄청난 이익을 만들어내고 있다.

하지만 디지털 미디어시대에 들어서면서, 미디어 콘텐츠는 여러 플랫폼으로 연계되어 이용되는 '엔 스크린(N-screen)' 방식으로 변화하게 된다. 여러 창구(플랫폼)들을 통해 콘텐츠가 소모되는 것은 동일하지만, 각각의 창구들이 상호 연계되어 언제 어디서나 어떤 단말기를 통해서도 콘텐츠를 연계해서 시청할 수 있게 된 것이다. 거실 TV에서 보던 영화를 퍼스널 컴퓨터와 모바일폰으로 연계해서 보는 시청행태는 이미 보편화되었다. 그렇지만 빅데이터나 인공지능 기술은 다양한 단말기기들을 통해 물리적 환경에 적합한 콘텐츠를 제공 가능하게 해줄 것이다. 그렇게 되면 미디어 콘텐츠들은 공공재 특성으로부터 완전히 벗어날 수도 있다. 실제로 넷플릭스 등장 이후, 미국 내 콘텐츠 불법 다운로드 비율이 줄어든 것으로 나타났다. 향후 블록체인 기술이 본격적으로 미디어 영역에서 활용된다면, 영상 콘텐츠의 공공재 속성으로 인한 문제점은 크게 개선될 것으로 생각된다.

[그림 4] 재화의 유형

	배제적	비배제적
경합적	사유재(Private Goods) (옷, 식품, 꽃 등)	공유재(Common Goods) (광물, 수산물 등)
비경합적	클럽재(Club Goods) (케이블TV, 유료공원, 영화 등)	공공재(Public Goods) (공기, 뉴스, 햇빛 등)

둘째, 매스미디어가 지배하던 산업사회에서 미디어 콘텐츠는 대량생산과 대량소비를 축으로 하는 '규모의 경제' 원리에 의해 지배되어왔다. 콘텐츠역시 다수 시청자의 취향을 만족시킬 수 있는 표준화된 내용이 주를 이루었다. 이 같은 대량생산과 대량소비 구조는 콘텐츠의 성공여부가 초기 즉, 1차 창구에서 결정되는 특성으로 이어지게 된다. 그러므로 1차시장의 절대 규모를 늘리는 것은 미디어산업의 성패를 결정하는 가장 중요한 전략이었다. 공익적 목적에서 제도적으로 시장을 독점하는 '공공독점(public monopoly)', 기술적·재정적 이유로 한 사업자가 독점하는 것이 시청자 편익을 보장할 수 있다는 '자연독점(natural monopoly)', 지역의 시장규모를 고려할 때 한사업자가 독점하는 것이 안정적으로 서비스를 제공할 수 있을 것이라는 '지역독점(local franchising)' 같은 것들이 오랜 기간 정당화되어 온 명분이다. 뿐만 아니라 여러 개의 방송사나 채널을 복수로 소유·겸영하는 전략도 추진되었다. 그렇지만 여러 지역의 지상파방송을 복수로 소유하거나, 지역독점성이 강한 케이블TV를 복수 소유하는 '다중 시스템 운영자(MSO, Multi System Operator)'는 지역성(localism)이나 여론독점 등을 이유로 제도적으로 억제되어왔다. 1990년

대 중반 규제완화(deregulation) 정책기조에 따라 미디어 소유 · 겸영이 대폭 허용되면서 미디어 산업의 규모의 경제 효과도 높아지게 된다. 특히 2010년 이후에 인 · 허가 절차나 소유 · 겸영 규제 자체를 받지 않은 인터넷 매체들이 늘어나면서 규모의 경제를 추진하는데 제도적 제한이 거의 없다. 하지만 물리적으로 수많은 OTT 매체들이 난립하는 상황에서 규모의 경제를 실현하는 것이 사실상 불가능하다. 최근 지상파방송을 비롯한 전통 미디어들의 경영압박이 심각해지고, 조만간 미디어시장에서 소멸될 수도 있다는 전망들은 '규모의 경제'에 크게 의존해왔던 광고수입이 급감하고 있기 때문이다.

그러므로 '다창구전략', 본방송이나 개봉관의 배타적 공급기간을 일정기간 보장해 주는 '홀드 백(hold back)', 하나의 콘텐츠를 가지고 여러 파생상품들을 활용하는 'OSMU(One Source Multi Use)', 다양한 수신 장치들의 특성에 맞게 적합한 형태로 콘텐츠를 변형 활용하는 'ASMD(Adaptive Source Multi Device)' 등을 통해 보완하는 수밖에 없다. 물론 넷플릭스나 미국의 글로벌 미디어들처럼 접근가능한 시청자 규모를 늘리는 글로벌 전략도 있다. 할리우드 영화사들이 자주 사용하는 '스타시스템(star system)'이나 진출하고자 하는 시장(나라)의 지역적 소재나 문화를 할리우드 콘텐츠 문법과 결합하는 'glocalism,(global + localism),전략도 시장 확대를 통한 규모의 경제 효과를 노리기 위한 것이다. 이 같은 수요 불확실성을 최소화하고 안정적 수익구조를 확보하기 위한 전략에도 불구하고, 미디어 콘텐츠는 규모의 경제로 인한 '고위험 · 고수익(high risk · high return)'이라는 불확실성을 본질적으로 해결하기 어려웠다.

20세기 후반 정보사회에 들어서면서 미디어 콘텐츠의 경제적 불확실성을 줄이기 위해 '다품종 소량생산' 시스템으로의 변화를 모색하게 된다. 진보된 커뮤니케이션 기술로 수집된 정보들을 컴퓨터 같은 정보처리기술로 분석한 예측을 가지고 경제적 효율성을 높이는 방법이다. 개별 이용자들의 취향과 선호를 정교하게 예측할 수는 없지만, 수집된 정보들을 분석한 미래 추세

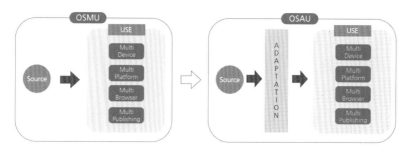

[그림 5] OSMU와 OSAU

를 가지고 시장수요에 부합하는 콘텐츠들을 제공하는 것이다. 개인별로 완벽한 맞춤형 콘텐츠를 제공할 수는 없지만, 세분화된 수용자를 대상으로 하는 '다매체다채널' 환경이 만들어지게 되었다. 미디어 발달단계 측면에서 보면, 전체 커뮤니케이션 시스템은 여전히 송신자가 주도하지만 수용자들도 물리적으로 선택할 수 있는 채널이 늘어나면서 제한된 형태지만 상호작용 (interactivity)이 가능한 미디어 2.0 시대를 열었다고 할 수 있다.

그렇지만 넷플릭스나 유튜브의 맞춤형 추천시스템이나 페이스북의 맞춤형 광고와 같은 사물인터넷을 통해 수집된 방대한 빅데이터를 인공지능으로 분석해 완전한 상호작용성을 보장하는 개인화된 미디어 시스템을 구현하지는 못했다, 이처럼 맞춤형 콘텐츠가 일반화된다는 것은 1970년대부터 예견되어왔던 '다품종 소량생산' 양식으로 전환된다는 것을 의미한다. 매스미디어 콘텐츠처럼 시장에서의 성패가 단기간에 결정되지 않고, 장기간에 걸쳐 지속적으로 소비되는 이른바 '롱테일(long tail) 비즈니스' 시대에 들어섰다는 것을 의미한다. 현재 추세라면 미디어 콘텐츠는 개개인의 취향에 맞추기 위해 더욱 세분화될 것이고, 결국 이른바 '틈새시장(niche market)' 콘텐츠들이 훨씬 많아질 것이다. 지난 100여년 넘게 지속되어왔던 고비용 · 고수익 콘텐츠를 축으로 하는 '빅 비즈니스(big business)' 시대가 종식되고, 저비용 · 저수익 형태의 '스몰 비즈니스(small business)'가 될 가능성이 매우 높다. 어쩌면 1970

년대 초반 경제학자인 슈마허(E. F. Schumacher)교수의 "작은 것이 아름답다 (small is beautiful)"라는 말처럼, '중간기술(intermediated technology)' 혹은 '적정기술(appropriated technology)'에 바탕을 둔 경제시대가 실현될 수도 있다. 대자본을 기반으로 대량의 제품을 생산하는 거대 기술이 아니라 가용한 재료와 적은 자본, 비교적 간단한 기술을 활용해 소규모 단위의 이용자들을 대상으로 하는 소규모 콘텐츠 제작형태가 4차산업혁명 시기의 미디어 활동을 지배할 수도 있다. 특히 슈마커는 중간기술은 매우 값싸고 제약이 많지 않은 기술로서, 그 기술을 활용하는데 있어 인간이 소외되지 않고 노동을 통해 기쁨과 보람을 느낄 수 있는 '인간의 얼굴을 한 기술'이라고 주장한 바 있다. 최근 엄청나게 늘어나고 있는 유튜버 같은 1인 크리에이터 콘텐츠들은 슈마커의 중간기술 혹은 적정기술론에 부합한다고 볼 수도 있다.

[그림 6] 적정기술(Appropriate Technology) : 인간의 얼굴을 한 기술

* 출처 : 21세기 교양 과학기술과 사회, 2016.01.23, 장하원

셋째, 미디어 콘텐츠의 매우 중요한 그렇지만 어쩌면 미디어산업을 불안정성의 원인인 '경험재(experiential products)' 속성이다. 경험재란 이용자가 직접 경험하거나 소비하기 전에는 이용자들의 만족도나 성공가능성을 예측할수 없는 재화나 서비스를 말한다. 방송 프로그램이나 영화의 흥행여부는 방송되거나 개봉되기 이전에는 전혀 알 수 없다. 큰 비용을 들여 제작한 영화

가 반드시 흥행에 성공한다는 보장이 없다. 이론적으로 볼 때, 원인은 생산자와 소비자 간의 '정보 비대칭(asymmetry of information)'에서 발생하는 불확실성 때문이다. 콘텐츠 제작자가 알고 있는 이용자들의 수요에 관한 정보들이 실제 이용자들의 수요와 다른 경우가 많다는 것이다. 물론 제작 이전에 기획 및 시나리오만 가지고 낮은 가격으로 계약을 맺는 '사전판매(blind booking)'나 '스타시스템(star system)'같은 방법을 통해 불확실성을 일부 해소할 수는 있지만 원천적으로는 해결할 수 없었다.

4차산업혁명 기술들은 경험재로서 미디어 콘텐츠의 단점을 획기적으로 해소시켜 줄 가능성이 매우 높다. 사물인터넷을 통해 수집된 이용자들의 선호·취향·미디어 이용패턴들이 빅데이터로 저장되고, 인공지능이 분석한 결과에 따라 개개인에게 맞춤형 콘텐츠를 제공할 수 있기 때문이다. 시청자와 콘텐츠 제작·공급자 간에 존재하고 있는 정보 비대칭성을 크게 감소시키게 될 것이다. 이는 농업이 위주였던 전 산업사회(pre-industrial society)에서의 축적된 경험이나 직관, 산업사회의 표본에 의해 추론된 통계적 예측들과는 정확도에서 엄청난 차이가 있다. 또 정보사회의 데이터베이스(data base)가 통계적 추론에 의해 집단적 성향을 추론하는 것이었다면, 빅데이터 분석은 개별 이용자의 수요를 예측가능하게 한다. 다수의 취향에 맞추어 표준화된 콘텐츠를 제작·공급했던 매스미디어의 한계를 극복해 콘텐츠 산업이 가지고 있던 고위험성(high risk)을 크게 감소시키게 된다. 이는 개인화·공유·참여를 기반으로 하는 '미디어3.0' 패러다임으로의 변화를 의미하는 것이다.

이미 많은 미디어들이 맞춤형 콘텐츠를 기획·제작·공급하고 있다. OTT를 선도하고 있는 넷플릭스의 '시네 매치(cine match)' 방식이 대표적이다. 가입자들의 선호와 시청행태 등을 빅데이터로 분석한 '플렉스파일(flexfile)'과 78,000여 하위요소로 분류해 놓은 '알트장르(alt genre)'라는 게놈 시스템(genom system)을 결합해 맞춤형 콘텐츠를 추천해주는 방식이다. 이처럼 각 개인의 선호나 이용 단말기 등에 맞추어 콘텐츠를 재가공하거나 재배열해서 제공하는 것을 '콘텐츠 큐레이션(content curation)'이라고 한다. 맞춤형 콘텐츠를 제공하는 큐레이션은 이용자들이 연관 콘텐츠를 연계 혹은 연속적으로 시청하는 '몰아보기 시청'을 유인할 수 있다. 넷플릭스 이용자의 80% 이상이 이런 방식으로 동영상을 시청하고 있는 것으로 조사되고 있다. 빅데이터와 인공지능, 사물인터넷을 활용한 넷플릭스의 맞춤형 전략은 여기서 그치지 않는다. 가입자들의 빅데이터 분석결과에 따라 작품장르, 감독, 주연 배우 등을 결정해 오리지널 콘텐츠들을 제작하고 있다. 넷플릭스 도약의 전환점이 되었던 시리즈물 '하우스 오브 카드(House of Cards)'가 대표적이다. '하우스 오브 카드'는 넷플릭스가 온라인 비디오 대여업자가 아니라 기존 방송들을 위협할 수 있는 무서운 OTT 사업자로 부상하는 결정적인 계기가 되었다. 지금은 OTT 사업자들은 물론이고 기존 방송사들까지도 빅데이터까지는 아니더라고 맞춤형 콘텐츠를 제공하기 위해 전력하고 있다. 넷플릭스 창업주 헤이스팅스(Hastings)가 "우리는 인터넷 TV를 발명 중이다(We are inventing Internet television)"라고 장담하고 있는 이유가 여기에 있다.

[그림 7] 넷플릭스의 비즈니스 모델

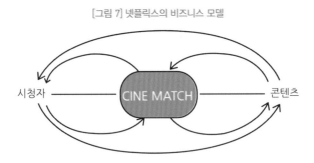

넷째, 미디어 콘텐츠 속성 중에 하나가 다른 상품보다 '문화적 할인율(cultural discount)'이 매우 높다는 점이다. '문화적 할인'이란 특정 집단이나 사회 구성원들이 가지고 있는 문화적 공감대가 다른 집단이나 사회 구성원들에게는 크게 감소되는 현상을 말한다. 원인은 서로 다른 3집단 구성원들 간에 공통의 배경지식이 적거나 차이나기 때문이다. 예를 들면, 미국에서 인기가 많은 공상과학영화들이 한국에서는 크게 성공하지 못하는 것이 그런 경우다. 특히 미디어 콘텐츠는 문화적 할인율이 매우 높은 문화상품 중에 하나다. 뉴스나 자연 다큐멘터리, 오락물 같은 장르들은 상대적으로 문화적 할인율이 낮지만, 많은 배경지식이나 숙련된 언어감각을 필요로 하는 토크쇼나 코미디는 문화적 할인율이 높다. 이 때문에 전통적인 매스미디어들은 문화적 할인율이 적은 장르 콘텐츠들에 집중될 수밖에 없었다. 1980년대 초반 미국의 MTV가 케이블TV 글로벌화를 선도했던 배경에는 문화적 할인이 가장 적었던 대중음악 장르였기 때문이었다. BTS 같은 케이팝(K-pop)이 세계적으로 엄청난 인기를 누리는 이유도 댄스음악을 통해 문화적 할인을 줄인 것에서 찾을 수 있다. 하지만 많은 영상콘텐츠들이 언어장벽과 문화적 할인으로 인해 글로벌화에 어려움이 큰 것이 사실이다.

하지만 4차산업혁명 기술들은 문화적 할인이라는 장벽을 획기적으로 개선해주고 있다. 글로벌 네트워크를 기반으로 하고 있는 OTT 같은 인터넷 미디어들은 문화적 할인을 줄이는 것이 절대 중요하다. 유튜브를 필두로 많은 OTT 서비스들이 빅데이터와 인공지능을 이용해 다양한 외국어 번역 서비스를 제공하는 이유도 여기에 있다. 30년 전부터 언급되어왔던 '세계화(globalization)'라는 슬로건이 이제야 실현되고 있는 느낌이다. 인도의 음악 유튜버 '티 시리즈(T-series)'와 코믹 유튜버 '퓨다이파이(Pew Die Pie)'가 가입자 1위 경쟁을 벌이고 있지만, 인도 이외의 사람들은 '티 시리즈'를 잘 모르는 경우가 많다. 그 이유는 인도음악이 다른 나라사람들에게 문화적 할인율이 높아 주로 인도사람들이 시청하기 때문이다. 또 중국의 구글이라 불리우는 '바이두(Baidu)'와 중국판 트위터 '웨이보(Weibo)', 텐센트가 운영하는 '위챗(WEchat)' 등이 세계에서 가장 많은 이용자를 보유하고 있지만, 사람들이 구글이나 넷플릭스, 아마존을 세계 최대의 인터넷미디어라고 생각하고 있는 것도 문화적 할인율이 적기 때문이다. 이처럼 글로벌화는 문화적 할인율을 보

[그림 8] 세계 제1의 유튜버 경쟁

전할 수 있는 절대적 조건이 되고 있다.

그렇지만 인터넷매체들이 급증하고 점점 세분화되면서, 대중적이지 않은 틈새 콘텐츠 즉, 문화적 할인율이 높은 콘텐츠들도 생존할 수 있는 조건이 형성되었다는 것이다. 진정한 의미에서 다양한 장르의 콘텐츠들이 공존할 수 있게 된 것이다. 그 동안 문화적 할인 때문에 매스미디어 시대에는 소외되었던 소수 취향의 콘텐츠들도 경쟁력을 갖추게 되었다. 문화적 할인율이 매우 높은 '박막례 할머니' 유튜브가 세계적으로 인기를 모을 수 있었던 것도 유튜브라는 진입장벽이 거의 없는 글로벌 플랫폼의 번역 서비스를 통해 문화적 할인율을 크게 낮춘 전략 때문에 가능했다고 할 수 있다. 이는 매체나 채널이 아무리 늘어나도 대중적으로 문화적 할인율이 낮은 오락 장르만 늘어났다는 '다양성의 허구' 현상을 탈피하게 되었음을 의미한다.

[그림 9] 박막례 할머니 유튜브

4차산업혁명과 콘텐츠 성격 변화

초연결, 초지능, 자동화를 특성으로 하는 4차산업혁명은 미디어 콘텐츠의 성격도 크게 변화시키고 있다. 가장 두드러진 변화는 전통적인 'C-P-N-D' 요소들간의 경계가 붕괴되고 있는 것이다. 실제로 4차산업혁명을 주도하고 있는 인터넷 OTT 서비스들은 콘텐츠 생산과 공급, 소비 영역들이 확실히 구분되지 않는 경우가 많다. 특히 콘텐츠 생산이 소수 전문 제작자 뿐 아니라 일반 이용자들로 확장하고 있는 것은 미디어 시스템이 제작-소비 이원구조를 벗어나고 있는 것이다. 콘텐츠 제작자와 이용자의 구분이 사라지고, 가치 사슬상의 요소들 간에 공유와 협력을 기반으로 콘텐츠가 제작·공급·소비되고 있다. '콘텐츠는 왕이다(Content is King)'이라는 슬로건이 '콘텐츠는 연결이다(Content is Connectivity)'라는 것으로 바뀌고 있는 것이다. 미국의 대표적 엔젤창업가인 게리 베이너척(Gary Vanerchuk)은 "만약 콘텐츠가 왕이라면 관계는 신이다(If Content is King, then Context is God)"라고까지 말하고 있다. 어쩌면 4차산업혁명 시대의 콘텐츠는 개개인의 창의력에 의해 독립적으로 만들어지는 것이 아니라 네트워크로 연결된 다양한 사람들의 공감대에 의해 만들어진다고 할 수 있다. 각각 독립적으로 존재했던 다양한 콘텐츠 요소들이 네트워크를 통해 연결된 이용자들에 의해 공유되면서 새로운 콘텐츠들이 지속적으로 창조된다는 것이다. 인터넷·소셜네트워크서비스에서의 관계 형성, 스마트 폰을 통한 개인 간의 연결, 사물인터넷에 의한 관계의 확장, 감성과 지능을 연계해주는 인공지능 같은 기술들이 요소들 간의 경계를 없애고 유기적으로 연결 가능하게 하고 있다.

이 같은 콘텐츠생산양식의 변화는 내용적 변화로 이어진다. 공유와 협력을 통해 제작·유통되는 콘텐츠는 다양한 사람들이 공감할 수 있는 '문화적 감수성(cultural sensitivity)'이 절대 중요하다. '문화적 감수성'이란 "자기가 속하지 않은 다른 개인이나 집단의 문화적 영역을 존중하고 수용하려는 태도나 신념, 행동들"을 말한다. 나와 다른 사람간의 차이를 인정하는 수용적 태도라 할 수 있다. 최근 인기를 끌고 있는 유튜버들은 대부분 '잘 만들어진 콘텐츠'가 아니라 완성도는 낮아도 많은 사람들이 공감할 수 있는 흔히 'B급 문화' 형태를 띠고 있다. 'B급 문화'에 대한 사전적 정의는 아직 없지만, 일반적으로 "주류에서 벗어난 하위문화지만, 사회기득권에 대한 풍자·저항을 주된 내용으로 재미를 중시하는 문화"로 정의된다. 많은 유튜버 시청자들이 B급 콘텐츠 유튜버에 열광하는 이유는 불완전성이 도리어 수용자들로 하여금 '높은 관여도(high involvement)'를 허용하기 때문이다. 이는 콘텐츠 제작자와 이용자가 상호 평등한 심리상태에서 공감대를 만들어내는 수평적 관계가 형성된다는 것을 의미한다. 지난 10년 넘게 대한민국 예능장르를 석권했던 '무한도전'은 외모나 능력 면에서 일반인들보다 부족한 출연자들이 생소한 과제들을 수행하는 과정에서 시청자들의 높은 관여도를 유발했기 때문에 성공한 것이다. 최근 우리나라뿐 아니라 전 세계적으로 인기를 모으고 있는 '관찰예능프로그램'들도 사전에 기획되지 않은 출연자들의 일상생활에 시청자들의 관여도를 높인 것이라 할 수 있다. 이처럼 B급 콘텐츠들은 많은 비용을 들여 전문 인력들이 제작한 완성도 높은 콘텐츠를 가지고 수동적 시청행위를 요구하는 형태와는 상반되는 개념이다.

하지만 B급 콘텐츠들이 기존의 매스미디어 패러다임을 완전히 대체할 것인지는 불분명하다. 더구나 기존의 미디어그룹들과 메이저 콘텐츠 사업자들이 주요 MCN들을 인수·합병하거나 OTT 사업에 본격적으로 뛰어들고 있기 때문이다. 어쩌면 콘텐츠 성격변화가 미디어 패러다임을 빠른 시일 내에 변화시키지는 못할 것이다. 그렇지만 스마트 모바일 폰이 미디어시장을 급속히 흡수해가고 있는 추세를 감안하면, 결국은 일방적으로 콘텐츠를 제공하고 소비하던 패턴에서 벗어나 참여와 공유라는 미디어3.0 패러다임으로 변화하게 될 것이다.

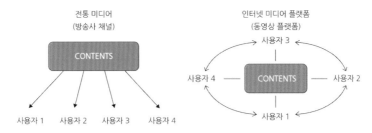

[그림 10] 미디어 패러다임의 변화

전통 미디어
(방송사 채널)

CONTENTS

사용자 1   사용자 2   사용자 3   사용자 4

인터넷 미디어 플랫폼
(동영상 플랫폼)

사용자 3

사용자 4   CONTENTS   사용자 2

사용자 1

휴머리즘(humarithm) 콘텐츠 제작

4차산업혁명 기술들이 미디어 콘텐츠 제작과 공급, 시청자 이용 패턴을 구체적으로 어떻게 변화시키는지 알아 볼 필요가 있다. 먼저 콘텐츠 제작 단계에서의 가장 큰 변화는 인공지능과 빅데이터 기술들이 콘텐츠 창작에 이용되는 것이다. 이미 인공지능은 영상물 뿐 아니라 서적·출판, 음악, 영화시나리오, 게임 등 다양한 분야에서 활용되고 있다. 이처럼 빅데이터와 인공지능을 활용해 만든 콘텐츠를 '휴머리즘(Humarithm, Human + Algorithm) 콘텐츠'라고 불리기도 한다. 기계의 연산능력을 바탕으로 인간의 창조성을 확대하는 새로운 미디어 형식으로 기계의 도움을 받아 인간의 통찰 능력을 확대하고 확대된 통찰능력을 기계가 학습해 새롭게 창조된 콘텐츠를 휴머리즘 콘텐츠라고 정의하고 있다. 인공지능은 20세기 폭스 영화사의 과학공상스릴러 '모건(Morgan)'의 예고 영상을 하루 만에 제작하기도 했고, 소설 '컴퓨터가 소설을 쓰는 날'은 인공지능으로 적합한 문장을 만들어내기도 했다. 이아무스(Iamus)라는 인공지능은 클래식 음악을 만들어 내고 있다.

하지만 아직까지는 인공지능이나 빅데이터의 역할은 인간의 창의력을 보조하는 수준이다. 인간이 사용되는 악기나 주제, 스타일 등을 정해주거나 영화대본이나 소설의 등장인물, 기본 줄거리들을 결정해주면 인공지능은 방대한 빅데이터 자료들을 분석해 적합한 문장이나 가사, 영상장면 등을 추출해 주는 정도다. 장기적으로 인간을 넘어선 판단능력을 지닌 '초인공지능(ASI: Artificial Super Intelligence)'이 등장하게 되면 독자적인 창작이 가능할 수도 있다. 물론 최근에 고도화된 심층학습 기술을 이용한 '적대적 생성 인공신경망(Generative Adversarial Network)'이 개발되어 인간의 레이블(label)작업 없이도 자동화된 이미지와 사운드를 생성할 수 있게 되었다. 특히 '조건부 적대적 인공신경망(Conditional Generative Adversarial Network)'은 입력데이터와 다른 형태의 출력데이터로 변환 가능해 다양한 창작행위가 가능하게 되었다. 대표적으로 네이버의 웹툰 자동 채색 알고리즘은 노동집약적 산업인 애니메이션 창작과정의 효율성을 획기적으로 높여주고 있다. 또한 삼성전자에서 분사한 '잼이지(Jam Easy)'나 '험온(Hum on)'처럼 음성입력 데이터를 인공지능을 통해 악기를 튜너하거나 편곡해주는 기술들도 점점 고도화되고 있어 인공지능이 독자적으로 창작할 수 있는 시기가 점점 앞당겨지고 있는 느낌이다.

하지만 인공지능이나 빅데이터가 만들어낸 콘텐츠가 한계가 있다는 주장들도 만만치 않다. 빅데이터가 기존의 존재하거나 있었던 행위들과 관련된 데이터를 바탕으로 만들어진다는 사실이다. 기존의 데이터에 기반을 둔다

[그림 11] 자동 채색 알고리즘

페인트체이너(PaintsChainer)는 오토인코더(auto encoder)신경망 딥 러닝을 기반으로 하고 있다. 오토인코더 신경망의 특징은 처음 제공하는 입력(input)과 딥 러닝의 결과로 도출되는 결과(output)가 동일하다는 것이다. 완벽하게 채색이 된 그림을 입력하면 오토인코더 신경망은 여러 차례 줄여서 간단한 스케치화로 만들고, 나중에 그와 유사한 스케치를 입력하면 예전에 학습했던 채색된 그림결과를 도출할 수 있다.

는 것은 결국 과거지향적일 수밖에 없고, 사회적·역사적 편향성과 불완전한 데이터 오류를 내재하고 있다는 것이다(이 부분에 대해서는 9장 알고리즘 저널리즘에서 자세히 설명한다). 최근 급증하고 있는 로봇저널리즘 역시 스트레이트 뉴스나 수량적 기사들은 인간과 거의 유사하게 아니 더 잘 만들 수 있지만, 주관적 분석과 해설이 필요한 기사는 작성하기 쉽지 않은 수준이다. 때문에 아직까지는 콘텐츠 제작 분야에서 4차산업혁명 기술들은 제작 효율성을 높이는 일종의 '콘텐츠 툴킷(content toolkit)' 수준이라 할 수 있다.

넷플릭스의 오리지널 콘텐츠 제작

콘텐츠 제작과 관련해서 4차산업혁명 기술의 위력은 '맞춤형 콘텐츠 제작'이라 할 수 있다. 대표적인 사례가 앞에서도 언급한 넷플릭스의 '하우스 오브 카드'이다. 그러므로 넷플릭스의 오리지널 콘텐츠 제작사례를 중심으로, 4차산업혁명 시대 콘텐츠 제작이 어떤 양식으로 진화할 것인지는 알아볼 필요가 있다. 넷플릭스가 최초로 제작한 오리지널 동영상 '하우스 오브 카드'는, 2011년 DVD서비스를 스트리밍 서비스로 이전하면서 부딪친 경영위기를 기회로 반전시킨 작품이다. 실제 2013년에만 37억천만 달러의 순이익을 기록해 넷플릭스가 OTT 선두주자로 도약하는 전환점이 된 작품이기도 하다. 이 작품을 계기로 메이저 콘텐츠 제작사들의 콘텐츠 제공거부로 어려움을 겪으면서 넷플릭스가 본격적인 오리지널 콘텐츠 제작전략으로 수정하게 된다. 이 작품 성공에 빅데이터 분석이 결정적인 역할을 했다. 전통적 제작방식에서 벗어나 넷플릭스 가입자들이 가장 선호할 수 있는 제작요소들을 분석한 결과를 바탕으로 콘텐츠를 제작한 것이다.

우선 '하우스 오브 카드'가 첫 번째 오리지널 콘텐츠로 선정된 이유는 빅데이터 분석 결과, 넷플릭스 가입자들이 BBC미니시리즈로 제작되었던 마이클 돕스(Michael Dobbs)의 소설을 가장 선호한 것으로 나타났기 때문이다. 또

[그림 12] 하우스 오브 카드

넷플릭스 이용자들은 정치적 소재로서 거짓과 성적 요소가 반영된 그렇지만 해피엔딩으로 끝나지 않는 드라마를 선호한다는 분석결과도 함께 고려되었다. 감독 데이빗 핀처(David Pincher)는 넷플릭스 이용자들이 그의 작품 '소셜 네트워크(Social Network)'를 끝까지 본 확률이 가장 높았다는 분석결과를 반영한 것이다. 주연배우인 케빈 스페이시(Kevin Spacy)는 '하우스 오브 카드' 소설을 본 시청자들이 가장 좋아하는 배우로, 특히 부도덕한 역할에 가장 적합하다는 분석결과를 수용한 것이다.

이처럼 빅데이터 분석을 기반으로 제작된 '하우스 오브 카드'는 넷플릭스를 OTT 시장의 강자를 넘어, 기존 방송사업자를 위협하는 사업자로 부상시키게 된다. 이를 계기로 2014년에 넷플릭스는 미국 최대 다채널유료방송인 컴캐스트(Comcast)를 추월해 '코드커터(cord-cutter)'로서의 면모를 과시하였다. 이후 2017년에 1억 가입자를 돌파하였고, 현재 전 세계적으로 약 1억8천만 가입자를 확보하고 있다. 북미 동영상 스트리밍 서비스 시장의 87%를 점유하고 있고, 피크타임 스트리밍 인터넷 트래픽의 1/3를 차지하고 있다. 2015년 3월 1일 '하우스 오브 카드 Ⅱ' 공개 첫날에는 미국 전체 인터넷사용량의 45%를 점유하기도 하였다. 또 시리즈 전편을 동시에 제공하는 '몰아보기(binge watching)'라는 시청행태를 보편화시키기도 하였다.

최근에는 지상파방송사들의 콘텐츠 제공 거부, 세계 최대 콘텐츠 사업자인 디즈니의 본격적인 OTT 사업 진출, 그동안 소극적이었던 훌루와 아마존의 콘텐츠 투자를 통한 OTT 사업 강화로 경쟁이 심화되면서 성장세는 다소 둔화되고 있다. 하지만 오리지널 콘텐츠 투자를 더욱 강화하고 있어, 빅데이터를 활용한 맞춤형 제작방식은 양적으로나 질적으로 더 진화할 것으로 보인다. 2019년 한해에만 영화 90편을 포함해 총 17조 6천억 원의 제작비를 투자해, 경쟁사인 디즈니나 HBO의 13조원, 애플의 7조원을 상회하고 있다. 2017년 한국 진출이후에 국내시장에서 제작 · 공급한 '옥자', '미스터 션샤인', 'YG전자', '킹덤' 등도 한류 콘텐츠에 대한 전 세계 가입자들의 선호를 빅데이터로 분석한 결과를 바탕으로 제작된 것이다. '미스터 션샤인'은 투자규모도 컸지만, 동남아시장에서 큰 이익을 본 것으로 알려지고 있다. 막강한 자본력과 플랫폼을 지닌 애플이나 아마존이 넷플릭스 인수를 모색하고 있다는 이야기가 나오는 것도 빅데이터를 활용한 콘텐츠 제작 및 공급방식 때문이라 할 수 있다.

[그림 13] 빅데이터가 분석한 '하우스 오브 카드' 제작 메커니즘

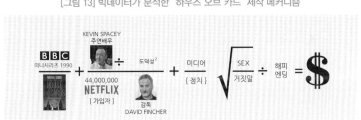

콘텐츠 제공방식의 변화

4차산업혁명으로 미디어산업을 콘텐츠가 주도할지, 플랫폼이 지배하게 될 지 섣불리 예단할 수는 없다. 인터넷과 모바일 폰을 기반으로 플랫폼들이 급증하고 있고 사람들의 콘텐츠 이용 시간도 늘어나면서 콘텐츠 수요가 커지고 있는 것은 사실이다. 그렇지만 수요증가에 공급이 따라가지 못하고 있

는 것도 현실이다. 유튜브가 폭발적으로 성장하게 된 이유 중에 하나도 고비용·고품질 콘텐츠만으로는 급증하는 수요를 충족시킬 수 없다는 것에 대한 대안이라 할 수도 있다. 제한된 콘텐츠를 최대한 효율적으로 활용하기 위한 맞춤형 추천전략들이 개발된 원인도 여기에 있다. 다수의 시청자들에게 특정 콘텐츠 시청을 유도하는 '개인 주문형 콘텐츠(personalized on-demand content)'에서 각 개인의 연속적인 콘텐츠 이용패턴을 유도하는 '개인 맞춤형 맥락(personalized on-demand context)' 방식으로 변화되고 있다. 개별 수용자에게 맞춤형으로 낱개의 콘텐츠를 매개해주는 방식에서 충성스러운 콘텐츠 이용 맥락을 제공하는 것이다. 시청자 입장에서 보면, 적극적 인지 혹은 노출 행동이 필요했던 주문형 비디오 공급방식에서 벗어나 최소한의 인지 행위로 콘텐츠에 접근하고 높은 만족감을 얻을 수 있는 방식으로 전환되었다는 것을 의미한다.

한편 사업자입장에서는 연속적으로 뉴스를 연계·소비하게 만드는 포털의 뉴스 제공방식이나 유튜브나 넷플릭스의 추천 알고리즘 방식은 제한된 콘텐츠를 가지고도 최대한의 이용을 가능하게 해주는 전략이라 할 수 있다. 특히 유튜브와 넷플릭스의 맞춤형 연계추천서비스는 '몰아보기' 시청패턴을 폭발적으로 증가시켰다. 넷플릭스의 오리지널 콘텐츠는 600개 정도로 아마존의 1/5 정도에 불과하고 왓챠(Watcha)의 1/30 수준임에도 불구하고, 압도적인 시장점유율과 수익을 창출하고 있다. 물론 원동력은 빅데이터와 인공지능으로 만든 콘텐츠 내용분석 요소 '알트 장르(alt genre)'에 있다. 단순히 장르나 출연배우를 분류하는 수준이 아니라, '중세시대를 배경으로 하는 로맨스가 섞인 전쟁 역사물'이나 '1970년대 팝음악이 나오는 사회비판적 실화를 배경으로 하는 영화'처럼 매우 세분화된 특성들을 조합한 알고리즘 추천방식이다(이 부분은 9장에서 자세히 설명할 것이다).

이처럼 콘텐츠를 연계하여 이용량을 늘리는 전략은 동영상 콘텐츠에만 한정되지 않는다. 아마존은 전통적으로 자신이 직접 상품을 소유하지 않고, 인터넷 플랫폼에서 여러 판매자와 구매자를 연계하는 '경쟁적 협업기반 비즈니스 모델(coopetition-based business model)'을 사용해 왔다. 2013년 인수한 워싱턴포스트(Washinton Post)의 '파트너쉽(partnership)전략'은 사양 산업이라는 신문의 회생가능성을 보여준 대표적인 사례. 특히 온라인 판 신문 '모닝믹스(Morning Mix)'는 버즈피드, 허핑턴포스트 기사를 함께 게재하고, 모바일 뉴스 '모스(The Mos)'에서는 타 신문사들의 최신 기사, 257개 지역신문 기사들을 연계해 볼 수 있도록 해 구독자와 트래픽을 모두 늘리는데 성공하였다. 유료 서비스가 아닌 광고수입에 의존하는 인터넷 신문은 사이트 내에서 트래픽 량이 매우 중요하다. 그런 맥락에서 타 언론사의 뉴스와 연계하는 것은 인터넷 신문의 좋은 솔루션 중에 하나라고 할 수 있다.

또한 인공지능 스피커나 스마트 홈처럼 콘텐츠를 이용할 수 있는 다양한 단말기기들이 상용화되면서 콘텐츠의 절대 소비량이 증가하고 있다. 더구나 가상현실/증강현실 기술들은 인간의 감각기관을 최대한 많이 사용할 수 있는 실감형 단말장치들을 만들어내게 될 것이다. 그러므로 고품질 콘텐츠를 생산하는 것도 중요하지만, 다양한 단말장치들의 속성과 소비패턴에 맞도록 가공하는 '콘텐츠 큐레이션(content curation)' 비중이 크게 높아질 것이다.

[그림 14] 워싱턴포스트 파트너쉽 전략

2013년 아마존이 인수한 이후 워싱턴포스트는 디지털 잠재 가입자 확보하기 경쟁신문사들과의 파트너쉽(partnership) 전략을 추구한다. 온라인 신문인 '모닝믹스'는 버즈피드, 허핑턴포스트 기사를 동시에 게재하고, 또 다른 신문 '모스'에서는 경쟁 신문사들의 최신 기사, 257개 지역신문 같은 타 언론 기사들을 연계해 볼 수 있도록 해 구독자와 트래픽을 증가시키는데 성공하였다.

이처럼 콘텐츠 제공방식의 변화의 기저에는 다양한 4차산업혁명 기술들이 존재하고 있다. 첫째, 자신이 소유하지 않지만 네트워크상에 분산되어 있는 콘텐츠들을 연결·축적·저장할 수 있는 기술이다. 여기에서 대용량 콘텐츠들을 원활하게 전송할 수 있는 5G 모바일 네트워크, 콘텐츠와 이용자 단말장치들을 실시간으로 연계해주는 사물인터넷, 연결·수집된 콘텐츠를 저장할 수 있는 클라우드 컴퓨팅서비스 등이 있다. 둘째, 콘텐츠와 이용자 행태를 체계적으로 분류하는 인식과 표식(labeling & tagging)은 사물인터넷과 생체인터넷을 통해 이루어진다. 셋째, 분류 저장된 콘텐츠들과 이용자들의 취향, 미디어 이용행태, 이용내역 등을 상호 연계해 정확한 수요나 행태들을 분석하는 빅데이터와 인공지능이 필요하다. 마지막으로 알고리즘 분석결과에 따라 이용자들의 취향과 이용행태에 적합한 콘텐츠를 추천·연결해주는 네트워크와 사물인터넷 단말장치들이 있어야 한다.

미디어 콘텐츠 이용행태 변화

콘텐츠 제작과 제공방식의 변화는 사람들의 미디어 이용행태에도 큰 변화를 야기하고 있다. 무엇보다 콘텐츠 이용량이 급증하고 있는 것은 분명하다. 역사적으로 신문·라디오·TV 등 새로운 미디어들이 등장할 때마다 미디어 이용자와 매체이용량은 증가해왔다. 그것은 새로운 매체들의 신기성(novelty) 때문에 매체 노출도가 늘어나고, 기존의 매체보다 노출·접근이 용이한 '상대적 이점(relative advantage)'을 가지고 있기 때문이다. 라디오·텔레비전 같은 시·청각 매체의 등장은 문자해독이 가능한 사람들만 이용할 수 있었던 인쇄매체보다 가용이용자 규모를 크게 늘려 대중매체시대를 열게 된다. 또한 디지털 시대에 들어서면서 언제 어디서나 어떤 단말장치를 통해서도 접근 가능한 'anywhere, anywhen, anyhow media' 시대가 열리게 된다. 특히 모바일의 확산은 공동시청 방식을 개별 시청방식으로 전환시켜 수용자 크기를 획기적으로 증가시키게 된다. 이러한 몇 차례의 획기적인 도약을 통해 미디어는 막강한 영향력과 경제적 부가가치를 창출하는 핵심 산업으로 자리 잡게 된 것이다.

전체 수용자 크기 뿐 아니라 개개인의 이용량도 증가되어 왔다. 새로운 미디어는 기존 미디어 이용을 대체하는 것으로 이용량 증가와 큰 관계가 없다는 '대체가설(alternative hypothesis)'과 새로운 미디어는 기존 미디어와 공생하면서 절대 이용량을 늘려준다는 '공생가설(symbiosis hypothesis)'이 있다. 그렇지만 새로운 미디어 등장은 개별 이용자들의 미디어 이용량을 증가시킨다는 연구결과들이 더 많은 편이다. 최근 조사된 이용자조사들 역시 유튜브·소셜네트워크 서비스·OTT 확산으로 개인의 미디어이용량과 콘텐츠 소비량이 늘어나고 있음을 보여주고 있다. 특히 개인 매체인 인터넷·모바일로 미디어 이용수단이 이전하면서 개별 이용자들의 미디어 소비 시간이 크게 증가하고 있다. 하루 모바일 폰 이용시간이 평균 4시간 이상으로, 하루 평균 1~2시간 정도였던 TV에 비해 크게 늘어났다.

[그림 15] 미디어 수용자 증가 추이(S 혹은 J curve)

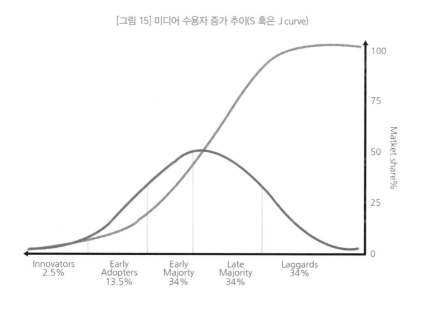

[그림 16] 넷플릭스 '굿 윌 헌팅' 예고편

　　미디어 이용량의 증가는 콘텐츠 소비행태도 질적으로도 변화시키고 있다.
가장 두드러진 특성을 미디어 소비량에 있어 개인 간 편차가 더욱 커지고 있
다는 점이다. 원래 미디어 이용량은 [그림 17]에서와 같이 오른쪽으로 꼬리
가 긴 분포곡선(right skewed frequency)을 그리고 있다. 미디어를 거의 이용하지
않거나 적게 이용하는 다수의 경시청자(light viewer)들과 매니아 계층처럼 폭
발적으로 미디어를 시청하는 소수의 중시청자(heavy viewer)들이 공존하고 있
는 형태다. 유튜브나 넷플릭스처럼 OTT 미디어들의 연계·추천 방식으로
'이어보기' 혹은 '몰아보기' 시청행태가 확산되면서 중시청자와 경시청자들
간의 이용량 격차가 더 커지고 있는 것이다. 영상 콘텐츠 추천시스템에 의해
'몰아보기'가 본격화된 것은 2013년 넷플릭스의 오리지널 콘텐츠 '하우스 오
브 카드' 전작 13편을 동시 개봉하면서부터다. 이후 넷플릭스는 다양한 콘텐
츠 추천방식으로 몰아보기 시청을 적극 유도하고 있다. 콘텐츠 종료직전(자
막 제공)시점에 유사한 영화 추천화면을 제공하거나, 시리즈물의 경우 다음
에피소드를 자연스럽게 화면에 등장시키는 방식을 활용하고 있다. 또 수용
자의 취향에 맞추어 다양한 '맞춤형 예고편'을 제공하는 'Art Work'도 있다.
실제로 '하우스 오브 카드'는 10 종류의 예고편을 시청자들의 시청패턴이나
취향에 맞추어 제공하였다. 이러한 추천방식에 의한 몰아보기 시청행태는
유튜브나 페이스북에서도 일상적으로 사용되고 있다. 인터넷 포털에 유사한

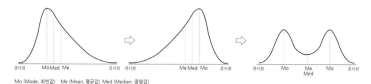

[그림 17] 미디어 이용행태 변화

Mo (Mode, 최빈값) Me (Mean, 평균값) Med (Median, 중앙값)

제목의 기사들을 여러 개 올려, 구독수를 늘리는 '어뷰징' 역시 이 같은 연계 추천 알고리즘의 맹점을 이용한 것이다. 과거 러브 스토리 영화를 많이 본 이용자에게 맷 데이먼과 미디 드라이버의 키스장면을 예고편을, 로빈윌리암스 출연작품이나 코미디물을 본 이력을 가진 이용자에게는 로빈윌리암스 이미지를 넣은 예고편을 제공한다.

개별추천방식에 의한 몰아보기 혹은 연속시청은 과잉시청으로 인한 문제점도 유발하고 있다. 개인 맞춤형 몰아보기 시청패턴이 시청자들을 사회적으로 더욱 고립시키고 자기 생각이나 취향에만 맞는 콘텐츠에 심취하게 만들 수 있기 때문이다. 본인 취향에 맞는 특정 성향의 콘텐츠나 뉴스에 몰입하면서 발생하는 '사회분절화' 혹은 '파편화' 현상은 오래전부터 지적되어 왔다. 실제로 빅데이터와 인공지능 알고리즘은 편향적 콘텐츠 소비를 더욱 극단화시켜 '확증편향(confirmation bias)' 같은 병리현상을 더욱 만연시키고 있다. 인터넷 포털이나 유튜브, SNS에서 벌어지고 있는 우리 사회의 극단적 갈등양상은 가짜뉴스와 함께 4차산업혁명이 야기한 심각한 병리현상이라고 할 수 있다.

콘텐츠 이용 전망

어떤 미디어든지 생존여부는 시청자들의 선택에 달려있다. 역사적으로 수많은 매체들이 초기 '확산장애(chasm)'를 극복하지 못하고 퇴출되어 왔다. 이용자들의 수요와 성향에 부합하는 콘텐츠를 제공한다고 해도 실제 이용으로 이어지지는 않는 경우가 많다. 이용자들이 가지고 있는 개인적 성향이 중개변인으로 작용해 미디어 효과에 영향을 미치기 때문이다. 개인의 심리상태 뿐 아니라 경제적 능력이나 문화적 차이, 이용 매체의 특성 같은 요인들도 미디어 이용행태에 영향을 미친다. 아무리 정교하게 맞춤형 콘텐츠를 제공해주는 4차산업혁명 미디어라고 해도 이용자들의 이용행태를 완전히 통제할 수는 없다. 그러므로 4차산업혁명 시대 시청자들의 미디어 이용행태를 '콘텐츠 소비량'과 '추가비용 지불의사'라는 두 변수를 기준으로 '적극적 콘텐츠 소비형', '방임형 콘텐츠 소비형', '실속형 콘텐츠 소비형', '방송고수형' 네 유형으로 나누어 볼 수 있다.

첫째, '적극적 콘텐츠 소비형'은 기존의 방송 콘텐츠뿐 아니라 신규 매체들에 대한 관심 역시 높은 이용자들을 말한다. 이들은 OTT 서비스들이 늘어나면서, 미디어 이용 매체와 이용량도 함께 증가하는 이용자들이다. '개혁확산이론(diffusion of innovation)'의 관점에서 보면 '조기채택자(early adaptor)'들로서 초기에는 기존 매체의 '보완재'로 이용하다가 새로운 매체로 전환하는 '대체재' 형태로 변하게 된다.

둘째, 새로운 매체나 콘텐츠에 대한 관심은 높지만 추가비용 지불의사는 낮은 '실속형 콘텐츠 소비형'이다. 이들은 기존 매체 위주의 시청패턴을 고수하면서 추가 비용이 요구되지 않는 무료서비스나 불법 다운로드를 통해 새로운 콘텐츠를 이용하는 경우가 많다. 특히 우리나라는 불법다운로드 정도가 비교적 높은 나라로 영화개봉관이나 본방송 이후 2차시장이 매우 취약하다. 또 인터넷·모바일·IPTV 결합상품에서 보듯이 이 유형의 이용자 비율이 상대적으로 높은 편이다. 이들은 기존 매체소비를 보완하는 형태로 새로운 콘텐츠를 인식하고 있어, '조기 다수자(early majority)'나 '후기다수자(late majority)'가 될 가능성이 높다.

셋째, 경제적 능력에 비해 미디어 콘텐츠 소비의사나 소비량이 낮은 '방임형 콘텐츠 소비형' 이용자들이다. 이들은 미디어 소비량도 적고 특별한 관심거리가 아니면 능동적으로 콘텐츠를 찾아 소비하지도 않는다. 대부분 '후기

다수자(late majority)'인 경우가 많고, 일부는 '미채택자(laggard)'로 남아 있을 가능성도 있다. 그렇지만 맞춤형 콘텐츠가 활성화되어 시청자들의 시청인지 노력을 줄여준다면, '조기 다수자(early majority)'가 될 가능성이 전혀 없는 것은 아니다. 이들은 신규 매체 선택에 따른 경제적 부담이 적은 계층으로 맞춤형 서비스의 기능이나 콘텐츠 만족도가 높으면 새로운 OTT 미디어나 콘텐츠 소비자층으로 조기에 편입될 가능성도 있다.

넷째, 새로운 미디어나 콘텐츠에 대한 관심도 적고 기존 방송매체 소비를 지속하는 '방송 고수형' 이용자층이다. 이들은 수동적으로 매체를 이용하는 계층으로 새로운 매체나 콘텐츠에 대한 수요는 물론이고 관심정도도 매우 낮다. 우리나라의 경우, 아직 디지털 방송으로 전환하지 않고 있는 500여만 가구가 여기에 해당된다고 볼 수 있다. 지상파방송을 중심으로 20~30여 개 정도의 소수채널을 아날로그 케이블TV나 8VSB 같은 보완형 고화질 전송수단에 만족하는 계층으로 특별한 정책적 지원이 없다면 '미채택자(laggard)'에 머물 가능성도 높다. 문제는 이들이 대부분 경제적 하위계층으로 기기 조작 같은 '미디어 리터러시(media literacy)'에도 어려움을 겪고 있어, '디지털 격차(digital divide)'와 이로 인한 '신분격차(status divide)' 문제를 야기할 수도 있다.

이처럼 4차산업혁명와 관련해 적극적 콘텐츠 이용자들은 조기채택자(early adopter), 실속형 콘텐츠 이용자들은 조기다수자(early majority), 방임형 콘텐츠 소비자는 후기다수자(late majority), 방송고수형 이용자는 미채택자(laggards)처

[그림 18] 콘텐츠 이용자 유형 분류

		콘텐츠 소비성향	
		높다	낮다
추가비용 지불의사	높다	적극적 콘텐츠 소비형	방임형 콘텐츠 소비형
	낮다	실속형 콘텐츠 소비형	방송 고수형

럼 다양한 유형들이 섞여있다. 그러므로 4차산업혁명 기술에 바탕을 둔 새로운 미디어와 콘텐츠들이 조기에 확산·정착되기 위해서는 적극적 콘텐츠 이용자들을 조기에 확보하고, 초기다수인 실속형 콘텐츠 이용자들을 빠른 시기에 '결정적 다수(critical mass)'에 도달하도록 유도할 필요가 있다. 특히 전체 이용자의 10~15% 확보 단계에서 부딪치게 될 '확산절벽(chasm)'을 단기간에 넘어서는 것이 무엇보다 중요하다. 물론 초기단계에 무료 혹은 저가로 콘텐츠 제공전략을 사용할 수도 있다. 넷플릭스가 한 달간 무료로 제공한다든지, 웨이브처럼 모바일 가입자에게 일정기간 무료로 제공할 수도 있다. 이는 조기 다수자인 실속형 콘텐츠 이용자들을 조기에 이용자 계층으로 전환할 수 있다는 장점은 있지만, 장기적으로 저가시장을 고착시켜 콘텐츠제작 환경을 더 악화시킬 수 있다. 특히 추가지불능력이 있는 후기다수자 즉, 방임형 콘텐츠 이용자들까지도 '무임승차자(free rider)'로 만들어 저가시장을 오랜기간 고착시킬 수도 있다. 그렇게 된다면 기존 콘텐츠와 차별화에 실패해 4차산업혁명 미디어의 장점을 포기할 수도 있다. 이 때문에 광고 같은 간접수입에 의존하는 우리나라와 달리, 미국이나 선진국들의 OTT 서비스들은 직접지불방식을 고수하고 있다. 심지어 광고수입 의존도가 높은 유튜브나 구글 조차도 최근에는 프리미엄 콘텐츠들을 강화하면서 유료화전략을 모색하고 있다. 조지 길더(George Guilder)가 '구글의 종말(Life after Google: The Fall of Big Data and the Rise of the Blockchain Economy)'이란 책에서 광고수입에 전적으로 의존하는 구글은 광고차단기술들이 진화하면서 급속히 위축될 것이라고 전망하고 있는 것도 이러한 전략변화와 무관하지 않다.

콘텐츠 스모그 시대(content smog era)

2019년에 페이스북은 전 세계에서 하루에 3억 개 이상의 메시지와 277만 개의 동영상이 업로드되고, 유뷰트는 1분에 300시간 분의 동영상이 올라오는 어마어마한 플랫폼 제국을 구축하고 있다. 유튜브 월 이용자 수는 15억 명을 넘고, 이들이 유튜브에서 소비하는 시간은 하루 10억 시간이 넘는다. 페이스북은 월 22억 명, 하루 평균 14억 5천 명의 가입자가 콘텐츠를 이용하고 있고, 인스타그램 가입자도 10억 명이 넘었다. 우리에게는 낯설지만 5~7초짜리 짧은 동영상을 제공하는 바인(Vine)은 전 세계적으로 분당 만개 정도의 동영상이 공유되고 있다. 하루에 조회되는 동영상은 15억 개, 이 중에 105만개 이상이 시청되고 있다. 이처럼 각종 모바일 · SNS · OTT를 통해서 무수히 많은 콘텐츠들이 홍수처럼 쏟아져 나오면서 우리는 '콘텐츠 스모그 시대 (content smog era)'에 살고 있다. 또 다수 중시청자가 늘어나면서 콘텐츠 과잉 공급과 과잉소비가 점점 확산되고 있다. 이런 환경변화에 맞추어 4차산업혁명 기술들은 엄청난 콘텐츠를 생산하고 제공할 것이다. 이 같은 콘텐츠 생산 · 공급방식의 변화로 콘텐츠 양식이나 내용 역시 크게 바뀌게 될 가능성이 높다. 문제는 양적으로 늘어나고 질적으로 변화된다고해서 반드시 바람직한 결과만 나타나는 것은 아니라는 것이다. 가짜뉴스, 확증편향, 콘텐츠 편식 이런 부정적 현상들을 단순히 '콘텐츠 홍수' 혹은 '콘텐츠 범람'이라고 하지 않고, 부정적 어감을 지닌 '콘텐츠 스모그(content smog)'라고 하는 이유도 부정적 효과가 그만큼 만만치 않다는 것을 의미한다.

첫째, 가짜뉴스 같은 반사회적 콘텐츠들이다. 2016년 미국 대통령선거 이후 구글과 페이스북은 가짜뉴스의 숙주로서 큰 비판을 받아왔다. 지금은 가짜뉴스가 정치적 목적에서 만들어 배포한 '거짓 뉴스'라는 의미로 주로 사용되고 있지만, 원래는 접속량에 따라 광고수익을 얻을 수 있다는 점을 이용해 돈을 벌기 위해 만들어진 허위의 뉴스들이었다. 구글이나 페이스북 같은 플랫폼사업자들은 가짜뉴스가 트래픽과 스트리밍 접속량을 증가시켜 광고수익을 높일 수 있다는 점에서 사실상 방관 내지는 공존해왔다고 할 수 있다. 이처럼 노출량을 늘리기 위해 만들어진 선정적이고 반사회적인 콘텐츠들에 대한 규제가 필요하다는 지적들이 많다. 특히 가짜뉴스는 민주주의의 근간을 흔드는 위험요소로 인식되고 있다. 유튜브가 자체적으로 매년 1,000만개 이상의 유해 동영상을 자체 가이드라인을 통해 삭제하고 있지만, 범죄·마약 등 반사회적 뉴스나 동영상 문제는 심각한 골칫거리다.

둘째, 페이스북이나 구글의 맞춤형 알고리즘에 대한 비판이다. 특히 개별 이용자들에게 맞춤형 정보를 제공하는 것은 각각의 이용자들이 인공지능으로 필터링된 정보만을 접해 '필터 버블(filter bubble)'현상을 심화시킨다는 우려가 많다. 미국의 '무브온(Move on)' 이사장 엘리 프레이저(Eli Pariser)가 쓴 '생각 조종자들(The Filter Bubble)'에서 처음 사용했던 필터 버블(filter bubble)이란 용어는 빅데이터와 인공지능 알고리즘에 의해 제공되는 콘텐츠의 편향성을 지적하는 것이다. 자기 생각과 같은 사람이나 콘텐츠만 매개시켜 동질적 메시지만 접근하게 되면 자신의 생각을 일반화 혹은 정당화시키는 '확증편향(confirmation bias)'이 심화된다는 것이다. 개인 취향에 맞추어진 콘텐츠 제공과 이용이 사회 전체의 의사소통구조를 왜곡시켜 공감대 형성을 방해하고 갈등을 조장하게 된다. 최근 우리나라에서 정치적·이념적 편 가르기가 극심해지고 있는 현상의 한 원인이기도 하다. 이 때문에 시바 바이디야나단(Syva Vadhyanathan) 교수는 '페이스북은 사람들을 단절시키고 민주주의를 훼손하는 넌센스 기계'라고 혹평하고 있다.

[그림 19] 알릴레오와 가로세로TV

최근 급속히 늘어나고 있는 정치시사 유튜브들은 기존 언론과 달리, 객관성이나 공정성보다 편파적 내용으로 정치적 성향이 같은 이용자들을 끌어 모으고 있다. 그러다보니 내용이 점점 극단화되면서 정치·사회적 갈등을 유발하는 부작용이 커지고 있다.

셋째, 온라인 콘텐츠들의 상당수가 아마추어 이용자들이 직접 제작한 이른바 'B급 동영상'들이다. 질적으로는 떨어지지만 기존 미디어 콘텐츠들과 차별화된 공유형 콘텐츠라는 점에서 공감대도 높고 시청횟수도 높일 수 있다. 수많은 인터넷 미디어들과 경쟁하기 위해 극도로 세분화된 콘텐츠들 중에 'B급 콘텐츠'가 주를 이루는 것은 어쩌면 당연한 것일 수도 있다. 이들은 단기간에 많은 이용자들이 일시에 소비하는 블록버스터형 콘텐츠가 아니라 장기간에 걸쳐 꾸준히 소비되는 롱테일(long tail)형 콘텐츠들이다. 문제는 최근 들어 이러한 B급 콘텐츠 속성들이 인터넷 미디어에서 점점 사라지고 있다는 것이다. 이미 기존 미디어들이 본격적으로 OTT 사업에 뛰어들고 있고, 유튜브를 적극적으로 활용하고 있다. 반면에 일부 유튜브 뉴스매체들이나 인기 있는 1인크리에이터들은 기성미디어로 성격을 변화시키고 있다.

한마디로 인기 있는 1인 미디어 유튜버들은 점점 더 많은 자본과 전문인력을 충원해 기존미디어와 경쟁할 수 있는 콘텐츠 고품질화를 추진하고 있는 반면 지상파방송을 비롯한 기존 미디어들은 1인미디어 콘텐츠 양식을 차용한 B급 콘텐츠 제작을 늘리고 있는 것이다. 초기 1인미디어를 주도했던 '대도서관'이나 '양띵' 같은 경우에는 고품질 콘텐츠 제작으로 방향을 전환하였고, MBC의 '마이 리틀 텔레비전'에서 시작된 기존 방송사들의 유튜브 양식 콘텐츠들은 점점 더 늘어나고 있다. 기존 콘텐츠와 인터넷 콘텐츠들 간에 수렴(convergence) 현상이 가속화되고 있는 것이다. 더 나아가 기존 미디어 그룹이나 통신사업자들이 주요 MCN을 인수·합병하거나 자체 MCN을 설립해 크리에이터를 직접 선발·운영하기도 한다. 세계 최대의 MCN '메이커스 튜디오(Maker Studio)'를 인수한 디즈니는 5만여 개 소속 크리에이터를 1/10 이하로 줄이고 콘텐츠 품질을 높이는 방향으로 전략을 전환하였다. 기존 미디어와 인터넷 미디어의 콘텐츠가 차별화되지 않으면서 4차산업혁명 미디어들의 콘텐츠는 양적으로 급증하겠지만, 내용적으로는 큰 차이가 없어져 정보사회 도입 초기에 제기되었던 '허구의 다양성'이 다시 우려될 수도 있다.

[그림 20] 인터넷 미디어와 기존 미디어의 콘텐츠 성격 변화 추이

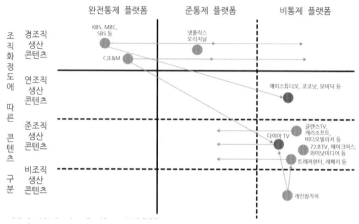

* 출처 : Snack Media Industry Trend Report. Vol.3. 2017.8

[그림 21] 대도서관 웹드라마 '대생'과 jtbc의 '랜선라이프'

미디어 시장에서 경쟁이 치열해지다보니, 1인 유튜버들은 기성 매체들의 정형화된 콘텐츠를 지향하는 성향이 늘어나고 있다. 반대로 기존 방송매체들은 유튜브 형식의 콘텐츠나 1인 크리에이터들을 활용하는 사례가 늘어나고 있다.

[참고문헌]

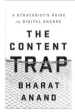

Bharat Anand, The Content Trap : A Strategist's Guide to Digital Change, 2016, Random House, 김인수 (역), 콘텐츠의 미래, 2017, 리더스북.

4차산업혁명 시대 모든 미디어들의 고민거리는 '어떤 콘텐츠로 경쟁에서 승리할 것인가'하는 것이다. 구글이나 유튜브처럼 콘텐츠에 일체 투자하지 않고도, 자발적으로 콘텐츠가 몰려들 수 있다면 더 이상 좋을 게 없다. 반대로 기존 미디어들이 하던 것처럼 고품질 콘텐츠에 대한 유혹을 느끼는 넷플릭스 같은 OTT들도 있다. 이처럼 인터넷 공간에서 살아남기 위한 콘텐츠전략은 모든 미디어사업자들의 난제임에 틀림없다. 아난드의 책은 '연결(connect)'를 대안으로 제시하고 있다. "콘텐츠가 왕이라면 코넥트는 신"이라는 본문 내용처럼 말이다. 그는 '사용자+제품+기능'을 연결하는 연결전략을 강조하고 있다. 기계적으로 콘텐츠를 연결하는 것이 아니라 상호 보완재로 만들어야 한다는 것이다. 타이어회사가 제공한 레스토랑 가이드가 이용자들의 이동거리를 늘려 타이어판매를 늘리게 하는 것과 같은 이치다. 저자는 하나도 놓칠 수 없는 많은 사례들을 들어 설명하고 있다. 특히 종말을 맞이했다는 종이신문 뉴욕타임즈의 연결을 통한 성공사례는 관심을 끈다.

E. F. Schumacher, Small is Beautiful : Economics as if People Mattered, 1975, Perenial Library/Harper & Row, Publishers, 이상호(역), 작은 것이 아름답다 : 인간중심의 경제를 위하여, 2002, 문예출판사.

20세기를 통 털어 가장 많이 팔린 경제서적 중에 하나다. 어쩌면 책이름이 이 책보다 더 많이 회자된 책이라 할 수 있다. 이 책은 처음 출판된 1975년이라는 시기가 중요하다. 2차세계대전 이후 호황을 누려왔던 자본주의 경제가 1970년 석유파동으로 휘청거리면서, '대량생산 대량소비' 경제체제에 대한 의문이 제기된 시기이기 때문이다. 이 책에서 제시된 각각의 공동체 환경에 맞도록 적정한 수준의 기술이 필요하다는 '중간기술론(혹은 적정기술론, appropriate technology)'은 정보사회론자들의 '다품종 소량생산' 주장과 맞아떨어지면서 크게 주목받게 된다. 이른바 '인간의 얼굴을 한 기술'이라는 담론은 정치·사회·문화적으로 큰 영향을 미쳤다. 하지만 중간기술론은 실현되기 힘든 사회주의적 이상일 뿐이라는 비판 속에 일부 공동체주의자들의 이념으로 남아있었다. 하지만 4차산업혁명 기술들이 개인화·맞춤형 경제체제를 가능하게 해 줄지도 모른다는 기대 속에 슘페터의 중간기술론이 다시 부각될 수도 있다.

Steven Rosenbaum, Curation Nation : How to Win in a World Where Consumers are Creators, 2011, 이시은 (역), 큐레이션, 2019, 이코노믹북스.

'큐레이션'이란 타인들이 만든 콘텐츠를 원하는 목적에 따라 재구성하고 배포해서 가치를 창출하는 하는 것을 말한다. 유튜브나 위키피디아가 대표적인 큐레이션 애플리케이션 형태들이다. 저자는 큐레이션이란 원래 박물관 유물이나 미술관 작품을 배열하는 것을 의미했지만, 인터넷 검색엔진으로 의미가 확장되기 시작했다고 지적한다. 그렇지만 '리더스 다이제스트'처럼 오프라인 매체에서 이미 큐레이션은 존재했다고 말한다. '허핑턴포스트'의 링크 서비스처럼 큐레이션은 수많은 콘텐츠와 인간의 인지능력을 매개하는 일종의 필터링 같은 것이다. 4차산업혁명의 콘텐츠 혹은 미디어는 큐레이션이 주도하게 될 것이다. 그것은 결국 자기 콘텐츠를 소유하지 않는 공유경제와도 맥락을 같이 한다. 그렇지만 저자는 큐레이션은 무임승차라는 비판적 인식이 여전히 존재하고 있고, 저작권이나 프라이버시 같은 문제들도 해결해야 한다고 지적하고 있다. 그럼에도 스마트기기들이 일반화되는 상황에서 향후 콘텐츠는 큐레이션 형태가 지배할 것이라는 예측은 빗나가지 않고 있다.

Siva Vaidhyanathan, Antisocial Media : How Facebook Disconnects Us and Undermines Democracy, 2018, Oxford University Press, 홍권희 (역), 페이스북은 어떻게 우리를 단절시키고 민주주의를 훼손하는가, 2020, 아라크네.

저자가 이 책을 쓴 동기는 2016년 미국 대통령선거에서 페이스북이 트

럼프 당선에 얼마나 기여했는가를 분석하는 것이었다. 우선 페이스북은 '낮은 수준의 기쁨을 주고 피드백으로 돈을 버는 오락기계'라는 명제에서 출발한다. 이 오락기계는 다른 페이스북 이용자, 상업적·정치적 광고주 그리고 민주적·권위적 정부에게 이익을 남겨준다고 주장한다. 주목받으려는 '페북질'은 다른 사람들에게는 오락기계지만, 정치적인 감시기계가 되고 상업적으로는 주목경제 기계인 것이다. 특히 저자는 페이스북의 보이지 않는 데이터와 알고리즘 문제를 지적하면서, 벤담의 '파놉티콘(panopticon)' 대신 '암호화'라는 의미의 'crypto'를 합성해 '크립톱티콘(cryptopticon)'이라는 용어를 사용한다. 한마디로 페이스북은 말도 안되는 '넌센스 기계'지만 처방이 쉽지 않은 기계라고 결론내리고 있다. 솔직히 도서관, 대학, 박물관, 언론기관을 지원해야 한다고 대안은 '흘러간 계몽주의적 옛 노래'라는 생각까지 든다. 억지로 글을 읽게 한다고 읽혀지는 시대가 아닌데 말이다.

노가영, 조형석, 김정현, 콘텐츠가 전부다, 2020, 미래의 창.

4차산업혁명 콘텐츠 현황과 관련해 이번에 추천하고 싶은 책은 국내 서적이다. 학자가 쓴 것도 학술적으로 저술된 내용도 아니다. 3인의 저자는 국내 메이저 미디어기업에 소속된 실무자들이다. 당연히 이론적 접근보다 미디어 시장변화와 주요 미디어사업자들의 전략을 사실적으로 기술하고 있다. 넷플릭스의 성장과 디즈니의 반격, 거대 공룡화되는 유튜브가 향후 어떻게 될지, 페이스북에 도전하는 인스타그램, 게임콘텐츠, 팟캐스트, 애플의 고민 등이 실제 사례들을 통해 정리되어 있다. 저자들 역시 연결을 통한 콘텐츠의 재창조를 강조하고 있다. 각각의 영토를 지키는 봉건적 방식이 아니라 경쟁사업자의 콘텐츠 영역으로 확대하면서 곳곳에서 충돌하고 있다는 것이다. 목차만 보면 글로벌 미디어기업들 이야기 같지만 내용에 들어가면 우리 미디어 시장과 현황을 배경으로 설명되어 있어 이해가 쉬울 수 있다.

제 9 장

알고리즘 미디어

제9장

알고리즘 미디어

이제까지 설명한 4차산업혁명 미디어의 작동 메커니즘을 한마디로 정의한다면 '알고리즘(algorithm)'이라는 용어로 귀결될 수 있을 것이다. 혹자는 4차산업혁명을 '알고리즘 혁명'이라고 말하기도 한다. 지금 우리는 엄청나게 편리해진 컴퓨터와 인공지능 그리고 초고속 네트워크와 스마트폰으로 마음껏 자유를 누리고 편리하게 살고 있는 것 같다. 하지만 역설적으로는 각자의 삶이 개인 의지를 초월한 무언가에 의해 계획되어진 아니면 정해 준 삶을 살고 있는 것은 아닌가하는 의문이 들 때가 있다. 그런 '보이지는 않지만 정해져있는 프로그램' 같은 그것이 바로 알고리즘인 것이다. 알고리즘은 4차산업혁명 사회의 정치적 · 사회적 · 경제적 · 문화적 시스템의 기반이고, 동시에 이 모든 것들을 연결하는 보이지 않는 접착제 같은 것이라 할 수 있다. 어쩌면 4차산업혁명은 인간이 만든 정보수집과 저장기술 그리고 처리기술이 인간의 능력을 넘어서는 알고리즘이 지배하는, 인간의 편의에 의해 만들어진 알고리즘이 인간의 창조적 능력을 추월하여 신격화된 사회가 될 수도 있다.

알고리즘 시대의 명·암

알고리즘은 인간의 삶 곳곳에 깊이 침투해 있어 마치 '원래 있었던 것(in nature)' 혹은 '생득적인 것(inherent)'으로 생각되어질 정도다. 유아 때부터 스마트폰과 함께 성장한 세대들은 더더욱 이 말이 이상하거나 거북스럽게 느껴지지는 않을 것이다. 이 세대들에게 스마트폰을 비롯한 알고리즘 기기들에 맞추어 생활하는 것은 너무나 당연하고 편리한 일이다. 알고리즘적 생활은 지극히 일상적인 일이다. 미디어 이용 역시 방송 시간에 맞춰 텔레비전 채널을 돌리던 행위는 이제 영원히 역사 속으로 사라져버렸다. 대신 각 개인의 취향과 선호 그리고 기분까지 치밀하게 파악한 음성스피커나 스마트폰 알고리즘 비서들이 알아서 채널과 콘텐츠를 알려주거나 선택해 준다. 지금 우리는 미디어 이용자가 콘텐츠 이용을 강요받고 있는 '알고리즘 미디어' 시대에 살고 있는지도 모른다.

빅데이터와 인공지능이 일상화되고 각자의 삶과 사회생활을 지배하면서 알고리즘이 갑자기 등장한 것 같지만 실제 알고리즘의 역사는 매우 오래되

[그림 1] TV 채널 돌리기

리모트 콘트롤러가 등장하기 이전인 1980년대 초까지도 텔레비전은 직접 손으로 채널을 돌려서 보았다. 음성인식기술을 통해 대화하듯이 듣고 싶은 음악이나 정보를 알아서 제공해주는 인공지능 스피커와 비교해서 어느 것이 더 능동적인 미디어인지 생각해 볼 일이다.

＊출처: Raycat.net

었다. 아마존의 인터넷서점, 넷플릭스의 동영상 추천서비스가 등장하기 훨씬 이전부터 알고리즘은 우리 생활 깊숙이 침투해있었다. 멀리는 선사시대 인간들이 기록해 두었다가 농사에 사용하였던 별자리나 달의 모양도 일종의 알고리즘이라고 할 수 있다. 매우 원시적이지만 동물의 뼈나 거북의 등을 태워 모양을 보고 미래를 점쳤던 중국의 갑골문자도 알고리즘의 한 형태로 볼 수 있다. 제임스 베니거(James Beniger)가 통제기술의 한 예로 들었던 산업혁명 초기에 열차사고 예방을 위해 만든 열차시간표나 구매자들의 이동통로를 교묘하게 설계해 더 많은 물건을 사게 만든 슈퍼마켓 설계도, 19세기 중반이후 국가를 통제하기 위한 관료제와 여론조사기법, 사무기기 같은 것들도 크게 보면 일종의 알고리즘이라고 할 수 있다. 그렇게 보면, 모든 커뮤니케이션 기술들은 알고리즘 기술이고, 커뮤니케이션 혁명은 '알고리즘 혁명'이라고 할 수도 있다. 다만 위에 언급한 기술들이 자연을 통제하는 알고리즘이었다면, 인공지능 알고리즘은 인간을 통제하는 알고리즘이라는 점에서 차이가 있다. 마라찌(Christian Marazzi)는 그의 저서 '금융자본주의의 폭력(The Violence of Financial Capitalism, 2011)'에서, 21세기 자본주의는 물리적 자본과 대규모 고용이 아니라 의료·생명기술·디지털미디어·문화산업·교육 같은 '인간에 의한 인간의 생산 즉, '앤스로포제닉(anthropogenic) 생산양식'을 통해 잉여가치가 추출된다고 주장한 바 있다. 개인들의 일상적 삶이 데이터가 되어 경제적 이윤을 창출하고 있으며, 그 배후에 디지털 통신과 무형의 알고리즘이 존재한다는 것이다.

중요한 것은 알고리즘이 막강한 위력을 발휘하는 이유 중에 하나가 내부의 작동원리를 알 수 없다는 데 있다는 것이다. 마치 주술처럼 최종 결과만 보여줄 뿐 내부 작동과정을 볼 수 없기 때문에 효과가 더 극적일 수 있다는 지적이다. 마치 중세 성직자들이 성서를 독점해 사회를 지배했던 것과 유사하다. 어떻게 보면 알고리즘은 해롤드 이니스(Harold Innis)가 말한 지식독점에 의한 지배의 다른 형태일 수도 있다. 2016년 미국 대통령선거 직후 가짜뉴스의 숙주로 비난받았던 구글이나 페이스북이 기계적 알고리즘이라는 명분으로 피해갔고, 네이버나 다음 역시 뉴스배열 알고리즘은 순전히 기계적이며 영업비밀이라는 이유로 공개하지 않고 있다. 인간의 통제영역에서 벗어난 '기계적 중립성'이라는 방패 뒤에 숨어 권력을 유지하고 있는 모습이다. 이는 벤담(Jeremy Bentham)의 '원형감옥(panopticon)' 작동원리와 유사하다. [그림 2]과 같은 원형감옥이 강력한 자발적 통제력을 발휘하는 이유는 중앙에 위치한 감시탑 내부를 죄수들이 볼 수 없게 만들었기 때문이다. 이러한 상태에서 이용자들은 알고리즘이 인간의 주관이나 편견이 개입되지 않는 수학적 원리에 의해 작동한다는 기계적 합리성을 받아들일 수밖에 없다. 알고리즘이 선택하거나 만들어내는 엄청난 정보, 뉴스, 콘텐츠에 대하여 일방적인 수용만 가능할 뿐이다.

[그림 1] 4차산업혁명 시대의 파놉티콘

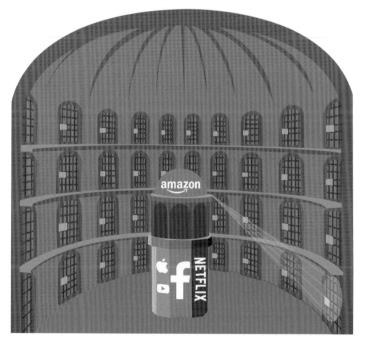

알고리즘(algorithm)이란?

알고리즘의 핵심은 인공지능과 빅데이터이다. 인공지능과 빅데이터는 4차산업혁명을 이끌고 있는 거시발명으로 변화의 중심에 위치하고 있는 기술이다. 사물인터넷이나 블록체인 같은 기술들도 부상하고 있지만, 이 기술 역시 인공지능과 빅데이터가 만들어내는 알고리즘에 기반을 두고 있다고 할 수 있다. 알고리즘이란 '컴퓨터 혹은 디지털 장치들이 과업을 수행할 수 있게 만든 일련의 작동규칙'이다. 쉽게 말해 수학적 자료들을 계산하는 절차인 것이다. 예를 들어, 수학의 사칙연산 중에 덧셈과 뺄셈보다 곱셈과 나눗셈이, 괄호안의 연산이 먼저 계산되는 것 같이 과업 수행을 위한 일종의 약속된 절차와 규칙이라 할 수 있다. 알고리즘이라는 용어가 9세기 페르시아 수학자 알-크와리즈미(Al-Khwarizmi)의 이름에서 유래했다는 점에서 알 수 있듯이, 알고리즘은 초기 아라비아 숫자의 산술 연산을 위한 규칙에서 시작되었다. 그렇지만 최근에는 과업을 수행하거나 문제를 해결하기 위한 절차라는 일반적인 의미로 사용되고 있다.

컴퓨터 시스템에서 알고리즘은 "문제해결에 필요한 작업 요소들을 규정한 일종의 코드집 즉, 컴퓨터 연산처리규칙을 정의한 명령어 집합"이라고 정의된다. 컴퓨터나 스마트 폰 같은 하드웨어들은 소프트웨어에 의해 작동하고, 각각의 소프트웨어들은 알고리즘을 통해 데이터를 처리하는 역할을 한다. 알고리즘의 작동원리는 디지털 기호인 0과 1 즉, 참과 거짓 두 개의 수치로 만들어지는 논리곱·논리합 같은 단순한 연산규칙이다. 하지만 단순한 연산규칙임에도 불구하고 아주 빠른 속도로 연산규칙을 수행할 수 있기 때문에 고도의 정보처리가 가능한 것이다. 예를 들면, 3,587,424 X 2,543,211을 계산하기 위해서 알고리즘은 3,587,424라는 숫자를 2,543,211번 더해서 '9,123,576,178,464' 라는 답을 1초도 안 되는 시간에 계산해낼 수 있는 것이다. 엄청난 속도의 정보처리능력을 가지고, 수많은 데이터를 자동화(automation), 계량화(quantification), 서열화(ranking), 색인화(indexing), 분류(classification) 작업을 수행할 수 있다. 이처럼 컴퓨터 구동을 위한 단순한 연산처리규칙에 불과했던 알고리즘이 조지 오웰(George Owell)의 소설 '1984년'에 나오는 '대형(Big Brother)'처럼 막강한 존재가 될 수 있는 것이다.

코왈스키(Kowalski)에 따르면, 알고리즘은 '논리(logic)'와 '통제(control)' 두 요소로 구성되어 있다. 논리는 과제를 수행하기 위해 사용되는 지식(knowledge)이고, 통제는 그 지식을 사용해서 과제를 해결하는 전략(strategy)을 말한다. 알고리즘 논리란 수행하는 분야와 관련된 지식으로 축적된 지식이 많을수록 논리는 더욱 충실해지고 관련 과제를 수행하는데 효율적인 전략을 수립할 수 있다. 알고리즘의 지식은 결국 빅데이터가 축적한 데이터에 기반하고 있다. 최근에 마이닝(mining) 기술이 급속히 발달하면서 빅데이터가 더욱 빠른 속도로 축적되고 있다. 빅데이터 축적량이 늘어난다는 것은 결국 인공지능 즉, 알고리즘 능력이 진화한다는 것을 의미한다. 더구나 앤서니 기든스(Anthony Giddens)가 말했던 '근대화의 패러독스(the paradox of modernization)'가 작동하게 되면, 빅데이터는 더 빠른 속도로 위력을 더해갈 것이다. 통제기술 안에 귀속될수록 역설적으로 생활의 편리함이 커지게 되므로 알고리즘의 위력이 커질수록 점점 더 적극적으로 자기 생활을 알고리즘에 편입시키게 된다. 강준만 교수는 "인간은 데이터가 되고, 알고리즘으로 무장한 플랫폼사업자는 신이 되는 '알고리즘 독재(the tyranny of algorithm)'사회가 되어가고 있다"고 지적하고 있다. 즉, 전통 미디어들이 해왔던 '합법·불법, 정의·부정의 같은 범위 설정과 압력 행사'가 인터넷, SNS, 스마트폰 등 알고리즘 기술들에 의해 더욱 정교하고 심오하게 행해지고 있다는 것이다.

알고리즘의 핵심은 가중치

알고리즘의 작동원리는 알고리즘을 구성하고 요소들의 가중치를 어떻게 부여하는가에 의해 결정된다. 농구경기 점수 부여 방식을 생각하면 이해가 쉽다. 농구경기에서 일반적인 골은 2점이지만, 3점 슛 라인 밖에서 넣은 골이 3점을 부여한다. 반면에 자유투로 넣은 골은 1점만 준다. 골이 들어갈 수 있는 가능성 즉 난이도에 따라 각각 2, 3, 1이라는 가중치를 부여한 것이다. 이를 수학공식으로 표현하면. '득점 $f_{(x)} = 2x_1$(2점 슛) $+ 3x_2$(3점 슛) $+ 1x_3$(자유투)' 라는 2차함수 형태가 될 것이다. 이 공식에서 x_1, x_2, x_3은 변수(variables)로, 개별 선수들의 슈팅 능력에 따라 차이가 난다. 반면에 2, 3, 1은 상수(constant)로 개인 능력이나 노력으로 바꿀 수 없는 원칙에 의해 구조화된 숫자다. 한마디로 각각의 골에 부여된 가중치인 것이다. 이 공식처럼 알고리즘의 효력은 변수뿐 아니라 상수 즉, 각각의 요인들에게 부여된 가중치에 의해 결정된다.

모든 알고리즘은 반드시 사전에 부여된 가중치를 포함하고 있다. 구글은 검색 알고리즘과 관련해 웹사이트 약관, 콘텐츠 생산 날짜, 위치, 페이지 링크 같은 200여 개 이상의 요인들을 가지고 검색순위를 결정한다고 밝히고 있다. 하지만 구글을 포함한 거의 대부분의 플랫폼 사업자들은 물론이고 우리나라의 네이버, 다음 역시 자신들이 가지고 있는 추천 혹은 연계 알고리즘을 절대 공개하지 않고 있다. 물론 개략적이고 단편적인 알고리즘 구성요인들은 밝히고 있지만, 정작 중요한 요인별 가중치는 공개하지 않고 있는 것이다. 구글은 한번도 공식적으로 알고리즘 구성요소를 구체적으로 밝힌 바 없고, 늘어나는 데이터와 맞춤형 추천기능을 강화하기 위해 메이저 알고리즘을 매년 업데이트 하고 있다는 사실만 공개하고 있다. 현재 구글이 사용하고 있는 메이저 알고리즘은 '프레드(Fred)'로, 구글은 콘텐츠의 질적 측면을 강화해 전문성이나 신뢰성, 권위성 같은 요인들의 가중치를 높였다고만 하고 있다. 이처럼 알고리즘이 점점 정교해지고 있지만, 빅데이터가 점점 커지면서 보수화되고 있다는 지적도 나오고 있다. 실제로 최근에 구글 검색이나 유튜브를 보면, 기존 미디어들의 기사나 콘텐츠 비중이 늘어나고 있는 것으로 나타나고 있다. 이는 구글의 현재 알고리즘이 콘텐츠의 전문성 · 신뢰성 · 권위

[표 1] 구글의 메이저 검색엔진 업그레이드

연도	명칭	특징
2011	Google Panda	광고사, 제휴가 링크가 과다하거나 낮은 수준의 콘텐츠, 저조한 UX, 표절사이트 페널티, 뉴스사이트 비중높임
2012	Penguin	제3자 사이트들로부터 백링크를 구매한 웹사이트 페널티 부여
2013	Hummingbird	검색자의 의도 파악 능력 강화, 검색단어 연관성 확장, 키워드 스터핑(stuffing) 및 저질 콘텐츠 페널티 강화
2014	Pigeon	적절하지 않은 온/오프 페이지 검색엔진최적화(SEO)에 페널티 검색자의 위치와 지리적 요건을 고려한 적절성·정확성 제고
2015	Rank-Brain	머신 러닝(machine learning) 인공지능 알고리즘, 콘텐츠 질, 표절, 스팸, 키워드 스터핑 웹사이트 식별력 강화
2016	Possum	로컬 검색엔진최적화(SEO)기능 강화
2017	Fred	전문성, 신뢰성, 권위성 같은 요인들에 대한 가중치 높임

＊자료: 네이버 Search&Tech

성을 중시하면서 나타난 결과라고 볼 수 있다.

넷플릭스 또한 끊임없이 추천 알고리즘을 개선하고 있다. 심지어 '넷플릭스 프라이즈(Netflix Prize)'라는 공모를 통해 추천 알고리즘을 개선한 외부전문가에게 100만 달러의 상금을 수여하기도 한다. 넷플릭스의 알고리즘은 초기 '시네 매치(Cine Match)'에서 '다이노소어 플래닛(Dinasour Planet)', '그래비티(Gravity)', '프래그매틱 카오스(Pragmatic Chaos)' 등으로 변화되면서 추천 정확성을 향상시켜왔다. 그렇지만 아직도 많은 사람들은 넷플릭스의 추천알고리즘은 '시네 매치'라고 부르는 경우가 많다. 넷플릭스 알고리즘은 콘텐츠와 가입자들의 이용행태에 대한 메타데이터를 활용한다는 점에서 차이는 있다.

한편 인스타그램은 이례적으로 2018년 12월 자신들의 '피드랭킹(feed ranking)' 알고리즘을 공개하였다. 이에 따르면 인스타그램 알고리즘은 구글의 메이저, 마이너 알고리즘과 유사하게, '주요 3요소'와 '보조 3요소'로 나뉘어져 있다. 주요 알고리즘 요소는 ① 개별 이용자들이 게시물에 대하여 반응할 것으로 예상되는 관심사(interest), ② 주단위로 최근 게시물을 중시하는 시사성(timeness), ③ 게시자와 이용자 간의 친밀도 정도인 관계성(relationship)이다. 보조 3요소는 ① 가장 최근에 방문한 기록, ② 팔로잉, ③ 이용자가 인스타그램 내에 머문 시간이다. 하지만 이 역시 개략적인 요소들만 밝힌 것이지, 정작 중요한 가중치를 알 수 없는 것은 마찬가지다.

네이버 역시 'D.I.A.(Deep Intent Analysis)'라는 알고리즘을 이용해 키워드별로 사용자들이 선호하는 문서들에 대한 평가점수를 랭킹에 반영하고 있다. D.I.A는 문서의 주제 적합도, 경험 정보, 정보의 충실성, 문서의 의도, 상대적인 어뷰징 척도, 독창성, 적시성 등의 요인들을 반영한다. 구글과 비슷하게 네이버 역시 D.I.A에 반영되는 요소들에 대한 축적된 데이터에 대한 딥 러닝(deep learning) 분석을 통해 업데이트하고 있다. 분석된 결과들은 표준점수로 환산하여 랭킹결정에 주기적으로 반영하고 있다. D.I.A로 분석된 개인의 선호도는 'C-RANK'라고 하는 문서 출처의 신뢰도, 인기도 등을 분석하는 알고리즘과 연계해 최종 추천문서 순위를 결정한다. 'C-RANK'는 문서의 신뢰도와 인기도를 분석하는 구성요소로 내용(content), 맥락(context), 연결성(chain)의 가중치를 부여하고 있다. C-RANK에 포함된 구체적인 분석요소들은 [표 2]와 같다.

그렇지만 구글이나 페이스북 같은 플랫폼사업자들의 알고리즘에 대해서 알려진 것이 사실상 거의 없다고 해도 틀리지 않다. 그나마 알려진 알고리즘 요소들도 이들 플랫폼을 이용하는 마케팅 사업자들에 의해 추론된 것들이다. 지금까지 추론된 결과들을 종합하면, 구글 알고리즘에서 가중치가 가장 높은 요소는 '시청시간(watch time)'과 '노출 클릭률(CTR: click through rate)'인 것으로 분석되고 있다. '시청시간'이란 시청자가 영상을 시청한 전체 시간으로 이용자가 해당 콘텐츠를 클릭한 후 이탈하지 않고 머물러 있는 시간을 의미한다. '노출 클릭률'은 초기화면에 제공된 미리보기 영상을 본 후에 해당 콘텐츠에 들어와서 시청하게 되는 비율을 말한다. 일반적으로 전체 조회 수의

[표 2] 네이버 C-RANK 알고리즘의 블로그 평가정보

언론사	로봇기자	도입 시기
파이낸셜뉴스	IamFNBOT, FnRASSI	2016. 1. 21.
아시아경제	아경봇	2016. 1. 22.
전자신문	@NEWS, ET투자뉴스	2016. 5. 22.
헤럴드경제	HeRo	2016. 9. 3.
이투데이	e2BOT	2016. 10. 4.
연합뉴스	soccerbot, Olympicbot	2017. 8. 14.
서울경제	newsbot	2018. 1. 2.
테크홀릭	테크봇	2014. 12.
매일경제	M-Robo	2016. 3. 24
SBS	NARe	2017. 5. 10.

[그림 1] 네이버의 검색알고리즘 작동 원리

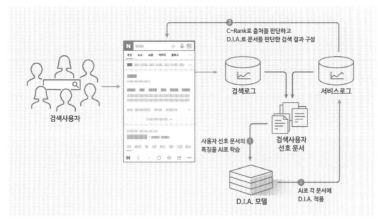

* 자료 : 네이버 Search&Tech

1% 정도가 구독자로 전환하는 것으로 추정되므로, 구독자 수가 많다는 것은 그 만큼 노출 클릭률이 높을 수 있다.

카툰 스튜디오 '프레데레이터(Frederator)사'의 유튜브 채널운영담당자 맷 질렌(Matt Gielen)과 제레미 로젠(Jeremy Rosen)도 실험분석을 통해 유튜브 추천

알고리즘에서 가장 높은 비중을 차지하는 것은 '시청시간'이라는 것을 밝혀 냈다. 여기서 시청시간은 ① 특정영상의 조회 수(views), ② 특정 영상의 평균 시청시간(average view duration), ③ 유튜브 이용 시작 단계에서 사용하는 동영 상 여부(session starts), ④ 유튜브 안에 머물러있는 시간 총합(session duration), ⑤ 유튜브 시청 종료 시 사용 동영상 여부(session ends), ⑥ 동영상 업로드 빈 도(upload frequency) 같은 요인들로 구성되어 있다고 밝혔다. 특히 이들은 시청 시간을 늘리기 위해서는 긴 영상이 유리한 것으로 분석하였다. 그 이유는 유 튜브 알고리즘이 시청시간을 콘텐츠 전체 길이에 대한 비율이 아니라 총 시 청시간으로 계산하고 있기 때문이라는 것이다. 이 때문인지 최근 들어 유튜 브 동영상 길이가 점점 길어지는 추세를 보이고 있다. 또 시청시간을 늘리기 위해 비슷한 유형의 콘텐츠들을 반복해서 추천하는 경향도 지적되고 있다. 실제로 유튜브 시청의 70% 이상이 유사한 유형의 콘텐츠 추천에 의해 이루 어지고 있고, 넷플릭스 콘텐츠의 80% 이상이 추천알고리즘에 의해 시청되 는 것으로 나타났다.

물론 유튜브와 넷플릭스 알고리즘은 차이가 있다. 넷플릭스는 광고수익보 다 가입자들의 월 이용료로 수익을 창출하므로 추천 알고리즘은 시청시간보 다 콘텐츠와 가입자들의 시청패턴을 연계하는 방식을 중시한다. 반면에 광 고수익 의존도가 높은 구글과 유튜브의 알고리즘은 이용자의 트래픽 양과 시청시간을 늘리는 것 중심으로 알고리즘이 구성되어 있다. 이 때문에 구글 이나 페이스북, 인스타그램의 추천 알고리즘과 연계 알고리즘은 동질적이거 나 유사한 성향의 콘텐츠 노출량을 늘려, 다양성을 약화시키고 필터버블 현 상을 유발하고 있다는 비판을 받고 있다. 특히 페이스북이나 인스타그램 같 은 SNS들의 알고리즘은 비슷한 유형의 사람들을 연계해 더 동질 집단 내 의 견이 극단화되는 '집단극화(group polarization)현상'을 야기하고 있다.

최근 유튜브에서 기성 미디어들이 업로드한 전문 콘텐츠들이 크게 늘어 나는 현상은 시청시간과 신뢰성을 중시하는 알고리즘 구조 변화 때문이라는 주장이 많다. 물론 미디어 활동공간이 인터넷으로 이동하면서, 고유한 폐쇄적 전송수단을 이용하던 기존 미디어들도 적극적으로 유튜브를 이용하고 있다. 하지만 [표 1]에서처럼, 구글은 2017년 검색엔진 프레드(Fred)에서 콘텐츠 내용의 전문성과 신뢰성 요소의 가중치를 높였다. 2016년 미국 대통령선거 기간 중에 창궐했던 가짜뉴스의 숙주라는 비판을 의식해 내용의 신뢰도 가중치를 높인 것으로 보인다. 특히 전문성과 신뢰성을 평가하는 척도로 콘텐츠 생산 종사자 수, 미디어 관련 수상 여부 같은 요소들은 기성 언론사들에게 유리할 수밖에 없다. 이 때문에 그동안 유튜브의 장점으로 인식되어 왔던 콘텐츠의 다양성과 참여성이 위축되고 있다는 비판도 제기되고 있다.

알고리즘과 미디어

알고리즘은 기존 미디어들과 차별화되는 4차산업혁명 미디어의 특징이라 할 수 있다. 2012년에 처음으로 동영상 스트리밍 서비스 넷플릭스와 음원서비스 판도라(Pandora)가 인공지능 알고리즘 추천서비스를 도입했다. 특히 넷플릭스가 '인터넷 비디오 대여업자' 혹은 '인터넷을 통해 전송되는 올드미디어'라는 비판에도 불구하고, 전 세계에 1억 8천명 이상의 가입자를 가진 세계 최대의 유료방송사업자로 성장한 배경에는 알고리즘이 위치하고 있다. 물론 지금은 거의 모든 OTT 서비스는 물론이고 IPTV까지도 가입자 데이터를 바탕으로 낮은 수준이지만 알고리즘을 이용해 부가서비스들을 제공하고 있다. 최근 들어 광고영역에서도 인공지능과 알고리즘이 적극적으로 활용되고 있다. 어쩌면 콘텐츠와 이용자를 맞춤형으로 직접 연결하는 플랫폼 비즈니스 입장에서는 경쟁이 첨예화되고 있는 미디어시장에서 효율성을 높일 수 있는 가장 좋은 솔루션이 알고리즘이라 할 수 있다.

특히 광고 분야에서 알고리즘 필요성이 커지고 있다. 광고의 성패는 상품을 구매할 수 있는 '목표 대중(target audience)'에게 얼마나 설득적인 메시지를 효과적으로 전달하느냐에 달려있기 때문이다. 무엇보다 얼마나 정확하게 목표 대중을 예측하고, 여기에 부합하는 전송수단을 선택하느냐가 매우 중요하다. 하지만 불특정 다수를 대상으로 하는 전통 매스미디어들은 목표 대중을 특화시킬 수 없다는 본질적 한계점을 지니고 있었다. 특히 광고물에 대한 시청자들의 '회피현상(zapping)'은 비용대비 광고효과를 약화시키는 결정적인 요인이 되어왔다. 하지만 빅데이터와 인공지능 알고리즘을 이용하게 되면, 소비자들의 개별 취향이나 선호에 맞추어 맞춤형 상품을 연계해주는 '맞춤형 광고(customized advertising)'가 가능하게 될 것이다. 특히 알고리즘으로 이용자 개인별로 맞추어 제공되는 '프로그래밍 광고(programming advertising)'는 높은 인지율과 효율적인 구매행동을 유도할 수 있다.

현재 온라인 광고시장은 알고리즘 광고를 주도하고 있는 구글이 전체 시장의 80% 이상을 장악하고 있다. 이는 구글의 광고배치 알고리즘 '애드센스(Adsense)'의 위력이라 할 수 있다. 최근에는 온라인광고시장이 데스크탑에서 모바일로 이동하는데 맞추어 모바일 폰에서 인공지능 인지력을 높인 '랭크 브레인(Rank Brain)'같은 알고리즘들을 추가로 개발하고 있다. 페이스북 역시 자신들의 뉴스피드 알고리즘 '엣지랭크(Edgerank)'를 통해 분석한 결과를 바탕으로 맞춤형 광고를 제공해 수익을 올리고 있다. 하지만 이용자들의 나이·성별·우편번호 등과 같은 신상정보를 활용하는 알고리즘 광고가 사생활 침해와 인종차별적 요소를 담고 있다는 '미국시민자유연맹(American Civil Liberties Union)'을 포함한 시민단체들의 소송에 굴복해 2019년 3월 알고리즘 광고 개선안을 발표하였다. 하지만 개선방안 역시 퀴즈나 호기심을 유발하는 콘텐츠 클릭 등을 통해 간접적으로 이용 동의를 받는 방식이어서 문제가 완전히 해결된 것은 아니다. 인공지능과 알고리즘을 이용한 광고는 매우 효율적이면서 효과도 크다. 하지만 이용자들의 과거 소비행태와 관련된 데이터를 기반으로 한다는 점에서 '편향성(bias)' 문제에 봉착해있는 것이 사실이다. 특히 구글의 검색광고는 특정 인종과 관련된 반사회적 광고물들이 편향

[그림 2] 2019년에 LGU+가 발표한 빅데이터 TV광고

되게 제시되어 인종차별을 조장한다는 비판을 받고 있고, 페이스북 역시 혐오 표현물 광고에 대한 필터링 문제를 지적받고 있다.

세계 최대의 온라인 쇼핑몰 아마존 역시 인공지능을 활용해 본격적인 광고시장에 뛰어들고 있다. 온라인 쇼핑을 통해 오랫동안 알고리즘 기술을 축적해 온 아마존이 온라인 광고시장에 본격적으로 뛰어든다면 판도가 크게 바뀔지도 모른다는 전망도 나오고 있다. "아마존 킨들이 진출한 나라와 그렇지 않은 나라들 간에 온라인 출판 환경은 완전히 다르다"라는 말이 있다. 이는 오랜 기간 축적되어온 아마존의 빅데이터 정보와 알고리즘 기술의 위력을 보여주는 것이다. 한편 규모도 작고 초보단계지만 인터넷 포털사업자들과 온라인 쇼핑몰 사업자들의 광고효과를 높이기 위한 알고리즘 활용도 점점 늘어나고 있다. 하지만 알고리즘 능력이 원천적으로 사물인터넷과 고도화된 통신망을 이용해 확보된 빅데이터를 기반으로 한다는 점에서 개별 광고사업자나 마케팅사업자들이 접근하기는 쉽지 않다. 도리어 우리나라의 경우에 기간통신망과 IPTV를 함께 운영하고 있는 통신사업자를 중심으로 알고리즘 광고 솔루션 개발이 활성화될 수도 있다.

넷플릭스의 코드커팅과 추천 알고리즘

구글·애플·아마존이 4차산업혁명을 선도하고 있는 것은 사실이지만, 미디어 영역에서 4차산업혁명을 대표하는 사업자는 넷플릭스라 할 수 있다. FANG이라는 용어처럼 4차산업혁명을 주도하고 있는 4대 플랫폼사업자에 넷플릭스를 포함하는 경우도 있다. 물론 IT업계에서는 넷플릭스를 '인터넷을 통해 동영상서비스를 제공하는 비디오대여업자'라는 냉소적 평가와 함께 대표적인 플랫폼사업자에서 빼기도 한다. 이러한 비판에도 불구하고 넷플릭스는 2020년 1분기에 전체 가입자 수가 1억 8,000만 명을 넘길 정도로 양적으로는 물론이고 내용적으로도 점점 더 위력이 커지고 있다. 최근 각종 영화제 수상작들도 점점 늘어나 기존 방송·영상사업자들을 앞지르고 있다. 오리지널 콘텐츠에 대한 투자도 강화하면서 미디어시장의 판도도 급격하게 변화시키고 있다. 이 같은 넷플릭스 성장에 기존 사업자들의 위기감도 만만치 않다. 미국의 주요 콘텐츠 사업자들의 넷플릭스 견제 강도가 높아지고 있다. 미국의 지상파방송사들은 콘텐츠 공급을 중단하는 대신 그 동안 지지부진했던 자신들의 OTT '홀루(Hulu)'를 재가동하려 하고 있다. 세계 최대의 콘텐츠 왕국 디즈니 역시 '디즈니 플러스(Disney+)'를 출범시켜 본격적인 OTT 경쟁에 돌입하였다. 넷플릭스는 이 같은 콘텐츠사업자들의 공세를 오리지널 콘텐츠를 통해 돌파하고 있다. 앞에서 설명한 것처럼, 2013년 '하우스 오브 카드'를 시작으로 엄청난 비용을 오리지널 콘텐츠 제작에 투입하고 있다. 넷플릭스의 오리지널 콘텐츠들이 모두 성공한 것은 아니지만, 오리지널 콘텐츠 투자가 본격화되면서 넷플릭스 가입자가 [그림 3]에서와 같이 한 단계 도약한 것만은 분명하다.

특이한 것은 2016년 넷플릭스의 글로벌 확장이 본격화되면서 이를 방어하기 위한 각국의 규제가 크게 강화되었지만, 결과는 역설적으로 넷플릭스에게 기회가 되었다는 점이다. 예를 들어, EU 역내에서 제작된 콘텐츠를

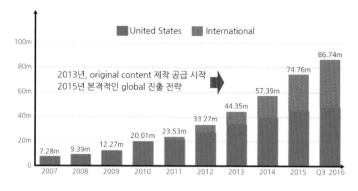

[그림 3] 넷플릭스의 이용자 성장 추이

30%이상 준수하라는 규제는 각국의 주요 방송사, 제작사들과 제휴한 '글로 컬(glocal)'전략으로 도리어 시장 확대에 도움이 되었던 것으로 평가되고 있다. 영국 BBC3채널과의 공동제작, 독일 공영방송과 공동 운영하는 OTT 도 성공적으로 평가되고 있다. 외국자본의 방송사업 진출에 매우 보수적인 한국시장에서도 콘텐츠 투자와 공동 제작 등을 통해 속히 가입자를 늘려가고 있다. 넷플릭스가 최초로 투자 · 제작한 영화 '옥자'를 비롯해 '미스터 션샤인' 같은 드라마는 한국의 방송시장 판도를 바꿀 정도로 위력적이다. 이 같은 넷플릭스의 투자전략은 소수 방송사업자들이 독점하고 있던 요소시장을 와해시키면서 '코드커터(cord cutter)' 현상으로 이어지고 있다. 물론 넷플릭스의 인터넷 프래픽량을 전체 사용량의 25% 이내로 줄이라는 EU의 결정과 한국 내에 서버를 설치해야만 한다는 각국의 견제가 지속되고 있는 것이 사실이다. 또 경쟁사업자들에 비해 턱없이 적은 콘텐츠와 VOD서비스의 시간지체에 의한 할인율에도 불구하고, 넷플릭스가 성장을 멈추지 않는 원동력은 경쟁사업자들이 가지고 있지 못한 알고리즘에 있다.

실제 넷플릭스의 국내 유료 가입자 증가 추세와 평균 이용료를 보면 코드커팅(cord-cutting)하고 있음을 알 수 있다. 2019년에 넷플릭스 285만 명, 국내 OTT 서비스 웨이브(Wavve) 294만 명이었지만, 2020년 7월에는 넷플릭스 467

[그림 4] 넷플릭스의 한국시장 진출

넷플릭스의 국내시장 진출이 대형 콘텐츠에 대한 투자에 힘입은 것은 사실이다.
하지만 진출 초기 매우 부정적인 예상에도 불구하고 한국시장에서 지속적 성장을
유지하고 있는 이유는 넷플릭스만의 독특한 추천 알고리즘 때문이라 할 수 있다.

만 명, 웨이브 272만 명으로 크게 역전되었다. 주목해야할 것은 평균 이용료로 2020년 3월 기준 넷플릭스 1인 당 월 평균 이용료가 13,287원으로 2018년 국내 유료방송 월평균 이용료 10,532원을 추월했다는 점이다. 국내 유료방송 이용료가 거의 인상되지 않고 있다는 점을 감안하면, 한국의 저가 유료방송시장에서 고전할 것이라는 예상을 완전히 뒤엎는 결과다. 한마디로 한국시장에서에서 넷플릭스는 가입자 수 뿐 아니라 이용료 측면에서도 유료방송시장을 코드 커팅하고 있는 것이다. 이런 추세라면 동남아시아 국가들처럼 넷플릭스 공세에 자국 OTT들이 시장에서 퇴출되는 현상이 벌어질 수도 있다.

최근에는 '프라임 비디오(Prime Video)'나 '디즈니 플러스(Disney+)' 그리고 '구글 프리미엄(Google Premium)' 같은 다른 OTT들도 추천알고리즘을 사용하고 있다. 하지만 넷플릭스의 추천알고리즘 작동 메커니즘은 다른 OTT 알고리즘들과는 근본적으로 다르다. 일반적으로 인터넷 영화추천 사이트 등에서 사용하는 추천 알고리즘들은 특정 영화 이용자들의 취향이나 관심정도가 유

[그림 5] 넷플릭스 vs 웨이브 월간 이용자 수

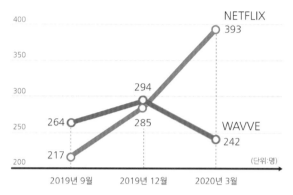

* 출처 : IPTV 月1만원, 넷플릭스엔 1만3000원…'코드커팅' 현실화, 2020.08.03, 머니투데이

사한 이른바 '이웃(neighbour)'이라고 하는 이용자들에게 그 영화를 추천하는 '협업 필터링(collaborative filtering)' 방식이다. 통계학적으로 설명하면, 협업필터링 방식은 이용자들 간의 상관관계를 가지고 행동을 예측하는 '다변량 회귀분석(multi-variate regression analysis)'이나 '판별분석(discriminant analysis)'과 유사한 원리다. 이러한 협업필터링 방식은 이용자들의 평가정보 데이터가 충분할 경우에는 정확도가 높지만, 데이터가 부족할 경우에는 정확도가 낮아지는 '희박성의 문제(the problem of sparseness)'를 가지고 있다. 특히 초기에 해당 콘텐츠 이용자가 적은 상황에서 발생하는 '콜드 스타트(cold start)' 문제를 가지고 있다.

반면에 넷플릭스 추천 알고리즘은 '이용자의 시청행위패턴'과 '콘텐츠의 구성요소'를 연계하는 방식이라는 점에서 차이가 있다. 또한 이용자 시청패턴도 취향이나 선호 유사성 뿐 아니라, 시청시간, 시청 장소, 시청 중 행동, 시청 패턴 같은 감성적, 행동적 요인 같은 상황인지정보들을 활용한다. 넷플릭스는 2,500만 명 이상의 가입자를 대상으로 선호나 취향 뿐 아니라 일시정지, 되감기, 넘어가기 같은 시청행태들에 관한 빅데이터를 추천알고리즘에 활용하고 있다. 통상 하루 평균 5,000만 건 정도의 데이터를 3개월 단위로 축적해 20억 시간 이상의 시청행태 데이터들을 알고리즘으로 분석하는 것으로 알려지고 있다. 넷플릭스 추천 알고리즘은 '베이지안 네트워크(Bayesian Network)' 통계기법을 사용한다. '베이지안 통제기법'은 특정 개인이 행동하게 될 확률을 겉으로 드러난 빈도나 성향 대신, 이용자 내면에 위치하고 있는 지식이나 신념 등을 가지고 정량화하는 통계기법이다. 이와 함께 이용가능한 콘텐츠를 예측하는 '연관분석기법(association analysis)'과 '신경망 기계학습(neural network deep learning)' 기법 등이 사용된다. 이처럼 넷플릭스 추천알고리즘은 외형적 변수들만 가지고 예측하는 다른 추천알고리즘들과는 큰 차이가 있다.

플렉스파일(flexfile)과 알트장르(alt-genre)

넷플릭스 추천 알고리즘의 원천은 얼마나 많은 정교한 데이터 즉, 빅데이터를 확보하느냐에 달려있다고 할 수 있다. 넷플릭스 알고리즘은 '가입자들의 시청행태'와 '제공할 수 있는 콘텐츠'를 연결하는 것이기 때문이다. 이 중에 이용자들의 시청행태를 분석한 데이터를 '플렉스파일(flexfile)'이라고 하고, 데이터 분석결과로 이용에 적합한 콘텐츠를 추천하는 시스템을 '시네 매치(cine match)'라고 한다(넷플릭스의 추천알고리즘 명칭은 계속 업그레이드되면서 바뀌어 왔다는 것은 앞서 설명한 바 있다). 플렉스파일에 포함되는 데이터들은 단순한 시청량, 시청시간, 인구학적 속성 같은 요소들 뿐 아니라, 영화 시청 중에 일단정지(pause) · 되돌리기(rewind) · 앞으로 빨리가기(forward) · 중단하는 지점, 시청한 요일, 날짜, 시간, 시청 장소, 시청단말기, 동반 시청자 같은 '상황인지정보(context aware information)'들과 시청자 평가, 영화검색기록, 영화선택 중에 있었던 행위(scroll) 들도 포함되어 있다. 단순한 외형적 시청량이나 선호도 같은 정형화된 데이터 뿐 아니라 질적인 내용이 포함된 다양한 시청패턴들이 빅데이터로서 수집 · 저장되어 최적의 맞춤형 동영상을 제공하고 있는 것이다.

하지만 결정적으로 넷플릭스 추천 알고리즘의 위력을 배가시킨 것은 보유하고 있는 콘텐츠에 대한 정교한 빅데이터라 할 수 있다. 모든 콘텐츠의 내용을 다양한 하위 장르(micro-genre)로 세분화해서 저장한 '알트 장르(alt-genre)'라는 빅데이터 자료를 활용한다. 보유하고 있는 모든 동영상을 더 세분할 수 없는 하위요소 '양자(quantum)' 단위로 해부한 일종의 '지놈시스템(genome system)'을 구축하고 있다. 이렇게 세분화해서 태깅(tagging)해 놓은 양자단위들을 재조합해서 각 개인의 선호와 취향 그리고 시청패턴에 맞추어 맞춤형 콘텐츠를 추천하는 것이다. 넷플릭스 알고리즘 빅데이터들이 저장하고 있는 장르들은 공상과학물·액션·범죄·스포츠 같은 일반적 장르를 넘어, '어두운', '폭력적인', '낭만적인' 것 같은 영화분위기, 영화가 만들어진 국가나 지역, 영화의 스토리 출처, 로마시대나 1970년대 미국 같은 시대적 배경 등이 정밀하게 세분화된 하위 장르들이다. 또 각각의 하위요소들은 그 정도에 따라 5등급으로 분류되어 있다. 이렇게 세분화되어 태깅한 요소들은 '퀀텀 이론(Quantum Theory)'이라고 하는 기계학습을 통해 78,000여 개 종류의 콘텐츠 유형으로 재조합된다. 예를 들면, '1930년대 미국을 배경으로 하는 범죄 수사물', '원작이 있는 베트남전쟁을 배경으로 하는 로맨스 영화', '엘튼 존의 음악이 나오는 19세기 영국의 시대물' 같은 식이다. 이 같은 넷플릭스의 콘텐츠 분류 알고리즘은 콘텐츠 숫자와 시청자관련 정보들이 많아질수록, 제공할 수 있는 유형도 다양해지고 정확도도 높아지는 '모델기반 협업 필터링(model-based collaborate filtering)'이다. 넷플릭스는 콘텐츠 이용 80% 이상이 추천 알고리즘이 권하는 영화나 드라마를 시청하고 있고, 만족도도 80%가 넘는다고 밝히고 있다.

넷플릭스 추천 알고리즘은 실제로 다양한 콘텐츠 추천 전략을 가능하게 한다. 이제는 다른 플랫폼들에서도 사용되고 있는 유사한 성격의 영화나 드라마를 종료시점에 화면에 노출시켜 연계 시청할 수 있도록 하는 '옵트 아옷 시스템(opt-out system)'이다. 이는 시리즈물이나 선호 장르의 영상물을 연속으로 시청하는 '몰아보기(binge watching)' 시청패턴을 유행시킨 방법이기도 하다. 또한 이용자의 취향에 맞추어 예고편을 제공하는 '아트 워크(Art Work)'도 알고리즘 추천시스템이다. '반도'라는 영화가 새로 출시된다고 하면, 강동원 배우를 좋아하는 이용자에게는 강동원이 나오는 예고편을 공상과학물이나 공포물을 좋아하는 이용자에게는 폭력장면이나 좀비들이 등장하는 예고편이 추천하는 것이다. 포털의 영화 사이트에서도 몇 가지 유형의 예고편을 업로드하고 있지만, 넷플릭스처럼 개별 취향이나 선호에 맞추어 맞춤형으로 예고편을 제공하지는 않는다. 넷플릭스가 2013년에 출시한 '하우스 오브 카드'는 10종류의 예고편을 시청자들의 취향에 맞추어 맞춤형으로 제공하였고, 이를 통해 넷플릭스는 경쟁사업자인 '아마존+'의 1/5, 우리나라 '왓챠'의 1/10 밖에 안 되는 적은 콘텐츠를 가지고도 이용률이 가장 높은 OTT 사업자로 군림하고 있는 것이다.

이 같은 추천 알고리즘이 더 이상 넷플릭스만의 배타적 기술이라고 할 수 없다. 넷플릭스와 함께 최초로 알고리즘을 도입했던 '판도라(Pandora)'는 스트리밍 영화서비스를 제공하는 알고리즘 '지니(Jinny)'를 개발하였다. 이는 개인 취향에 따른 선호분석은 물론이고 내면적 의미를 도출하는 '시멘틱 분석(semantic analysis)'과 SNS 내용분석 데이터를 이용한 추천 알고리즘이다. 최근에는 넷플릭스처럼 영화분위기, 플롯, 장르 등의 데이터를 바탕으로, 50여

[그림 6] 넷플릭스의 동영상 추천화면

개 정도의 게놈을 통해 영화를 추천하는 '무비 게놈 프로젝트(movie genome project)'를 본격적으로 추진하고 있다. 우리나라의 왓챠(Watcha)도 SNS와 포털에 게재되어 있는 2억 개 가량의 영화 평가를 DB로 구축하고, 이를 바탕으로 개인 취향에 맞추어 영화를 추천하는 시스템을 활용하고 있다. 문제는 콘텐츠 추천알고리즘의 성패는 알고리즘의 고도화도 중요하지만, 이용자 시청 패턴과 콘텐츠와 관련된 양자화된 데이터를 얼마나 많이 확보하느냐에 달려있다 할 것이다. 그렇지만 콘텐츠를 양자화 하는 과정은 빅데이터나 인공지능만으로 가능한 것이 아니라 인간의 개입이 필요한 영역이라 생각된다. 즉, 콘텐츠 추천알고리즘도 기계와 인간이 협업하는 구조가 될 수밖에 없는 것이다. 실제 넷플릭스 알고리즘도 결국은 기계적 알고리즘이 아닌 인간과 협업하는 알고리즘인 것이다. 그런 면에서 '알고리즘' 대신에 '휴머리즘(humarithm)'이라는 용어를 사용하자는 오세욱의 정의는 설득력이 높다.

인공지능 스피커

알고리즘을 활용하는 또 다른 미디어는 '인공지능 스피커' 혹은 '스마트 스피커'라고 일컬어지는 음성인식기기들이다. 말 그대로 인간과 대화할 수 있는 알고리즘 기기다. 오래 전 알렌 튜링(Allen Turing)이 말했던 '인간처럼 생각하고 양방향 대화가 가능한 컴퓨터'인 것이다. 최근에는 사람처럼 뉴스를 진행하는 로봇까지 개발되고 있어, 영화 '인터스텔라'에 등장하는 로봇 '타스'나 1970년대 인기 만화 '우주소년 아톰'이 탄생할 날도 멀지 않은 것처럼 보인다. 인간처럼 생각하고 말하고 행동하는 로봇이 가능하기 위해서는 무엇보다 인간처럼 생각할 수 있는 '초 인공지능' 기술이 절대 필요하다. 지금 수준은 인간의 음성을 인식하고 축적된 빅데이터를 바탕으로 필요한 정보나 서비스를 제공해주는 그야말로 '음성인식 스피커' 정도라고 할 수 있다. 아이폰에 장착되어 있는 음성인식비서 '시리(Siri)'가 최초의 음성인식 스피커일 수도 있다. 모바일 폰에서 인간과 대화를 통해 정보를 제공해주는 '챗봇(chatbot)'도 인공지능 스피커와 같은 것으로 볼 수 있다.

인간과 대화하는 로봇에 대한 아이디어는 오래되었지만, 실제로 인공지능 스피커가 상용화된 것은 2014년 아마존이 내놓은 '아마존 에코(Amazon Echo)'라 할 수 있다. 아마존 에코는 블루투스 스피커 형태로, 구글의 인공지능 '알렉사(Alexa)'를 기반으로 음성으로 인식한 다양한 온·오프라인 서비스를 제공할 수 있다. "언제나 준비되고, 연결되고, 그리고 신속하게 말만 하세요(Always ready, connected, and fast. Just ask)"라는 광고 문구처럼 특히 음성인식 기능을 강조하고 있다. 아마존 에코는 출시 2년 만에 200만대를 돌파하고, 2017년에는 1천만대를 넘었다. 아마존 에코의 성공 원인은 음성인식 스피커에서 가장 많이 이용되는 음원서비스와 구글의 홈비디오 서비스인 '파이어TV(FireTV)'처럼 연동된 콘텐츠가 풍부하다는 것이다. 물론 '우버 택시(Uber Taxi)'나 '도미노 피자(Domino Pizza)' 같은 오프라인 서비스와 홈 자동화 서비스와 연계된 것도 또 다른 성공요인이다. 이에 자극받은 구글 역시 2016년에 '구글 어시스턴트(Google Assistant)'라는 명칭의 음성인식 스피커를 출시하였다. 이전에 스마트홈 서비스 진출에 별 성과를 거두지 못해 소극적이었던 구글이 아마존 에코의 대응하기 위해 음성인식스피커를 출시한 것으로 보인다. '구글 어시스턴트'는 구글의 인공지능 '나우(Now)'를 기반으로 구글캘린더, 크롬캐스터 등과 연동되어 2018년에는 아마존 에코를 제치고 시장점유율 1위를 탈환하기도 했다. 이후 구글은 '모바일 퍼스트(Mobile First)'라는 슬로건 대신 '에이아이 퍼스트(AI First)'를 표방하면서 지금은 아마존과 거의 대등한 시장점유율을 유지하고 있다. 물론 구글의 스마트스피커는 그 자체로 수익을 모색하는 '아마존 알렉사'와 달리 자신들의 주 수익모델인 광고수익을 확대하기 위한 목적이 더 강한 것으로 보인다.

아마존이나 구글과 달리 모바일 기기를 기반으로 하는 애플은 별도의 스마트스피커를 출시하기보다 시리를 기반으로 여러 단말장치들 간에 데이터를 공유할 수 있는 '애플킷(Applekit)'이라는 홈킷으로 대응하고 있다. 이는 스마트 스피커를 통해 추가 수익모델을 모색하기보다 애플의 단말기 수익 하락을 막기 위한 것으로 보인다. 시리가 제공하고 있는 콘텐츠 추천, 2인 게임, 온라인 상거래 등의 기능을 모든 애플 단말기로 연계 확대해 2010년 출시한 아이클라우드(iCloud)처럼 자사 단말기들의 가치를 높이고자 하는 전략이다. 하지만 2017년 이후 스마트폰 성장세가 주춤하면서 애플의 홈킷은 그렇게 성공적인 것으로 평가받지 못하고 있다.

우리나라에서도 통신사들과 가전제조사들을 중심으로 인공지능 음성인식 기기들이 속속 개발되고 있다. 2016년 SKT가 '누구(Nugu)'를 처음 출시하였고, 이어 kt의 '기가 지니(GiGa Genie)'도 상용화되었다. 보급물량으로만 본다면, 2020년에 1,500만대를 넘어 전체 가구의 반 이상이 인공지능 스피커를 보유하고 있다. 하지만 아직까지도 지능형 음성인식 단말장치들이 일상에 활용되고 있지 않다. 알고리즘 미디어들의 성패는 다양한 사물이나 서비

[그림 7] 인공지능 음성인식 단말 경쟁 구도

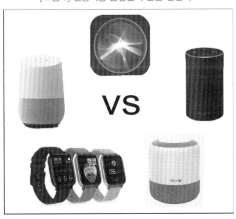

VS

상당기간 알고리즘 음성인식 단말시장은 아마존의 알렉사와 구글 어시스턴스 양강 체제에 시리와 같은 단말기 내장 형태가 경합하는 양상이 지속될 가능성이 높다. 그렇지만 중국의 바이두, 알리바바, 샤오미의 물량공세도 만만치 않을 것이다. 특히 최근 급속도로 확산되고 있는 스마트 워치가 개인용 알고리즘 단말시장을 주도하게 될 가능성도 있다.

스들과의 연계성에 달려있다. 그렇지만 현재 우리나라의 인공지능 스피커는 이용할 수 있는 서비스나 콘텐츠가 절대 부족하고 연계성도 매우 약한 상태다. 물론 미국의 인공지능 스피커 이용자들도 '타이머', '알람', '시간확인' 같은 시계기능이 주를 이루고 있고, '음악 청취' 정도가 콘텐츠 소비와 관련된 것으로 나타나고 있다. 그러므로 최근 급속히 확산되고 있는 스마트워치 (smart watch)나 스마트웨어(smart ware)와 별 차이가 없다. 도리어 휴대성이 없어 기능적으로 불리하다. 현실적으로 우리나라의 인공지능 스피커 보급은 이동통신 가입자를 유치를 위한 번들서비스로 제공되고 있는 상태다. 음성인식 스피커 같은 인공지능 알고리즘 단말기기들이 성공하기 위해서는 지금보다 연계성이 크게 강화되어야 하고, 이용할 수 서비스나 콘텐츠 기반이 확대되어야만 할 것이다.

로봇 저널리즘, 알고리즘 저널리즘

알고리즘과 관련해 미디어 영역에서 가장 활발하게 확산되고 있는 현상이 '로봇 저널리즘(robot journalism)'일 것이다. 로봇 저널리즘 하니까 마치 우주 공상과학영화에 나오는 인간의 모습을 한 로봇이 기사를 작성하는 것을 생각할 것이다. 하지만 엄밀하게 말하면 로봇이 앉아서 기사를 쓰는 것이 아니라, 인공지능 알고리즘이 뉴스기사를 생산하는 것이 '로봇 저널리즘'이다. 때문에 뉴스 생산과정에서 컴퓨터를 활용하는 '컴퓨테이셔널 저널리즘 (computational journalism)'이라는 표현이 더 정확할 수도 있다. 뉴스작성에 컴퓨터를 활용은 오래전부터 있어왔다. 단순히 뉴스를 작성하기 위해 컴퓨터를 비롯한 디지털 장비를 사용하는 'CMS(Content Management System)', 뉴스취재과정에서 데이터를 수집하고 분석하기 위해 컴퓨터를 사용하는 'CAR(Computer Assisted Reporting)', 사건과 관련해 수집·분석한 데이터를 바탕으로 최종 뉴스를 생산해내는 '데이터 저널리즘(data journalism)'까지 형태도 다양하다. 이외

[그림 8] 로봇저널리즘

로봇이 기사를 작성할 수 있다는 전망은 언론영역 종사자들에게는 로봇이 자신들의
자리를 빼앗아갈 수 있다는 위기감을 주고 있는 것도 사실이다. 마치 산업혁명 당시
일자리 잃을 것을 두려워해 기술도입에 반대했던 기계파괴주의 운동 같은 분위기가
조성될 수도 있다. 실제 1970~80년대 정보기술에 의한 자동화와 정보화를 가장 심
하게 반대했던 것이 언론 종사자들이었다.

에도 소셜 저널리즘(social journalism), 오픈 소스 저널리즘(open source journalism),
드론 저널리즘(throne journalism)처럼 뉴스제작이나 배포에 사용되는 기술에 따
라 여러 용어들이 사용되고 있다.

　이에 반해 '컴퓨테이셔널 저널리즘'은 뉴스생산과정에서 인공지능 알고리
즘과 빅데이터를 활용하기 때문에 '알고리즘 저널리즘(algorithm journalism)'이
라고도 한다. 뉴스 작성에 알고리즘을 활용하는 형태는 크게 세 가지 유형이
있다. 첫째, 알고리즘으로 뉴스기사를 작성(news by algorithm)하는 형태로, 주
로 정형화된 스트레이트 뉴스나 스포츠, 증권, 부동산, 날씨 같은 정보성 뉴
스들이다. 가장 많은 알고리즘 저널리즘 형태로 언론사들의 뉴스제작 효율
성과 경제성, 속보성 등을 목적으로 하는 경우가 많다. 둘째, 알고리즘을 통
한 뉴스제작(news through algorithm)으로 뉴스를 제작하는 과정에서 알고리즘을
통해 데이터를 수집하고 분석해서 특정한 패턴이나 의미를 도출해내는 것을

말한다. 알고리즘을 통해 기존에 있는 조사보도나 데이터저널리즘을 보완한 형태로 볼 수 있다. 인터넷 트래픽이나 댓글 등을 분석해 사회적 의미를 탐지하는 뉴스들이 여기에 포함된다. 셋째, 알고리즘에 관한 뉴스(news about algorithm)로 알고리즘 자체가 뉴스 소재가 되는 것을 말한다. 새로운 알고리즘의 개발, 인공지능을 활용하는 새로운 기술 등장에 관련된 뉴스를 제작하는 것이다. 요즘 사회적으로 큰 문제로 부각되고 있는 알고리즘 추천시스템에 의한 필터버블 현상에 대한 기사들이 여기에 포함될 수 있다.

최초로 알고리즘을 가지고 기사가 작성된 것은 2006년 '톰슨파이낸셜(Thompson Financial)'이라는 신문사였다. 그렇지만 본격적으로 알고리즘 뉴스가 대중에게 알려지기 시작한 것은, 2009년 노스웨스턴 대학의 저널리즘학과와 컴퓨터공학과 학생들이 '스탯몽키(Stats Monkey)'라는 알고리즘을 개발해 야구관련 뉴스를 작성하면서부터다. '스탯몽키'는 인터넷에서 수집한 경기관련 정보들을 '의사결정나무 학습프로그램'으로 경기결과, 주요선수의 성적 등을 분석한 후, 뉴스작성 프레임에 입력해 뉴스를 만들어내는 방식이다. 졸업 후 이들은 '내러티브사이언스(Narrative Science)'라는 회사를 설립했고, 미국의 CIA의 투자를 받아 성장을 거듭하게 된다. '내러티브사이언스'는 구글의 '아날리틱스(Analytics)'라는 분석도구를 활용하는 '퀼 인게이지(Quill Engage)'라는 알고리즘을 이용해 경제전문지 '포브스(Forbes)'에 하루 평균 30여 건의 기사를 제공하고 있다. 이후 알고리즘 저널리즘은 경영위기를 극복하려는 신문사들이 효율성 제고 차원에서 경쟁적으로 도입하게 된다. 물론 알고리즘 뉴스가 확산될 수 있었던 것은 방대한 인터넷 데이터를 신속하게 분석할 수 있는 구글 '아날리틱스(Analytics)'가 있었기 때문에 가능했다. 구글 '아날리틱스'는 얼마나 많은 독자들이 기사를 읽었는지, 또 같이 읽은 기사는 무엇인지, 기사를 읽는데 걸린 시간 등을 분석해주는 알고리즘이다. 이외에도 '엘에이타임즈(LA Times)'의 지진예보 로봇 '퀘이크봇(Quakebot)'처럼 속보성과 정확한 예측을 목적으로 활용되는 경우도 있지만, 대부분 언론사들이 인건비

절감과 신속성을 높이려는 목적에서 추진되고 있다.

이후 모바일 스마트 폰, 고도화된 통신네트워크, 인공지능과 빅데이터 같은 4차산업혁명 기술들이 본격적으로 상용화되면서 알고리즘 저널리즘은 급속히 확산되기 시작하였다. 대표적으로 온라인 콘텐츠 기업 '오토메이트 인사이트(Automate Insight)'는 2013년에 초당 9.5개씩 3억 개의 기사를 생산해 냈고, 이 가운데 1만 5천개를 미국 주요언론사에 판매하였다. 영국의 '가디언(Guardian)'도 '더 롱 굿 리드(The Long Good Read)'라는 알고리즘으로 가디언 뉴스사이트에 실린 장문의 기사들 중에 댓글, 소셜 공유 정도 등을 고려하여 타블로이드판 종이신문으로 제작하기도 하였다. 미국연합통신(AP, Associated Press)도 '워드 스미스(Word Smith)'라는 알고리즘 플랫폼을 도입해 이전보다 10배 이상 늘어난 분기당 3,500개 이상의 기사를 제공하고 있다. 이외에도 블룸버그 뉴스(Bloomber News)의 '사이보그(Cyborg)', 워싱턴 포스트(Washington Post)의 '헬리오그래프(Heliograph)' 등이 있다. 일본에서는 2016년에 가상통신사 'JX통신사'가 '패스트얼럿(FASTALERT)'이라는 알고리즘으로 소셜네트워크 서비스에 올라온 국·내외 사건·사고정보들을 수집·분석해 주요 방송사들에게 제공하고 있다. 스웨덴의 '쉽스테드(Schibsted)' 미디어 그룹은 '자동 태그 추천'이라는 알고리즘을 이용해, 기사의 하이퍼링크를 자동으로 찾아주고 검색키워드를 자동으로 추천해주고 있다.

로봇 저널리즘의 확산속도는 빅데이터와 인공지능 알고리즘 기술이 진화를 거듭하면서 더욱 빨라지고 있다. 우리가 읽고 보는 기사의 절반이상이 알고리즘이 만든 것이라 해도 지나치지 않을 것 같다. 우리나라 역시 알고리즘 저널리즘 추세에서 벗어나 있지 않다. 그렇지만 다른 나라에 비해서는 아직 초보단계를 벗어나지 못한 것으로 보인다. 2015년 서울대학교 이준환 교수팀의 프로야구 기사작성 로봇실험 이후, EPL 전 경기의 속보기사를 작성하는 연합뉴스의 '사커봇(Soccerbot)'과 이를 발전시킨 평창올림픽 뉴스봇이 등장하였다. 지금은 파이낸셜 뉴스의 '아이엠에프엔봇(IamFNBOT)', 매일경제의 '엠

로보(M-Robo)'처럼 비교적 데이터 분석에 크게 의존하는 주식정보기사 작성이 주를 이루고 있다. 이외에도 '테크홀릭(Tech Hollic)'이라는 회사는 '테크봇(Techbot)'으로 인기 조회 수, 소셜 반응 등을 분석해 매주 핫 이슈 기사를 작성해 언론사에게 제공하고 있고. SBS는 '나리(NARe)'라는 알고리즘으로 2017년 대통령선거 투·개표 현황을 자동분석해서 보도에 이용한 적도 있다.

[표 3] 우리나라의 주요 뉴스제작 알고리즘 현황

언론사	로봇기자	도입 시기
파이낸셜뉴스	IamFNBOT, FnRASSI	2016. 1. 21.
아시아경제	아경봇	2016. 1. 22.
전자신문	@NEWS, ET투자뉴스	2016. 5. 22.
헤럴드경제	HeRo	2016. 9. 3.
이투데이	e2BOT	2016. 10. 4.
연합뉴스	soocerbot, dympicbot	2017. 8. 14.
서울경제	newsbot	2018. 1. 2.
테크홀릭	테크봇	2014. 12.
매일경제	M-Robo	2016. 3. 24
SBS	NARe	2017. 5. 10.

알고리즘 뉴스 생성

로봇 뉴스 혹은 알고리즘 뉴스제작 과정은 사람이 뉴스를 제작하는 것과 기본적으로 차이가 없다. 사건과 관련된 정보를 수집하고 분석해서 기사로서의 가치가 있는가를 판단해 기사를 작성하는 절차를 거친다는 점에서 크게 다르지 않기 때문이다. 문제는 뉴스 제작과정 중에 로봇 즉 알고리즘이 뉴스의 가치나 보도방향을 판단하는 능력을 가지고 있느냐 하는 점이다. 이에 대해서 회의적인 의견도 적지 않다. 그렇지만 빅데이터와 인공지능이 그에 대한 판단이 가능하다는 것을 전제로 알고리즘 뉴스작성 절차를 먼저 살

[그림 9] 알고리즘 뉴스 생성 과정

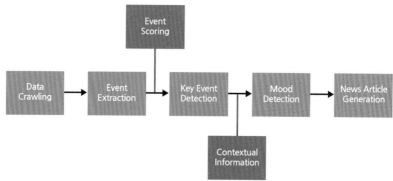

*출처 : 김동환·이준환(2015). "로봇저널리즘 : 알고리즘을 통한 스포츠기사 자동생성에 관한 연구"
한국언론학보 제59권 제5호에서 인용

펴보면 [그림 9]와 같다.

첫째, 알고리즘을 통해 원 데이터(raw data)를 수집한 후 분석이 가능한 형태로 변화시키는 데이터 수집단계(data crawling), 둘째, 수집된 데이터를 텍스트 마이닝, 웹 마이닝, 오피니언 마이닝 같은 분석기법을 사용하여 이벤트를 추출하는 단계(event extraction), 셋째, 추출한 이벤트들의 중요도를 기계학습 같은 알고리즘을 통해 기사화할 이벤트를 선별하는 단계(key event detection), 넷째, 선별된 이벤트와 관련된 여러 관점들을 종합해서 기사의 방향성을 결정하는 분위기 설정 단계(mood detection), 마지막으로 적절한 문장을 선택해서 뉴스기사를 생성하는 단계(news article generation)를 거치게 된다.

알고리즘에 의한 뉴스 생산과정 자체는 기술적으로 큰 문제가 없어 보인다. 빅데이터가 점점 방대해지고 이에 비례해 알고리즘 성능이 진화하게 되면, 향후 뉴스 제작은 인간의 영역이 아니라 알고리즘의 영역이 될 수도 있다. 알고리즘이 만든 기사와 인간이 만든 기사를 실험을 통해 비교·분석한 클러월(Clerwall, 2014)의 연구결과는 그럴 가능성을 충분히 예고하고 있다. 두 유형의 기사를 본 실험대상자들이 몇 개 항목을 제외한 대부분 항목에서 큰 차이가 없는 것으로 나타났기 때문이다. '읽는데 재미가 있었다(pleasant

[그림 10] 알고리즘 뉴스와 인간이 만든 뉴스에 대한 평가비교

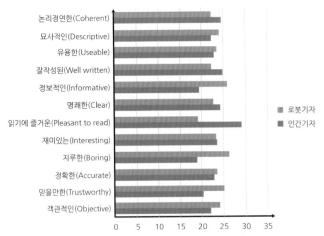

논리정연한(Coherent)
묘사적인(Descriptive)
유용한(Useable)
잘작성된(Well written)
정보적인(Informative)
명쾌한(Clear)
읽기에 즐거운(Pleasant to read)
재미있는(Interesting)
지루한(Boring)
정확한(Accurate)
믿을만한(Trustworthy)
객관적인(Objective)

■ 로봇기자
■ 인간기자

0   5   10   15   20   25   30   35

* 출처 : Clerwall, C., (2014), Enter the Robot Journalism: User's Perceptions of Automated Content, 8(5), P.525.

to read)'라는 항목만 인간이 쓴 기사가 분명한 우위를 보였을 뿐이다. 반대로 '정보적이다(informative)'와 '신뢰가 간다(trustworthy)' 항목은 도리어 알고리즘이 만든 기사가 우위를 보였다. 전체적으로 볼 때, 알고리즘이 만든 뉴스는 정확성과 객관성 등에서 높은 평가를 받았고, 인간이 만든 뉴스는 표현방식에서 높은 평가를 받은 것으로 나타났다.

이 같은 연구결과는 알고리즘 뉴스의 장점이 없는 것은 아니지만, 전통적인 저널리즘 관점에서 비판의 소지가 없는 것은 아니다. 비판의 핵심은 뉴스란 본질적으로 사회현상에 대한 단순한 기술(記述)이 아니라 사회적 담론이라는 것이다. 뉴스는 인간이 가지고 있는 가치와 창의성에 기반을 둔 인간정신의 산물이므로, 알고리즘이 관련 뉴스가치(news value)를 판단할 자격이 있는가 하는 의문을 제기하고 있는 것이다. [그림 9]의 알고리즘 뉴스생성과정 중에 3단계 '이벤트를 추출하는 과정'이 바람직한가의 문제다. 게이트키핑(gate keeping)과정에서 기자들은 영향성, 저명성, 갈등성, 신기성, 시사성, 접근성 같은 다양한 뉴스가치들을 고려하게 되는데, 그 판단은 기자 개인의 철학과 사회관이 반영될 수밖에 없다는 것이다. 이는 기계가 할 수 없는 인간만의 고유한 능력이며 특권이라는 주장이다. 또 네 번째 '기사의 분위기 형성 단계'에 대해서도 비판적이다. 뉴스기사의 방향성을 정하는 것은 기사를 작성한 기자나 기자가 속해있는 언론사의 가치를 반영하는 것이라는 지적이다. 일반적으로 기자들이 지향하고 있는 뉴스의 객관성이나 진실성, 공정성 같은 원칙들과 권력을 감시하는 책무는 객관적 사실들이 통합되어 형성되는 가치가 아니라는 것이다. 한마디로 뉴스작성은 인간의 주관적 영역이고, 알고리즘이 아무리 고도화된다 하더라도 영장류인 인간만이 가질 수 있는 가치관이 형성될 수 없다는 주장이다.

알고리즘 저널리즘에 대한 비판

알고리즘 저널리즘은 언론인과 새로운 기술과의 갈등현상이 아니라, 4차산업혁명 시대 기술을 대하는 인간의 자세 즉 '기술적 정명성(technological imperatives)'과 관련된 문제라 할 수 있다. 새로운 기술 환경에서 인간의 역할이 어디까지인가에 대한 근본적 성찰이 필요한 것이다. 3장에서 설명했던 '데이터', '정보', '지식' 개념을 가지고 로봇저널리즘 혹은 알고리즘 저널리즘의 역할을 생각해볼 수 있을 것이다. [그림 11]의 하단에 위치한 기호(sign) 와 데이터(data) 그리고 정보(information)까지는 인간의 주관과 판단 그리고 가치관이 개입되지 않아도 되는 아니 도리어 개입되지 않는 것이 더 바람직한 영역이라 할 수 있다. 이 영역에서 알고리즘의 이용은 뉴스의 정보성과 정확성 그리고 효율성과 신속성을 높이는데 크게 기여할 수 있다. 하지만 그 윗단계인 추출된 정보를 가지고 지식(knowledge)을 만들어내는 것은 뉴스가치를 판단하고 뉴스의 방향성을 결정하는 저널리즘의 영역이다. 즉, 개인으로서 혹은 조직의 일원으로서 기자들의 가치관과 사회성이 개입되는 부분으로, '상대적 진리성'과 '정당성'을 획득하여야 하는 영역이다. 더구나 뉴스가 가진 사회적 영향력은 단순한 지식의 수용 수준에 그치지 않는다. 뉴스가 제공한 지식을 바탕으로 행동을 유발할 수도 있는 이데올로기(ideology)나 패러다임(paradigm)으로 발전하기도 한다. 그렇지만 이데올로기나 패러다임은 절대 진리가 아니라 '상대성'이 내재되어 있다. 저널리즘은 데이터에서 정보를 추출하는 영역과 정보에서 지식이나 의미를 도출하는 영역으로 이원화되어 있다고 할 수 있다. 여기서 이원화는 모든 뉴스가 2단계로 만들어진다는 의미가 아니라 한 사회에 알고리즘이 만들어지는 뉴스와 인간이 만드는 뉴스가 병행될 수도 있다는 의미다.

인터넷 마케팅 전문가인 데이빗 웨인버거(David Weinberger)는 그의 저서 '지식의 미래(Too Big to Know)'에서, 도서관이나 학술지 등에서 획득하는 전통적인 지식습득방법이 '축소형 지식습득(knowledge by reducing)'이라면, 인터넷에서 획득하는 지식은 '포섭형 지식습득(knowing by including)'이라고 묘사하고 있다. 이 분류에 따르면, 언론은 전형적인 '축소형 지식습득' 기제이고, 뉴스는 '축소형 지식'이라 할 수 있다. 그렇지만 인터넷 데이터를 기반으로 만들어진 알고리즘 뉴스는 '포섭형 지식'이 되는 셈이다. 이제까지 지식인들과

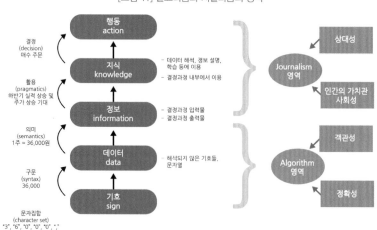

[그림 11] 알고리즘과 저널리즘의 영역

마찬가지로 언론은 복잡한 사회현상들을 압축한 핵심 주제를 가지고 사회를 분석하고 방향을 제시하는 역할을 해왔다. 하지만 수많은 데이터들을 통해 만들어진 '포섭형 지식' 아니 '다수의 진리'인 알고리즘 뉴스가 제시하는 방향성이 미래지향적일 수 있을까에 대한 의문도 당연히 제기될 수 있다. 알고리즘 저널리즘이 포섭형 지식을 전달하는 형태라면, 이는 지식인과 마찬가지로 언론 자체의 종말을 의미하는 것일 수도 있다.

더 나아가 오세욱은 2017년 자신의 논문에서 빅 데이터에 기반을 둔 알고리즘 저널리즘의 문제점을 지적하고 있다. 알고리즘은 기본적으로 '데이터 추동 의사결정(data driven decision making)' 구조이므로, 데이터 수집 자체에 문제가 있다면 그 알고리즘이 만들어낸 뉴스의 정확성이나 객관성도 신뢰할 수 없다는 주장이다. 이와 관련해 그가 제기한 알고리즘 저널리즘의 문제점은 다음과 같다.

첫째, 사회적·역사적 편향성이다. 데이터는 과거의 흔적 즉, 과거에 대한 기록이므로, 사회 내에 존재하고 있던 편향성이 알고리즘에 그대로 반영될 수밖에 없다는 것이다. 구글의 광고가 여성보다 남성에게 고소득직업 광고들을 더 많이 노출시키고, 흑인들에게는 저렴한 상품 혹은 약물이나 총기 같은 반사회적 광고를 제공하는 것과 같은 이치다. 과거의 데이터에 의존하는 알고리즘 저널리즘은 사회가 가지고 있는 편견을 유지·확대 재생산할 수 있다는 것이다.

둘째, 불완전한 데이터로 인한 오류다. 알고리즘이 기초하고 있는 데이터들은 대부분 인터넷과 SNS에 있었던 내용들이다. 하지만 페이스북이나 트위터·구글·유튜버에 올라 온 사건이나 인물들이 모든 사건이나 인물을 대표하지 못한다는 지적이다. 실제로 뉴스기사 데이터 분석에서 전혀 생소한 인물이나 지명 혹은 언론사는 인지되지 못할 가능성이 높다. 한마디로 알고리즘 뉴스는 기존에 많이 발생했거나 관심이 컸던 사건이나 인물에게 편중되는 오류를 범할 수 있다는 것이다. 더 중요한 것은 전체 인류 중에 인터넷과

SNS를 사용하는 비율이 생각보다 높지 않다는 것이다. 이는 인터넷 · 모바일이 덜 보급된 집단이나 지역은 뉴스소재 대상에서 아예 소외될 가능성이 높다는 것을 의미한다.

셋째, 편향적 데이터 선택으로 인한 오류가능성이다. 알고리즘은 유사한 형태의 데이터를 연계해서 선택하는 성향을 가지고 있어, 특정 성향의 뉴스나 특정 인물과 관련된 뉴스를 의도적으로 확산시킬 경우 해당 콘텐츠나 뉴스들이 급증할 수밖에 없다. 언론사들이 자주 사용하는 '어뷰징(abusing)'이나 '댓글조작'을 통한 온라인상의 여론몰이가 효과를 발휘하는 것도 이 때문이다.

넷째, 알고리즘의 투명성 문제다. 거의 대부분의 언론사는 물론이고 알고리즘을 사용하는 모든 기업이나 조직들이 알고리즘 구성요소나 작동원리를 공개하지 않고 있다는 것은 알고리즘이 만든 뉴스의 객관성과 공정성에 의문을 가질 수밖에 없다는 것이다. 2019년 보수 성향 유튜버들에 대한 무더기 노란딱지 부착에 대해 구글코리아(Google Korea) 측은 "알고리즘은 본사에서 관리하는 비밀이며, 다만 '광고친화적'이지 않다"는 원칙만 밝혔을 뿐이다. 마찬가지로 2020년 8월, 구글 검색창에 '페이스북'을 치면 '문재인 대통령 페이스북'이 나오고, '트위터'를 치면 '조국트위터'가 나오는 것에 대해서도 페이스북 역시 본사의 알고리즘 문제라는 응답만 했을 뿐이다. 결국 알고리즘 요소들에 대한 가중치 부여는 기계가 하는 중립적 판단이 아니라 인간이 개입한 주관성 영역이라는 주장을 무시할 수 없는 이유다.

알고리즘 저널리즘의 미래

언론사 입장에서 알고리즘 저널리즘은 분명 많은 이점을 가지고 있다. 무엇보다 '경제성'이다. 미디어는 인건비 비중이 높은 전형적인 '산업사회형' 사업이다. 이 때문에 4차산업혁명으로 가장 먼저 소멸될지도 모른다는 우려가 나오고 있는 것이다. 특히 인적 자원 의존도가 높은 종이신문은 2030년대 이후에는 완전히 소멸될 것으로 예상되기도 한다. 특히 사건 현장에 직접 기자가 투입되어 기사를 작성하는 현행 취재방식은 본질적 한계로 지적된다. 물론 종이매체 특성상 물리적으로 신속성이 떨어지는 것도 문제다. 당연히 언론사들은 경영효율성 측면에서 알고리즘 저널리즘으로의 전환을 모색할 수밖에 없다. 많은 언론계 종사자들 사이에 인공지능으로 무장한 로봇이 일자리를 빼앗아 갈 것이라는 위기감이 큰 것이 사실이다. 그렇지만 다른 한편에서는 4차산업혁명 기술들이 위축되고 있는 저널리즘 가치를 재생 혹은 복원시켜 줄 수 있을 것인가에 대해서도 의문을 제기한다. 솔직히 알고리즘이 전통적인 미디어 기능과 책무를 대체하기보다, 기술적 효율성과 경제적 합리성이라는 명분 때문에 저널리즘의 몰락을 재촉할 수도 있다.

일반적으로 로봇 저널리즘은 크게 세 유형으로 발전할 것으로 전망된다. 첫째, '역할 분담형'으로 스트레이트 뉴스나 스포츠, 증권처럼 기자의 주관적 판단이나 사회적 가치관이 덜 필요한 기사들은 알고리즘이 작성하고, 분석·해설·논평 같은 가치판단이 내재되는 기사들은 인간이 작성한다는 것이다. 이 주장은 현실적인 것 같지만, 인공지능이 인간의 지혜에 도달 혹은 넘어설 때까지 한시적일 수밖에 없다는 한계를 가지고 있다. 이 주장대로 하더라도 갈수록 알고리즘이 가치판단이 내재된 기사 영역을 점령해 갈 가능성이 높다. 둘째, 알고리즘 저널리즘 자체가 원천적으로 불가능하거나 바람직하지 않다는 주장이다. 저널리즘은 전문적으로 훈련받은 언론인들의 고유영역이라는 것이다. 하지만 이 역시 과거 산업혁명 당시 기계파괴주의 같은 기술반대론의 한 형태로, 결국은 별 대안 없이 알고리즘 진화에 불가항력일 가능성이 높다. 특히 경영위기에 봉착한 언론사들이 이 주장을 받아줄 가능성도 거의 없다. 마지막으로 인간과 기계가 상호 공존하면서 뉴스의 질을 높여가는 형태로 재구조화되어야 한다는 주장이다. 앞서 [그림 11]에서 설명한 데이터~정보 영역에서 알고리즘을 역할을 최대한 이용하고 정보를 통해 지식을 창출하는 부분은 인간이 주도해야 한다는 주장과 맥락을 같이한다. 물론 이러한 방법이 쉽지 않을 것이고 다분히 이상적인 것도 사실이다. 그렇지만 인간(human)의 창의적 능력과 기계(algorithm)의 데이터 분석능력을 결합하는 '휴머리즘 저널리즘(humarithm journalism)'에 대한 기대를 가져 볼 필요는 있을 것이다. 정책적으로도 이러한 공생방안을 모색하는 것은 매우 중요한 과제라 하겠다.

4차산업혁명 기술들과 이를 응용한 서비스들이 여러 영역에서 기존 사업자들의 저항으로 갈등이 심화되고 있다. 공유택시나 에어비앤비(AirBnB)같은 공유경제서비스, 법적 장벽에 봉착한 원격진료처럼 어쩌면 로봇 저널리즘도 같은 상황에 처할 수 있다. 넷플릭스를 위시한 인터넷 스트리밍 OTT 서비스들에 대한 기존 사업자들의 저항에서 보듯이, 알고리즘 저널리즘에 대한 법적 저항도 있을 수 있다. 실제로 로봇저널리즘이 활성화되게 되면, 저작권, 가짜뉴스에 의한 명예훼손, 빅데이터의 활용과 관련된 개인정보 보호, 광고성 뉴스 등에 대한 법률적 쟁점들이 적지 않게 발생할 가능성이 높다. 알고리즘 저널리스트의 법인격 문제나 상업적 뉴스를 위한 개인정보 활용에 대한 법적 판단 등은 다른 나라에서는 이미 문제가 되고 있다. 사회적 합의나 제도적 기반이 준비되지 않은 상태에서 알고리즘 저널리즘의 급속한 확산은 자칫 큰 갈등과 혼란을 야기할 수 있다.

알고리즘에 대한 커뮤니케이션학적 의미

알고리즘은 4차산업혁명 이후 인간의 삶을 지배하는 핵심에 위치할 가능성이 높다. 자칫 인간은 알고리즘이 만들어 놓은 거대한 프로그램에 따라 움직이는 수동적 존재로 전락할 수 있다. 물론 모든 사람들이 알고리즘이 나를 편리하고 안락하고 행복하게 해주는 완벽한 존재로 생각하고 있다. 가장 위험한 것은 마치 신처럼 알고리즘 존재를 드러내지 않는 것이다. 영화 '설국

열차'에서 영원히 정지되지 않은 엔진의 주인 '윌포드님' 같은 존재가 되는 것이다. 알고리즘이 완벽해 보이는 것은 알고리즘이 세상의 모든 것은 다 알고 있고, 가장 합리적이고 완벽한 행동지침을 제공해 줄 수 있다는 맹종에서 비롯된다. 이같이 완벽한 알고리즘과 여기에 적합한 긍정적인 피드백의 지속적 투입은 정보이론에서 말하는 열화되지 않는 에너지 엔트로피가 전혀 발생하지 않는 상태라 할 수 있다. 알고리즘은 기존의 정보를 바탕으로 처음 형성된 후, 거기에 부합되는 정보들만 지속적으로 받아들이면서 점점 더 견고해진다. 알고리즘에 피드백되는 데이터들은 거의 손실되지 않은 채, 변형이나 다른 에너지로 변화되지 않는 엔트로피 형태로 알고리즘 안에 포섭된다. 이처럼 손실 정보가 없는 피드백 과정은 외형적으로는 완벽한 그리고 매우 효율적인 커뮤니케이션인 것처럼 보이지만, 내용적으로는 같은 내용이 순환적으로 반복되는 '중복(redundancy)' 행위의 반복일 뿐이다. 여기에서 창의성이나 새로운 지식이나 지혜 그리고 패러다임의 변화는 기대할 수 없게 된다.

이러한 중복적 순환교환상태를 심리학에서는 방향성이 같은 생각을 반복적으로 혼자 주고받으면서 발생하는 극단적 심리상태인 '극단적 스키마(ultimate schema)' 상태라고 한다. 극단적 스키마는 결국 다양한 정보를 수용할 수 있는 균형적 피드백을 붕괴시켜 폐쇄적 시스템으로 변질되게 된다. 포털의 뉴스배열 알고리즘, 구글·유튜브의 검색·추천 알고리즘, 페이스북의 친구 추천 알고리즘이 '필터버블'의 숙주라고 비판받는 이유도 자기반복적 피드백으로 인한 폐쇄형 알고리즘이 그 원인인 것이다. 엄격하게 말하면, 추천 알고리즘 기능은 개별이용자들에게 최적화된 '중복성'을 제공하는 것이기 때문이다. 마샬 맥루한이 말했던, '미디어는 마사지(medium is massage)'라는 말의 의미를 여기서 찾을 수 있다. 알고리즘 광고 역시 각 개인의 이전 구매행위를 바탕으로 형성된 성향에 부합하는 상품광고를 다시 제공해서 구매를 유도하는 자기순환적 과정이다. 넷플릭스의 추천 동영상을 보면서 만족감을 느끼거나, 개인 성향에 맞는 뉴스와 콘텐츠를 지속적으로 연결해서 제공받

[그림 12] 영화 '설국열차'의 윌 포드

영화 '설국열차'의 정지하지 않은 엔진개발자 '윌 포드님'은 어쩌면 4차산업혁명시대 알고리즘의 절대 권력화현상을 암시하는 것처럼 보이기도 한다.

는 것도 마찬가지다.

　더 심각한 것은 이 자기순환과정에서 각 개인은 자신의 취향에 맞는 콘텐츠나 뉴스를 중복해서 보면서, 또는 나에게 맞는 구매행위를 하면서 만족감을 느낀다는 것이다. 허구의 자기만족인 '페티시즘(fetishism)'과 같은 원리다. 피드백은 원위치로 회귀하는 것이 아니라 다양한 반응들을 수용하는 자기계발적 과정이다. 양방향 커뮤니케이션학에서 강조하고 있는 '상호주관성(inter-subjectivity)'은 서로 다른 주관들 간의 상호작용을 통해, 공통경험을 확대하여 안정적 사회관계 형성과 심리적 균형상태 유지가 목표다. 하지만 알고리즘 같은 '자기반복적' 피드백은 초기에는 시스템 안정성을 도모하는데 기여할 수 있지만 점차 시스템의 편향성을 증가시켜 왜곡되는 결과를 초래할 수 있다. 플랫폼사업자나 미디어사업자들의 중심에 위치해있는 알고리즘은 '강화학습(reinforcement learning)' 알고리즘인 것이다. 이 상태에서 알고리즘을 독점하는 세력이 있다면, 그것은 자정 능력이 상실된 그렇지만 어떤 견제도 받지 않는 '빅 브라더(Big Brother)'가 될 위험성이 있다. 인간의 통제에서 벗어난 알고리즘에 대한 위험성은 많은 학자들에 의해 지적되어 왔다. 가장 큰 위험은 알고리즘에 대한 맹신이다.

[참고문헌]

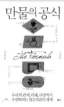

Luke Dormehl, The Formula : How Algorithms Solve All Our Problems and Create More, 2014, TarcherPerigee, 노승영 (역), 만물의 공식 : 우리의 관계, 미래, 사랑까지 수량화하는 알고리즘의 세계, 2014, 반니.

책 제목만 보면 골치 아픈 수학공식 아니면 알고리즘을 수학적으로 설명한 것인 줄 알았다. 하지만 내용은 정반대로 인문학적 에세이집이라 해도 크게 틀리지 않을 듯 싶다. 저자는 알고리즘의 가장 근본적인 문제점을 수학적 경험 데이터에 바탕을 두고 있다는 것에서 찾고 있다. 알고리즘의 성능은 얼마나 많은 데이터들이 자발적으로 모아지고 축적되고 이것에 바탕을 두고 있기 때문이다. 때문에 사람들은 자발적으로 자기 경험을 수치화해주는 '자기수량화(self-quantification)'에 빠져 있다는 것이다. 사람이 알고리즘을 지배하는 것이 아니라 알고리즘이 사람을 지배하고 있다는 논리다. 감시사회에 대한 우려가 나오는 이유다.

저자는 알고리즘이 완벽할 수 없다는 것이 더 큰 문제라고 보고 있다. 사랑도 이혼도 심지어 섹스까지도 알고리즘이 예측하겠지만, 요리를 하고 정원을 멋있게 가꾸는 일은 알고리즘이 할 수 없을 것이라는 주장이다(솔직히 이것도 언젠가는 알고리즘이 할 수 있을 것 같다). 2위와 근소한 차로 판매 1위를 달리던 책이 별도 가판에 전시된 후 압도적인 베스트셀러가 되는 것 같은 오류를 알고리즘이 범할 수 있다는 것이다. 누군가 마음만 먹는다면 충분히 악용될 수 있다. 알고리즘은 중립적이지만, 이를 설계한 사람의 편견과 성향은 반영된다. 그러니 알고리즘은 객관적일 수 없다는 것이 저자의 결론이다.

Kevin McDonald & Daniel Smith-Rowsey(Ed.), The Netflix Effect : Technology and Entertainment in the 21st Century, 2016, Bloomsbury Academic, 유건식 (역), 넷플릭스 효과 : 21세기 기술과 엔터테인먼트, 2020, 한울아카데미.

'넷플릭스 효과'라는 책 제목을 보고, 1990년대 초에 유행했던 'CNN효과'가 떠올랐다. 'CNN효과'는 CNN이 전쟁 상황과 잔혹상을 실시간으로

생생하게 보도하면서, 전쟁당사국들의 정책에 영향을 미치는 효과를 말한다. 그런데 책에서는 "월정 수신료만 내고 무한정으로 콘텐츠를 제공하는 넷플릭스의 운영 방식과 몰아보기 시청행태"를 넷플릭스 효과로 보고 있는 것 같다. 그렇다면 굳이 '넷플릭스 효과'라는 제목을 붙일 필요가 있었을까 하는 생각도 든다. 책 내용은 넷플릭스의 몇몇 콘텐츠들의 몰아보기 효과에 초점이 맞추어져 있다. 몰아보기 현상을 만든 넷플릭스의 콘텐츠 추천 알고리즘의 특성과 작동원리를 구체적으로 다루었으면 하는 아쉬움도 있다. 그렇지만 몰아보기 전략으로 넷플릭스가 유럽시장에 성공적으로 안착한 사례들에 대한 분석은 읽어 볼 가치가 있다. 우리나라에서도 넷플릭스의 위력은 점점 커지고 있지만, 넷플릭스 비즈니스 모델이 전통적인 미디어시장을 변화시키는 '게임 체인저'가 될 수 있을 지는 조금 더 지나야 평가가 가능할 것 같다.

Ramon Lobato, Netflix Nations : The Geography of Digital Distri-bution, 2019, NYU Press, 안세라. 넷플릭스 세계화의 비밀 : 넷플릭스식 OTT 플랫폼의 원리, 2019. 유엑스 리뷰.

이 책은 넷플릭스의 세계화 과정에서 부딪치고 있는 여러 난관들과 전략들을 분석적으로 서술하고 있다. 그렇지만 필자 생각으로는 독자들에게 더 많은 생각을 하게 만드는 부분은 '1장 넷플릭스란 무엇인가'가 아닌가 싶다. 미디어학자인 저자는 넷플릭스를 기존 텔레비전이나 VOD와 다른 매체인가, 또 유튜브, 구글처럼 독자적인 콘텐츠가 없는 플랫폼사업자와 같은 OTT로 보아야 할 것인가와 같은 질문을 던지고 있다. 이 쟁점들은 폭발적으로 증가하고 있는 OTT에 대한 학문적 숙제는 물론이고 많은 나라들이 고민하고 있는 정책적인 과제. 넷플릭스의 글로벌 전략과 관련해서 이 책은 크게 '스트리밍 인프라 전략'과 '콘텐츠 현지화 전략' 두 개념으로 접근하고 있다. 두 개념은 넷플릭스가 여러 나라로 진출하는데 있어, 각 나라의 규제당국 혹은 사업자들과 갈등이 증폭되고 있는 부분이다. 저자는 넷플릭스는 각 나라의 특성과 시청자들의 성향에 따라 다양한 전략을 사용하고 있어 단정적으로 '넷플릭스 효과'를 정의할 수는 없다는 것이다. 저자는 현지 콘텐츠와의 공존, 실시간 스트리밍 서비스와의 경쟁처럼 '경쟁적 협력전략'을 강조하고 있는 것 같다.

Noam Lemelshtrich, Robot Journalism : Can Human Journalism Survive?, 2018, World Scientific Publishing.

인공지능과 알고리즘이 기자들의 고유영역이었던 저널리즘 양식을 대체해가고 있다. 기사의 수집과 작성 그리고 뉴스배포 방식에 이르기까지 큰 변화가 일어나고 있는 것이다. 이 책은 크게 두 개의 장으로 구성되어 있다. 1부는 인공지능이 저널리즘에 어떻게 활용되고, 그것이 기회인가 위기인가에 대한 글들이다. 2부는 로봇이 기사를 만드는 기사들이 어떤 특성을 가지고 있는가와 새로운 저널리즘으로서 '몰입형 뉴스(immersive news)'에 대하여 설명하고 있다. 저자는 이스라엘의 미디어교수로 양방향커뮤니케이션을 오랫동안 연구해왔고, 최근에는 가상 증강현실, 인공지능, 알고리즘 같은 컴퓨테이셔널 커뮤니케이션에 관한 많은 연구결과들을 내놓고 있다.

오세욱, 2018, 알고리즘화(Algorithmification) : 미디어의 핵심 논리로서 알고리즘, 서울대학교 언론정보연구소, 〈언론정보연구〉, 통권 제55호.

미디어 알고리즘과 관련된 내용들을 잘 정리된 논문이다. 필자인 오세욱은 인공지능과 알고리즘 저널리즘에 관련해 많은 논문과 연구보고서들을 발표하였다. '알고리즘'이라는 용어대신에 '휴머리즘(humarithm)'이라는 신조어를 내놓기도 하였다. 이 논문은 미디어 알고리즘의 오류들을 잘 정리하고 있다. '사회적·역사적 오류', '편향적 테이터의 오류', '데이터 수집의 오류' 같은 근본적 오류들을 지적하고 있는 것이다. 특히 '미디어화 → 소프트웨어화 → 알고리즘화'라는 발전 단계별로 미디어 알고리즘의 위상과 특성을 논리적으로 서술하고 있다. 기술적 이해가 아닌 미디어 알고리즘의 인문·사회학적 특성과 작동방식들을 설명하고 있다는 점에서 반드시 한번 읽어보기를 추천한다.

폭풍 전의 고요(a calm before the tempest)

후대 역사가들이 20세기를 정의한다면 무슨 시대라고 할까? 수백 년이 지나도 그대로 남아있을 가능성이 높은 '플라스틱 시대'라고 할 수도 있고, 냉전대결 흔적들을 보고 '이데올로기 시대'라고 할지도 모르겠다. 그렇지만 미디어 학자 시각에서 보면 '매스미디어 시대'라고 정의할 수 있지 않을까 싶다. 실제로 매스미디어는 20세기를 관통하는 중요한 기술임에 틀림없다. 17세기에 등장한 신문은 라디오·텔레비전과 함께 부와 권력을 모두 누렸던 기술이자 산업이었고 또 기구였다. 정치·경제·사회·문화 등 모든 영역이 매스미디어를 통하지 않고 생존할 수 없었다. 미디어 정치, 미디어 경제, 미디어 문화 같은 용어들에서 보듯이 매스미디어는 20세기 사회현상들을 규정하는 접두사가 되었다. 오죽하면 어린아이들한테 '텔레비전에 내가 나온다면 정말 좋겠네'하는 동요가 유행했을 정도다. 한마디로 20세기에 매스미디어는 권력 그 자체였다.

그런데 20세기가 끝나고 21세기가 시작되자마자 매스미디어 시대가 종말을 고할지 모른다는 경고들이 나오기 시작했다. 20세기 중후반부터 빠른 속도로 발달을 거듭해온 디지털 정보통신기술들이 철옹성 같던 매스미디어 아성을 붕괴시킬 것이라는 전망들이 속속 제기되었다. 1995년 미국 통신법 개

정으로 시작된 통신사업의 방송시장 진입은 일종의 예고편이었다. 이 후에도 한참동안 기존 매스미디어의 위력은 여전히 유지되었던 것이다. 도리어 매스 미디어들이 자신들의 영역을 확장하는데 새로운 정보통신기술이 더 많이 이용되었다. 반대로 새로운 정보통신기술과 인터넷을 기반으로 신규 미디어사업자들이 등장했지만 미디어 시장 진입에 성공해 코드 커팅(cord cutting)에 성공한 경우는 그렇게 많지 않다. 1999년 역사상 최대 방송·통신 융합으로 큰 관심을 모았던 'AOL-타임워너(American Online – Time Warner)' 인수·합병은 얼마 가지 않아 완벽한 실패로 막을 내렸다. 우리나라 역시 21세기 들어 위성DMB, 지상파DMB 같은 디지털미디어들이 방송시장에 진입했지만 결국 퇴출되거나 소멸위기에 봉착해있다. 도리어 네이버 같은 포털사업자들이 이용자를 끌어들이기 위한 일종의 미끼상품으로 신문뉴스나 방송사의 프로그램들을 VOD형태로 제공하는 형태가 주를 이루었다. 기존 방송서비스의 보완재 형태 수준에 머물러 있었던 것이다.

이 때문에 미디어 정책학자인 맥퀘일과 쉬언(D. McQuail & K. Siune)은 '20세기 후반이 폭풍 전의 고요인지 폭풍이 지나간 뒤의 고요인지' 모르겠다고 한 적이 있다. 그는 고요의 원인을 오랫동안 유지되어온 기존 미디어들간의 공모체제(compromise)가 너무도 공고해 새로운 미디어가 끼어들 틈이 없기 때문이라고 보고 있다. 하지만 이 고요함은 불과 몇 년 지나지 않아 인공지능, 빅데이터 같은 4차산업혁명 기술들에 의해 끝이 났다. 20세기 후반에 이미 머지않아 멸종될 것이라던 신문은 물론이고 불과 몇 년 전까지도 영원할 것만 같았던 방송 역시 급속히 위세가 약화되고 있다. 반대도 구글, 네이버 같은 플랫폼과 페이스북, 인스타그램 같은 SNS들은 신문·방송·잡지·영화 등 모든 매스미디어 영역을 급속히 빨아들이고 있다. 특히 모바일의 급성장은 공동시청미디어 시대를 종식시키고 개별미디어 시대를 열고 있다.

여기에 전통 매체들과 다른 문법 구조를 가진 OTT 미디어들도 급성장하고 있다. 콘텐츠 투자 없이 아마츄어들이 만든 자발적 콘텐츠를 가지고 미디어 시장을 잠식하고 있는 유튜브, 몇 안되는 콘텐츠지만 추천 알고리즘을 가지고 세계 최대의 유료방송사업자로 부상한 넷플릭스는 더 이상 기존의 미디어 문법으로는 방어할 수 없는 상태에 이르렀다. 그동안 말로만 이야기해왔던 '매스미디어 종말'이 오는 것 같은 분위기다. 그러나 거시적으로 보면 이러한 변화는 20세기 후반 정보사회에서부터 시작되어왔다고 할 수 있다. 폭풍 전 고요함을 유지할 있었던 것은 공익성이나 공적 책임 같은 이념에 근거한 제도적 보호와 기득권층의 필요 때문이었다. 하지만 최근 등장하고 있는 인공지능이나 빅데이터, 사물인터넷 같은 기술들은 기존 정치 · 경제 · 사회적 권력관계 자체를 무력화시키고 새로운 사회로의 전이를 강요하고 있는 것이다.

미디어의 종말, 미디어의 진화

급팽창하고 있는 미디어 플랫폼들이 기존 미디어의 종말을 의미하는 것인지 아니면 새로운 양식으로 미디어가 진화할 것인지는 분명하지 않다. 하지만 전통 미디어들처럼 독점적 지위에서 걸러진 정보와 잘 만들어진(well made) 콘텐츠를 제공하는 일방향 전송양식은 더 이상 존재하기 힘들 것이라는 점은 확실하다. 이는 게이트키핑(gate keeping)을 축으로 한 기존 언론이나 언론인 개념이 소멸될 것이라는 전망이 나오는 이유다. 물론 인터넷 플랫폼을 통해 제공되는 비디오 스트리밍 서비스들의 형태는 매우 다양하다. 전통적 미디어 양식의 넷플릭스가 있는가 하면 유튜브처럼 업로드된 콘텐츠를 이용자들에게 매개해주는 공유형 미디어도 있다. 이 때문에 플랫폼 기반의 미디어 서비스들이 기존 미디어의 확장인지 아니면 기존 미디어를 대체하는 새로운 형태인지에 대한 논란은 상당기간 지속될 가능성이 높다.

그렇지만 빅데이터와 인공지능을 기반으로 하는 미디어 플랫폼들이 기존 미디어들보다 기능적으로 우월하다는 것만은 분명하다. 맞춤형 콘텐츠나 추천 알고리즘은 전통 미디어들이 경쟁하기 힘든 혁신적 기술들이다. 기존 미디어들은 만들어진 콘텐츠를 가지고 이용자의 시청행위를 유도하는 방식이어서 그 성공여부를 사전에 확신할 수 없다. 하지만 유튜브나 넷플릭스 같은 플랫폼기반 미디어서비스들은 이용자들의 시청행태를 가지고 콘텐츠를 맞춤형으로 제공하는 방식이다. 그러므로 시청행위 발생 이전에 성패를 확신할 수 없는 경험재의 한계를 크게 개선시켰다. 특히 스마트 폰으로 매체이용 행태가 개인화되는 추세에서 공동시청 형태의 전통 매체들의 입지는 더욱 약화될 수밖에 없다. 기술적으로도 미디어 플랫폼들은 기존 매체들보다 기능적으로 진화된 형태라 할 수 있다. 콘텐츠 제작에서 편성에 이르기까지 효율성이 크게 제고된 미디어들이다. 또 블록체인과 사물인터넷, 클라우드 컴퓨팅은 사물과 인간을 연결하면서 미디어 영역을 더욱 넓히고 있다. 가상/증강현실은 콘텐츠 품질을 고도화해 실감형 미디어시대를 열고 있다. 인공지능 알고리즘은 뉴스를 작성하고 콘텐츠 제작 효율성도 증가시키고 있다. 특히 넷플릭스 뿐 아니라 모든 플랫폼사업자들이 콘텐츠 투자를 늘리고 있는 것도 긍정적이라고 할 수 있다.

문제는 구글이나 페이스북, 유튜브 그리고 애플까지 이러한 미디어 서비스 진출이 본질인가 하는 점이다. 그 동안 소극적이었던 구글이나 아마존, 애플 등이 본격적으로 유료 OTT서비스에 적극적으로 태도를 변화시킨 것에 대해서도 부정적 시각이 적지 않다. 고품질 동영상서비스가 광고수익이나 전자상거래 이익을 늘리기 위한 미끼상품이 아닌가하는 것이다. 이 때문에 이들 미디어 플랫폼들을 미디어사업자라고 할 수 있을지 의문이 제기되는 것은 당연하다. 어쩌면 인터넷 플랫폼사업자들이 매개해주는 여러 서비스들 중에 하나일 수도 있다. 광고에 크게 의존해온 전통 미디어들의 양면시장이 플랫폼이라는 새로운 양면시장으로 이동한 것이라고 할 수도 있다.

플랫폼사업자들 스스로도 자기들을 미디어라고 하지 않는다. 뉴스배열 편향성이나 반사회적 콘텐츠 문제로 공격받을 때마다 포털사업자들은 자기들은 뉴스를 만들거나 거르지 않고 사람들이 올린 콘텐츠를 매개해주는 역할만 할 뿐이라고 발뺌한다. 구글이나 페이스북 역시 가짜뉴스(fake news) 숙주라는 비판에 대해 인공지능 알고리즘이라는 '기계적 가면' 뒤에 숨어 자신들은 책임이 없다고 강변한다. 미디어 콘텐츠를 통해 경제적 이익을 챙기면서도 사회적 결과들에 대해서는 책임지지 않으려하고 있는 것이다. 또 많은 인터넷 플랫폼사업자들이나 OTT사업자들은 직접 콘텐츠를 만들겠다고 생각하지 않는다. 유튜브처럼 골치 아픈 미디어 콘텐츠를 직접 제작하지 않고 중개만 하려는 사업자들이 훨씬 더 많다. 실제로 많은 전문가들은 넷플릭스의 오리지널 콘텐츠에 대한 공격적 투자는 수익률을 크게 약화시켜 얼마 지나지 않아 한계에 도달할지도 모른다고 전망하기도 한다. 만약 플랫폼사업자들간에 콘텐츠 경쟁이 경영을 위협할 수준에 이르게 되면 유튜브 같은 오픈 플랫폼들만 남을 가능성도 있다. 그렇게 되면 지금 같은 미디어 서비스 형태는 완전히 소멸될지도 모른다.

알고리즘 미디어의 함정

1970년대 중반 정보사회의 경제시스템이 '다품종소량생산(多品種少量生産)' 형태가 될 것이라는 전망이 많았다. 대량생산 대량소비라는 산업사회 경제구조가 개인의 수요에 맞추어 다양한 제품들을 생산해 줄 것이라는 기대였다. 하지만 2000년대 초반까지도 자본주의 경제체제는 여전히 표준화된 대량생산 중심으로 유지되었다. 그것은 정보경제론이나 낙관적 정보사회론자들의 주장이 틀렸다기보다 20세기의 컴퓨터, 커뮤니케이션 테크놀로지들의 성능이 개인 맞춤형 경제를 가능하게 해 줄 수준에 미치지 못했기 때문이었다. 수많은 사람들의 개별적 선호와 수요를 정확히 파악할 수 있는 네트워크 기술과 정보저장·처리 기술이 미흡했던 것이다. 설사 개개인의 수요를 알았다하더라도, 제품·서비스의 생산과 공급이 실시간으로 연동될 수 있는 O2O(Online to Offline) 기술도 없었다. 미디어 영역에서도 양방향 미디어에 대한 기대가 높았지만, 스마트 폰이나 스마트TV 같은 양방향 단말기들이 등장하기 전까지는 여전히 불특정 다수를 대상으로 한 일방향 서비스들이 미디어 시장을 주도해왔다.

하지만 사물인터넷, 빅데이터, 클라우딩 컴퓨팅, 인공지능은 다품종소량 생산을 실현 가능하게 해 주었다. 맞춤형 경제가 현실이 된 것이다. 4차산업 혁명 기본구도가 온라인과 오프라인을 연결하는 PCS(Physical-Cyber System)이기 때문이다. 이는 4차산업혁명이 경제적·사회적 효율성을 획기적으로 증대시 킬 것이라는 전망이 나오게 하는 이유이기도 하다. 이 같은 맞춤형 서비스를 가능하게 해주는 핵심에는 빅데이터에 기반을 둔 인공지능 알고리즘이 있 다. 특히 미디어 영역에서 맞춤형 동영상 추천서비스의 위력은 엄청나다. 넷 플릭스는 이용자들의 시청패턴과 콘텐츠를 정교하게 연계하는 'cine match' 라는 추천 알고리즘으로 경쟁사업자들은 물론이고 기존 유료방송사업자들 을 압도하면서 코드 커터(cord-cutter)로서 엄청난 위력을 발휘하고 있다. 유튜 브 역시 추천 알고리즘 개발에 박차를 가하고 있고, 구글이나 페이스북 같은 SNS들도 알고리즘으로 체류시간을 늘려 광고수입을 극대화하고 있다.

분명 알고리즘 미디어들은 시청자들에게 편리함과 만족감을 주고 있다. 하지만 인간의 커뮤니케이션 행위는 심리적 균형감을 유지하기 위한 목적 에서만 나오는 것이 아니다. 심리학적으로 인간은 심리상태를 유지하고자 하는 욕구와 심리적 변화를 추구하는 욕구를 동시에 가지고 있다. 자신의 태도와 일치하는 외부자극을 추구하는 성향과 자신의 태도와 일치하지 않 는 자극을 통해 심리적 쾌감을 느끼는 동기를 함께 지니고 있는 것이다. 전 자의 경우라면 인지적 조화(cognitive consistency)를 위해 외부 자극을 범주화 (categorization)하여 자신의 태도에 맞는 것만 추구하게 된다. 반면 후자라면 자 신의 태도와 맞지 않은 자극(stimulation)을 수용해 심리적 쾌감과 만족을 추구하 는 공리주의적(utilitarian) 성향을 지니게 된다. 예를 들면, 롤러코스트를 탄다든 지 공포영화를 보면서 심리적 불안상태를 조성해 쾌감을 얻는 것들이 여기에 해당된다. 즉, 인간은 두 유형의 심리적 행위들을 통해 균형된 사고와 태도를 형성해가는 이중적 존재인 것이다. 바로 알고리즘 미디어들은 개개인에게 심리적 균형과 안정성을 주는 메시지를 집중적으로 제공한다고 볼 수 있다. 마샬 맥루한(Marshal McLuhan)이 말한 '미디어는 마사지(Medium is massage)'가 되는 것이다. 오감이 확장된 미디어들은 궁극적으로 인간의 기능 자체를 대체해버려, 인간이 능동적으로 미디어를 이용하는 것이 아니라 미디어가 제공하는 자극을 무기력하게 받아들인다는 주장이다. 이런 상태에서 인간은 다양한 메시지를 수용함으로써 균형된 감각과 인식을 가질 수 없게 된다. 맥루한이 인공지능 알고리즘을 염두에 두고 한 말은 아니지만 4차산업혁명 기술에 바탕을 둔 미디어들의 문제점을 꽤 뚫어 본 것 같은 느낌이다.

맞춤형 알고리즘 미디어들의 마사지(massage)효과를 사회적 측면에서 살펴보면 더 큰 우려를 낳을 수 있다. 인간사회는 여러 구성 요소들과 다양한 생각들이 모인 다원적 구조를 가지고 있다. 다양한 사고와 행동들이 균형을 이룰 때 사회는 건전한 상태를 유지하고 발전해나갈 수 있다. 알고리즘 미디어들이 각 구성원들에게 맞춤형 콘텐츠를 순환적으로 반복해서 제공한다면, 각각의 사람들은 자신의 생각과 취향에 매몰될 가능성이 높다. 자신과 일치하는 메시지들만 편향적으로 수용하는 '필터버블(filter bubble)'이나 이를 통해 집단의 의견이 점점 양극단으로 이동하는 '집단 극화(group polarization)' 현상이 심각해질 수 있다. 20세기 후반 다채널미디어들이 등장하면서 우려되었던 사회 분화 현상을 넘어서 사회 구성원들 간의 극단적 분열과 갈등이 만연될 수도 있다. 알고리즘 미디어라는 기술적 편리성이 개개 인간이나 사회에게 견제와 균형이라는 합리적 다원성(plurality)을 붕괴시킬지도 모른다.

공유지의 비극 : 책임의 실종

4차산업혁명기술들로 모든 미디어들이 플랫폼이라는 공간으로 급속히 이동해가고 있다. 플랫폼은 상품이나 서비스를 이용자와 연계하는 공간개념이다. 미디어 플랫폼들 역시 콘텐츠가 이동하는 것이 아니라 공유되는 형태에 가깝다. 특히 유튜브나 페이스북 같은 개방형 플랫폼들은 콘텐츠 내용에 전혀 개입하지 않거나 매우 소극적으로 관여하고 있다. 최근에 반사회적 콘텐츠나 가짜뉴스(fake news) 같은 스모그 콘텐츠(smog contents)들 때문에 자율적 규제를 강화하고 있지만, 엄격한 내·외적 규제와 게이트키핑(gatekeeping) 시스템을 지닌 전통 매체들과는 큰 차이가 있다. 특히 인터넷 플랫폼 사업자들은 아무런 공적 책무와 사회적 책임성도 부여받고 있지 않다. 누구나 미디어가 될 수 있고 언론인이 될 수 있는 미디어 플랫폼은 자칫 내용에 대해 누구도 책임지지 않는 공간이 될 가능성이 높다. 즉, 내용에 대해 책임지지 않은 공유플랫폼에서 콘텐츠 책임 소재가 불분명하게 된다.

　인터넷 플랫폼 사업자들이나 포털사업자, OTT사업자들은 자신들이 뉴스나 콘텐츠를 직접 제작·공급하지 않고 있다는 논리로 책임에서 벗어나 있다. 특히 인공지능 알고리즘의 기계적 중립성은 가장 튼튼한 방패막이가 되고 있다. 이것은 미디어 영역에만 국한된 문제가 아니다. 원격진료, 자율주행 자동차 같은 많은 4차산업혁명 기술 서비스들의 법적 책임소재 문제들은 상당한 진통이 예상된다. 로봇저널리즘 또한 저작권 문제, 명예훼손, 허위사실 등에 대한 책임문제로 법적 논란이 될 수 있다. 이처럼 알고리즘들이 만들어 낸 미디어 서비스들을 플랫폼이라는 주인없는 공간에서 공유되고 거래되면서 발생하는 문제들에 대한 책임소재는 더욱 불분명해진다. 자칫 플랫폼 자체가 불법과 탈법으로 얼룩진 해방공간이 될 수도 있다. 그렇게 되면 플랫폼에 의존하는 미디어 영역은 누구도 책임지지 않고 마구 훼손될 수 있는 '공유지의 비극(The Tragedy of the Commons)'이 만연될 수도 있다.

현실이 되고 있는 감시사회 우려

4차산업혁명 기술들이 상용화되면서 가장 크게 우려되는 문제가 바로 감시사회(surveillance society)다. 감시사회에 대한 우려는 정보사회 도입 논쟁 때부터 제기되어 왔다. 네트워크로 연결된 정보 축적과 처리기술들은 개인들을 감시하는 기술이 될 수 있다는 것이다. 특히 네트워크에 연결되어 자신의 정보를 노출시키는 정도에 비례해 얻을 수 있는 편익이 크다는 점 때문에 '자발적 감시사회'의 위험성은 그 만큼 더 커지게 된다. 특히 사물인터넷, 빅데이터, 인공지능, 블록체인 같은 4차산업혁명 기술들은 감시능력에서 20세기 후반 정보통신기술들과는 현격한 차이가 있다. 조지 오웰(George Owell)이 1984년에 있을 것으로 상상했던 대형(大兄, Big Brother)이 21세기 4차산업혁명과 함께 현실이 되고 있는 것이다.

우선 감시사회 문제를 언론이라는 측면에서 생각해 볼 필요가 있다. 언론은 발생초기부터 권력을 감시하고 견제하는 역할이 강조되었다. 언론학을 처음 접하면서 배우는 언론의 기능 중에 가장 먼저 나오는 것이 감시기능(surveillance)이다. 하지만 정치권력과 언론은 국민을 통제하기 위해 밀착하기도 하고, 상호 견제와 감시 때문에 긴장과 갈등을 유발하는 애증관계를 유지해왔다. 마지드 테라니언(Majid Terranian)의 '이중적 가설(Two Hypothesis of Communication Technology)'처럼 커뮤니케이션 기술은 민주주의를 위한 기술이될 수도 있고 반민주적 정치적 통제수단이 될 수도 있다. 4차산업혁명 기술들 역시 예외가 아니다. 사물인터넷이나 빅데이터는 더 투명하고 면밀하게 권력을 감시하는 기술로 사용될 수도 있고, 반대로 개인들의 사적 행위들을 더 철저하게 감시하는 기술이 될 수도 있다. 벤담(Jeremy Bentham)의 파놉티콘(Panopticon)이 될 수 있을지 아니면 4차산업기술들로 무장한 미디어들의 탁월한 감시능력으로 시놉티콘(Synopticon)이 될지는 알 수 없다. 또한 다수의 사람들이 소수의 권력을 감시하는 역파놉티콘(Reverse Panopticon) 기술이 될 수도 있다.

그럼에도 사물인터넷과 빅데이터, 인공지능은 파놉티콘이 될 위험성이 높다는 전망이 우세하다. 저자도 그렇게 생각한다. 그 이유는 인공지능과 빅데이터의 '비가시성(invisibility)'에 있다. 인공지능 알고리즘, 빅데이터가 이전의 정보통신기술들과 다른 점은 작동메커니즘을 알 수 없는 불투명성 즉 '블랙박스화(blackboxing)'에 있다. 내부 작동 메커니즘을 일반인들은 알 수 없기 때문에 소수 권력자 혹은 운영자의 도구가 될 가능성이 높다. 또한 알고리즘 작동방식이 순수하게 객관적이고 공정할 수 없다는 것도 문제. 데이터를 추출·분석해 결과를 도출하는 알고리즘 작동원리는 판단근거가 되는 요인들과 각각의 요인들에게 부여된 가중치에 있기 때문이다. 이러한 판단근거를 정하고 가중치를 부여하는 것은 그 기술을 소유·운영하거나 권력을 가진 소수의 몫일 가능성이 높다. 특히 많은 4차산업혁명들이 군사적 목적에서 정부지원 아래 소수 IT기업이 만든 기술들이라는 점은 이 같은 우려를 더 크게 만들고 있다. 4차산업혁명을 기술공학적 차원 뿐 아니라 기술의 활용방향을 결정하는데 인문·사회학적 시각이 절대 요구되는 이유다.

기술결정론에서 기술신화론으로

4차산업혁명을 받아들이는 사회적 분위기는 정보사회 진입초기의 '기술적 정명성(technology imperative)'을 넘어 거의 맹신에 가까워보인다. 1980년대 말 당시 잘 알려진 물리학교수가 "지금 컴퓨터를 구입하세요. 아니면 정보사회에 뒤처지게 됩니다"라고 했던 광고문구가 생각난다. 지금 그 광고가 다시 만들어진다면 "지금 인공지능과 빅데이터에게 자신을 맡기세요. 그렇지 않으면 당신은 4차산업혁명 대열에서 도태될 겁니다"라고 할지 모르겠다. 실제로 4차산업혁명과 관련된 책들을 보면 대다수가 이 기술들을 활용해 어떻게 경제적 이윤을 얻을까하는 경영가이드북들이다. 대학교에서도 인공지능과 빅데이터 활용법 같은 기술 응용분야에 대한 강의들이 거의 대부분이다.

4차산업혁명이 어떤 역사적 맥락과 사회적 의미를 담고 있는가에 대한 논의들은 그렇게 많지 않다. 3~4년 전 처음 4차산업혁명 용어가 등장했을 때 제기되었던 몇 몇 비판적 시각들마저 거의 자취를 감춰버렸다.

어차피 4차산업혁명 기술 작동 원리들은 알기 힘드니 이를 활용하는 방법만 알면 된다는 기능론적 인식이 지배하고 있는 것 같다. 그것은 4차산업혁명 기술들의 활용 목적에 대한 인간적 책무를 포기하는 것과 같다. 마치 4차산업혁명 기술들이 인류가 봉착해있는 모든 문제들을 해결해줄 것이라는 막연하지만 잘 포장된 기대만 남아있는 것처럼 보인다. 그 결과 빅데이터나 인공지능은 평범한 인간들은 절대 범접할 수 없는 경외의 대상 즉, 신적 존재가 되어가고 있다. 나의 일거수일투족이 하나라도 더 많이 빅데이터에 저장되고, 인공지능이 내 삶의 편리성을 높여주면 행복하다고 인식하는 '물신숭배(fetishism)'현상이 점점 확산되고 있는 것이다. 20세기 중반 정보사회를 이끌었던 '기술결정론(technological determinism)'이 4차산업혁명에서는 '기술신화론(technology mythology)'으로 진화하고 있는 것이다.

그렇다고 인간의 창의성과 자율적 판단을 위협하고 있는 4차산업혁명 기술들을 무조건 비하하거나 비관적 태도를 가질 필요는 없다. 또 산업혁명 때 같은 '기계파괴운동(luddite movement)' 역시 바람직하지 않다. 도리어 최소한의 기술 원리들을 적극적으로 이해하려는 능동적 수용 자세와 새로운 기술들이 야기할 수 있는 위험성들을 면밀히 검토하고 대응하는 태도가 필요할 것이다. 특히 미디어는 경제적 이윤추구의 도구이기도 하지만 중요한 사회적 기구라는 사실이 중요하다. 맹목적 기술논리에서 벗어나 사회적 합의를 도출하려는 노력들이 요구된다. 어쩌면 4차산업혁명은 이제 시작되는 것이거나 아니면 아직 시작되지 않았을 수도 있다. 진짜 폭풍은 먼 곳에서 마하(mach)의 속도로 달려오고 있는지도 모른다.

황 근

선문대학교 미디어커뮤니케이션학과 교수다. 한국외국어대학교 신문방송학과를 졸업하고 고려대학교 대학원에서 언론학 석·박사 학위를 받았다. 학위취득 후 한국방송개발원(현재 한국콘텐츠진흥원) 정책연구실 책임연구원으로 근무하면서 방송정책과 법제에 관해 연구하였고 실제 정부정책들을 수립하기도 했다. 대학으로 옮긴 후에도 여러 정부정책들에 직접 참여하거나 자문활동을 했다. 한국방송학회·방송법제연구회 회장과 한국언론학회·정치커뮤니케이션연구회 회장, KBS이사를 역임했다.

주요 저서로 '미디어 공진화(2019)' '공영방송과 정책갈등(2018)' '방송재원(2015)' '디지털방송법제론(공저, 2007)' '정보통신과 디지털법제(공저 2004)' '방송위원회의 정책과제와 방향(2000)' 등이 있다. 연구논문으로 '미디어 인수·합병 심사제도와 규제순응성 평가 연구(2020)' '방송사업자 재허가·재승인 제도 개선방안(2019)' '미디어 융합시대 방송사업 인수·합병 심사제도 개선방안 연구 : '공익성 심사'제도를 중심으로(2016)', '지상파 다채널 방송 정책 평가 연구(2016)' '공영방송 수신료 개선방안 연구 : '절차적 정당성' 확보방안을 중심으로(2014)', '미디어컨버전스 시대 공영방송의 역할과 규제체계(2010)', '방송통신위원회의 구조와 역할에 대한 평가 연구(2008)' 등이 있다.

4차산업혁명과 미디어의 진화

초판 1쇄 발행	2020년 09월 29일
초판 2쇄 발행	2021년 12월 20일

지 은 이 황 근
펴 낸 이 신학태
펴 낸 곳 도서출판 온샘

등   록 제2018-000042호
주   소 서울시 용산구 한강대로 208-6 1층
전   화 (02) 6338-1608 팩스 (02) 6455-1601
이 메 일 book1608@naver.com

ISBN 979-11-971705-0-8 93300
값 28,000원